Türe zu und wieder weg

Für meinen Vater Burkhard Hillerich
und meine Barbara

MARCUS HILLERICH

Türe zu und wieder weg

Eine Familie. Drei Generationen Reiseleiter

Bibliografische Information der Deutschen Nationalbibliothek:
Die Deutsche Nationalbibliothek verzeichnet diese Publikation in der
Deutschen Nationalbibliografie; detaillierte bibliografische Daten sind im
Internet über dnb.dnb.de abrufbar.

© 2021 Marcus Hillerich
Satz, Umschlaggestaltung, Herstellung und Verlag:
BoD – Books on Demand, Norderstedt

ISBN: 978-3-7543-6814-5

Inhalt

Prolog

Krieg herrscht auf den Straßen. Schwer bewaffnete Truppen marschieren auf. Köpfe schauen vorsichtig aus den leicht geöffneten Fenstern heraus und beobachten die Szenerie. Es ist drückend heiß. Hier und dort flitzen die Bewohner der Straßen zur anderen Seite und verschwinden in sicher geglaubten Hauseingängen. Gruppen von fünf bis acht Personen mit dunklen Sonnenbrillen sitzen auf den Laderampen ihrer Pick-ups um riesige Wasserwannen herum und suchen nach Opfern. Es wird auf alles geschossen, was auch nur annähernd trocken ist. Auf Guerillaattacken spezialisierte Motorradeinheiten fahren von hinten an Fußgänger heran und beschießen sie erbarmungslos mit Wasserbazookas. Ich schaue in unzählige Gewehrläufe. Mobile Wassertanks auf dem Rücken sorgen für zusätzliche Munition. Zu ihren Opfern gehören wehrlose Passanten in Linienbussen, die Wassersalven durch das offene Fenster abbekommen, oder Spaziergänger, die die Bürgersteige entlanglaufen. Mit großen Plastikkannen und Schöpfkellen kippen die Bewohner Bangkoks ihnen das kalte Nass in den Nacken oder über den Kopf. Mächtige Regentonnen liefern prall gefüllt unaufhörlichen Nachschub. Die Anwohner quietschen vor Freude und feiern mit diebischem Vergnügen *Songkran* – das thailändische Neujahrsfest.

Aus dem *Fortville Guesthouse* schaffe ich es trocken über die *Phra Sumen Road* zu meiner bevorzugten Garküche und bestelle mir eine Wan-Tan-Suppe. Niti, der Koch, schaut mich verwundert an und sagt: »Noch trocken?« »Ja, Glück gehabt!« Grinsend bereitet er mir mein Gericht zu. Sehe ich da ein Blinzeln in seinen Augen? Neben seinem Stand brutzeln Schweinespieße auf dem Holzkohlegrill. Reisgerichte mit höllisch scharfer Note werden angeboten. Der Geruch von gebratenen Chilis und Knoblauch wabert durch die Straße. Während ich meine Suppe schlürfe, schüttet mir der Koch eiskaltes Wasser den Rücken runter: »*Sawasdee pi mai*« – »Frohes Neues Jahr!«»Ich dachte, hier wäre ich sicher?«, entgegne ich. »Nix da! Du warst noch nicht nass und mein Name bedeutet *Gerechtigkeit*. Die musste ich walten lassen.« Lachend kassiert er einen anderen Gast ab. Das Epizentrum der Wasserschlacht finde ich auf der *Khaosan Road*. Technomusik hämmert durch die Häuserreihen. Tausende Menschen tanzen zum Rhythmus der wummernden Bässe und beschütten oder beschießen sich gegenseitig. Die Mitarbeiter der *Dental Clinic* haben noch die Schutzvisiere von der letzten Zahnbehandlung an. Zwischen jeder Attacke bekommt man eine in Wasser aufgelöste weiße Talkpaste auf die Wangen aufgetragen – symbolisch wird mit dem *Puder* das Ende des Bades signalisiert. Die Straße sieht danach aus, als wäre ein Sandsturm durch sie hindurchgefegt. Mir schmieren die Thais gleich den ganzen Kopf ein: »*Sorry!*«

Triefend nass schaffe ich es zurück zum *Fortville Guesthouse*. Dort haben zwei kleine Jungen mit gewaltigen Wasserkanonen den Kampf gegen das Hotelpersonal aufgenommen. Wild und furchtlos greifen sie an, nur um immer wieder zurückgedrängt zu werden. Die beiden erinnern mich an die Protagonisten aus S. P. Somtows Roman »*Die Tränen des Steinbuddhas*«, jener Geschichte über zwei Kinder vom jeweils anderen Ende des sozialen Spektrums der thailändischen Gesellschaft. Somtow schildert, wie der Politikersohn Nen Lek mit dem Slumjungen Boy im Kloster einer rituellen Waschzeremonie beiwohnt und der Abt das Antlitz des Stein-Buddhas mit Wasser übergießt. An den Augenrändern bleiben Wassertropfen hängen – der Buddha weint. Boy sagt dazu: »Die Tränen Buddhas zu sehen, war für mich der Augenblick, an dem ich die Realität verließ und in eine Zeit der Legenden und Wunder wechselte.« Und wahrhaftig bedeutet Songkran »bewegen« oder »verändern« und ist der astrologische Übergang vom altem zum neuen Jahr. Nach der Zeremonie erhalten die beiden Jungen zwei beeindruckende Wasserkanonen in fluoreszierendem Neongrün und machen sich wie die zwei Kleinen vor meinem Hotel auf die Jagd.

S. P. Somtows im Buch beschriebene Versöhnung der unterschiedlichen sozialen Klassen wird vielleicht für die Zeit des Songkran-Festivals Realität. Die fragmentierte thailändische Gesellschaft scheint ihre sozioökonomischen und politischen Differenzen zu überwinden. Rothemden oder Gelbhemden verschwinden, nur nasse Hemden sind auszumachen. Die Unterschiede in der Stadt sehe ich dennoch vom Hotel aus. Während auf der Phra Sumen Road die Party tobt, liegt vergessen auf der anderen Seite des Fortville Guesthouses die ruhige Wasserwelt des Khlongs. Ein einsames Boot mit drei fischenden Kindern treibt an mir vorbei. Es riecht nach Khlong-Schlamm, Motortreibstoff und Jasmin-Blüten. Wäscheleinen überspannen den Kanal. Darunter treiben Colaflaschen und Pappkartons auf der braunen Brühe. Das Summen der Moskitos ist überall präsent. Gebäude kommen und gehen wie die Regen- und Trockenzeit. Die von weitem hörbare verführerische Musik des Neujahrsfestivals interessiert die drei im Boot jedoch nicht.

Plötzlich klingelt mein Computer. Mein Vater meldet sich per Skype. »Guten Tag, Herr Sohn«, höre ich ihn sagen. Es dauert immer ein bisschen, bis mein Vater die Technik besiegt hat und danach die Kamera eingeschaltet ist. »Guten Tag, Herr Vater«, führe ich unser Begrüßungsritual fort. »Wo bist du?« »Emilia Romagna. 7-tägige Rundreise. Habe eine nette Gruppe. Insgesamt sehr interessierte und zufriedene Gäste. Bin auf einer Spezialitäten-Tour. Essen, Essen und nochmals Essen. Gestern waren wir den ganzen Tag in Parma mit Besichtigung des Doms, des Baptisteriums, des *Teatro Farnese* und der *Galleria Nazionale*. Ich stehe gerade mit vollem Bauch vor dem *Schinkenmuseum* in Langhirano.« »Wie war es? Musstest du schon probieren?« »Nein, zu viel gefrühstückt! Das Museum ist eher eine Ansammlung an Schautafeln. Die *Audioguides* in Englisch und Italienisch taugen nichts. Ich durfte alles übersetzen. Mensch Marcus, da braucht man eine spezielle Sprache. Von Schweinkram bis Schinken. Ich warte auf meine Gruppe, denn wir brechen gleich nach La Perla auf. Zuerst einige Erläuterungen mit Blick auf 50.000 Schinken und anschließend die Verkostung mit Wein. Morgen werden wir in Modena sein. Käseproduktion mit Probierabschluss und *Aceto Balsamico* am Nachmittag. Wo bist du?« »Bangkok«, sage ich. »Mitten im *Songkran*-Festival. Bin beim dritten T-Shirt und das wird nachher auch noch nass.« »Auch schön! Marcus, hat dir die Firma auch die Idee für das Interview per Mail geschickt? Interessant, nicht wahr?« Ich habe sie bekommen. Im nächsten Jahr wird mein Vater sein fünfzigstes Jubiläum als Reiseleiter für *Dr. Tigges Studienreisen* feiern. Seine Eltern waren eng mit Dr. Hubert Tigges befreundet, dem Reisepionier aus Wuppertal in Nordrhein-Westfalen. Nachdem das Phänomen der Studienreise seine Anfänge in der deutschen Volkshochschulbewegung der 1920er Jahre genommen hatte und Hubert Tigges als Erfinder dieser Urlaubsform jene prägende Kombination aus aufkläreri-schen Motiven und dem romantischen Geist der Bildungsreise kombinierte, fand er in meinen Großeltern Gleichgesinnte, die die Faszination und Vielfalt anderer Länder und Kulturen erleben wollten. Das Unternehmen entwickelte sich schnell zu einer deut-schen Traditionsmarke und avancierte später unter dem Dach der *Touristik Union International (TUI)* zu einem der sicherlich inno-vativsten Reisespezialisten für Studienreisen. 1998 bündelte die *TUI* mit der *Gesellschaft für Begegnung und Cooperation (Gebeco)* die Kompetenzen der beiden Unternehmen an der Kieler Förde. Auch ich bin in die Fußstapfen meiner Großeltern und meines

Vaters getreten und somit in dritter Generation Teil der Familie der *Dr. Tigges Studienreisen*. Zum Jubiläum meines Vaters denkt die Firma daran, ein Interview mit uns beiden zu führen. »Hast du schon irgendwelche Fragen beantwortet?« Ich sehe, wie er heftig seinen Kopf schüttelt. »Nein, hatte noch zu viel am Hals. Der Transferbusfahrer vergaß in Parma einen Koffer auszupacken und verschwand dann so schnell, dass keiner reagieren konnte. Nach einem Donnerwetter auf dem Anrufbeantworter der Agentur kam das Gepäckstück um 22.00 Uhr ins Hotel. Großartiger Start in den Urlaub. Aber ich finde die Frage zu Orten mit Wahlheimat-Potenzial sehr interessant.« »Wie würdest du darauf antworten? Gibst du Ägypten an?« »Sicherlich. Und Italien. Vor allem Sizilien und Venedig.« Ich öffne die E-Mail in einem neuen Fenster und überfliege den Inhalt. »Mmh. Hast du die hier gelesen? Wie sind Ihnen private Familienurlaube in Erinnerung geblieben?« Ich muss daran zurückdenken, wie mein jüngerer Bruder und ich schon sehr früh als kleine Kinder in immer öfter wechselnden Autos französischer Marken auf den Picknick-Ausflügen unserer Eltern neue Welten entdeckten. In drangvoller Enge, eingekeilt zwischen Kühltaschen und Thermoskannen, machten wir ungezählte Fahrten in so abgelegene Gebiete wie das *Hohe Venn*, zu meiner Tante Dorothea nach Frankreich und später nach Italien, in unser Hauptreiseland. Schon kurz vor der Autobahnauffahrt setzte es die erste Runde Backpfeifen, weil wir beide uns auf den Rücksitzen in die Wolle bekommen hatten. Der Satz »Wenn ihr euch nicht benehmen könnt, dann fahre ich sofort zurück!« war damals angesichts des vollbeladenen Autos nicht ernst zu nehmen. Zum Picknick reichte meine Mutter ihren herrlichen Kartoffelsalat und Wurstbrote. Ach, das schmeckte großartig! Dick belegte Stullen und eine Packung Studentenfutter waren immer Bestandteil einer Mittagspause auf dem Weg in den Urlaub. »Herr Sohn! Ich muss los«, reist er mich aus meinen Gedanken. »Es geht weiter. Wir skypen morgen wieder.« Und schon ist er weg.

05:30 Uhr in der Frühe. Müde Gestalten versammeln sich vor dem Bus nach Chumphon. Die Tür schließt sich und die Insassen fallen ins Delirium. Bangkok schwitzt mit ihnen einen kollektiven *Songkran*-Rausch aus. Langsam löst sich vor uns der Wirrwarr aus Autobahnzubringern auf. Reklameposter für Instantkaffee, Fischsoße und Bier vergilben an den Betonwänden der Vorstädte. Das Grau der Bebauung macht Platz für Ackerflächen und Wasserbecken der Salzkooperativen, die als Unterstützung eine *Songkran*-Armee im Kampf gegen die Verdunstung gebrauchen könnten. Wir passieren goldene Buddha-Statuen und Stupas. Kurz vor Chumphon beginnt der zweite Busfahrer damit, Wasser aus einer halbierten Plastikflasche durch das Busfenster auf vorbeifahrende Motorräder zu schütten. Draußen höre ich das Kreischen der Verkehrsteilnehmer, drinnen das herzhafte Lachen des Fahrers. Der letzte Tag des Neujahrsfestivals ist angebrochen. Das Wasser zapfen sie aus dem Tank für die Toilettenspülung. Nebeneffekt? Kurz vor dem Hafenpier für die Fähre nach Koh Pha Ngan geht auf dem Klo die Spülung nicht mehr und bei offener Tür dringt der Uringestank zu uns nach oben. Wandee an der Rezeption der *Beach Lodge* auf Koh Pha Ngan ist Halbburmesin und begrüßt mich höflich: »*Suk san wan songkran*« – »Frohes *Songkran*, Mister Marcus.« Während meines Aufenthaltes komme ich mit ihr öfter ins Gespräch. Sie hat eine andere Art der *Erneuerung* im Kopf. »Noch fünf Jahre möchte ich als Gastarbeiterin in Thailand arbeiten. Danach geht es zu meiner Familie nach Mawlamyaing im Süden Burmas zurück. Ich besitze Land und werde dort ein kleines Hotel eröffnen.« »Zeit für eine persönliche Veränderung!«, antworte ich, verabschiede mich mit Schnorchel und Maske Richtung Strand und tauche ein in die paradiesische Unterwasserwelt.

Eine Woche später bin ich wieder in den eigenen vier Wänden und mache mich sofort an die Arbeit. Ich sammle Anekdoten und durchforste meine Tagebucheinträge. Mit vielen Ideen im Kopf stelle ich mich dem Gespräch, welches einige Zeit später als Interview im *Fernweh*-Magazin der Firma *Gebeco* abgedruckt wird. Der Titel »*Zwei Kaffee, zwei Reisende, zwei Welten? Ein ›Gespräch*«« ist treffend gewählt. Trotz einer kleinen Schnittmenge bereisen mein Vater und ich tatsächlich geographisch völlig unterschiedliche Welten. Auch was die Art der Reise angeht, haben wir jeweils eigene Vorlieben. Letztendlich spüre ich, dass das Interview in mir etwas ausgelöst hat. Ich merke, wie wenig ich eigentlich über meinen Vater und seine ersten Schritte als Reiseleiter weiß. Welche Veränderungen nimmt man zum Beispiel in einem Land wahr, wenn man es seit Jahrzehnten bereist? Bemerkt man die Veränderungen bei den Einheimischen oder bei den Gästen als Reaktion auf das, was sie vor Ort erleben? Und wie ist es um einen selbst bestellt? Hat mein Vater heute vielleicht eine andere Einstellung zum Reisen und zu Studienreisen im Speziellen als früher? Wie sieht er die Gäste und die Länder heute? Tritt irgendwann eine Art Reisemüdigkeit auf und wenn ja, wie bekämpft er sie? Wie hat er sich wohl motiviert, die Uffizien zum fünfzigsten Mal so interessant zu führen, dass der Funke der Begeisterung direkt überspringt? Der ehemalige *SPIEGEL*-Korrespondent Tiziano Terzani vergleicht am Ende seines Lebens seine Reisen mit *noch einer Runde auf dem Karussell fahren*. Einmal infiziert, kommt man nicht mehr davon los und bittet die Eltern darum, noch eine Fahrt machen zu dürfen. Eine wunderschöne Metapher, denke ich. Das Karussell dreht sich wie das Geschäft mit den Touristen immer weiter im Kreis und gleichzeitig auch um sich selbst. Auf ihm sind einige der im Kreis angeordneten Tiermodelle schon arg in die Jahre gekommen und daher nicht mehr so ganz hübsch anzuschauen. Sie verlieren ihre Farbe, wirken abgenutzt, drehen sich aber trotzdem weiter. Wenn die Zeit gekommen ist, werden sie von den knarrenden Dielenbrettern abgeschraubt und ausgetauscht. So ist es auch mit den Produkten der Reiseveranstalter. In immer kürzeren Abständen muss sich die Branche wieder neu erfinden, denn sie steht eigentlich nie still wie das Karussell, auch wenn manchmal der Motor etwas stottert. Obwohl es in die Jahre gekommen ist, zieht es die neugierigen Besucher wie meinen Vater immer noch magisch an. Fünfzig Jahre sind wirklich eine lange Zeit, in der sich die Rahmenbedingungen sehr verändert haben. Schmerzt es meinen Vater, wenn für ihn einzigartige Orte ihren Charme verlieren? Wie fühlt es sich an, wenn besonders lieb gewonnene Weggefährten, Kollegen und Reisebekanntschaften in den Ruhestand gehen oder die Firma wechseln? Wie hat sich die Studienreise als Produkt gewandelt? Existiert sie noch? Fristet sie ein Nischendasein oder steht sie kurz vor dem Exitus? Je mehr ich mir diese vielen Fragen stelle, desto mehr unbekannte Aspekte tun sich mir auf. Nur eines ist mir klar. Vor jeder neuen Tour sehe ich die enorme Vorfreude im Gesicht meines Vaters. Tatendrang, Begeisterung und die Sehnsucht nach der ihn durchdringenden Wärme des Mittelmeerraumes sind für ihn bis heute die besten aller Heilmittel gegen kleine Malaisen. Er fährt noch eine Runde weiter und genießt die Fahrt aus vollen Zügen. Noch mal nach Italien. Noch einmal raus, noch einmal weg. Es wird nicht das letzte Mal sein, da bin ich mir sicher! Und deswegen mache ich es mir zur Aufgabe, dieser Leidenschaft auf den Grund zu gehen. Das Gespräch als Vorbereitung für das Interview ist somit der Anfang für viele gemeinsame Abende, an denen ich meinen Vater befrage, ja regelrecht ausfrage, um mehr über ihn, über unsere Familie und vor diesem Hintergrund über die Entwicklung der Studienreise sowie des Reisens insgesamt zu erfahren. Letztendlich möchte ich damit auch mehr über mich herausfinden. Für mich ist die Auseinandersetzung mit der Biografie meines Vaters so auch der Beginn einer eigenen Reise, ein Aufbruch.

Heimwehland

Im Stadtzentrum reihen sich die quirligen Basare aneinander. Landwirtschaftliche Produkte, Gewürze und Backwaren finden Käufer, die gestenreich und körperbetont den richtigen Preis aushandeln. Mancher Deal steht kurz vor dem Scheitern, der Käufer will sich wegdrehen, wird jedoch vom Standbesitzer am Arm festgehalten. Wenig später ist das Geschäft per Handschlag unter Dach und Fach, sodass die Ware den Besitzer wechseln kann. Berge von Melonen, Trauben und Kaffee werden überall angepriesen und verkauft. In der Ferne betet der Muezzin, jedoch kläffen Hunde laut dazwischen. Gemüsehändler rollen ihre mit Lebensmitteln beladenen Holzkarren die Bürgersteige entlang und tüchtige junge Männer tragen Säcke voller Zwiebeln und Kartoffeln auf ihren starken Schultern. Touristen feilschen engagiert um aus Gips kunstvoll gefertigte Miniaturen der ägyptischen Tempel, Sphinxen und Ramses-Statuen, während Straßenköter unter den Ständen umherstreunen; die Pharaonen Echnaton und Tutanchamun schauen mich als überzeichnete Popversionen von T-Shirts aus an. »Hast du viele Kinder? Nein? Hier, ein Fruchtbarkeitsamulett. Ist echt! Altes Reich!«, höre ich Händler den vielen ausländischen Gästen zurufen. »Mister, mein Freund. Deutschland? Gut.« Wortfetzen gehen auf Touristenfang und versuchen freundlich meine Aufmerksamkeit zu erhaschen. »Bist du morgen wieder hier? Du fährst mit mir, mein Freund. Ich zeige dir Ägypten. Es kostet nicht viel.«

Assuan ist der südlichste Punkt auf der touristischen Tempelruinenstraße. Anhand der Gesichter der Menschen, die hier ihre

Geschäfte machen, erkennt man sehr gut, dass die Stadt seit jeher ein wichtiger Umschlagplatz auf der Transitroute durch Afrika war. Das Bevölkerungsbild ist gemischt, zahlreiche dunkelhäutige Nubier sind in der Stadt sesshaft geworden. Am Bootsanleger warten die vielen Ladenbesitzer und bedrängen die Gäste. Katzen dösen unter Bäumen vor der Kaimauer. Oberhalb tobt das Geschrei der Obstverkäufer auf den Märkten und das endlose Gehupe der Taxis auf der *Croniche el-Nil*, der Uferpromenade mit Touristenrestaurants, ist zu hören. Jedoch hier am Flussufer vernehme ich das sanfte Gurgeln und Plätschern des Wassers auf den Steinen sowie das Klatschen der Wellen an den Holzrümpfen der dahingleitenden Boote. In den Bäumen melden sich jetzt am späten Nachmittag die Zikaden zurück. Vor mir breitet sich die Nillandschaft aus, die in grünes fruchtbares Land und lebensfeindliche Wüste aufgeteilt ist. Ibrahim reicht mir die Hand und hilft mir an Bord. Seine Feluke nimmt unsere kleine Gruppe auf und steuert auf das andere Nilufer zu. Geschickt manövriert er das Boot und raucht dabei gemütlich eine Zigarette. Seinen Kollegen winkt er noch kurz zu, dann irgendwann fliegt sein Zigarettenstummel im hohen Bogen in das aufgewühlte Nilwasser und weißgrauer Qualm entweicht ein letztes Mal in aller Seelenruhe aus seinem Mundwinkel. Er lächelt mich an und ich erwidere die Geste, bis eine leichte Brise das Hauptsegel der Feluke erwischt und ein Ruck das Boot durchrüttelt. Wir sind in schnelleres Fahrwasser in der Flussmitte geraten. Von hier kann ich nun die in ein warmes goldenes Licht getauchten Lehmmauern am Westufer erkennen. Sie umschließen die kleinen mehr oder weniger immer gleich hohen Häuser aus getrockneten Ziegeln. Ibrahim steuert den Bootsanlegesteg an und lenkt die Feluke seitlich an das Ufer, das nun zu Leben erwacht.

Noch vom Boot aus sehe ich die Welle der Souvenirverkäufer auf mich zurollen. Sphinxen, Pyramiden, Pharaonenköpfe, Papyrusrollen, Hieroglyphentafeln, römische Münzen und das *Aga-Khan-*

Mausoleum als Gipsminiatur sind im Angebot. Alles echt und gerade ausgegraben oder in einem anonymen Grab gefunden. Natürlich! Dahinter warten die Kamelbesitzer auf uns. Ihre Tiere stehen stoisch neben ihnen und werden dann mitgezogen. Sattel und Zaumzeug sind im gleichen recht abgegriffenen Zustand wie die ledernen Umhängetaschen und Geldbeutel ihrer Besitzer. Auf dem Weg, der vom Bootssteg den steilen Hang am Westufer hinaufführt, werden wir begutachtet. Jeder buhlt um Touristen und preist seine Tiere an. Geht man weiter, so laufen die Kamelbesitzer mit ihren nun mürrisch dreinblickenden Reittieren neben einem her. Ich schaue zu Ibrahim zurück, der sich wieder eine Zigarette angezündet hat und froh ist, sich gleich in der Sicherheit seiner Feluke zu einem Nickerchen hinlegen zu können. Es tat gut, dem Ganzen für die Zeit einer Bootsfahrt entkommen zu können. Wie ein über die Jahrhunderte feinsäuberlich choreografiertes Theaterstück erfolgt der Angriff nach immer dem gleichen Schema: der Tourist seufzt, hält sich bereit. Die Jagd beginnt, Gestikulationen begrüßen einen von Weitem, der Tross der Händler setzt sich in Bewegung und der Tourist prüft Ausweichrouten. Diese werden rasch und geschickt versperrt. Der Tourist versucht nun seine Gegner durch schnelleres Gehen abzuschütteln, wird aber durch Sphinxe und Pyramiden gestoppt, die man ihm vor die Nase hält. Aussichtslos. Er bleibt stehen, wieder die Hände in der Luft und Gesten, die Regieanweisungen gleichen. »Guter Preis, guter Preis. Hier, Doktor! Kaufe hier. Ich kann dir alles besorgen. Was brauchst du? Eine römische Münze? Ein Kamel! Kurzer Ritt hoch zum *Aga-Khan-Mausoleum* – nicht teuer. Doktor! Mein Name Ali.« Mohammed, unser *Silent Guide* im Dienst der für die Gruppe zuständigen ägyptischen Tourismusagentur *Travco*, macht seiner Berufsbezeichnung alle Ehre. Er zieht sich leise und unauffällig in den Schatten einer Dattelpalme zurück und lässt seine Landsleute gewähren. Mittlerweile scharen sich zwei Reihen von Kameltreibern um uns. Das Theaterstück wird absurd. Die Kamele trotten lustlos an unserer Seite und ihre Besitzer rücken dichter auf uns zu. Eine energische Dame wiegelt ab, täuscht links an, versucht rechts auszubrechen und stolpert beinahe in ein kauendes Reittier hinein, dessen Kiefer trotz des Trubels ruhige, gleichmäßige kreisende Bewegungen vollzieht. Dann geben die ersten in unserer Gruppe auf. »Wieviel kostet der Trip?« Diese Frage ist der Anfang vom Ende. Ein älterer Gast greift entnervt in seine Hosentasche und Geld wechselt den Besitzer. Schein für Schein und doch immer noch nicht genug. Der Ägypter zieht an einem weiteren Geldschein, denn schließlich ist das Kamel ja eine Züchtung aus pharaonischer Zeit. Der ältere Herr wird auf das Kamel verladen, seine Kamera baumelt in alle Himmels- richtungen, als sich das Tier ruckartig aufrichtet. Schweißgebadet hält er sich am Sattel fest. Der übergroße Strohhut rutscht ihm in die Stirn, aber er traut sich nicht, ihn zurechtzurücken, würde das doch bedeuten, dass er den Sattel dafür loslassen müsste. Seine Beine mit den weißen Unterschenkeln und langen brau- nen Kniestrümpfen in beigen Sandalen stehen im steilen Winkel vom Bauch des Kamels ab. Wie ein Tombolapreis wird der arme Mann mit hochrotem Kopf abtransportiert und zum *Aga-Khan- Mausoleum* befördert. Voller Elan schwingt der Besitzer seine Peitsche auf das Hinterteil des Lasttieres. Zeit ist Geld! Der Rest unserer Truppe bleibt stur und verweigert sich einem Ritt den Hang hinauf. Plötzlich hat der Spuk ein Ende, denn man lässt von uns ab. Eine neue Feluke, beladen mit noch mehr potenzie- len Kunden, ist angelandet. »Doktor hier, Doktor da. Ein gutes Kamel, es heißt Hermann! Nicht teuer. Du gibst Bakschisch.« Die Touristen müssen erobert werden, die Jäger formieren sich und der Belagerungszustand beginnt von Neuem.

Das *Aga-Khan-Mausoleum* thront majestätisch in der Wüste am Westufer des Nils. Rote Sandsteinmauern umgeben das Grab, in dem Aga Khan, alias Sultan Mohammed Schah, der religiöse Füh- rer der Ismailiten-Sekte, und seine Frau gemeinsam ruhen. Unser Reiseleiter erklärt uns die Architektur und die Koransuren, die an den vier Seiten des Grabmahls eingraviert wurden. Von seinem Vortrag bekomme ich jedoch nicht viel mit. Mich fasziniert der Ausblick von hier oben über die Villa der beiden Verstorbenen hinweg auf den Nil. Mir scheint, als habe ein Riese mit seinen Händen den Wüstensand auf Assuan zuschieben wollen, um die Stadt für immer zu begraben. Aber der Nil hat die Apokalypse verhindert, hat sich als fruchtbare Schutzbarriere dem Wirken des Riesen entgegengestellt und die Bewohner der Stadt vor dem sicheren Tod gerettet. So fallen die steilen Sandhänge wie mächtige Bergflanken abrupt zum Nilufer ab und wirken als mahnende Begrenzungsmauern zur libyschen Wüste. Bilder jagen mir hier oben durch den Kopf und ich gleiche Vorstellungen, Ideen und Fantasien mit der Wirklichkeit ab. Aufgewachsen bin ich in Satzvey, einem kleinen Dorf in der Eifel im westlichen Nordrhein-Westfalen. Meine Eltern sind immer schon viel gereist, aber sie verband eine ganz besondere Leidenschaft mit Ägypten. Von unserem Wohnzimmerregal aus blickte eine goldene Statue des jungen Tutanchamun in den Raum. *DuMont*-Kunstreiseführer und Bildbände über die Kunstgeschichte des Mittelmeerraumes ließen sich dort finden. Ägypten war immer allgegenwärtig. Ich erinnere mich an viele Abende im Haus meiner Eltern, an denen ich auf Entdeckungsreise mitgenommen wurde. Mein Vater baute den Diaprojektor auf und richtete die Leinwand aus. Im Kamin brannte ein Feuer runter und das Licht wurde ausgeschaltet. Mein Bruder Thomas und ich saßen gespannt auf dem Sofa, während der Diaprojektor zum Leben erweckt wurde und das Gebläse zu arbeiten begann. Aus dem Kasten zog mein Vater einen Diaschlitten mit fünfzig Bildern heraus, legte ihn vorsichtig ein und der Arm des Projektors griff gierig nach dem ersten Dia. Die Bildschärfe musste anfangs immer manuell nachjustiert werden. Manchmal ließ die Hitze der Lampe im Gerät das Dia sich im Rahmen aufwölben und unscharf werden. Klack, klack, klack, klack, der Schlitten rutschte durch die Führung und Bilder aus einer anderen Welt taten sich mir auf. Ich sah Pyramiden, mächtige Tempelanlagen und eigenartige Fabelwesen aus einer anderen Welt. Größe und Ausmaß dieser fremden Kulturgüter waren überwältigend, jedoch faszinierte mich die Detailfülle noch viel mehr. Auch die Baumeister dieser antiken Wunder litten unter dem *horror vacui*, erläuterte mir mein Vater damals. Ausgehend von der Vorstellung, dass die Natur kein Vakuum kenne, scheuten auch die ägyptischen Künstler vor der Leere zurück und füllten alle Wandflächen mit Darstellungen und Ornamenten. Bis in die letzten Winkel der Tempelanlagen konnte ich Szenen aus dem Leben der Pharaonen erkennen. Hieroglyphen verzierten Säulen und Grabkammern waren mehr Bilderbuch als letzte Ruhestätte der Toten. Die Lichtbilder stellten das alltägliche Leben dar. Es rollten Eselskarren mit Männern in langen weißen Kleidern gehüllt die Straßen entlang. Ochsen pflügten durch saftige grüne Felder und Dattelpalmen ragten in den immer blauen und völlig wolkenlosen Himmel. Ich sah Kamele auf farbenprächtigen Basaren, lernte aber erst später, dass das Geschäft mit den Höckertieren auch sehr nervig sein kann. Die Erklärungen meines Vaters habe ich vergessen, aber die exotischen Abenteuer, die mit einem solchen Vortrag in unser Wohnzimmer und in meine bis dato sehr überschaubare Welt einzogen, habe ich im Herz behalten.

Besonders eindrucksvoll war immer wieder der Nil. Nun stehe ich am jenseitigen Ufer und schaue über Dattelpalmen, deren breite Kronen mit den schweren Fruchtbündeln tief zur Erde geneigt sind, auf den mächtigen Strom hinab. In meinem Rücken bildet die Wüste mit dem Horizont mehr und mehr eine opake Silhouette und kündigt die langsame Einleitung des bevorstehenden Sonnenuntergangs an. Vor mir werden die Insel Elephantine und die Stadt Assuan durch das eindrucksvolle rote Abendlicht immer stärker profiliert. Große Nilbarken mit prall gefüllten Segeln kreuzen auf dem spiegelartig ruhigen Wasser und steuern ihren sicheren Anlegeplatz an. Elephantine liegt wie ein Trittstein mitten im Nil. An der Westseite ragen die staubigen Lehmhäuser der Siedlung direkt an die Steilküste heran. Davor sind zu dieser Stunde schwere Lastschiffe voller dicker Baumwollballen am Ufer vertäut. Deren Besitzer hocken in kleinen Gruppen mit Einheimischen zusammen, rauchen viele Zigaretten und machen die letzten Geschäfte des ausklingenden Tages. Zwischen den Häusern kann ich Frauen in langen Kleidern erkennen, wie sie Krüge auf ihren Köpfen durch die engen Gassen tragen. Rauch steigt auf, die Öfen sind angefeuert und die Menschen bereiten mit Hunger im Bauch ihr Abendessen zu. Elephantine beherbergte das antike Stadtgebiet Assuans bis zur Ptolemäerzeit im 3. Jahrhundert vor Christus und markierte die südliche Grenze Ägyptens zu Afrika. Der Nil als wichtigste Verkehrsader des Landes wird hier durch die Granitbarrieren des ersten Kataraktes gezwungen, welche für die Schifffahrt schon zu damaliger Zeit unpassierbar waren, sodass sich vor der *Elefantenfestung*, so der altägyptische Stadtname, einer der wichtigsten Handelsplätze des Landes für Export- und Importgüter nach und aus dem restlichen Afrika und Nubien im Speziellen bildete. Zwei wesentliche Entwicklungen haben die Stadt aufblühen lassen. Erstens leiteten die Eroberung und anschließende Einverleibung Nubiens in das Ägyptische Reich vor mehr als 4.000 Jahren durch die Intensivierung des Handels mit dem südlichen Nachbarn eine Zeit des Wohlstandes ein. Zweitens erlangte die Stadt zu Beginn des Alten Reiches um 2.750 vor Christus die Monopolstellung als Hauptproduzent und Lieferant des im Land so sehr geschätzten Rosengranits. Die Steinbrüche, die heute im Südosten des modernen Assuans und auch auf der Insel Elephantine liegen, lieferten den begehrten Granit in die bedeutsame altägyptische Nekropole Sakkara in der Nähe von Kairo sowie an die Baustellen der meisten Monumentalbauten des Landes. Auch später, zur Zeit des römischen Kaiserreiches, schufteten die vielen Steinmetze Assuans für Auftraggeber aus Rom, ja selbst die Kaiser des mächtigen Byzanz erachteten den importierten Rosengranit aus Oberägypten als äußerst wertvoll. Leider haben bis heute nur wenige Baudenkmäler aus der spätptolemäischen Blütezeit in Assuan überlebt. Plötzlich merke ich, wie meine Reisegruppe sich von mir entfernt und zu einem kleinen Spaziergang um das *Aga-Khan-Mausoleum* aufbricht. Unser *Silent Guide* Mohammed sitzt mit hochgekrempelten Ärmeln wieder im Schatten, diesmal lässig angelehnt an die Mauer des Gebäudes. Mich lassen der Blick und die wunderbare Abendstimmung nicht los, auch wenn der ältere Herr mich kurz ablenkt, indem er seinen Kamelritt lauthals vor der Gruppe beklagt und sich gestenreich und energisch den Staub von den Innenschenkeln seiner hellgrauen Dreiviertelhose abwischt. Sein Strohhut ist immer noch rebellisch und muss nach jedem dritten Hosenschlag mit der Hand in den Nacken geschoben werden. Er riecht, als hätte er gerade eben noch im Stall gearbeitet. Sein Reittier, das ihn hier hochgetragen hat, wartet indessen nach wie vor kauend und sich keiner Schuld bewusst in einiger Entfernung mit seinem ägyptischen Besitzer, der konzentriert Geldscheine zählt und einen Strohhalm synchron zur Kaubewegung seines Schwielensohlers vom linken in den rechten Mundwinkel wandern lässt. Mohammed schaut mich mit einem breiten Grinsen im Gesicht an und zeigt auf den älteren Herrn. Er hat gewusst, was kommen musste. Dieser war nicht der Erste, der besondere Erfahrungen mit diesem Lasttier der Wüste machen sollte. Kamele beschrieb schon der französische Schriftsteller und Romancier Gustav Flaubert 1849 in einem Brief von Ägypten aus an seinen Schulkameraden Louis Bouilhet: »Zu den schönsten Dingen gehört das Kamel. Ich werde nicht müde, dieses seltsame Tier vorüberziehen zu sehen, das wie ein Puter tänzelt und seinen Hals wie ein Schwan wiegt.« Ihn, der von den Arabern als *Abu Schenep (Vater des Schnurrbarts)* bezeichnet wurde, faszinieren besonders die zu vernehmenden Geräusche: »Kamele haben einen Schrei, den nachzubilden ich mich erschöpfe; ich hoffe ihn mit zurückzubringen, aber es ist wegen eines bestimmten Gurgelns schwierig, das im Hintergrunde des Röchelns, das sie ausstoßen, zittert.« Auch Flaubert machte einen Kamelritt und war anders als der alte Herr begeistert: »Nun, das Kamel macht, was man auch sage, weder seekranke ich, [sic!] noch zerschlägt es einem die Glieder«, schrieb er an Louis Bouilhet. »Wenn es sich übrigens gegen mich benimmt wie das Mittelmeer, werde ich oben auf [sic!] sein, denn du musst wissen, mein lieber Herr, ich bin von allen Passagieren der munterste gewesen, obgleich das Meer hundemäßig war (man rollte, man kotzte, es war prachtvoll). Die ganze Zeit über, elf Tage lang, habe ich gegessen, geraucht, renommiert und bin mit meinen zweideutigen Geschichten, Bonmots, Scherzen, etc., etc. so liebenswürdig gewesen, dass die Offiziere mich anbeteten.«

Ich winke Mohammed und wende mich wieder dem Nil zu. Wie sich doch die besondere geographische und religiöse Bedeutung des Kataraktgebietes gerade hier nachempfinden lässt! Der breite Fluss löst sich vor mir in zahllose Rinnsale und Strudel auf und Wasser überströmt die vielen glänzenden Granitbrocken unterschiedlicher Größe. Vor vielen Millionen Jahren waren in der Landschaft oberhalb Assuans bis weiter nördlich nach Luxor weitläufige, abflusslose sowie brackwasserartige Nilbecken zu finden, die erst mit dem Einsetzen der letzten Eiszeit wieder überprägt wurden. Die Klimaveränderung erlaubte höhere Verdunstungsraten und somit stärkere jährliche Niederschläge im äthiopischen Hochland, die den Nil und seine Zuflüsse mächtiger werden ließen. Die Pegel der Nilbecken stiegen an, bis die Wassermassen sich ihren Weg über die Ränder Richtung Norden bahnten. Allmählich schuf die erodierende Kraft des Nils Katarakte zwischen den Einzelbecken. Die sommerlichen Zenitalregen im Quellgebiet des Flusses verursachten früher wie heute die Nilschwemme, die für Jahrtausende jedes Jahr auf dem Höhepunkt der Trockenheit im Sommer das Land wieder fruchtbar werden ließ.

Zwei Kilometer südwestlich von Elephantine befindet sich die Insel Sehelnarti, deren stark ausgewitterte Granitblöcke schon von weitem bei der Anfahrt mit dem Segelboot zu sehen sind. Auf der südlichen Anhöhe lag früher über dem gurgelnden Wasser ein

Tempel, der dem Kataraktgott Chnum und seiner Frau Satis, die auch als die Herrin von Sehelnarti bezeichnet wurde, geweiht und über einen kleinen Prozessionsweg vorbei an Felsbildern zu erreichen war. Felsinschriften zeugen von der Anwesenheit Reisender, die auf dem Weg nach Nubien ein letztes Mal an einem heimatlichen Heiligtum Halt machten, um für ihre Reise zu beten und den Segen der hier ansässigen und wirkenden Götter sowie den Schutz des Königs mit auf den Weg in das Ausland zu nehmen. Bedeutsam ist auf der östlichen Kuppel die sogenannte *Hungersnot-Stele* mit einer Textinschrift, die fiktiv in die Zeit König Djosers um 2.650 vor Christus datiert wurde. Der Text berichtet von einer siebenjährigen Hungersnot, die den Pharao Djoser veranlasste, den Gelehrten und großen Baumeister Imhotep damit zu beauftragen, den Ursprungsort der alljährlichen Nilüberschwemmung endlich zu ergründen. Nach Einsicht uralter Schriften machte Imhotep die Insel Elephantine aus und Djoser besänftigte die dortigen Gottheiten Chnum und Satis mit zahlreichen Opfergaben. Im Traum erschien ihm dann der Kataraktgott in seiner Funktion als Hüter der Nilquellen und sicherte dem Pharao eine Blütezeit in Ägypten zu. Daraufhin versprach ihm der glückliche Djoser eine reiche Ernte als weitere Opfergabe für seinen Tempel aus dem nubischen Zwölfmeilenland südlich von Elephantine. Die *Hungersnot-Stele* unterstreicht somit die große Bedeutung der Kataraktgegend um Assuan als mystisches Quellgebiet des Nils, der hier dem Glauben der Ägypter nach aus dem Inneren der Erde hervorquillt und damit die Keimzelle der Lebensfähigkeit und Fruchtbarkeit des ganzen Landes ist, das ausnahmslos von den lebensspendenden Fluten des Flusses abhängig ist. Und in der Tat scheint es beim Anblick der Strudel, als würde überall zwischen den Steinen Wasser aus der Unterwelt an die Oberfläche dringen und den Nil hier entstehen lassen. Über Jahrtausende standen in einem Felsschacht auf der Insel Elephantine Tag und Nacht Männer und maßen nach, ob der Gott Chnum auch wirklich die verborgene Quelle am Katarakt von Syene (Assuan) öffnete und das Wasser auf mindestens vierzehn Ellen ansteigen ließ, damit Ägypten ein erntereiches Jahr beschert werden würde. In 5.000 Jahren hat sich an dieser grundsätzlichen Situation eigentlich nichts geändert. Der als fruchtbare Gottheit dargestellte Chnum ist heute von dem modernen Assuan-Staudamm abgelöst worden. Die Notwendigkeit, Opfer zu erbringen, ist indessen bestehen geblieben. Ich blicke wieder zurück zu unserem *Silent Guide*. Mohammeds Zigarette ist sicher als Rauchopfer zu verstehen. In einiger Entfernung zu unserer Gruppe, die zu mir zurückgekommen ist, wartet der Kameltreiber mit seinem Strohhalm im Mund. Aus dem Augenwinkel heraus beobachtet er uns und lotet seine Chancen aus, ein weiteres Geschäft zu machen. Der Strohhalm wackelt nervös in seinem Mundwinkel, sein Reittier hat das Kauen eingestellt und sein Gesicht verharrt ausdruckslos. Kinder mit Gipsminiaturen des *Aga-Khan-Mausoleums* laufen uns winkend entgegen. »Bakscheeeeeesch! Souveeeeeeenir! Mausoleeeeeeeum!«, höre ich sie schreien. Der ältere Herr nimmt sein Schicksal in die eigenen Hände, Opfer hat er schon genug in Form seines schmerzenden Hinterteils im Sattel erbracht. Die Hand auf den Hut, Kamera an die Brust gedrückt, eilt er forsch an uns allen vorbei, würdigt den Kamelbesitzer keines Blickes und jagt Ibrahim entgegen, der in seiner Feluke auf uns wartet. Unser Reiseleiter braucht daher nicht mehr das Signal zur Rückkehr nach Assuan zu geben. Vor dem Boot erwartet uns ein Déjà-vu. Noch mehr Souvenirhändler, Kameltreiber und Inhaber weiterer Feluken freuen sich sehnsüchtig auf unsere Ankunft. An Flucht ist nicht zu denken, die Lage erscheint aussichtslos. Doch plötzlich ruft unser *Silent Guide* Mohammed ihnen allen etwas auf Arabisch zu und wie von Geisterhand öffnet sich die Menschenmenge. Die Jäger treten zögernd zur Seite und lassen uns und allen voran den älteren Herrn zu Ibrahim durch. Mohammed überreicht ein dickes Bakschisch-Bündel und wird mit Dank überschüttet sowie freundlich verabschiedet. Mit uns kehren weitere Touristen zurück, wählen aber ständig, so hört sich das laute Lamentieren der anderen Bootsbesitzer an, die falschen Boote für die Rückfahrt nach Assuan aus. Während wir das Ufer verlassen, sehe ich die Sonne am Horizont untergehen. Mit den letzten Sonnenstrahlen werden die Kamele fortgeführt. Aufeinander gestapelte und aneinander gekettete Sattel sowie tellergroße Kamel-Köttel bleiben zurück. Wenig später werden ihre Besitzer bei Tee oder Schnaps zu Hause den Tag ausklingen lassen.

Ibrahim bringt uns sicher nach Assuan zurück. Neben Sternen, die auf der Wasseroberfläche zwischen Müll und Algenteppich glitzern, mache ich in der Entfernung die Lichter der Uferpromenade sowie ein einzelnes erleuchtetes Minarett aus. Flussabwärts liegen die Nilkreuzfahrtschiffe in Zweier-, Dreier-, und Viererreihen streichholzartig hintereinander und sind fein säuberlich nach Größe vertäut. Hinter mir hat sich längst der Schleier des endlosen Himmelsgewölbes auf das *Aga-Kahn-Mausoleum* sowie die angrenzende Wüste gelegt. Das Kataraktgebiet kommt zur Ruhe. Wir ruckeln sachte so lange an der Kaimauer, bis alle Gäste ausgestiegen sind und sich bei Ibrahim bedankt haben. Mein erster ereignisreicher Tag in Ägypten neigt sich dem Ende entgegen.

1989 sah ich zum ersten Mal in meinem Leben die Exotik des Orients. Andere Gerüche, bunte Märkte, heißer Wüstensand und die enorme Hitze Afrikas – alles war neu und so ganz anders als die Dias es vermitteln konnten, die zuvor daheim vom Projektor im Wohnzimmer auf die Leinwand projiziert wurden. In Ägypten war ich damals fünfzehn Jahre alt und unser Reiseleiter auf dieser *Dr.-Tigges*-Studienreise war mein Vater Burkhard Hillerich.

Heute knapp dreißig Jahre später sitzen wir beide vor alten Fotoalben und schauen uns gemeinsam Bilder, Dankschreiben und Postkarten an. Mein Vater feiert sein fünfzigjähriges Jubiläum als Studienreiseleiter. Im letzten Jahr ist er noch einmal in Ägypten gewesen. Ich sitze am Computer und scrolle durch seinen jüngsten Lichtbildervortrag über das Land am Nil. »Ägypten assoziiere ich immer mit der ersten großen Erweiterung der *Dr. Tigges Studienreisen*«, sage ich. »Weg vom klassischen Mittelmeerraum.« Er denkt einen Moment nach und antwortet dann. »Das lief eigentlich parallel dazu. Wann die erste Studienreise kam, weiß ich nicht mehr genau. Ich erinnere mich nur, dass wir mit Ägypten mit 3.000 Buchungen im Jahr das dickste Standbein von den wohl insgesamt 9.000 Buchungen bei *Tigges* in dieser Zeit hatten. Manchmal waren wir mit drei bis fünf Gruppen gleichzeitig dort«, fügt er hinzu. »Und das war in den Achtzigerjahren?« »Genau. Die Hochzeit des Reisens dort – lass mal schauen.« Er dreht sich auf seinem Stuhl zum Regal um und holt einen dicken Ordner hervor. »Da nicht, da auch nicht. Mein Gott, wie die Zeit vergeht. Das ist ja nicht zum Aushalten«, murmelt er vor sich hin, während er die Seiten durchblättert. »Schau mal hier, Marcus, wie ich ausgesehen habe.« »Ein junger Mann mit Hornbrille«, sage ich und sehe mir das Foto meines Vaters an, der vor dem Petersdom in Rom locker in weißem Hemd und blaugrauem Cord-Sakko steht und in ein Gespräch mit seinem Kollegen vertieft ist. Am Revers hängt ein weiß-rotes Namensschild mit dem damaligen *Tigges*-Logo. Hinter ihm sieht man in der Mitte des Platzes den ägyptischen Obelisken, der aus dem *Circus des Caligula und Nero* stammt, in dem Petrus der Überlieferung zufolge hingerichtet wurde. Im Fuße des über 320 Tonnen schweren Obelisken soll die Asche von Caesar aufbewahrt sein. Mein Vater zeigt auf das Bild: »Der hier neben mir ist Menneken, der Schwiegersohn von Hubert und Maria Tigges.« »Das war zur Zeit der Pilgerfahren Anfang der Siebziger, nicht wahr?« »Ja, er hat später eine Tochter von Hubert und Maria Tigges geheiratet. Ursula Tigges.« Menneken sieht mit Krawatte und eleganter Umhängetasche aus Leder seriös aus. Seine Hände verschränkt er vor der Brust. Leicht vorgebeugt steht er da und scheint aufmerksam zuzuhören. Sein Gesichtsausdruck ist regungslos. »Ja, Ja, aber das wollte ich dir ja jetzt gar nicht weiter zeigen … Mann!«, unterbricht er sich selbst und setzt dann neu an: »Also, die Hauptzeit in Ägypten war so um 19 ... wie ich glaube .... so um 1982 bis 1990. Acht Jahre lang.« Dann schaut er mich an und fragt: »Wann warst du denn mit?« Das ist für mich einfach zu beantworten. Ich zeige ihm den Flugschein in meinem Fotoalbum: »29. Dezember 1989 bis 05. Januar 1990. Damals sind wir beide mit *Egypt Air* geflogen.« »Mit Never-Come-Back-*Air*?« »Mit *Inschallah Air*!«, bestätige ich und schaue mir das alte Ticket an. »Flug nach Assuan – Boarding Time um 04:00. Das war ne verdammt kurze Nacht in Kairo.« »Also, noch einmal. 9.000 Buchungen würde ich sagen. Vorher war auch schon immer Ägypten, aber nicht in diesem Ausmaß«, kommt er wieder zurück zu meiner Frage. »Die Kunden hatten plötzlich mehr Geld und im Land herrschte eine Zeit der politischen Entspannung. Nach Nasser. Er hatte den Hochdamm zu Assuan bauen lassen. Danach kam Muhammad Answar as-Sadat. Der neue starke Mann löste das Land aus der engen Bindung zur Sowjetunion und erhielt später den Nobelpreis für seine Bemühungen im Friedensprozess mit Israel.« Mein Vater blättert ein paar Seiten weiter. »Schau hier. Ab 1995 war ich öfter in Israel und Jordanien.« Wieder zögert er: »Mensch, das sind ja auch Bilder! Wie unglaublich jung man da war.« »Kennst du den? Der Reiseleiter als Arafat«, sage ich. »Wer ist das? Ich?« »Ja« antworte ich und nehme mein Bild zurück, das ihn mit arabischem Gewand und typischem Schal während des Kostümfestes in der Silvesternacht auf dem Nilkreuzfahrtschiff zeigt. »Das ist ja köstlich!«, ruft er. »Da haben wir lecker gegessen.« Ich blättere ein paar Seiten weiter in meinem Fotoalbum, das mein Vater mir mit vielen handschriftlichen Erläuterungen zu den Bildern nach der ersten gemeinsamen Vater-Sohn-Fahrt außerhalb von Europa geschenkt hat. »Lecker gegessen haben wir immer«, stimmt er mir zu. Sogar das Silvestermenü hat er in mein Album geklebt und dabei sehr eigenwillig und lustig die einzelnen Gänge für mich übersetzt: Vorspeisen: aus *Pate de Cervelle mit Sauce Provencale* wird *Gehirnpaste, erst nach Genuss erkannt.* Aus *Caviar Mousseline* wird *Kaviar mit gemischten Gefühlen.* Der dritte Gang findet bei ihm mehr Zustimmung: aus *Consommé Monte Carlo aux Efllives de Martell* wird *Suppe – Genuss in vollen Zügen*. Das *Sorbet au Champagne* findet er *erfrischend, aber ohne Geschmack*. Fisch, Fleisch und *Dessert 1990* sind erstklassig, *Cafe* wird mit *abgewiesen* kommentiert. Das nächste Bild zeigt uns alle im Speisesaal des Schiffes. Seine Randbemerkung trifft den Nagel auf den Kopf: *Nach sieben Gängen wirken alle etwas angeschlagen*. Dann gehe ich zur nächsten Seite über und er erkennt den Ort sofort: »Assuan, da waren wir auch. Da sind wir zum *Aga-Khan-Mausoleum* hinaufgelaufen. Ein Gast saß auf so einem blöden Kamel und hatte schon einen Wolf, als er oben ankam.« Sein Finger zeigt ein weiteres Mal auf eines meiner Bilder. »Da ist er ja begraben. Er war der Führer der Ismailiten, einer indisch-orientalischen Religionsgemeinschaft.« »Stimmt«, sage ich und füge hinzu: »Aga Khan war doch mehr oder weniger in Zentralasien aktiv. Wieso ist der denn eigentlich in Ägypten begraben worden?« »Weil er erst später in Assuan gelebt hat, der für ihn schönsten Stadt der Welt, und mit Blick auf den Nil beerdigt werden wollte. Seine Frau Yvette Labrousse war internationaler Jetset. Sie hieß einfach nur die *Begum* und war ein beliebtes Klatsch- und Tratschobjekt der damaligen Boulevardpresse. Nach seinem Tod ging sie, so sagte man, von ihrer Villa, die etwas unterhalb des *Mausoleums* liegt, jeden Morgen zu ihm hoch und legte ihm eine einzelne rote Rose auf den Sarg.« Mein Vater ist nun in Gedanken und schaut nach einiger Zeit zu mir auf: »Ach Marcus, das war die Zeit. Ich sehe gerade hier das Jahr. 1987 – *Dr. Tigges Fahrten*. So hießen wir früher. Angefangen habe ich mein Fotobuch mit den Erinnerungen an meine Tätigkeit als Reiseleiter 1975.«

Dieses Buch ist eine Reise zurück in die Vergangenheit. Es enthält ausschließlich Bilder und Briefe, die mein Vater von seinen Gästen als kleines Dankeschön nach einer Studienreise erhalten hat. Auf vielen Bildern sehe ich ihn vor berühmten Bauwerken in Ägypten. Meistens ist er mitten bei der Arbeit. Die Schnappschüsse präsentieren ihn, wie er auf ein Bauwerk zeigt und einen Vortag hält. Andere Bilder wiederum fangen etwas von der besonderen Atmosphäre ein. Entweder hört die Gruppe andächtig zu oder sie folgt seinem Blick, der auf Tempel oder Grabanlagen gerichtet ist. Ein Bild lässt die Erschöpfung einiger Teilnehmer erahnen. Sie sitzen müde im Schatten der großen Säulenhalle von Karnak in Luxor. Ein weiteres gelblich vergilbtes Foto zeigt meinen Vater neben Jean-Philippe Lauer. Die Bildunterschrift lautet kurz und knapp: »Prof. Lauer – 92. Jahre. Bei der Arbeit in Sakkara.« Mein Vater hat den berühmten Ägyptologen 1987 mit damals 92 Jahren vor der weltbekannten Stufenpyramide getroffen. Professor Lauer ist trotz der Wüstenhitze akkurat gekleidet und trägt unter einer leichten beigen Jacke ein weißes Hemd mit dunkelgrauer Krawatte. In der Hand hält er ein Buch, Karten und ein rotes Maßband. Als Architekt kam er 1926 nach Sakkara und erforschte die altägyptische Nekropole sein ganzes Leben lang, länger als Imhotep selbst, der um 2.720 vor Christus dieses imposante Grabmal für seinen Pharao Djoser erschuf. Der Franzose ist zudem als erster Forscher in Djosers Südgrab eingedrungen und hat dort die berühmten Wandreliefs entdeckt. Als Jean-Phillipe Lauer im Alter von 99 Jahren in Paris starb, gab ihm die Tageszeitung *Libération* den Namen »*Vater der Pyramide – le père de la pyramide*«. In Sakkara nannten ihn die Arbeiter liebevoll »*den von den Göttern Vergessenen*«. Beim Anblick dieser auf Fotografien festgehaltenen Erinnerungen frage ich meinen Vater, was für ihn die Faszination an Ägypten ausgemacht hat. Er denkt einen weiteren Moment nach und antwortet dann: »Das ist das Ägypten der Menschheitsgeschichte. Die Wiege unserer gesamten abendländischen Kultur. Die Frage der Kosmologie, die uns im Abendland so interessiert. Die Frage, welche Wissenschaften die Ägypter schon auf den Weg gebracht hatten. Die Frage, welch eine unglaubliche Perfektion sie durch Erfahrung erlangen.« Er meint damit zum Beispiel die Präzision, die die Ägypter bei der Vermessung mittels Königsellen und Handflächen und ohne Kenntnis des Satzes des Pythagoras erreichen konnten. Dabei waren sie in der Lage, beispielsweise beim Bau der weltbekannten Cheopspyramide ein fast vollkommenes Grundrissquadrat zu erschaffen – eine enorme Leistung! »Alle diese Aspekte sind hochspannend«, nimmt er den Faden wieder auf. »Das ist die Faszination, die beim Reisen zum vertieften Verständnis führt. Das *Wissen von den Dingen* und die *Einarbeitung* können den vertieften Zugang zu einer Kultur ermöglichen. Es ist das Gefühl der extremen Spannung, die so motivierend ist, dass man sagt: *Da beschäftige ich mich jetzt mit* – das macht Ägypten für mich aus! Darum ist mir keine einzige Arbeit, die ich hier am Schreibtisch tätige, langweilig.« Gemeinsam wenden wir uns neuen Bildern zu, die mein Vater im Herbst 2014 gemacht hat. Was stellt man wohl fest, wenn man über Jahrzehnte das Land am Nil besucht hat? Welche Veränderungen sind sichtbar? Was bedauert man als Reisender, der regelmäßig wiederkehrt, was überrascht einen positiv? Wie richtet sich ein Land auf wachsende oder sinkende Besucherzahlen ein, auf terroristische Anschläge sowie politische Instabilität? Wie abhängig ist es und welche Konsequenzen hat dies für den Staat und seine Gesellschaft? Unendlich viele Fragen geistern mir im Kopf herum. Seine Einschätzung interessiert mich und ich muss über seine Antwort schmunzeln. »In Ägypten gibt es keine Veränderungen! Gut, die Abwicklung des Geschäfts mit den Touristen hat sich gewandelt und, wie ich finde, zum Positiven. Das liegt aber auch daran, dass einfach zu wenige Ausländer momentan Ägypten bereisen. Damals wurde das Land ja überrannt. Aber das ist vorbei – es ist Geschichte! Insofern hat man gut daran getan, die strukturellen Dinge des Tourismus, also zum Beispiel die grauenhaften Souvenirgeschäfte, ein bisschen besser zu organisieren. Die ein oder andere Grabung hat man den Besuchern leichter zugänglich gemacht. Aber passiert ist sonst gar nichts!« Er denkt einen Moment nach und fährt dann mit erhobenem Finger fort: »Ist ja auch logisch, die Genetik von ägyptischen Kustoden an den Gräbern kann sich nicht einfach so schnell verändern. Es braucht noch mindestens 10.000 Jahre, bis das Gen der Geldgier von der Evolution abgeschafft wird.« »Herrscht dort immer noch diese Bakschisch-Kultur?«, frage ich nach. »Ja, natürlich. *Make you a good price, doctor*!« »Unfassbar!«, antworte ich. »Klar, aber du musst wissen Marcus, dass dies ja auch die Sache so liebenswert gemacht hat. Wenn sie dich beschissen haben, haben sie sich an dich erinnert. Wenn du zum Grab gekommen bist, riefen die Kustoden schon von Weitem nach einem und gaben dir dann ein Küsschen auf die linke und rechte Wange. Dabei waren ihre Bärtchen immer in eine Wolke von Knoblauch gehüllt. Der Knoblauch kam aus den Kopfzähnen heraus.« Mein Vater ahmt die Begrüßung nach und verzieht das Gesicht, als würde er heute noch das Gewürz riechen. »Sie begrüßten uns immer mit *Salam Doktor*. Wir waren ja alle Doktoren für sie. Das ist unvergesslich.« Das nächste Bild zeigt den *Silent Guide* Mohammed und meinen Vater, wie die beiden vor einem Kamel stehen, das auf dem Boden hockt und in die Kamera schaut. Am Kopf sind viele bunte Stoffbommel angebracht. Mohammed trägt ein langes weiß-rot gestreiftes Gewand und kratzt sich am Hals. Neben dem Bild hat mein Vater handschriftlich »Nilkreuzfahrt – Herbst – 1984« eingetragen. Mohammed war der Verbindungsmann zwischen der ägyptischen Tourismusagentur und dem ausländischen Reiseveranstalter, der in Person der Studienreiseleiter vor Ort aktiv war. Er hatte laut meinem Vater zwei Gesichter. Tagsüber mimte er vor den Touristen den guten frommen Moslem und abends trank er dann gerne auch mal einen leckeren Cognac. Er kannte sich exzellent aus, beherrschte zwar nicht unbedingt das Hintergrundwissen aus der Wissenschaft, aber er wusste genau, wo die wichtigen Details zu sehen waren. Er konnte hervorragend beschreiben und sprach sehr gutes Deutsch. Das machte ihn als *Silent Guide*, also als den im Hintergrund operierenden und für den reibungslosen Ablauf mit den Behörden verantwortlichen Offiziellen für die Studienreiseleiter so äußerst wertvoll. Mit Blick auf das Foto erzählt mein Vater die nächste Geschichte: »Mohammed hat mich oft ins Messer laufen lassen, weil er der Einzige war, der eine ägyptische Reiseleiterlizenz hatte. Er ist immer zu den Tempeln oder Gräbern mitgegangen, hat sich dann aber draußen vor der Anlage immer öfter in die Sonne gesetzt und entweder geschlafen oder in aller Seelenruhe eine Shisha geraucht. Und ich wurde in der Zwischenzeit verhaftet! Und! Mir wurde der Pass abgenommen, obwohl der Schurke von Wächter mich schon seit Jahren kannte, da ich ja vier bis fünf Mal pro Saison dort war und Gruppen führte. Einfach war das: erst verhaften, dann Bakschisch fordern und danach mit Küsschen auf die Wange wieder freilassen. Ein sehr gutes Geschäft!« »Verrückt!«, antworte ich. »Marcus, ich kann dir überhaupt nicht beschreiben, wie Mohammed und ich gemeinsam gelacht haben. Es war einfach ein Spiel, das gespielt werden musste. Diese Ortsbullen waren die hinterlistigsten aller Soldaten und gleichzeitig meisterliche Geschäftsleute. Sie hatten keine Uniformen an, sondern zugeschnittene auf Taille genähte Felldecken. Einfach grandios! Schau hier! Etwas südlich von Assuan steht ja *Kom Ombo*, die Tempelanlage, in der getrennt voneinander die Gottheiten Sobek und Horus verehrt wurden. Der Ortsbulle dort war ein liebenswerter Kerl, und doch hat er mich jedes Mal auf ein Neues übers Ohr gehauen, indem ich wieder verhaftet wurde. Mohammed musste dann für mich das Bakschisch zahlen. Von dreißig US-Dollar Lösegeld hat sich Mohammed zwanzig selbst in die Tasche gesteckt und den Rest bekam der Tempelwächter. Danach hat er sich sehr freundlich bei mir mit *Sabachaher Emir (Einen guten Morgen, mein Prinz)* verabschiedet.« »Mafia, oder?« »Reinste! In Luxor ist mir das anfangs auch häufig passiert. *Wo ist dein Silent Guide?* wurde ich gefragt. Nicht immer reichte ihnen meine Antwort *Mohammed kommt!* und so ließ man mich wie einen Depp vor dem Eingang warten.« Ich selbst erinnere mich an eine Begebenheit auf meiner Ägyptenreise, wo ein Gast meiner Gruppe mit Blitz in einem Königsgrab fotografiert hatte und dann mit viel Geschrei und Gestikulieren von den Kustoden aus dem Grab gezogen wurde. Ruckzuck war die Kamera weg und nur nach einem satten Bakschisch war alles wieder in Ordnung. Als ich dies meinem Vater erzähle, erwidert er: »Natürlich, wenn du jedoch die Kohle vorab bezahlt hast, ging von denen erst gar keiner mit ins Grab und du konntest fotografieren, soviel du wolltest. Die machten für dich sogar noch Licht, indem sie äußerst geschickt mit großen Spiegeln eingefangene Sonnenstrahlen in den allerletzten Winkel der Totenstätte lenkten. Perfekt ausgeleuchtet brauchtest du so keinen Blitz. Das war eine richtige Dienstleistung! Aber das Allerschlimmste war ja nicht das Blitzlicht, sondern das elende Schwitzen. Die ausländischen Gäste trugen häufig Achselhemdchen und kurze Hosen. Besonders unpassend für ein Grab gekleidet, gingen alle zum gemeinsamen Transpirieren in die Kammer. Die Schwüle, die Feuchtigkeit und dazu noch das Blitzlicht. Kannst du dir vorstellen, wie freudig erregt die dort ansässigen Algen waren? Was für eine Sauerei! *Herr Hillerich, ist das eigentlich alles echte Farbe hier?* wurde ich immer wieder gefragt. *Ja selbstverständlich* habe ich geantwortet, *aber wir fragen ja auch keine Damen, ob alles echt ist, wenn sie sich morgens ein bisschen Rouge auf die Wangen aufgetragen haben.* Das ist ja dasselbe. Auch in den Gräbern hat man in regelmäßigen Abständen ein wenig Schminke nachgelegt. Sonst wäre die Farbe ja auch nach 3.500 Jahren weg und man könnte jetzt nicht mehr sehen, wie die Ägypter sich zum Beispiel zur Pharaonenzeit das Jenseits vorgestellt haben.«

Heute, knapp dreißig Jahre nach meiner *Dr.-Tigges*-Reise, kann ich mich nach wie vor sehr gut an die vielen lebendigen Darstellungen an den Felswänden der Grabkammern erinnern, besonders an die in *Deir el-Medina*, wo die Arbeiter und Künstler lebten, die die Gräber im Tal der Könige geschaffen haben. Meine Bilder im Gedächtnis sind noch so frisch, weil gerade dort eben keine kryptischen oder kodifizierten Totentexte zu sehen waren, die erst einmal entschlüsselt werden mussten. Im Tal der Arbeiter sah ich die einfachen Vorstellungen vom Jenseits klar und deutlich. Diese Darstellungen waren für mich wie ein Weg durch die grandiose Götterwelt und halfen mir, die religiösen Vorstellungen der Menschen zu verstehen. Wie in vielen Kulturen war auch hier die Religion der zentrale Auftraggeber der Kunst. Religiöse Überzeugungen und Auffassungen nehmen in den dargebotenen Kunstwerken Gestalt an und führen über die Bewunderung der Ästhetik zu einem tiefgründigen Verständnis. Egal wo, in Ägypten sahen die Menschen die Abbilder ihrer Götter nicht als simple Objekte, sondern als reale, vor Ort anwesende Wirklichkeiten, insofern sie nämlich in ihnen wirkten und für die Menschen zugänglich waren. Der Nilgott Chnum ist ein sehr anschauliches Beispiel für diese Vorstellung. Im Gebiet des Kataraktes um Assuan wirkte er für die Menschen und bescherte ihnen mit der alljährlichen Nilschwemme eine reiche Ernte, ja mehr noch, er war verantwortlich für neues Leben und Fruchtbarkeit. Daran deutlich werden wesentliche Grundfragen der altägyptischen Religion, nämlich die von der Schaffung und Erhaltung des Lebens sowie der Fortdauer über den Tod hinaus. So ist die Ewigkeit nach dem Glauben der Ägypter das Resultat zweier Elemente. Erstens wird die Schöpfung als der Akt des Beginns, des ersten Mals, erachtet und zweitens resultiert die Fortdauer des ewigen Lebens aus der Kombination oder der Wechselwirkung zwischen der fruchtbaren Muttergestalt, die empfängt und Leben schenkt, und der Sohn- und Vatergestalt, die geboren wird und selbst Leben zeugt. Eine Möglichkeit, Mutter, Sohn und Vater zu einer Einheit zusammenzufügen, ist die Darstellung von Triaden, also von Götterfamilien, wie zum Beispiel der wohl bekanntesten, nämlich der von Osiris, Isis und Horus. Isis ist die Throngöttin im Himmel und Osiris ihr Gatte. Als Gott des Jenseits beziehungsweise als Richter über die Toten im Reich der Unterwelt ist er nach dem Verständnis der alten Ägypter der Totengott. Gleichzeitig gilt er aber auch als *Sitz des Auges*. Er wird also als Träger des Sonnenauges dargestellt und ist somit für den Akt der Verjüngung und der Wiedergeburt der Sonne zuständig. Da die ägyptischen Pharaonen auf Erden als Söhne der Himmelsgötter verstanden wurden, regierten sie nicht nur vom Thron aus im Diesseits, sondern befanden sich gleichzeitig im Himmel. Starb die Sonne im Westen am Ende eines Tages, so wurde das Schicksal des Pharaos besiegelt, da er mit ihr im Tode verschmolz, um verjüngt aus ihr wieder aufzustehen. Die Wiedergeburt danach erfolgte in Form des Horus, der als neue Sonne am nächsten Morgen im Osten am Horizont aufging und den Pharao als Sohn des Osiris auf den Thron steigen ließ. In der vorägyptischen Zeit war Osiris eigentlich ein Korn-Gott. Das Korn kommt in den Boden und muss sterben, um neues Leben zu erzeugen. Somit wurde Osiris auch zu einer Fruchtbarkeitsgottheit. Diese Vorstellung von zyklischen Vorgängen hat man immer weiterentwickelt und sie ist zum Beispiel beim Ansteigen des Nils zur Regenzeit als auch im Versiegen der Fluten während der Trockenzeit zu erkennen. Der in den Nilfluten mitgeführte nährstoffreiche Schlamm legte sich weit über die Ufer hin auf das Land und belebte mit seiner Fruchtbarkeit die Niloase auf ein Neues, bis in der Trockenzeit das Sterben der Vegetation in der Gluthitze der Wüstensonne den Tod einleitete. Die Menschen huldigen ihren Göttern in den prächtigen Tempelanlagen des Landes, die durch gewaltige Außenmauern und Tore böse Einflüsse von ihnen fernhalten sollten. Ihre Außen- wie Innenwände zeigen Darstellungen der Pharaonen, des Lebens und des ewigen Zyklus von Tod und Wiedergeburt. Dabei war der Pharao zu Lebzeiten göttlich dank seiner Abstammung. Im Tod wurde er zum Gott dank der Bestattungsrituale, die ihn rein, einbalsamiert und mit reichen Gaben auf die Reise in die Unterwelt schickten und wo er dann dort in der Gestalt des Osiris mit dem Urgrund zu einer Einheit verschmolz. Die alten Ägypter stellten sich das Pharaonengrab als Wohnstätte für die Ewigkeit vor. Aus mächtigen Steinen gebaut oder in den Felsen getrieben sollte es sie überdauern. Ihr Ort war auch geographisch im Jenseits, nämlich auf der Westseite des Nils, dort wo die Sonne unterging. Für mich schon als junger Mensch waren die Gräber besonders eindrucksvoll. Auf meiner Reise damals halfen mir die Malerei und Reliefkunst, die Vorstellungen von Diesseits, Jenseits, Ewigkeit und Wiedergeburt ein wenig zu verstehen. Ich erinnere mich nicht mehr an die großen Zusammenhänge des abgebildeten ägyptischen Kosmos oder der Begräbnisrituale und des Totenkultes, aber einzelne Bilder sind mir dennoch im Kopf geblieben, weil ich sie mit der Landschaft draußen abgleichen konnte. Die Verknüpfung mit der Niloase ist allgegenwärtig. Ich konnte den Pharao als guten Herrscher und Hirten sehen, wie er sein Volk mit Nahrungsmitteln versorgt. Er lässt über die Nilschwemme das Land gedeihen, sodass Tiere fressen und die Menschen Äcker und Felder kultivieren können. Überhaupt haben die damaligen Künstler Szenen des Alltags an die Grabwände gezaubert. Da die Gesellschaft ein Bauernvolk war, sind Bilder aus der Landwirtschaft zentraler Bestandteil der Reliefarbeiten in den Gräbern. Zum einen war die Ernte Voraussetzung für die Versorgung des toten Pharaos im Jenseits, zum anderen brachte sie reichlich Auskommen und Wohlstand. So sind vielerorts Bauern zu sehen, wie sie die Felder bestellen oder ihren Herren Getreide liefern. Die Landbevölkerung befindet sich unter der Knute der wachsamen Steuerbeamten, die akribisch Abgaben kontrollieren und säumige Bauern abführen. Auf dem Ackerland arbeiten die Fellachen, die Angehörigen der Ackerbau betreibenden Bevölkerung. Hier wird gesät, dort reifes Getreide geerntet. Männer durchziehen die Felder präzise mit der Messschnur und schätzen die Ernteerträge. Danach schneiden Landarbeiter den Weizen ab und Frauen sammeln in Körben die auf dem Boden liegenden Ähren ein. Körbeweise landet das Getreide auf dem großen Dreschplatz, wo die Menge gemessen und wiederum sorgfältig von Beamten notiert wird. Man sieht die Menschen mit ihren ihnen vertrauten Handwerkzeugen arbeiten. Arbeiter lockern mit der Flachhacke den Lehmboden auf, fällen mit der Axt Bäume, treiben mit der Peitsche Vieherden vor sich her, kneten Schlamm zu Ziegeln für den Hausbau oder tragen die von der Sonne getrockneten Lehmziegel zu den von Aufsehern kontrollierten Baustellen. Ich erinnere mich an all die vielen Tiere, die abgebildet sind: Vögel fliegen umher, Kühe werden durch hohes Grass getrieben, Schmetterlinge sitzen auf Blumen und Fische sind im Nilwasser zu erkennen. Einzig allein die Kamele mit ihren auf Kunden wartenden, genüsslich eine Zigarette rauchenden Besitzern fehlen gänzlich. Ich bin mir sicher, dass es sie damals schon gegeben haben muss, als die frommen Ägypter den Totenkult am Tempel zelebrierten, ihre Opfergaben am Grabe des Verstorbenen niederlegten und dadurch während des Rituals feierlich die Grenzen zwischen Tod und Leben aufhoben. Ich bin mir sehr sicher, dass zur Zeit des *Festes des schönen Wüstentals* einmal im Jahr irgendwo ein gewitzter Geschäftsmann »Bakschisch« geschrien haben muss! Neben der Landwirtschaft ist ein weiteres großes Thema der Wandmalereien der lebensspendende Nil selbst. Die Darstellungen sind mir auch deshalb so präsent geblieben, weil ich an den Wänden der Grabkammern ähnliche Szenen wie kurz zuvor während der Nilkreuzfahrt von unserem Schiff aus, dem *MS Golden Boat*, gesehen habe. Nach den Besichtigungen tagsüber habe ich oft am Nachmittag die Zeit an Deck genutzt und einfach den Blick vom Boot aus auf die Wasserlandschaft des Nils genossen. Was ich beobachten konnte, hat in den Gräbern kunstvoll die Jahrhunderte überdauert: Auch dort segeln Kapitäne der Feluken den Nil stromabwärts. Der Steuermann lotst das Schiff vorsichtig in Ufernähe durch das seichte Wasser. Sein Gehilfe tastet mit einer Stange den Untergrund ab und spürt Untiefen auf. Die Künstler haben weitere Mitfahrer auf die Wände gezeichnet, wie sie die großen Segel straffen und ihre Ware auf den Booten vertäuen. Und immer wieder das Wasser. Aufgezeichnete Wellen symbolisieren an der Grabwand den Nil. Darin schwimmen Fische, die von allerlei Getier am Ufer beäugt werden. Reiher gehen geschickt auf Jagd. Katzen rauben Nester von unvorsichtigen Vögeln aus und Bauern schrecken das Wassergeflügel im Papyrusdickicht auf. Erst bei einer Fahrt durch das Land und eben am besten auf einem Nilkreuzfahrtschiff wird einem wirklich bewusst, welche unglaubliche Bedeutung dieser Fremdlingsfluss in der völlig niederschlagsfreien Wüstenlandschaft Ägyptens für die Menschen gehabt haben muss.

Ich erzähle meinem Vater von meinen Erinnerungen an die beeindruckenden Gräber, sodass er dabei sofort ins Schwärmen gerät: »Sicherlich sind die dort anzutreffenden Malereien und Wandreliefs zu den Höhepunkten der ägyptischen Flachkunst zu rechnen. Zu meinen Favoriten zählen definitiv einige Grabanlagen im *Deir el-Medina*, weil ich hier meinen Gästen sehr einfach zeigen konnte, was die Menschen eigentlich vom Jenseits im alten Ägypten erwartet haben. Man muss nicht wirklich viel Ahnung haben, da man anhand der Farbgebung schon einiges verstehen kann. Rot steht für den Tod, Schwarz für die Auferstehung und Gold für die Sonne. Die goldene Sonne – wie könnte es auch anders sein? Neben dem komplexen Götterkult sehen die Touristen in den einfacheren Gräbern sehr schön die privaten Ereignisse und persönlichen Wünsche der Toten.« »So zum Beispiel die Wiedervereinigung mit der eigenen Familie in der jenseitigen Nachwelt.« »Richtig!«, antwortet er. »Gerade die Privatgräber illustrieren diesen Wunsch. Dem Besucher fällt sofort der große Opfertisch auf, um den die einzelnen Familienmitglieder sitzen und ihre Gäste empfangen. Ein letzter deftiger Festschmaus. Im Hintergrund spielen Musikanten, warten Diener und bewegen sich filigrane Tänzerinnen. Im Zentrum sitzt der Tote, der sein eigenes Totenmahl zelebriert und sein Opfergebet an den Totenrichter Osiris adressiert. Symbolisch streckt er danach die Hand aus und will nach den Nahrungsmitteln greifen, die vor ihm auf dem Tisch ausgebreitet sind. Dahinter sieht man Anubis, den schakalköpfigen Gott, der in der Unterwelt bei der Mumifizierung des Toten letzte Hand anlegt. Überleg mal! Der war letztendlich auch nichts anderes als ein einfacher Friedhofsköter – ein Schakal! Danach trat der Tote seine finale Reise über den *Eridanus* an, den in der ägyptischen Mythologie so bezeichneten Himmelsfluss, und überwand nach dem Festmahl die Grenze zwischen Diesseits und Jenseits.« »Leben – Tod – Leben – Tod, es ist immer der gleiche Ablauf«, sage ich. »Ja, in der Frühzeit hat man gedacht, dass eine fette Kuh die Sonne abends verschluckt, die sich dann im Kuhkörper regeneriert und morgens wieder über dem Osthorizont aufsteigt. Man könnte auch sagen, dass sie von der Kuh ausgespuckt wird. Sie ist ja auch ein Wiederkäuer! Diese Hathor-Kuh symbolisierte Hathor, die Himmelsgöttin des Westens.« Während mein Vater mir dies lachend erzählt, kramt er weiter in seinem Fotoalbum herum. Zufrieden schaut er mich an und schlägt das Reiseleiterfotoalbum zu.

»Wie bist du eigentlich an Ägypten herangekommen? Mit *Dr. Tigges* warst du doch zuerst im Mittelmeerraum viel unterwegs«, interessiert es mich. »Über Frau K.! La Grande Dame der Reiseleiterdisposition. Ich habe mal in der Firma angefragt, ob sie mir das zutrauen würden, und fast ein Jahr lang dafür gearbeitet. Hunderte von Karteikarten habe ich geschrieben. Die habe ich heute noch irgendwo im Keller.« »Und was waren für dich die Höhepunkte einer *Tigges*-Reise nach Ägypten?«, möchte ich wissen. »Na ja, die existenziellen Fragestellungen der Menschheit standen sicherlich schon im Vordergrund. Das fand ich faszinierend. So etwas erfahren zu dürfen, wie Menschen sich das vor 3.500 Jahren vorgestellt haben. Das war spannend für mich. Und natürlich dieses unglaublich schöne Land mit dieser einzigartigen Sonne, die nie einen Schatten von einer Wolke hatte. Die ägyptologische Weltanschauung und Vorstellung des Kosmos mit der Sonne, die die entscheidende Rolle spielt – das war großartig. Das Aufgehen im Osten und Untergehen im Westen in der Nacht des Todes mit der Unordnung und dem Beginn des Chaos. Und um durch die Nacht zu kommen, gibt es ja eben die Hilfestellung durch die Totenliteratur und Totenbücher, sodass die Sonne unbeschädigt durch die chaotische Nacht kommt, am nächsten Tag sich selbst wieder an den Horizont bringt, erwacht und neu aufsteigt. Dann diese wahnsinnige Lebenssphäre, diese streng ausgegrenzte Wüstenwelt. Das ist Ägypten. Darin der Nil als Lebensader mit seinen Landschaften beiderseits der Flussufer, die nur auf wenigen Quadratkilometern für die Menschen verfügbar sind. Das wird einem eben nur bei einer solchen Oasenlandschaft deutlich, weil die Oase mit ihrer Fruchtbarkeit und ihren lebendigen Elementen wie dem fantastischen Grün der Felder oder dem blauen Wasser in krasser Abgrenzung zum Todesraum der libyschen Wüste im Westen und der arabischen Wüste im Osten steht. Die Reiseinhalte waren so überragend schön, dass man das Organisationschaos, den behördlichen Irrsinn und die überall vorhandene Bakschisch-Kultur gerne in Kauf nahm – weil man sagte: *Da muss ich unbedingt noch mal hin.* Ägypten ist für mich mein Heimwehland.« Dann lehnt er sich im Stuhl zurück und fängt wieder an zu lachen. »Mmh, mmh, wenn ich allein an Tuffi denke! Tuffi Northoff. Dr. Northoff. Tuffi war sicherlich 250 Tage als *Dr.-Tigges*-Studienreiseleiter in Ägypten. Tuffi fuhr immer nur Ägypten – meistens die etwas einfacheren Papyrustouren. Das war unser Reiseleiterjargon für die etwas billigeren Ägyptenreisen. Zum Schluss seiner Karriere hat er immer Mohammed mitgenommen, der ihm auf den Touren ausgeholfen hat. Tuffi wohnte in Wuppertal, kam aus Gruiten, und ich sollte bei ihm als Anlernling meine erste Ägyptenreise machen. Tuffi war nie wirklich zu Hause. Wir hatten daher vorher telefoniert und wollten uns in Köln treffen. Das war an einem Samstag. Verrückt ne, das weiß ich heute noch, als wäre es gestern gewesen.« »Und was ist dann passiert?«, bohre ich nach. »Er kam den Donnerstag zuvor von einer Tour zurück. Seine Frau hatte in der Zwischenzeit die Wohnung renoviert. Als ich ihn in Köln am Bahngleis sah, habe ich mich erschrocken. Sein Hemd war völlig durchnässt, Schweißflecken waren zu erkennen. Schon von einiger Entfernung aus sah ich, wie er sich Luft zufächelte und ständig sein Hemd lüftete. Er hatte ein glutrotes und kreisrundes Gesicht. *Tuffi* sagte ich, *was ist denn mit dir passiert?* Eine Antwort gab es nicht. Er wüsste auch nicht, was los sei, würde schon irgendwann wieder vorbei gehen. Gemeinsam stiegen wir in den Zug ein und fuhren zum Frankfurter Flughafen. Während der Fahrt wandelte Tuffi mit seinen Ausdünstungen das Abteil in eine Sauna um. Die Fenster beschlugen und Abteilgäste verabschiedeten sich in das Bordrestaurant. Irgendetwas stimmte gewaltig nicht. Aus allen Poren tropfte Gewebewasser heraus. In Frankfurt haben sie ihn dann auch prompt am Gate aus der Reihe gefischt und direkt zum Flughafenarzt gezerrt. Was glaubst du wohl, wie die Gäste ihn angeschaut haben.« Ich halte es nicht mehr aus. Was er mir da erzählt, gehört zu den legendären Tuffi Northoff-Reiseleitergeschichten. »Ja du lachst, Marcus«, antwortet mein Vater. »Für ihn war die Reise zu Ende, er wurde aus dem Verkehr gezogen und so, ja genau so chaotisch begann meine Einführungsfahrt – ohne den einführenden Reiseleiter und mit der ganzen Gruppe allein an der Hacke. Großartig war das! Tuffi blieb in Frankfurt und ich habe die Tour selbst gemacht. *Learning by doing.*« »Was ist denn mit Tuffi passiert?«, frage ich nach. »Nun, lange Zeit wusste keiner, was los war, bis sich herausstelle, dass die Renovierung der Wohnung schuld war. Anstatt Papiertapeten hatte seine Frau Jutetapeten an die Wand geklebt und gegen die Jute war Tuffi allergisch.« »Was waren denn die Tricks und Kniffe, die er dir beigebracht hat? Er gehörte quasi zum ägyptischen *Tigges*-Inventar dazu.« »Keine. Ich habe ihn ja keine Minute führen gesehen. Dafür wartete Mohammed absolut zuverlässig in Kairo am Flughafen auf mich und stand mir zur Seite, als ich ihm sagte, dass Tuffi Zwangsaufenthalt in Frankfurt verschrieben bekommen hatte – übrigens nicht zum letzten Mal. Weißt du, Marcus, als zweite große Sache hatte Tuffi eines Tages einen dicken Fuß. Der Fuß deformierte sich immer mehr. Man muss dazu sagen, dass Tuffi in Ägypten immer barfuß in offenen Schlappen rumlief. Wiederum wusste keiner, was los war. Und wieder wurde Tuffi von einer Tour abgezogen und in die Tropenklinik nach Hamburg eingeliefert. Nix passierte. Die Ärzte rätselten herum und Tuffi musste von Arzt zu Arzt, bis er bei einem englischen Tropenmediziner in London um Behandlung bat. Der erkannte den Schrumpffuß sofort, war er doch eine Reaktion auf ein ganz bestimmtes tropisches Bodenbakterium, das sich Tuffi in Ägypten in seinen offenen Schlappen eingefangen hatte und das sich zwischen seinen nackten Zehen zuhauf angesammelt sowie prächtig vermehrt hatte.« »Verrückte Geschichte!« »Ach mein lieber Sohn, das waren unvergessliche Erlebnisse. Tuffi Northoff war ein einzigartiger, wundervoller Mensch, leider aber auch mit vielen Problemen in der Familie. Sein Sohn studierte in Boston Archäologie und Ägyptologie, ist dann aber leider bei einem Verkehrsunfall tödlich verunglückt. Davon hat sich Tuffi nie wieder richtig erholt. Wenn du mehr über ihn wissen möchtest, lies doch noch mal das schöne Buch »*Reisen ist Leben*« von Reinhold Tigges, dem Sohn von Hubert. Du hast es doch im Bücherregal stehen.«

Dem Rat folge ich und widme mich in aller Ruhe an einem Wochenende dem Buch. Reinhold Tigges war Geschäftsführer der *Dr. Tigges Fahrten* und später Marketingdirektor der *Touristik Union International (TUI)*. Er beschreibt Dr. Christoph Northoff als »einen mit allen Wassern des Orients gewaschenen Professor für Kunstgeschichte an der Universität des Vatikans«, der von seinen Gästen nur *Der Professor* genannt wurde, obwohl er diesen Titel gar nicht innehatte. Laut Tigges war Tuffi »ein schwerer, großer Mann mit abstehenden Ohren und oft hochrotem Kopf, dessen Ursache unterschiedlich interpretiert wurde. Für die einen war es der Blutdruck, für wieder andere war es sein ungestümes Temperament.« Den Namen *Tuffi* erhielt er aufgrund einer gewissen Ähnlichkeit zu der kleinen gleichnamigen, vierjährigen Elefantenkuh des *Zirkus Althoff*, die 1950 in Wuppertal gastierte und wegen ihrer Furchtlosigkeit als Werbemittel in der Schwebebahn eingesetzt wurde. Während der Fahrt wurde die Elefantenkuh Tuffi dann doch nervös, trötete wild durch das Abteil, durchbrach im zweiten Anlauf ein Fenster der Bahn und sprang aus zehn Metern Höhe in die Wupper hinein, ohne sich bei der dortigen

Wassertiefe von knapp fünfzig Zentimetern zu verletzen. Voller Respekt spricht Reinhold Tigges in seinem Buch von dem Reiseleiter als einer Person, die »im verschlafenen Ägypten jener Tage wie kaum ein anderer das Spiel der Kenntnisse, der Mentalität aller Beteiligten sowie den Einsatz von Bakschisch bei strategisch wichtigen Instanzen beherrschte und somit ein Höchstmaß an Organisationstalent besaß, um zum Beispiel die termingerechte Organisation von Verkehrsmitteln für seine Gruppen abzuwickeln.« Er schreibt zudem, dass es in Ägypten wohl keinen Bediensteten ab, egal ob Kofferträger oder Feluken-Besitzer, der Tuffi Northoff nicht kannte und nicht mindestens einmal einen typischen Wutausbruch miterleben durfte. Anekdoten darüber gibt es zuhauf. Eine erzählt Reinhold Tigges selbst: »Auf einer der klassischen Ägypten- und Sudanreisen über Weihnachten waren Schlafwagenabteile und Nilkreuzfahrtkabinen hoffnungslos überbucht. Als Tuffi das Schiff bestieg, musste er mit Entsetzen feststellen, dass eine Gruppe Engländer vor ihm die letzten Kabinen ergattern konnte. Tuffi soll mit hochrotem Kopf an Deck nach dem Kapitän gebrüllt haben, der aber den großen Mann aus Wuppertal einfach stehen ließ – wahrscheinlich, weil die Engländer einfach besser geschmiert hatten als der *Tigges*-Reiseleiter. Tuffi weigerte sich partout von Bord zu gehen und überzog das gesamte Nilkreuzfahrtschiff inklusive der Mannschaft mit einem Pharaonenfluch, sodass man nach weiteren Wutanfällen eilig das Mannschaftsdeck räumte und die *Tigges*-Gäste dort in Hängematten die Reise auf dem Nil verbringen konnten.«

Solche Anekdoten haben sich mir ins Gedächtnis eingebrannt, machten sie doch immer wieder die Runde auf den legendären Reiseleiterjahrestreffen der Firma, wo die Kollegen meines Vaters zusammenkamen und für ein Wochenende eingeladen wurden. Irgendwann einmal durfte ich meinen Vater dorthin begleiten. Eines Abends in Berlin saßen wir gemeinsam beim Abendessen und reichlich Wein und Bier sorgten dafür, dass alle redselig wurden. Das Gespräch drehte sich um Tuffi. Ralph Quadflieg, ein Kollege und alter Hase im Reiseleitergeschäft, berichtete beschwingt von seinen Erlebnissen mit Northoffs Wutausbrüchen in Ägypten. »Tuffi hatte mal einen großen Auftritt im *Hotel Winter Palace* in Luxor. Wenn man dort ankam, gab es häufig Schwierigkeiten mit den Zimmern, die oft überbucht waren.« Das *Winter Palace* wurde 1905 gebaut, um unter anderem sogenannte *Überwinterer* aufzunehmen, Gäste, die das Jahr über Kreuzfahrten auf dem Nil machten. Mitinhaber war *Thomas Cook*, der englische Pauschalreisen-Pionier, der zu dieser Zeit mit seinem Unternehmen kompletten Zugriff auf die gesamte Schiffflotte am Nil hatte. Es steht in Luxor direkt am Flussufer und ist ein klassisches Fünf-Sterne-Luxushotel aus der britischen Kolonialzeit. »Wie hieß noch mal unsere Agentur vor Ort?«, fragte Ralph in die Runde. »*Travco*«, antwortete mein Vater. »Mit Sitz in der Stadt des 6. Oktobers nordwestlich von Kairo. Vorher hatten wir *MISR Travel*. Könnt ihr euch an die erinnern?« »Das war die marode ägyptische Staatsagentur. Mit denen konnte man nichts machen! Da funktionierte nichts«, entgegnete Ralph. »Richtig!«, fuhr mein Vater fort. »Die hatten von Anfang an nicht mehr als eine Standleitung und ein Telex-Gerät. *Travco* übernahm schnell das Geschäft und nach zwei Jahren wuchs die Firma auf acht Nilschiffe und 52 Busse an, bis dann das furchtbare Attentat am *Hatschepsut-Tempel* den Tourismus in Ägypten völlig zum Erliegen brachte. *Travco* musste fast 600 Mitarbeitern kündigen und brauchte danach sehr lange, um sich zu erholen. Ägypten war ja tot.« Ralph nahm einen Schluck Rotwein und ging wieder auf Tuffi ein. »Obwohl Tuffi mit *Travco* gut konnte, war er sich nie sicher, wie viele Zimmer vor Ort für ihn gebucht waren. Das bedeutete, dass bei Überbuchung die Einzelreisenden für ein bis zwei Nächte in Luxor auf Zweier- oder Viererzimmern zusammengelegt werden mussten, was bei Reisenden mit einem Einzelzimmerzuschlag immer äußerst schlecht ankam. Im Bus galt es, die Gäste behutsam darauf vorzubereiten. Schon bei der Anfahrt ereilte ihn die

Nachricht, dass er Chaos zu erwarten hatte.« »Und das sollte eigentlich für einen gewaltigen Tobsuchtsanfall ausreichen«, sagte Ralphs Frau Anna am Tisch. »Logisch, da schwoll ihm normalerweise schon der Kamm. Aber an diesem Tag blieb er ganz ruhig und stieg vor dem Eingang des Hotels aus. Seelenruhig wartete er, bis die Gäste ihr Koffergepäck am Bus entgegennahmen, sagte überfreundlich *Bitte, kommen Sie doch alle mit rein!* und ging dann mit ihnen durch die Halle zum Check-in.« Alle am Tisch grinsten und warteten auf das Ende der Geschichte. Tuffis Verhalten war sehr untypisch. Normalerweise betritt der Reiseleiter mit den Hotelvouchern vor den Gästen das Hotel und organisiert die Zimmer. Kommen dann die Reisenden zur Rezeption, ist schon alles vorbereitet und man entlässt sie auf die Zimmer. Ralph leitete den Höhepunkt der Geschichte ein: »Northoff hatte damals so eine komische Nilpferdpeitsche dabei. Lange bevor es Zeigestöcke gab, mimte er mit dem Ding in den Tempeln den Dompteur. Mit den Gästen im Schlepptau traf Tuffi vor der eleganten Rezeption ein und wurde von der Rezeptionistin freundlich mit *Salam Efendi* willkommen geheißen.« Am Tisch lachte alles und wartete auf die Pointe. »Tuffi blätterte gelangweilt in der arabischen Tageszeitung herum, die auf dem Tresen lag und machte dann plötzlich auf erregt. Dann schmiss er die Zeitung weg, schlug kraftvoll mit der Nilpferdpeitsche auf die Rezeption ein und schrie: Das gibt es doch nicht. Jetzt hat Präsident Sadat auch noch die Einzelzimmer verboten!« Schallendes Gelächter machte die Runde, bis mein Vater nachlegte. »*Travco* hat mich mal gerettet. Marcus, du hast mich gefragt, was für mich die absolute Katastrophe in Ägypten gewesen ist. Das kann ich dir jetzt beantworten. Ich habe auf einer Tour ein Bündel mit achtzehn Flugtickets in den Nil geschmissen. Aus Versehen!« Dem Gejohle nach glaubte ihm das keiner seiner Kollegen. »Echt! Ihr lacht. Ich hatte die in der Hand und irgendwie habe ich eine blöde Bewegung gemacht. Da gingen die Dinger über Bord und lagen auf dem Wasser. Wupp, weg waren sie. Das Problem lag darin, dass die

Flugscheine alle bei Never-Come-Back-*Egypt Air* fest eingebucht waren und somit neu ausgestellt werden mussten. Mohammed hat mir geholfen und mit Engelsgeduld am Telefon auf *Inschallah Air* eingeredet. *Travco* hat vor Ort die Sache dann übernommen und mir den Satz Tickets ins Hotel geliefert.« »Die haben sich auch bei den Unruhen in Kairo sehr professionell um alles gekümmert«, meldete sich Anna zu Wort. Ich fragte nach, was dort vorgefallen war und sie erklärte es mir: »1973 brachen in Kairo Studentenunruhen aus. Viele Menschen gingen auf die Straße und protestierten gegen soziale Ungleichheiten und rasant ansteigende Lebenshaltungskosten. Überall in der Stadt prallten Studenten mit dem Militär zusammen. Es gab einen Brandanschlag auf das *Mövenpick-Hotel* in Kairo. Bei dem Brand musste Tuffi sich retten und sprang reaktionsschnell aus dem Fenster. Im Zimmer ließ er panisch seine Habilitationsschrift zurück, die verbrannte. Ich meine, dass die Bild-Zeitung ein Bild veröffentlicht hat, auf dem Tuffi und sein Kollege Wilhelm Mählen mit gebrochenem Fuß im Rollstuhl zu sehen waren. Die Überschrift lautete *Die Helden von Kairo* oder so ähnlich. *Travco* hatte sich damals sehr gut um uns gekümmert und die Touristen zügig aus dem Land geflogen.« Dann meldete sich Ralph wieder zu Wort: »Völlig richtig. Darin war der Mohammed gut. Der wusste sofort, wen er an die Strippe holen musste. Das und Fahrzeiten vor Ort berechnen. Egal, wie schlimm das Verkehrschaos war, Mohammed konnte auf den Punkt genau ansagen, wann wir beispielsweise das Tal der Könige erreichten. Er kannte alle guten Parkplätze und kam an sämtlichen Schlangen vorbei, um die Eintrittskarten zu besorgen.« Anna räumte ein, dass er ja auch die Gelder verwaltet hatte und sich dort in Ruhe etwas davon abzweigen konnte. »Stimmt!«, sagte mein Vater. »Das nannte man einen Kollegialitätsabschlag! Mohammed hat mit den Kustoden verhandelt und in Windeseile die Eintrittskarten besorgt, sodass wir keine Zeit verloren haben und rein konnten. Wenn du allzu lange im Tal der Könige warten musstest, kamen ja sofort die Souvenirhändler mit dem *kleinen*

Händchen auf die Gruppe zugelaufen.« »Was ist denn das *kleine Händchen*?« Ralph half mir und antwortete: »Eine Faust, die sich magisch öffnete und plötzlich lag in der ausgestreckten Hand – dem *kleinen Händchen* – eine römische Münze, die gerade in der Nacht zuvor ausgegraben worden war. Kostete meistens 200 Pfund und war immer echt! Natürlich gefälscht, aber so waren sie. Viele von ihnen haben als Gehilfen der Grabarbeiter die archäologischen Fundorte freigelegt und gesäubert.« Wie das wohl gewesen sein muss, überlegte ich. Heute hat man überall Voucher und ist angemeldet. »Aus der Not heraus führten die Reiseleiter die Bakschisch-Kasse ein. Die Gäste waren immer informiert.« »Wurden daraus zum Beispiel die Kustoden an den Gräbern bezahlt?«, fragte ich nach. Alle nickten. »Ja, aber mit entsprechenden prozentualen Kollegialitätsabschlägen für alle *Local Guides*, die ja auch die Hand aufhielten«, fügte mein Vater hinzu. »Egal, was du organisieren wolltest, an den cleveren ägyptischen Geschäftsleuten kamst du nicht vorbei. In Ägypten haben wir mit dem Geld zum Beispiel herrliche Frühstücke in der Wüste organisiert und die Gäste eingeladen – man könnte sagen, dass daraus später der offizielle Verfügungsbeitrag entstanden ist, der für kleine und größere Ausgaben vor Ort genutzt werden konnte. Zum Beispiel als Überraschung eine Einladung zum *Second Snack*!« »Und die Leute waren begeistert, nicht wahr?« Wieder lachten alle um mich herum. »Total, die haben im Schatten gesessen und waren glücklich«, hörte ich Ralph sagen. »Danach ging es mit dem Bus zurück in das Hotel.« »Mit *Christen Transport*«, sagte mein Vater. »Erst später stellte uns *Travco* moderne Mercedesbusse zur Verfügung. Das vergesse ich meinen Lebtag nicht. Ausgerechnet in Ägypten einen Christentransport!«

Ich sitze in meinem Wohnzimmer, denke an diese Treffen und geteilten Anekdoten zurück und überlege, wie sehr ich meinem Vater und letztendlich Hubert Tigges für diese vielen Erlebnisse und Erfahrungen dankbar sein muss. Seit fünfzig Jahren ist mein

Vater für *Dr. Tigges Studienreisen* im Einsatz. Er wurde in Wuppertal, der alten Industriestadt im Herzen Nordrhein-Westfalens, geboren, wo auch der Firmengründer Dr. Hubert Tigges lebte und sein Unternehmen aufbaute. Meine Großeltern waren gut mit dem Ehepaar Tigges befreundet und mein Opa Hans arbeitete in den Schulferien oft freiberuflich bei *Tigges* als Reiseleiter. Auch meine Oma, Charlotte Hillerich, war auf über sechzig Reisen für organisatorische Belange verantwortlich. Die persönliche und freundschaftliche Verbindung unserer Familie zu den Tigges war immer sehr stark. Ich selbst wurde ebenfalls auf meiner ersten Ägyptenreise 1989 mit dem Reisevirus infiziert und arbeite nun auch schon seit zwanzig Jahren in der dritten Generation für *Dr. Tigges Reisen* als Studienreiseleiter. Mit dem Reinhold-Tigges-Buch im Schoß bin ich in Gedanken bei meinen interessanten Reiseleiterkollegen. Was das für Typen waren! Und was die auf ihren Touren erlebt hatten. Tuffi Northoff ist ja nur ein Beispiel. Meine älteren Kolleginnen und Kollegen haben ihre Reisen nicht nur miterlebt, sondern diese besondere Art des Reisens wirklich intensiv gelebt. Beispiel Tuffi: Wie konnte er es sonst ausgehalten haben, mit Touristengruppen 250 Tage im Jahr unterwegs gewesen zu sein? Wer macht heute noch so viele Touren im Jahr? Keiner – dieser Typus von Reiseleiter ist leider ausgestorben. Welche unglaublichen Veränderungen hat es in den letzten neunzig Jahren gegeben, seit Hubert Tigges 1925 in das Reisegeschäft eingetreten ist? Wenn man bedenkt, wie die Menschen heute die Kontinente bereisen, muss man sich einmal vor Augen halten, welche visionäre Pionierleistung Tigges vollbrachte. Ich schlage »*Reisen ist Leben*« wieder auf und lese nach, wie sein Sohn Reinhold ihn beschreibt. 1895 im Sauerland geboren macht Hubert Tigges als ältestes von zehn Kindern am Gymnasium in Attendorn 1914 sein Abitur, studiert dann Volkswirtschaft und promoviert acht Jahre später. Nach dem Verkauf des Elternhauses im Dorf Förde verlässt Tigges das heimische Sauerland und zieht nach Wuppertal ins Bergische Land, wo er im Ortsteil Barmen wohnt und als

Hilfsarbeiter in der Maschinenfabrik *Rheinwerk AG* Arbeit findet. 1924 meldet die Firma Konkurs an, sodass Hubert Tigges zwei Jahre später eine Lehrstelle als Dozent an den Volkshochschulen im Rheinland antritt. Seinen Fokus legt er bei den abendlichen Vorlesungen, Vorträgen und Arbeitsgemeinschaften auf die komplexen politischen, wirtschaftlichen, geschichtlichen und kunstgeschichtlichen Themen Europas. Bereits 1926 organisiert er die ersten Gemeinschaftsreisen, die direkt als *Europafahrten* über die Volkshochschule abgewickelt werden und für 20 – 200 Deutsche Mark Interessierte nach Belgien, Frankreich und Italien mitnehmen. Ende der Zwanzigerjahre steht leider zunehmend mehr nationalistische Propaganda seinen Gedanken zu einem vereinten Europa gegenüber, sodass die *Europafahrten* eingestellt werden und ihm in der Volkshochschule das Wort verboten wird. Die Zeit der Vorträge und Vorlesungen ist zu Ende, weil ihm das Publikum auf Befehl der Nationalsozialisten das Interesse verweigern sollte. Zwei Jahre später leitet Hubert Tigges unter dem Namen *Gemeinschaftsfahrten Dr. Tigges* die ersten eigenen Gruppenreisen mit Teilnehmern und Zuhörern aus den Volkshochschulkursen nach Frankreich, der Schweiz, Italien und in den heimischen Schwarzwald. Die termingerechte und reibungsfreie Abwicklung einer solchen Reise war laut Reinhold Tigges in jenen Jahren eine organisatorische Meisterleistung, da weder Hotelzimmer, Eintrittstickets noch Bahnkarten vorab gebucht werden konnten und nur vor Ort bezahlbar waren. Die dafür benötigten Devisen führt er immer mit sich am Körper. Das junge Unternehmen wächst und Tigges findet in Alois Fischer, dem jüngeren Bruder seiner Frau Maria, einen qualifizierten Prokuristen, der ab 1936 der Firma mit Rat und Tat zur Seite steht. Im gleichen Jahr wird die Firma in *Dr. Tigges Fahrten* umbenannt und wächst auf über 5.000 jährliche Buchungen im Jahr 1938 an. In diesen Jahren kommt es auch zur Publikation der Reisezeitschrift *Die FAHRT*, die zuerst Reiseberichte der Teilnehmer abdruckt, danach aber schnell als Mittel zum Dialog zwischen den Völkern und Kulturen dient.

Alles, was in der Kunstgeschichte Rang und Namen hat, steuert sehr lesenswerte Beiträge bei. Der Zweite Weltkrieg bedeutet dann jedoch eine Zäsur, aber nicht das Ende des Unternehmens. Nach Kriegsende nimmt *Tigges* wieder richtig Fahrt auf. 1964 sieht das Magazin *Der SPIEGEL* die *Dr. Tigges Fahrten* mit 50.000 Gästen im Jahr schon auf Rang 4 der erfolgreichsten Firmen in der westdeutschen Urlaubsindustrie. Für 644 Mark inklusive vier Seiten Anleitung zur häuslichen Vorbereitung auf die Reise konnten Interessierte zum Beispiel siebzehn Tage nach Florenz und Assisi fahren. »Im längeren Verweilen [sollen diese] zwei für die Kulturgeschichte Italiens und für das Abendland überaus wichtigen Städte in Gegenüberstellung und Vergleich zum Erlebnis werden«, so der Werbetext. Hubert Tigges setzt auf höchste Qualität als Abgrenzungsmerkmal. Dem Wuppertaler Unternehmen fehlt zwar auf dem Reisemarkt die mächtige Werbeunterstützung, mit der die Konkurrenz in Form der Bundesbahn zum Beispiel ihre eigene Marke *Touropa* fördert, aber *Tigges* etabliert sich äußerst geschickt in Form eines kultivierten Studienreiseveranstalters als Gegenpol zum aufkommenden Massentourismus.

Die Kulturgeschichte des Abendlandes anhand von Florenz und Assisi verstehen ist nur ein Beispiel, aber es zeigt schon, worum es Hubert Tigges vor allem ging, nämlich anhand des Eintauchens in die komplexen Zusammenhänge fremde Kulturen für sich selbst zu entschlüsseln, ja seinen eigenen Horizont wieder ein Stückchen zu erweitern. Dem Kunden konnte man damals zu diesem Zweck tatsächlich vier lange Seiten für Vorstudien zumuten, den Rest hatten der Reiseleiter und das Programm zu liefern! Diese intensive Auseinandersetzung mit den Zieldestinationen zeichnete die *Dr.-Tigges*-Reisen aus und lieferte dem Kunden einzigartige Erlebnisse.

Genau dies galt auch für mich. Ägypten war meine erste große Horizonterweiterung. Aus Dias wurden Realitäten, auch wenn sie sich anders präsentierten. Der Abgleich kam direkt vor Ort in Kairo und Assuan und war doch nicht weniger spannend. Ich erlebte die Exotik Afrikas im Schutz der Exklusivität einer Studienreise. Die Armut, der Gestank von Müll, der durch die immer lauten Straßen wabert, Menschen, die dort noch nach verwertbaren Materialien suchen und zu mir auf das niemals weit genug entfernte Nilkreuzfahrtschiff blicken. Lärm und Abgase in der Nase, Kinder, die die Hand ausstrecken, anstatt in die Schule zu gehen, ja all das gehört genauso zu meinen ersten Erfahrungen dazu wie der wunderbare Blick auf das Kulturland am Nilufer mit seinen saftigen Feldern voller Luzerne und prächtigem Mais im Vordergrund sowie den Obstbäumen und Bananenpflanzungen kurz vor dem Beginn der Wüste dahinter. Die Nilkreuzfahrt war Anonymität und Präsentierteller zugleich. Zum einen konnte ich während des Vorbeigleitens den Menschen ungestört beim Bestreiten ihres Alltages zusehen, konnte ihre Arbeit betrachten und davon Bilder machen, ohne ihre Nähe suchen zu müssen. Zum anderen war ich ihren Blicken ausgesetzt, die mir signalisierten, dass ich es besser als sie hatte, dass ich nicht hart für das tägliche Essen auf dem Tisch arbeiten musste, sondern mich in dem *Diningroom* des *MS Golden Boat* bedienen lassen konnte.

Ich suche wieder das Gespräch mit meinem Vater. Über einen längeren Zeitraum finden regelmäßige Treffen zwischen uns beiden statt, die ich nutze, um mich ausführlich mit seinem fünfzigjährigen Jubiläum als *Dr.-Tigges*-Studienreiseleiter sowie mit der Geschichte des Reisens in unserer Familie zu beschäftigen. Ich interviewe ihn, um zu verstehen, warum er seit nun fünf Jahrzehnten mit Leib und Seele Gästen andere Länder näherbringt. Um mir verständlich zu machen, warum er Ägypten als sein *Heimwehland* bezeichnet und diese Form des Reisens so liebt, schenkt er mir Ryszard Kapuścińskis Buch *»Meine Reisen mit Herodot«*.

Kapuścińskis eigene Überlegungen sowie seine Erläuterungen zu dem Griechen Herodot helfen mir zu verstehen, was mein Vater mir sagen möchte. Herodot schreibt über das Land am Nil ca. 400 Jahre vor Christus, dass es viele Wunder zu bieten hat. Er war beeindruckt von den Landschaften Ägyptens und vor allem von den Ruinen, Tempeln, Gräbern und Pyramiden. Er kam als Sammler von Informationen, als Sammler von Wissen, das er später in seinem Werk »Die Historien« bündelte. Sein komplettes zweites Buch handelt von dem Land am Nil. Er reiste stromaufwärts bis nach Assuan am ersten Katarakt, wo meine Reise begann, und beschrieb Ägypten als ein Geschenk des Nils. Man nennt ihn heute den Vater des Reisens und er gilt als erster Reiseschriftsteller überhaupt. Welche Motivation muss Herodot gehabt haben, um seine ihm bekannte Welt zu verlassen? Was für eine Antriebskraft muss er besessen haben, um sich dem Abenteuer zu stellen? Was für einen Mut muss er aufgebracht haben, um Legenden von Monstern, Göttern sowie unheimliche Geschichten von permanenten Gefahren zu ignorieren und als junger Mann seinen Heimatort Halikarnassos in der heutigen Türkei zu verlassen, um ein Leben lang die Welt zu erforschen? In der Antike gab es so gut wie keine Reisenden. Was sollte man auch besuchen? Beeindruckende Landschaften und Naturwunder fanden zu dieser Zeit keinerlei Erwähnung. Die ganz wenigen Touristen im ursprünglichen Sinn waren einfache Besucher der sieben antiken Weltwunder, die schon über tausend Jahre vor Christi Geburt Menschen angelockt haben. Zeugnis darüber wurde beispielsweise in Form von antikem Graffiti im Tal der Könige abgelegt. Ein gewisser Palladias aus Hermopolis besuchte die ägyptischen Gräber, »sah und war verwundert«. Verwunderung oder Bewunderung lösten auch die heiligen Stätten im ewigen Jerusalem aus, zu denen es christliche Pilger in das Heilige Land zog. Die Wahl der Transportmittel war damals äußerst schwierig. Geschäftsleute durchquerten den Mittelmeerraum per Pferd, Kutsche oder mühsam zu Fuß, wobei der Spaßfaktor aufgrund des nicht vorhandenen

Komforts in knüppelharten und federlosen Kutschen über Schlaglochpisten doch recht überschaubar gewesen sein musste. Was für ein Abenteuer! Die Ungewissheit war allgegenwärtig. Eine Reise per Schiff? Möglich ja, buchbar nein! Abfahrtszeiten gab es keine, es wurde losgefahren, wenn das Schiff voll oder das Wetter günstig war. Wie also eine gute Mitfahrgelegenheit erhaschen? Womit wurde bezahlt? Herodot konnte nur Gold als Zahlungsmittel mitführen, da Papiergeld und Münzen unbekannt waren. Zudem darf nicht vergessen werden, dass die wenigen Reisenden besonders leichte Beute waren. Wegelagerer, Räuber und Banditen stellten bei einsetzender Dunkelheit eine ständige Gefahr dar, sodass eine Einkehr irgendwo an einem sicheren Ort frühzeitig gefunden werden musste. Wie aber diesen finden und rechtzeitig erreichen, wenn man die Gegend nicht kennt? Konnte man sich auf andere verlassen und deren Angaben sowie Beschreibungen vertrauen? Vertrauen war nötig, Instinkt wichtiger. Wie verständigte er sich zum Beispiel in Ägypten? Wo griff er nützliche Informationen ab? Fromme Pilger seiner Zeit hinterließen Tipps und Kniffe in der Nähe der Pilgerstätten, aber abseits der Pfade muss alles Neuland gewesen sein. Wie hat er diese Hürden allein überwunden? Er könnte gefragt haben, ob ihn jemand ein Stück des Weges begleitet. Aber welche Antwort hätte er erhalten? »Seid ihr noch richtig im Kopf, Herr?« oder »Nee, keine Zeit, ich muss die Ziegenherde auf die Weide treiben. Geht mal allein weiter.« Vielleicht schlug ihm auch Unkenntnis und Hilflosigkeit entgegen: »Ich bin noch nie hinter dem Gebirge gewesen. Wie kann ich da wohl mit euch kommen?« Vielleicht aber auch Neugierde und Bewunderung: »Ägypten? Nie gehört. Auf der anderen Seite des Mittelmeeres, sagt ihr? Gibt es die?« Oder doch eher Ablehnung und Ironie: »Nee, klar, fragt doch Zeus, ob er uns hilft und uns einen Streitwagen leiht!« All diese Widrigkeiten stellten gewaltige Herausforderungen dar, die viele Zeitgenossen sicherlich davon abgehalten haben, ein solches Abenteuer überhaupt in Angriff zu nehmen. Wie dem auch sei, Herodot landet irgendwann in

Ägypten. Dort geht er der Frage auf den Grund, woher die Griechen ihre Götter haben. Er ist der Überzeugung, dass sie von den Ägyptern übernommen wurden, und nennt in seinen Historien den griechischen Helden Herakles als Beweis dafür. So führt er an, dass »dafür insbesondere spricht, dass beide Eltern des Herakles, Amphitryon und Alkmene, aus Ägypten stammten. Herakles ist daher ein alter ägyptischer Gott«, so Herodot. Danach ist für ihn klar, dass der griechische Götterpantheon vom Land am Nil übernommen wurde.

Was mein Vater mir mit dem Buch als Geschenk wohl sagen möchte, ist, dass der Grieche erkennt, dass es eindeutige Zusammenhänge sowie Verbindungen gibt und dass die Länder und Kulturen nicht isoliert voneinander existieren – und genau das fasziniert meinen Vater an seiner Reiseleitertätigkeit. Herodots Neugierde begeistert auch mich und je länger ich über ihn nachdenke, desto besser verstehe ich die Motivation und Antriebskraft meines Vaters, sich mit neuen Kulturdestinationen zu beschäftigen und diese sehr akribisch vorzubereiten.

Ohne es damals ahnen zu können, ist meine Ägypten-Reise quasi die Initialzündung für viele eigene Erlebnisse in völlig unterschiedlichen Ländern der Erde gewesen. Ermöglicht haben mir dies meine Eltern, deren Kontakte und meine Arbeit bei *Dr. Tigges Studienreisen*. Schon als Junge war ich während der Diaabende im Wohnzimmer meiner Eltern beeindruckt, wie mein Vater routiniert mit den unterschiedlichen Kulturen jonglierte und in so vielen Ländern Reisen durchführte. Mit zunehmendem Alter wurde mir klar, dass erst einmal ein Grundstein gelegt werden musste. Danach beginnt der Aufbau Stückchen für Stückchen. Dieser Grundstein ist für mich Ägypten gewesen und das Handwerkszeug zum Bauen von Verbindungen zu anderen Ländern und Kulturen wurden Neugierde, Interesse und Offenheit auf meinen Reisen. Mit dem Abstreifen der häuslichen Identität erfolgte die Begeisterung für das Verlassen der täglichen Routine, des Arbeitsplatzes sowie des vertrauten Umfelds.

Die Verbindungen von Ägypten führen in den Mittelmeerraum. Herodot kam aus Griechenland, *Dr. Tigges Studienreisen* ist dort groß geworden, meine Großeltern und mein Vater haben ihre ersten Studienreisen in Rom geleitet. Ich selbst habe nach der Schule zuerst die Länder des Mittelmeeres per Bahn durchreist. Gründe genug, sich mit dieser Region genauer zu beschäftigen!

Griechenland und Italien – die Wiege Europas

Die erste Begegnung mit Griechenland war selbstverschuldet schmerzhaft. 1986 verbrachte meine Familie den Sommerurlaub auf Kreta und Petrus meinte es viel zu gut mit uns. Das Thermometer stieg unaufhörlich, überschritt die 40°C-Grenze und selbst dabei blieb es nicht. Tagsüber konnte man es nur im lauwarmen Wasser aushalten, nachts schliefen wir auf der Veranda, da es in den Räumen ohne Klimaanlage viel zu heiß war. Die ersten Tage flitzten mein Bruder Thomas und ich nur über die Straße zum Meer und blieben dort, solange unsere Eltern dies uns erlaubten. Es dauerte nicht lange und ich hatte einen gewaltigen Sonnenbrand mit Brandblase am linken Fuß, da ich vergessen hatte, ihn einzucremen. Die Sonne schien gnadenlos auf uns nieder und das Meerwasser hatte wie ein Brennglas gewirkt. An den darauffolgenden Tagen war ich das einzige Kind mit einem weißen Tennissocken im Meer und wurde am Strand von den perfekt gebräunten Griechen lustig beäugt. *Peinlich* dachte ich, aber die Alternative wäre ein Verweilen in den vier Wänden des stickigen Miethäuschens gewesen. Im Wasser traf ich Akis, einen ebenfalls dreizehnjährigen Jungen, der sich mit mir anfreundete und der in der Nachbarschaft wohnte. Er besorgte mir ein kleines Fahrrad, mit dem ich die Umgebung kennenlernte. Mit Akis an meiner Seite traute ich mich von Tag zu Tag ein Stückchen weiter in unbekannte Gassen des Städtchens Rethymno hinein. Diese allabendlichen Entdeckungstouren waren ein Höhepunkt für mich, auch weil ich meinen zwei Jahre jüngeren Bruder zurücklassen konnte. Ich suchte das Abenteuer und konnte nach einiger Zeit meinen Eltern das Zugeständnis abringen, auch ohne Begleitung in der mir bekannten Nachbarschaft Fahrrad zu fahren. An einem extrem heißen Abend machte ich mich wieder auf den Weg und radelte entlang der Hauptstraße an der Uferpromenade mit Blick auf den Strand. Ich kam mir großartig und mindestens drei Jahre älter vor, war ich doch hier ohne Eltern unterwegs. Kerzengerade saß ich mit nacktem Oberkörper im Sattel und saugte die Atmosphäre in mir auf. Es muss dieses erhabene Gefühl gewesen sein, anders kann ich mir nicht erklären, warum ich nicht bemerkte, dass die Sonne den Asphalt völlig aufgeweicht hatte und während der ganzen Fahrt mir unentwegt flüssiger Teer auf die nackte Haut spritzte, der mangels Schutzbleche seinen Weg bis in meine Ohrmuscheln fand. Zu Hause schlugen meine Eltern ihre Hände über dem Kopf zusammen, stopften mich in die Badewanne und schrubbten mir mit einer Drahtbürste in stundenlanger Kleinarbeit die schwarzen Spritzer von der Haut. Die einzige Stelle, die sie nicht bearbeiten mussten, war dank der nun schwarzen, vor Teer triefenden Tennissocke mein linker Fuß. Das Resultat jedoch war dasselbe: am ganzen Körper krebsrote und wund gescheuerte Stellen, die äußerst sensibel auf salziges Meerwasser reagierten. Nun musste auch Akis lachen, zeigte mir aber seine Freundschaft, indem er mich regelmäßig besuchte und zum Spielen mitnahm. Sein Großvater hatte ein Landgut und baute selbst Wein an, der meinen Eltern so gut schmeckte, dass sie mich damit beauftragten, dort Flaschen abfüllen zu lassen und mit nach Hause zu bringen.

Ein zweites Erlebnis aus jener Zeit ist mir auch noch in Erinnerung geblieben. Nach dem Abendessen hatten uns meine Eltern auf Spaziergänge in die schöne Altstadt Rethymnos mitgenommen. Die Hafenstadt liegt an der Nordküste Kretas und hat eine wechselhafte Geschichte durchlebt. Der Stadtname geht auf das antike *Rhithymna* zurück und wurde anhand von Inschriften auf gefundenen Münzen ermittelt. Kulturinteressierte können zahlreiche kunsthistorische Bauwerke der Hellenen, Venezianer und

Osmanen bestaunen. Besonders eindrucksvoll sind die kleinen Kirchen und ehemaligen Moscheen sowie die auf der felsigen Anhöhe majestätisch gelegene venezianische Befestigungsanlage *Fortezza*. Die Altstadt befindet sich auf der die Hafenbucht angrenzenden Halbinsel, die sich nach Norden in das Meer hinaus wölbt. Hier kann sich der Besucher in den engen, verwinkelten Gassen verlieren und plötzlich auf imposante venezianische Palazzi mit großen runden Eingangsportalen und mächtigen Holztüren stoßen. Trutziges auf Verteidigung bedachtes Gemäuer mit griechischem Graffiti auf Brusthöhe ragt dicht aneinandergedrängt in den blauen Himmel. Hier und da führen schmale Steintreppen aus dem Schatten in die oberen Stockwerke hinauf oder zur mit Menschen gefüllten Uferpromenade hinunter. Am Meer öffnen sich die wuchtigen Mauern der Altstadt und erlauben umso mehr Lichteinfall, je näher man den vertäuten bunten Fischerbooten im alten Hafenbecken kommt. Am Ende der Bucht ist der venezianische Leuchtturm zu sehen.

Unser Spaziergang endete auf der Promenade, wo kleine Kinder spielten und alte Männer erregt in den sonnenbeschienenen Restaurants bei Zigarette und Kaffee schwatzten. Auf den Tischen vor ihnen standen große rote Kerzen in bauchigen Gläsern und warteten auf ihren Einsatz nach dem allabendlichen Sonnenuntergang. Griechische Damen schlürften ihren Aperitif und schauten den Touristen nach, die in den kleinen Boutiquen nach geeigneten Souvenirs suchten. Keramik- und Lederwarengeschäfte wechselten sich ab. In einem solchen Laden fahndete mein Vater eine halbe Ewigkeit nach einer soliden Ledertasche und wählte dann endlich zwei Exemplare aus, während mein Bruder und ich vor der Tür standen und ein Hündchen beobachteten, wie es von seiner rüden und offensichtlich hektischen Herrin in eine leere Seitengasse gezogen wurde. Der Händler nahm eine der beiden Taschen mit nach draußen vor sein Geschäft und feilschte um den Preis. Mein Vater erkundigte sich bei ihm nach ihrer Robustheit.

Da stellte der Verkäufer meinen völlig verdutzten Vater in die Tasche hinein, hob sie an den Griffen ruckartig an und schleppte sie mit ihm in ihr auf die andere Straßenseite. Alles drehte sich zu uns um, die alten Männer vergaßen bei dem Anblick ihre Zigaretten und aschten auf die Tischdecke. Meine Mutter sagte nur knapp »Burkhard!« Er selbst bezahlte überzeugt und erwiderte lachend den Handschlag des tüchtigen Griechen.

Knapp zehn Jahre später kehrte ich mit meiner Frau Barbara nach Kreta zurück und hatte nun einen besseren Blick für dieses sagenhaft schöne Land. Mit prall gefüllten Tagesrucksäcken, einer Decke und Getränken unternahmen wir an einem schönen Tag einen Ausflug mit einem Roller auf die durchschnittlich auf über 800 Meter Höhe gelegene *Lasithi-Hochebene*. Bei jeder neuen Serpentine erhielten wir einen Blick auf das fantastisch blaue Meer. Griechenland und ganz besonders Kreta sind eigentlich nur Landschaft und Meer, egal ob auf dem Festland oder auf den vielen Inseln, nirgendwo wird die Symbiose, ja das wahrhafte Zusammenleben der beiden Landschaftselemente wirklich aufgehoben. Auf Kreta gibt es nur wenige Punkte, von denen man nicht das Meer sehen kann. Nahe Gebirge hier und ferne Buchten dort, das Land greift in Form der mannigfaltig ausgezackten Landzungen in das Meer hinein und scheint es festzuhalten. Vorgelagerte an manchen Seiten ausgefaserte und zerklüftete Inseln wirken wie pilz- oder hakenförmige Poller, an denen das kontrastreiche und sich vom blaubleichen Horizont abgrenzende Reich Poseidons vertäut werden kann. Ein Blick auf die *Lasithi-Hochebene* mit den Kalksteinböden und für die Bewässerung errichteten uralten Windrädern verdeutlicht dem Besucher das ganze Dilemma der griechischen Landschaft. Karg, wenig landwirtschaftlich produktiv und vielerorts in diesem heißen Mittelmeerklima den Menschen das tägliche Brot verweigernd, zwang sie die Nation dazu, ein Volk der Seefahrer zu werden und Glück und Reichtum im Handel mit anderen Nationen zu suchen. Und das taten sie mit Bravour: so waren bronzezeitliche kretische Seefahrer bereits in Ägypten als *Keftiu* bekannt. Schon altägyptische Quellen erwähnten die Region Kreta und priesen die Bewohner mit ihren großen Handelsschiffen. Die Händler aus *Keftiu* sind in den Beamtengräbern in Theben als oft hellhäutige und bartlose Gabenbringer dargestellt. Die wirtschaftlichen Beziehungen der Ägypter mit Kaufleuten aus den minoischen Siedlungen wie Knossos und Phaistos waren intensiv, was archäologische Funde wie schöne altägyptische Obsidian-Gefäße oder Tierfiguren aus Elfenbein in der Nähe von Knossos belegen. Herodot hatte recht, Ägypten und die Länder des nördlichen Mittelmeerraumes lagen nicht isoliert nebeneinander, sondern waren miteinander verbunden. Im Anschluss an die *Lasithi-Hochebene* erahnte ich während des Besuches der Festung von Knossos die immense Bedeutung dieser frühesten Hochkultur Europas, deren älteste Phase parallel zur ersten Dynastie Ägyptens einsetzte und somit vor etwas mehr als zweieinhalbtausend Jahren begann. Erst zu dieser Zeit hatte ich auch ein Auge für die hohe Kunstfertigkeit der Minoer. Neben dem Palastbau bestaunten wir beispielsweise die im Museum von Iraklion ausgestellten Exponate der kretischen *Kamares-Keramik*, die in den Mittelmeerraum exportiert wurde. Damals erfolgten die griechische Staatenbildung und die Sicherung der Handelsbeziehungen, sodass eine Kolonisation der Levante sowie aller anderen Teile des Mittelmeeres einsetzte. Eine der ersten minoischen Siedlungen war das antike *Milet* an der Westküste der Türkei südlich der heutigen Stadt Izmir. Einer griechischen Sage zufolge wurde *Milet* von Kretern aus *Milatos* besiedelt. Artefakte beweisen die Ansiedlung der Gegend um *Milet* zur minoischen Zeit. Hier und im gesamten Ostmittelmeerraum belegen Funde der *Kamares-Keramik* den regen Handel mit den Kretern. Alle diese Verbindungen und Verflechtungen musste Herodot erkannt haben. Mit dem Wissen, dass alles geographisch zusammenhängt, und mithilfe seiner Beobachtungen auf seinen Reisen prägte er den Begriff der *Ökumene*, der *Einheit der bewohnten Welt*. Eine ähnliche Vorstellung von den Zusammenhängen hatte schon der Naturphilosoph Anaximander in *Milet,* der zuvor im 6. Jahrhundert vor Christus die erste geographische Karte von der den Griechen bis dato bekannten Welt entwickelte. Seine Karte ist der Versuch, der theoretischen Erfassung des Weltganzen eine Ordnung zu geben und somit die Einheit des bewohnten Länderkreises um das bekannte Meer herum sichtbar zu machen. Eine später durch Hekataios von Milet angefertigte akkuratere Version der Karte präsentiert die den Griechen damals bestens bekannte Verteilung von Land und Meer. Ihr Name *Gés períodos* bedeutet so viel wie Erdumrundung. Die Erde umrundete das Meer in der Mitte – das Mittelmeer. Bei der sukzessiven wissenschaftlichen Erfassung der Welt konzentrierten sich die Naturphilosophen und Geographen wie Anaximander oder Hekataios von Milet auf elementare Fragen der Geographie. Herodot hingegen machte sich selbst auf den Weg, um die Glaubwürdigkeit der gesammelten Informationen zu verifizieren. Das Ziel seiner Reise war es, die Länder und Kulturen der Menschen im Mittelmeerraum kennenzulernen. Er sollte der Erste gewesen sein, nicht aber der Letzte.

Hubert Tigges verfolgt das gleiche Ziel, nachdem Europa ein zweites Mal im 20. Jahrhundert fürchterlichen Schiffbruch erlitten hatte und der Zweite Weltkrieg auch ihn zwingt, sein Projekt *Studienreisen* zu unterbrechen. Er kritisiert die europäische Selbstvergessenheit nach dem Krieg und fordert mit voller Überzeugung eine Horizonterweiterung. 1957 regt er in dem Aufsatz »*Die Entdeckung Europas*« seine Leser an, den eigenen Kulturkreis neu zu »erfahren«. Europa zu entdecken, heißt für ihn, Gemeinsamkeiten zu verstehen, die aus dem Geist der griechisch-römischen Antike entstanden sind, sowie eine europäische Einheit zu erleben, die aus ihrer besonderen geographischen Weltlage resultiert: im Mittelmeer sieht er die Verbindung zwischen den Völkern Europas, Asiens und Afrikas. Die europäische Geschichte beginnt für ihn daher in Griechenland. Fortgeschrieben wird sie in Form der

Ausbildung des uns bekannten christlichen Abendlandes. Nachfahren der Viehhirten und Bauern von den Hügeln am Tiber errichteten eine europäische Gesamtordnung und verhalfen Europa zu einer ersten Kulturblüte mit Rom als Hauptstadt. So beginnt Hubert Tigges seinen Aufsatz mit einem Zitat aus einem Artikel von Rodolfo de Negri de St. Pietro. Dieser schreibt:»In jedem Ort unseres so überaus schönen Mutterlandes Europas können wir etwas entdecken, was uns an unser Vaterland Italien erinnert, und überall finden wir Menschen, die so leben, sich freuen und leiden wie wir. Europa ist einzig in unserem Geist, seinem christlichen Glauben und seiner Kultur, die ihre Wurzeln in der griechisch-lateinischen Welt hat.«

Diese also galt es zu entdecken. Welch ein Glück, dass meine Familie von Anfang an ein Teil dieser Entdeckungsreise sein durfte!

Im März 2015 verkündigt Papst Franziskus mit der päpstlichen Bulle *Misericordiae vultus (Antlitz der Barmherzigkeit)* ein außerordentliches Heiliges Jahr der Barmherzigkeit. Der Papst lädt zu diesem Jubiläum alle Gläubigen ein, nach Rom zu kommen und schreibt:»Die Pilgerfahrt ist ein besonderes Zeichen in einem Heiligen Jahr, denn sie ist das Symbol für den Weg, den ein jeder Mensch in seinem Dasein zurückzulegen hat. Das Leben selbst ist eine Pilgerreise und der Mensch ist ein Pilger auf der Straße nach dem ersehnten Ziel.« Das Heilige Jahr ist am 8. Dezember 2015 ausgerufen worden, dem Tag, an dem die katholische Kirche das *Hochfest der unbefleckten Empfängnis Mariens* feiert. Gleichzeitig erinnert das Datum an das Ende des Zweiten Vatikanischen Konzils vor genau fünfzig Jahren und an die erste Reisebegleitung meines Vaters 1965 im Dienst der *Dr. Tigges Fahrten* auf einer Pilgerreise nach Rom. Hubert Tigges organisiert in den Heiligen Jahren nach dem Zweiten Weltkrieg über das *Tigges*-Reisebüro am Offenbachplatz in Köln mithilfe seines Schwiegersohnes Leo Menneken Pilgerreisen für das Erzbistum der Domstadt. Es werden mehrmals pro Jahr Pilgerzüge für 800 – 900 Teilnehmer zusammengestellt. Der Preis für eine einwöchige Reise über die Schweiz nach Rom und zurück inklusive Zugfahrt, Übernachtungen in Schwesternhäusern und Hotels, Besichtigung sowie Verpflegung ist mit weniger als 500 D-Mark unglaublich niedrig. In einer solchen Gruppe von Reiseleitern, die als Reisebegleiter agieren, fährt mein Vater unter der Obhut des *Tigges*-Chefreiseleiters Robert Striebeck sowie des Hauptorganisators Leo Menneken mit. Hinzu kommen die geistlichen Pilgerbegleiter aus Köln, die als Beauftragte des Heiligen Stuhls für die vertriebenen oder übersiedelten Deutschen aus Polen fungieren, die massenhaft Plätze buchen. Die Geistlichen halten die Messen und Gebete, wohingegen die *Tigges*-Mitarbeiter die Reise organisieren und den Pilgern Kunst und Kultur des Landes näherbringen. Vor Ort obliegt ihnen die Aufgabe, die Verteilung der Pilger auf die Busse zu regeln. Mein Vater erinnert sich: »Wir brauchten ja bei ca. 900 Leuten gut dreißig Busse und damit dann dreißig lokale Reiseleiter. Die wurden von der *Anima* in Rom gestellt. Das waren alles junge Priester, alles gute Leute!«, erzählt er mir während eines weiteren Gespräches. »Anima?« Der Begriff war mir nicht bekannt. »*Santa Maria dell' Anima*«, erklärt er mir. »Wie die Seele. Das ist die *deutsche katholische Nationalkirche* und Sitz der deutschsprachigen Gläubigen in Rom. Ihre jungen Priester verdienten sich während einer Pilgerreise etwas dazu, da sie viel von Kirchenpolitik bzw. Kirchengeschichte verstanden und sich darüber hinaus in Kunstgeschichte fortgebildet hatten. Ja, so habe ich angefangen. Wir Reisebegleiter achteten darauf, dass die Busse für die Pilger kamen, dass man abends in den Schwesternhäusern nachschaute, ob das mit dem Abendessen funktionierte und dass die Gäste morgens alle rechtzeitig fertig waren, sodass das Tagesprogramm in Rom reibungslos abgewickelt werden konnte. Marcus, so ist übrigens auch Hinz zu *Tigges* gekommen.« Siegmar Hinz ist ein enger Freund, Reiseleiterkollege und Wegbegleiter meines Vaters, der in Köln Germanistik, Geographie und Kunstgeschichte studierte. Siegmar, der vierzig Jahre lang Studienreisen für *Dr. Tigges* führte, findet seinen Weg über meinen Vater 1975 in die Firma. Die beiden fahren mehrmals zusammen in den Heiligen Jahren mit Pilgerzügen in die Ewige Stadt, sodass ich ihn bei einem Treffen dazu befrage. »Ja, das war was!«, sagt er und freut sich über die Möglichkeit, seine Erinnerungen mit mir teilen zu können. »Abfahrt 8:00 Uhr ab Köln Hauptbahnhof Richtung Schweiz; Übernachtung in Luzern oder Lugano und Ankunft in Rom am darauffolgenden Tag. Rückfahrt manchmal über Venedig mit abschließender Choralmesse vor Ort oder wieder Stopp mit Übernachtung in der Schweiz. Fahrten im Schlafwagen gab es nicht, wollte man den Gästen nicht zumuten. Wir hatten immer Platzreservierungen. Dein Vater und ich bekamen Listen, anhand derer wir wussten, wer in welchem Abteil saß. Überleg mal! 900 Pilger. Die Liste war dick wie ein Telefonbuch!«, sagt er lachend und rutscht mir auf seinem Stuhl entgegen. »Du erinnerst dich sicherlich noch an die Abteilwaggons. Das waren die alten Abteile mit Gang und den immer klemmenden Schiebetüren, nach deren mehrmaliger Öffnung dir ein Arzt einen Tennisarm diagnostizierte. Einmal kam eine Dame zu mir und fragte, ob ich ihr noch einen Platz in einem anderen Abteil geben könne. Schnell hatte ich das Problem gelöst, da stand schon die nächste Dame mit dem gleichen Anliegen vor mir – aus demselben Abteil. Wieder Listen blättern; es war was frei, zweites Problem gelöst. Als schließlich die dritte Frau vor mir auftauchte, habe ich nachgefragt, was denn los sei. Sie erwiderte, dass es in ihrem Abteil so fürchterlich stinke. Dort sitze ein Mann, der irgendwie streng nach Tier rieche. Ich ging mit ihr zum besagten Abteil, in dem ein alter Schäfer aus Leichlingen bei Solingen im Bergischen Land hockte. In der Tat stank er ordentlich nach Ziegenbock. Bevor ich die Tür schließen konnte, kam die letzte und vierte Frau zu mir und sagte, dass sie bei dem alten Mann bleiben wolle. Sie könne es nicht übers Herz bringen, dass er dort allein reisen müsse. Ich bedankte mich bei ihr mit einer Flasche Rotwein für ihr Mitgefühl und für ihr Verständnis. Der Schäfer fasste die Situation nicht als Beleidigung auf und die beiden haben sich bei Rotwein auf der restlichen Fahrt wunderbar unterhalten.« »Funktionierten die Fahrten eigentlich immer reibungslos?«, möchte ich wissen. »Nicht immer!«, antwortet er und bewegt sich mit einem Glas Wasser in der Hand auf dem Stuhl wieder zurück. »Aufgabe der italienischen Speisewagengesellschaft war es, den 900 Pilgern Frühstück und Mittagessen in Paketen auf den Bahnsteig zu stellen. Jeder Pilger konnte sich so ein Lunchpaket für die Rückfahrt in die Schweiz mitnehmen. Das ging jedoch nie auf, weil sich einige Gäste, mehr als ihnen zustand, für Oma, Onkel oder Tante eingesteckt hatten. Die Letzten guckten in die Röhre! Es gab oft ein gewaltiges Chaos. Also übertrug *Tigges* die Organisation den Schwesternhäusern in Rom, die so die Verpflegung der Gäste selbst regeln mussten. Im Zug auf dem Weg nach Bologna kam einmal wieder eine Frau in unser Abteil und rief *Riechen Sie mal!* Zur Verdeutlichung hält Siegmar mir sein Glas als imaginären Gegenstand unter die Nase. *Nicht schon wieder Ziegenbock!* haue ich dazwischen. *Nee, nee, im Lunchpaket waren immer kalte Hähnchenschenkel, italienische Panini, ein trockenes Brötchen und eine kleine Flasche Rotwein. – Riechen Sie mal! Ist das nicht sauer?* Dein Vater roch dran und empfahl, es besser nicht zu essen. Plötzlich kamen immer mehr Leute, alle mit Hähnchenschenkeln in den Händen. Wir baten sie nur, sie nicht zu essen, konnten ihnen aber auch keinen Ersatz anbieten. Dies sprach sich im Zug schnell herum. Daraufhin entschlossen wir uns, einen Rundruf über die Mikrofonanlage zu machen und darauf hinzuweisen, dass die Hähnchen aus einem der Schwesternhäuser wohl etwas zu lange in der Sonne gelegen hatten und wir vom Verzehr abrieten. Nun herrschte völlige Verwirrung, da viele schon nicht mehr wussten, in welchem Schwesternhaus sie die Woche übernachtet hatten. Von da an lautete unsere Devise: *Wenn es stinkt, nu ja nicht essen!* Das jedoch passte einem überkorrekten Arzt nicht, der darum bat, dass wir von Abteil zu Abteil gingen und sicherstellten, dass den Pilgern nichts geschah. Burkhard hatte nach drei Abteilen Hähnchenriechens jegliche Farbe im Gesicht verloren und ich konnte auch nicht mehr schnüffeln. Wir rannten zurück zur Mikrofonanlage und ordneten an, die sauren Hähnchen aus dem Fenster zu schmeißen.« »900 Pilger pro Zug, im schlimmsten Fall 900 Schenkelchen«, sage ich. »Ja, zurück zur Natur!« Zur Verdeutlichung ahmt er die Wurfbewegung nach und fährt dann fort: »Auf der Strecke nach Bologna müssen heute noch jede Menge Knöchelchen neben dem Gleisbett liegen.« Ich sehe ein zufriedenes breites Grinsen in seinem Gesicht. Nun kommen die Geschichten alle wieder und dies ist ihm richtig anzusehen. »Apropos aus dem Fenster schmeißen …«, setzt er an und wartet ein bisschen. »Auf einer Rückfahrt in der Schweiz war in keinem Abteil mehr Toilettenpapier vorhanden. Wir instruierten den Schaffner, mit dem Notfalltelefon im Zug die nächste Station anzurufen und Toilettenpapier für 900 Gäste zu bestellen.« »Das alles zu einer Zeit ohne Handys«, höre ich mich sagen. »Klar. Ebenso klar war aber auch, dass das Telefon im Zug nicht funktionierte. Da haben dein Vater und ich die Bitte um Toilettenpapier auf eine der letzten Kartonrollen geschrieben und an einem Bahnübergang dem völlig verdutzten Schrankenwärter aus dem fahrenden Zug in die Arme geschmissen.« Diesmal steht er ruckartig auf, sein Stuhl rollt nach hinten und ich sehe ihn die gleiche Wurfbewegung wie zuvor machen. »Er hat es dann hinbekommen. Nächste Station *Klopapier*!« »Ach Marcus, Geschichten haben wir erlebt. Oft ging es schon in Köln richtig rund, da fuhr der Zug noch nicht einmal. Manchmal hatten wir Prälaten dabei, die sich überhaupt nicht in die Situation der Pilger hineinversetzen konnten.« »Na, dann erklär mal«, sage ich. »Mache ich«, antwortet er knapp und setzt sich wieder hin. »Wir standen noch im Hauptbahnhof, da griff der Geistliche schon zum Mikrofon und es schallte durch den Zug *Jetzt singen wir das schöne Pilgerlied soundso…*Die Reisenden waren noch damit beschäftigt, ihr ganzes Gepäck zu verstauen und ihre Plätze zu finden. Andere verabschiedeten sich gerade von ihren ihnen zuwinkenden Familien durch das offene Fenster. Alles wollte *Tschüss* sagen, bekam aber schon die erste christliche Dröhnung über die Mikrofonanlage ab. Die Leute sollten mitsingen, hatten sie doch bei der Buchung auch die Liederheftchen erhalten. Was für ein Durcheinander! Und die am Gleis auf den nächsten Zug wartenden Soldaten der Bundeswehr veräppelten uns, als wir endlich Kirchenlieder schmetternd den Hauptbahnhof verließen. Auf der Fahrt wurden zudem über das Mikrofon Gebete gesprochen, sodass die Pilger mitbeten konnten. Zuerst hörte man in den Abteilen das einige wenige Minuten dauernde Angelusläuten als Einladung zum Gebet über die Lautsprecher und dann hieß es: *Es ist jetzt 12.00 Uhr mittags und wir beten den Engel des Herrn.* Viele Gäste standen am Fenster und hatten nicht auf die Zeit, sondern auf die vorbeiziehende Landschaft geachtet. Der Prälat begann zu beten, während die Pilger zu ihren Plätzen stürmten. Kaum waren sie dort angekommen, war das Gebet schon beendet.« »Das ist doch nicht wahr«, antworte ich. Er lächelt mich an. »Genau das habe ich mir auch gedacht. Gleiches wiederholte sich beim Abendgebet in der Schweiz. Alle rannten zum *Ave-Maria* ins Abteil, legten ihre angebissenen Butterbrote zur Seite und wollten mitbeten, da verstummte das Mikrofon schon wieder. So konnte das nicht weitergehen! Am nächsten Tag auf dem Weg nach Rom machte ich selbst eine Durchsage und stimmte die Pilger mit einer halben Stunde Vorlaufzeit auf das Mittagsgebet ein. Wenig später klopfte ich an der Abteiltür der Prälaten und fragte, wie es mit einem Gebet aussehe. Ich bekam verdutzt zu hören: *Heute nicht! – Och, was?* rutschte es mir raus. *Heute beten wir nicht* war die Antwort. Da saß ich und alle Pilger im Zug warteten auf das Gebet und …« » …da musstest du selbst ran«, füge ich hinzu. »Es hatte natürlich keiner der anderen Reiseleiter ein Gebetbuch dabei. Die feixten um die Wette, dein Vater nannte mich *Hochwürden Hinz* und alle johlten laut vor Lachen. *Sieh mal zu, wie du das anstellst* kamen die spitzen Kommentare. Ich nahm erst einmal einen Prosecco Spumante zu mir – lauwarm, aber zum Sich-Mut-Antrinken hat es gereicht. Dann habe ich eine Predigt verfasst. Das Thema war unsere Zugreise, also der Übergang vom vergleichsweise unchristlichen nördlichen Europa zu den alten Wurzeln des Christentums in Italien. Dein Papa und meine Kollegen spendeten mir Beifall und am Ende der Reise kam ein altes Mütterchen zu mir und bedankte sich für meine Worte. Sie ließ mich wissen, dass ich eine ganz weiche Stimme habe und sie sich wünschte, ihre Kinder wären dabei gewesen.« »Sei froh, dass du eine pädagogische Ausbildung genossen hast«, sage ich und freue mich für ihn. »Organisationstalent war viel wichtiger«, antwortet er. »Überleg einmal, was deine Großmutter auf den Pilgerreisen geleistet hat.«

Charlotte und Hans Hillerich lebten vor dem Zweiten Weltkrieg in Wuppertal und waren beide eng über die lokale Theaterszene mit Hubert und Maria Tigges befreundet. Opa Hans hatte an der Technischen Hochschule der Stadt an der Wupper eine fachorientierte kaufmännische Berufsausbildung gemacht und schuftete später zwischen sechzig und siebzig Wochenstunden als Meister in der Textilfabrik der Firma *Kaiser und Dicke*. Meine Großmutter arbeitete als Modedirektrice in einer großen jüdischen Textilfirma, die kurz vor dem Krieg ihre Pforten schloss, da die Eigentümer nach Amerika flohen. Nach Kriegsende stieg Oma Lotte bei *Tigges* als Reisebegleiterin auf den Pilgerzügen ein. Da meine Großmutter keine kunsthistorische Ausbildung hatte, führte sie auch nie auf den Reisen, war aber für alles Organisatorische verantwortlich. Sie bekam durch ihre Tätigkeit jedoch viel vom Beruf des Studienreiseleiters mit und genoss es, in eine für sie neue Welt einzutauchen. Selbst war sie nicht in der Lage gewesen, aus eigenen Ressourcen heraus ein Bild von Botticelli in Florenz zu erklären oder im Vatikanischen Museum zu führen. Sie hörte jedoch immer aufmerksam zu, weil sie neugierig war, regelrecht begierig war, in dieser Welt ein bisschen Fuß zu fassen. Oma Lotte vergötterte Päpste und dieses besondere Faible entwickelte sich vor dem Hintergrund der Möglichkeiten, über ihre Arbeit in dieser wundervollen Stadt sein zu dürfen, sich mit Kunst und Kultur beschäftigen und aus ihrer kleinbürgerlichen Welt ausbrechen zu können. Abends erzählte sie oft stundenlang auf dem Sofa von ihren Reiseerlebnissen und das steckte natürlich auch meinen Vater an. Diese Begeisterung, diese Euphorie! Für sie lag die ganz große Freude in der Tatsache, dass sie als Frau dort in dieser Berufsbranche akzeptiert wurde. Auch ohne kunsthistorische und kunstgeschichtliche Ausbildung nahm sie von jeder Reise etwas für ihren Kopf mit nach Hause und das gefiel meinem Großvater natürlich sehr. Er unterstützte all dies und war sehr stolz, dass seine Ehefrau über sechzig Mal Rom besuchte und auf den Pilgerreisen viel Verantwortung übernehmen durfte.

Mein Vater nennt mir ein Beispiel, damit ich die Aufgaben meiner Großmutter einordnen kann. Von den knapp 900 Pilgern im Zug hatte jeder bei *Tigges* in Wuppertal für einen bestimmten Betrag Devisen angemeldet, da zu dieser Zeit nur Wirtschaftsunternehmen und keine Einzelpersonen im Inland an ausländische Währungen gelangen konnten. In der Nachkriegszeit gab es in der Bundesrepublik Deutschland das sogenannte *System der Devisenbewirtschaftung,* das eine Steuerung des Außenhandels dadurch erreichte, dass Devisen, die zum Beispiel aus Güterexporten ins Land gelangten, bei der Zentralstelle angemeldet und gegen die eigene Währung umgetauscht werden mussten. Auf der Gegenseite waren Devisen, die für Kapitalexporte wie beispielsweise den Tausch von D-Mark in Lira benötigt wurden, nur durch eine Zuteilung erhältlich. *Tigges* organisierte die Bewirtschaftung über die Wuppertaler Banken. Alle Reiseteilnehmer mussten vorab einen gültigen Reisepass zusenden. Die Pässe wurden in Wuppertal nach Reiseterminen sortiert, dort aufbewahrt und vor Antritt der Reise für die notwendige Devisenzuteilung gesammelt eingereicht. Die Devisen in der Fremdwährung wurden dann beim Außenministerium offiziell angemeldet, genehmigt und schließlich der Firma in Säcken geliefert. Das hieß, Gast A wollte für 200 Mark italienische Lire tauschen, Gast B für 300 Mark und Gast C für nur 50 Mark. Meine Großmutter verwaltete eine Liste von 900 Gästenamen und hatte in einem eigenen Abteil des Zuges Jutesäcke voller Lire stehen. Die Pilger suchten meine Großmutter nacheinander auf und bekamen dort nach einem einheitlichen Kurs die bestellte Fremdwährung gegen Rechnungsbeleg und Kopie des Wechselkurses ausgezahlt. Mit dieser Tätigkeit war sie die komplette Hinreise beschäftigt und durfte sich keine Fehler erlauben. Siegmar Hinz hat recht, es war eine irre Leistung, die vor allem auch von dem damaligen langjährigen *Tigges*-Chefreiseleiter Robert Striebeck gewürdigt wurde. Eine enge Freundschaft konnte sich zwischen ihm und meiner Großmutter so in den Jahren der Pilgerreisen entwickeln, nicht zuletzt auch deshalb, weil er in Rom maßgeblich dazu beitrug, dass sie ihren eigenen Horizont erweitern konnte.

Die wichtigste Anlaufstation für alle *Dr.-Tigges*-Studienreiseleiter in Rom war *Colonello* Kokstein. Mit Vornamen hieß der gebürtige Österreicher eigentlich Ernesto, wurde aber von den *Tigges*-Kollegen immer nur *Colonello* genannt, da er als Abwehroffizier unter Wilhelm Franz Canaris, dem Leiter der deutschen Abwehr und des militärischen Geheimdienstes der Wehrmacht, im Zweiten Weltkrieg in Rom gedient hatte. *Colonello* Kokstein blieb nach dem Krieg in Rom und seine Kontakte aus dem Umkreis seiner ehemaligen Arbeit stellten für ihn in der Zeit der Nachkriegsjahre einen unschätzbaren Wert dar. Seine Agentur *Sudland Travel* in der *Via Torino* mauserte sich zum zentralen *Dr.-Tigges*-Vertragspartner und wickelte alle Studienreisen, Pilgerfahrten und spätere *TUI* Reisen in Italien ab. Ihm gehörte praktisch Rom! Kam man als Reiseleiter in die Stadt, so wurde man von Ernesto immer zum exklusivsten Essen eingeladen, das man überhaupt für sein Geld bekommen konnte. So ein Geschäftsessen kostete ihn schnell zwischen 80 – 100.000 Lire – damals schon ein Vermögen. Daran allein konnte man Ernestos Lebensstil ablesen. Er trug immer die feinsten Anzüge und war eine äußerst elegante Erscheinung, die im römischen Alltag die Blicke magisch auf sich zog. Man munkelte, dass er die Beamten in Roms Stadtverwaltung bestochen hatte, damit sie ihm seine Steuerkarte vernichteten. Sein Wagen stand grundsätzlich mitten auf dem Bürgersteig vor dem Büro in der *Via Torino*. Jeden Morgen soll dort ein Streifenpolizist vorbeigekommen sein und sich seinen Kollegialitätsabschlag abgeholt haben, sodass der Wagen weder ein Knöllchen bekam noch von den Behörden abgeschleppt wurde. Um *Sudland Travel* in Rom als ehemaliger Mitarbeiter des Nazi-Regimes führen zu können, musste er wahnsinnig viel Geld und vor allem die allerbesten Beziehungen gehabt haben. Cavaliere *Colonello* war ein wahrlich meisterhafter Strippenzieher zu einer absolut wilden Aufbruchszeit mit unvorstellbaren bürokratischen Hürden im italienischen Tourismusgeschäft. Zu meiner Großmutter sagte er einmal: »Charlotte, schenk mir doch deinen Sohn!« Mein Vater hätte bei ihm arbeiten können, denn er schätzte ihn sehr. Mit Sicherheit aber hätte mein Vater ein solch chaotisches Leben in dieser Atmosphäre mit den permanenten Streiks der Gewerkschaften nicht überlebt. Ernesto hingegen hatte die dafür nötige dicke Haut, er spielte das Spiel virtuos mit. Es versteht sich auch von selbst, dass *Colonello* wie Oma Lotte ein großer Papst-Fan war, jedoch interessierten ihn eher die wirtschaftlichen Aspekte.

1950 verkündete Papst Pius XII das Dogma *Leibliche Aufnahme Mariens in den Himmel* und ordnete das erste Heilige Jahr nach dem Krieg an. Unabhängig von den offiziellen Heiligen Jahren im Abstand von einem Vierteljahrhundert leiteten einige Päpste aus anderen Anlässen auch außerordentliche Jubiläen mit der Verheißung eines vollständigen Ablasses aller Sünden ein. Damit die Kasse in Rom noch besser klingelte, riefen die Päpste Pius XII. und Johannes Paul II. zudem noch Marianische Jahre aus und waren sich der tiefen Dankbarkeit der Italiener gewiss. Mit ihrem Charisma haben sie Millionen Pilger nach Rom gelockt, darunter Johannes Paul II. Millionen Polen. Dies war ein göttlicher, nein, wohl viel eher ein päpstlicher Segen für die römischen Geschäftsleute, ja für die gesamte Tourismusbranche. Hubert Tigges, Ernesto und alle anderen Akteure im Fremdenverkehr verdienten kräftig mit. Die *Dr.-Tigges*-Fahrten emanzipierten sich, wurden kommerzieller und verabschiedeten sich von den Zeltfahrten, die aus der Jugendbewegung der Volkshochschule entstanden waren. In Rom sollte die von Hubert Tigges in seinem Artikel »*Die Entdeckung Europas*« 1957 propagierte Verbindung zwischen Glauben und Kultur für die deutschen Pilger besonders erlebbar gemacht werden.

»Über allem standen natürlich die kirchlichen Programme«, erklärt mir mein Vater die Kombination aus touristischem Besichtigungsprogramm und religiöser Erbauung, die auf einer Pilgerreise angeboten wurde. Ich besuche ihn in Berlin, wo wir auf dem Müggelsee in seinem kleinen Wochenendhäuschen ein paar Tage verleben. Wir beide haben uns Zeit genommen und reden zwischen ausgedehnten Kochsessions über die Anfänge der Firma *Tigges*. Mein Vater liegt genüsslich auf dem Bett und hat die Arme hinter seinem Kopf verschränkt. Auf dem Nachttisch steht eine dampfende Tasse Kaffee – stark und schwarz, kein *Bodensee* wie in unserer Familie ein dünner Kaffee heißt, der den Genießer durch das Bohnengebräu auf den Tassenboden sehen lässt. Mein Vater blickt an die Zimmerdecke und erinnert sich: »Der Tag begann mit einer Fahrt zur Audienz des Papstes auf dem Petersplatz, nachdem die Gäste in den Schwesternhäusern das Frühstück zu sich genommen hatten. Draußen vor der deutschen Nationalkirche *Santa Maria dell'Anima* standen schon die abfahrtsbereiten Reiseführer, die für die ganze Woche gebucht waren. 900 Pilger, dreißig Stadtführer und dreißig Busse, die alle ihre Bezeichnungen auf der Windschutzscheibe hatten. Manchmal war es für die Pilger äußerst schwierig, ihre Unterkunft dem richtigen Bus zuzuordnen: z. B. *Congregatio Missionariorum Pretiosissimi Sanguinis Domini Nostri Jesu Christi – Die Missionare vom kostbaren Blut*. Das konnten die Leute nicht einmal aussprechen. *Ich weiß überhaupt nicht, wo ich bin. Wo ist denn mein Bus?* hörten wir hier und da. Hinz und ich waren daher dafür zuständig, dass alle

Gäste an der richtigen Sehenswürdigkeit landeten. Striebeck und Menneken, die die Kontakte zu den Institutionen hatten, teilten uns die Aufgaben zu, Ernesto organisierte die Busse, Gottesdienste, Eintrittsformalitäten und den zeitlichen Ablauf – kurzum das gesamte Rahmenprogramm.« »Hattet ihr an einzelnen Tagen besondere Programmschwerpunkte?«, möchte ich wissen. Mein Vater denkt kurz nach. »Einmal stand das antike Rom, dann wieder das christliche Rom oder auch ein Besuch in den Katakomben im Vordergrund, musst du wissen. Die meisten Besichtigungspunkte waren natürlich christlich orientiert. Zum Beispiel Mosaiken in den frühchristlichen Kirchen oder, es waren ja Pilgerreisende unterwegs, ein Besuch in den vier großen Papstbasiliken. Allen voran der Petersdom, der Sitz des Papstes als Führer der Weltkirche. Pontifex Maximus.« Er hebt die Hand und zählt Finger für Finger durch: »Dann die Lateranbasilika als die Kathedrale des Bistums Rom und eine der sieben wichtigen Pilgerkirchen. Als dritte Basilika *St. Paul vor den Mauern* und nicht zu vergessen *Santa Maria Maggiore*, die höchste Marienkirche. Wenn man also mit dem Bus raus zu einer der Pilgerkirchen fuhr, beispielsweise zu *San Sebastiano alle Catacombe*, kombinierten wir morgens die Messe mit der Besichtigung der darunter liegenden *Sebastians-Katakomben*, die auch groß genug waren, sodass man dort mit Busladungen voller Pilger gleichzeitig hineingehen konnte. Wir haben das Tagesprogramm auch mit *St. Paul vor den Mauern* verbunden, weil du von dort aus immer schnell auf den Gräberfeldern warst, die ja vor der antiken Stadt Rom liegen. Auch schön war die zusätzliche Fahrt auf der *Via Appia Antica*, dem wohl, so sagt man, längsten Museum der Welt, da hier jede Menge bedeutende historische Bauten stehen. An der Via Appia steht das *Quo Vadis-Kirchlein*, das alle Gäste aus dem gleichnamigen Film kannten. Die Frage des Jüngers Petrus an seinen Herrn vor den Mauern Roms *Wohin geht du, Herr? – Quo Vadis?* beantwortete Jesus mit *Wohin ich gehe, dorthin kannst du mir jetzt nicht folgen. Du wirst mir aber später folgen.* Jesus ging nach Rom, um sich ein zweites

Mal kreuzigen zu lassen. Petrus folgte ihm, wurde gefangen genommen und erlitt das gleiche Schicksal.« Er schaut vom Bett zu mir rüber und sagt: »Hast du den Film gesehen? Ja, nicht wahr, hast du. Danach war der Vormittag rum.« »Wo habt ihr denn mit so vielen Menschen die Mittagspause gemacht?«, frage ich ihn. »Gar nicht! Wir fuhren nicht zum Essen, sondern zurück in die Stadt und es herrschte Freizeit über die Mittagszeit, sodass die Leute essen gehen konnten. Jeder Führer hatte so seine eigene Anlaufstelle, eine besonders beliebte Ecke der Ortskundigen war *Trastevere*, das mit Abstand volkstümlichste Viertel westlich der *Tiberinsel*. Auf dem Weg dorthin wurde den Pilgern natürlich die Geschichte von der Gesandtschaft nach Epidauros geschildert.« Ich lese sie nach: Als 293 vor Christus eine furchtbare Seuche Rom verwüstete, entschloss sich die Stadt, eine Gesandtschaft ins griechische Epidauros zur Kultstätte des Heilgottes Asklepios zu schicken, um seine Hilfe zu erbitten. Der Sage zufolge kehrten die Römer mit einer heiligen Schlange an den Tiber zurück, die in den Fluss eintauchte, zur *Tiberinsel* schwamm und dort für immer verschwand. Der daraufhin an diesem Platz erbaute Tempel stimmte die Götter milde und die Seuche ebbte ab. In der Folgezeit entstanden auf der Insel Gebäude, die die kranken Pilger aufnahmen, die auf ihre wundersame Heilung hofften. Westlich des Tibers liegt also *Trastevere*, ein farbenfrohes und an manchen Ecken dreckiges ehemaliges Arbeiterviertel mit unzähligen kleinen Kneipen, Gaststätten und Restaurants, in denen die Gäste während der Mittagshitze Zuflucht finden konnten. Der Schriftsteller und Journalist Reinhard Raffalt schrieb über *Trastevere*, dass das Viertel »eigentlich kein Ort, sondern ein Zustand, eine wohltuende Anarchie der Gefühle, ein Phänomen aus Düften, Liedern und Müßiggang ist, volksreich [sic!], schwanger von verborgenen Genies, mit Häusern, die seit dem sechsten Jahrhundert ununterbrochen bewohnt worden sind [,] und mit Frauen von einer atemberaubenden Schönheit. Anhänger polierter und hygienisch einwandfreier Wohnanklagen werden es entsetzlich finden, Zivilisations-Apostel sollten am besten gar nicht hinein tauchen [sic!].« In mir rief *Trastevere* nicht so sehr Gefühle, sondern eher eine nachhaltige Erinnerung aus den Tagen meiner Kindheit hervor. Im heimischen Satzvey wurde mein Grad der Frömmigkeit anhand der Anzahl der besuchten Gottesdienste, Mariengebete und Andachten auf einer Strichliste für die anstehende Firmung eingestuft. Dieses System der Glaubensdokumentation hatte sich Satzveys unangefochtener Repräsentant einer erzkonservativen Glaubensauslegung der katholischen Kirche ausgedacht: Pastor Küpper. Mit ihm war nicht zu spaßen. Selbst die starken Söhne der ortsansässigen Getränkefirma hatten sich unterzuordnen und erarbeiteten sich eifrig Frömmigkeitspunkte über ihren Einsatz als Messdiener. Im Firmunterricht, der dummerweise zeitlich mit meinen Tennisstunden kollidierte – eine Tatsache, die mich hinsichtlich des spielerischen Niveaus gegenüber meinem Bruder zähneknirschend Jahre zurückwarf –, sprach Prälat Küpper von *Trastevere* als jenem römischen Viertel, das die berühmte Basilika *Santa Cecilia* beherbergt. Diese römische Kirche ist der heiligen Cecilia geweiht, die als Schutzheilige der Kirchenmusik gilt und ihren ehrwürdigen Namen unserem dorfeigenen Kirchenchor gab. *Cecilia Satzvey* ist ein in meiner Jugend berüchtigter Frauenchor gewesen, der sowohl hinsichtlich der Treffsicherheit von Tönen als auch der Einschätzung der Lautstärke des eigenen Gesangs im Ensemble unterschiedlich begabten Damen die Möglichkeit gab, den Gottesdienst von der Chorempore zu begleiten und den Kirchgängern bisweilen schmerzverzerrte Gesichter bescherte. Unabhängig davon, ob Pastor Küpper sich in der Adventszeit an den echten Kerzen des Weihnachtsbaums das Messgewand entzündete oder aber die älteren Herren vorzeitig und ohne abschließenden Segen für die Sportschau die Kirche verließen, es wurde lauthals gesungen. Cecilia hätte sich über die Standhaftigkeit unseres Prälaten in Zeiten der Not gefreut, war sie doch aus dem gleichen Holz geschnitzt. Noch im Tod hielt sie drei Finger ihrer rechten Hand ausgestreckt als

Zeichen der Dreieinigkeit und als verzeihende Geste ihren Henkern entgegen, die sie im Auftrag des römischen Kaisers Mark Aurel köpften. In der Apsis der Basilika *Santa Cecilia* thront ein enormes Mosaik mit *Christus Redentor*, dem Erlöser, über den Gläubigen, der sie auf die griechische Art segnet. Der Ringfinger verbindet sich mit dem Daumen, die restlichen Finger ragen in die Höhe. Zu seinen Füßen ruht die heilige Cecilia in einem Sarkophag mit deutlicher Wunde am Hals und den drei ausgestreckten Fingern als Zeichen des Schwures.

»Ja und dann startete das Nachmittagsprogramm«, fuhr mein Vater fort. »Um 14:00 Uhr traf man sich wieder und ein Ausflug in die Albaner Berge gehörte selbstverständlich dazu. Schon zu Lebzeiten der Römer waren die Reste des einstigen vulkanischen Ringgebirges mit seinen idyllischen Maaren zwanzig Kilometer außerhalb der Stadt ein begehrtes Ziel und sehr beliebtes Refugium für die Nobilität. Zu besichtigen gab es dort das *Kastell Gandolfo*, also den Sommerpalast des Papstes sowie den schönen *Albaner See*. Auf der Rückfahrt hielten wir in einem der schmucken Örtchen zum Erdbeeren-Essen an. Abends mussten wir um 19.00 Uhr wieder in den Schwesternhäusern sein, denn dann schlossen die Nonnen die Türen ab.« »Habt ihr dort gemeinsam das Abendbrot bekommen?« Ruckartig setzt er sich auf, nimmt einen Schluck Kaffee aus der Tasse und antwortet: »Nein, Marcus, um Gottes Willen! Wir Reiseleiter hatten oft den Wunsch, uns abends noch einmal zu treffen, nachdem die Pilger den einzelnen Häusern zugeteilt wurden. Wir wollten ja mal wegkommen, um am Ende des Tages überhaupt aufatmen zu können. Tagsüber hatte jeder von uns fünf Häuser à 50 Pilger zu betreuen. Danach waren wir platt. Wir haben also nicht mit den Gästen gegessen. Nie. Das war viel zu steril in den Schwesternhäusern, dort gab es ja auch keinen anständigen Wein. Leo Menneken steckte den Reiseleitern auf jeder Reise so um die 20.000 Lire in die Tasche, die wir nicht abzurechnen brauchten und wovon wir einen zwitschern konnten.« Mit der Kaffeetasse in der Hand prostet er mir zu und erzählt dann weiter. »Kollege Volkhard durfte jedoch nie dabei sein, wenn *Colonello* Kokstein uns einlud. Volkhard. Was für ein Typ! Er war aus der DDR geflüchtet, besuchte während seiner Maurertätigkeit das Abendgymnasium und promovierte dann in Bonn in Kunstgeschichte. Ein klasse Reiseleiter! Über den haben wir Tränen gelacht, weil er selbst so übermäßig laut lachte. Das war auch der Grund, warum man ihn nicht in ein feines Restaurant mit den Edelprälaten mitnahm. So bekam Volkhard von Ernesto abends immer die optionale *Brunnen-Tour.*« »Die *Brunnen-Tour?*«, frage ich nach. »Ja, das war ein fakultativer Ausflug zu den römischen Brunnen für die Pilgergäste nach dem Abendessen. Volkhard nahm gerne die 50 Mark Honorar plus Trinkgeld an und führte die Gäste zu den römischen Brunnen.«

Im Laufe unseres Gespräches berichtet mir mein Vater, wie er 1965 über Robert Striebeck zur Firma *Tigges* gekommen ist. »Eines Abends war *Onkel Robert*, wie ich ihn nennen durfte, bei uns Hillerichs zu Besuch und saß mit meiner Großmutter am Wohnzimmertisch. Er rauchte gute fünfzig Zigaretten am Tag und benutzte nie den Aschenbecher. Jede Zigarette brannte nieder und die Asche landete während des Gespräches auf seinem Revers. Er schlug sie sich selbst vom Sakko, ließ sie irgendwo im Raum materialisieren, lachte und sagte zu meiner Mutter: *Charlotte, nimm doch deinen Sohn ruhig mal mit. Burkhard, komm mit nach Rom.* So fing alles an, Marcus!« Auf dieser ersten Pilgerfahrt kurz nach dem Abitur darf mein Vater eine Gruppe Gäste betreuen und wird mit Läuferarbeiten beauftragt. Er flitzt von Abteil zu Abteil, schaut nach dem Rechten, kümmert sich um viele Kleinigkeiten und macht seine Sache gut. Mein Vater taucht damit in die Welt des Reisens ein, mit der er über seine Eltern während seiner Jugend immer mal wieder Kontakt hatte. Die erste Begegnung mit Reiseleitern erfolgt im Alter von neun Jahren, als meine Großeltern für *Dr. Tigges* eine Fahrt zum Benediktinerkloster Banz an den Obermain übernehmen und er eigentlich über die Sommerferien mit den Pfadfindern in den Urlaub aufbrechen sollte. Drei Tage vor den Ferien stolpert er beim Fußballspielen über einen herausstehenden Kanaldeckel und bricht sich das Schlüsselbein, sodass Oma Lotte und Opa Hans ihn aus der Not geboren mitnehmen müssen. Der Chefreiseleiter auf dieser Tour ist Hans-Joachim Riecke, eine sehr extrovertierte Persönlichkeit mit auffälligen weißen Seidenhandschuhen und schicken Juchtenstiefeln. Riecke ist ein brillanter Kunsthistoriker, neigt aber auch zu cholerischen Anfällen, wenn seine Gäste sich nicht wie gewünscht verhalten: »Sie Negativkavalier!«, schnauzt er einen Gast an, der während seines Vortrages unerlaubt fotografiert. Er nimmt jedoch meinen Vater damals an die Hand und zeigt ihm liebevoll, einfühlsam und kindgerecht im Bamberger Dom, was romanische Kirchen auszeichnet. Solche Erlebnisse prägen ihn früh. Nach den Pilgerzügen führt mein Vater direkt im Anschluss noch als Student in den Semesterferien eine Reise mit dem Titel *»Kunst und Kultur im Bodenseeraum«* durch. Die familiären Beziehungen unserer Familie zu den Tigges sind zu dieser Zeit sehr eng. Am Bodensee gastiert Maria Tigges oft in der eigenen See-Villa und wacht über meinen Vater, der um Haaresbreite achtkantig aus der Firma geflogen wäre. Während der ›*Kunst und Kultur im Bodenseeraum*-Tour‹ kommt seine Gruppe im *Hotel Seehof* unter und abends taucht plötzlich eine junge Frau vor seinem Hotelzimmer auf und bittet ihn um seinen Rasierapparat. Sie will ihn sich für ihren Freund leihen, der den Bus auf der Tour steuert. Solch eine haarige Situation kann schnell missverstanden werden, da Maria Tigges hinsichtlich ihrer Angestellten und deren Begegnungen mit dem anderen Geschlecht keine Kompromisse eingegangen und das später berühmt-berüchtigte inoffizielle Firmenleitbild für Reiseleiter formuliert haben soll: »Wir haben nichts gegen eine gesunde Erotik, aber Sexualität lehnen wir ab!« Oma Lotte ist beruflich viel mit Maria Tigges unterwegs und arbeitet als Kontrolleurin. Sie fährt für die Firma zu den *Tigges*-eigenen Hotels, in denen sich Gäste über den Standard oder das Essen beschwert haben, und sorgt dafür, dass die Probleme schnell behoben werden. Mein Großvater, Opa Hans, bietet indessen als passionierter Bergreiseführer im Dienst *Tigges-Touren* am Bodensee an und erlebt dort Dankbarkeit und Zuneigung der Gäste. Mein Vater erinnert sich. »Er brauchte viel Liebe und Zärtlichkeit. Leider kehrte er stark gezeichnet aus dem Krieg zurück, nachdem er zweimal in russische Gefangenschaft geraten war. In Stalingrad schoss ihm ein russischer Soldat vor dem Bunker aus zehn Metern in den Bauch, sodass er in einem Zwischenlazarett notoperiert werden muss, als dann die nächste russische Panzerdivision das ganze Lazarett überfuhr. Einer der Panzer rollte an seiner Trage vorbei und zermalmte alle seine Kollegen neben ihm unter den Panzerketten. Bis in die Fünfzigerjahre hinein hatte er nachts im Traum geschrien.« Mein Großvater hat die Tapferkeitsmedaille, das Goldene Verwundetenabzeichen sowie das Eiserne Kreuz I. und II. Klasse erhalten, nicht weil er so tapfer war, sondern weil er in Russland als Sturmpionier in diese grauenhafte Situation gezwungen wurde und sich dieser nicht entziehen konnte. Die Abzeichen verscherbelt er nach dem Krieg, um sich und seiner Familie das Nötigste kaufen zu können. Hans Hillerich ist ein absolut friedvoller Mensch, der meiner Großmutter sehr entgegenkam, sodass sie mit *Tigges* so viele schöne Momente erleben durfte. Es war ihm eine wahre Freude, wenn seine Ehefrau reisen konnte, nicht weil er dann frei war, sondern weil sie diese Erlebnisse für sich hatte und dadurch so sehr glücklich war. Vielleicht ist es ihm auch ein besonderes Anliegen gewesen, dass das Glück zurückkehrte, denn meine Großmutter hatte ebenfalls viel erleiden und wegstecken müssen. Vor dem Krieg nimmt Opa Hans eine Stelle in einem Textilunternehmen im linksrheinischen Euskirchen am Fuße der Eifel an, wo Dorothea, meine Patentante und Schwester meines Vaters, 1938 zur Welt kommt. Euskirchen steht im peripheren Rheinland beispielhaft für eine durch die Industrialisierung herbeigeführte Land-Stadt-Migration in der Mitte des 19. Jahrhunderts. Junge Menschen mit einer handwerklichen oder kaufmännischen Ausbildung können dort schnell in Lohn und Brot kommen. Die Tuchfabriken in der Stadt locken schon in der ersten Hälfte des 20. Jahrhunderts meinen Großvater mit sozialem Aufstieg und beruflicher Weiterentwicklung über den Rhein. In diese Boom-Zeit bricht schließlich der Schrecken des Zweiten Weltkrieges hinein und Opa Hans wird von der Wehrmacht sofort eingezogen. 1944 ordnet die NSDAP Zwangsevakuierungen in vom Bombenbeschuss der Alliierten betroffenen Regionen entlang des Rheins an. Das schnelle Heranrücken der amerikanischen Armee in der Eifel verschärft die Situation in Euskirchen dramatisch, sodass meine Großmutter unter Tausenden von Menschen mit ihrem frischgeborenen Sohn Burkhard auf dem Rücken und der kleinen Schwester Dorothea in einem Flüchtlingstreck auf einer der letzten Pontonbrücken über den Rhein zurück nach Wuppertal flüchtet und Zuflucht bei ihren Eltern und Bekannten findet. Im Luftschutzbunker hüpft das Körbchen mit meinem Vater bei einem Bombentreffer wenige Tage später vom Tisch. Die enorme Wucht des Aufpralls schleudert ihn heraus und der harte Steinfußboden beschert ihm seinen ersten Kratzer am Kopf. Ab April 1946 übernehmen die Belgier von den Engländern die Befehlsmacht in Euskirchen und enteignen viele Menschen. Auch Oma Lotte darf nach dem Krieg nicht in ihre Wohnung zurück und muss in eine Notwohnung in der Augenbroicher Straße im Stadtteil *Auel* ziehen. Das *Auel* ist eine von mehreren nach 1949 entstandenen belgischen Siedlungen. In dieser Umgebung wächst der junge Burkhard auf und wird aus dieser durch ein dramatisches Ereignis gerissen: »Burkhard, komm sofort nach oben. Der Heilige Vater ist gestorben!«, schreit Oma Lotte eines Tages aus dem Fenster und beendet für meinen Vater das Fußballspiel auf der Straße, als 1958 Papst Pius XII. stirbt. Die Augenbroicher Straße ist das Revier meines Vaters: hier gibt es den Bäcker und die Drogerie. Die Drogerie ist für ihn keines dieser modernen Reformhäuser, wo es Plätzchen ohne Zucker, aber mit Dinkel gibt. Nein, in der Drogerie kann man Nivea, 4711, Pflaster, Jod, Sanostol, Rotbäckchen, Lebertran und Klosterfrau Melissengeist erwerben – in der großen Flasche, 950 ml, für all die Nachbarinnen. Auf der Theke steht der Goofy-Spender für Traubenzucker, und man kann *Nappo* kaufen – ein tückisches rautenförmiges Bonbon aus einer rätselhaften Masse. Wer dieses Nappo kaut, hat leicht so ein Schmatzgeräusch im Mund. Das entsteht, wenn ein Milchzahn aus dem Kiefer gelupft wird. Entfernt man die Metallpapierhülle aus Versehen nicht ganz und gelangt ein Rest Alupapier an eine Plombe, kann man eine Viertelstunde lang lupenrein den Westdeutschen Rundfunk empfangen. Als Kind wird der Horizont seiner eigenen Welt schnell durch das erste Radio der Eltern erweitert. Dies ist kein Gerät, sondern ein Möbelstück, ein großes *Saba*. Das *Saba* hat kein Display, sondern Drehknöpfe und schwergängige Kippschalter. Wenn mein Vater ihn einschaltet, dann macht es einen Knall – und sonst passiert nichts, außer dass es plötzlich nach heißem Staub riecht. Außen am Gerät ist ein grünes Röhrchen, darin tanzt ein schwarzes Feld, und wenn es tanzt, dann kommt Musik und mein Vater weiß: Euskirchen hat Strom. Auf dem Sofa lauscht mein Vater auch den faszinierenden Geschichten seiner Mutter, die von der Reiseleitertätigkeit und der großartigen Stadt Rom schwärmt, und lernt Robert Striebeck kennen, der regelmäßig zu Besuch kommt. Als Kind genießt er mit seinem Vater zu Hause Freiheiten, die sich dadurch ergeben, dass Oma Lotte bei *Tigges* angestellt ist. Sind Vater und Sohn allein, lesen sie nach dem Essen gemeinsam stundenlang einen Edgar-Wallace-Krimi. Das wäre mit Oma Lotte am Tisch undenkbar gewesen.

Ebenfalls in der Augenbroicher Straße erfahren meine Großeltern sowie mein Vater im Beisein von Robert Striebeck 1957 gemütlich und nichts ahnend vor dem *Saba*-Rundfunkgerät sitzend von einem Unglück, das den *Dr. Tigges Fahrten* um Haaresbreite den wirtschaftlichen Ruin beschert. Am 3. November des Jahres startet eine Maschine der *Reederei Karl Herfurtner* vom Flugzeugtyp *DC-4 Skymaster* auf dem Düsseldorfer Flughafen über

Münster in Richtung New York mit Zwischenstopp in Reykjavík und gewinnt schnell an Höhe, als sie plötzlich nach der nur zweiminütigen Startphase über dem Düsseldorfer Nordfriedhof in den Sinkflug wechselt. Auf Kollisionskurs streift die Maschine mit einem Flügel das Dach des ehemaligen örtlichen Finanzamtes an der Golzheimer Straße und stürzt in eine Schrebergartenanlage. Das Flugzeug bricht bei dem Aufprall auseinander und es entzünden sich 12.000 Liter Kerosin, sodass die Maschine Flammen fängt und völlig ausbrennt. Für die *Luftreederei Karl Herfurtner*, die schon unzählige Gäste im Auftrag der *Dr. Tigges Fahrten* um die Welt geflogen hatte, muss es eine Katastrophe gewesen sein. Insgesamt sterben acht Menschen, nur der zweite Kommandant und ein Ehepaar aus Wuppertal überleben den Unfall. Es handelt sich um die Eheleute Hombitzer, die das enorme Glück haben, angeschnallt direkt an der Bruchstelle des Flugzeuges zu sitzen. So katapultiert die gewaltige Wucht des Aufpralls die Sitzbank mit ihnen im Schlepptau im hohen Bogen durch die aufgerissene Außenwand aus der Maschine heraus und in einen Schrebergarten hinein. Beide kommen mit wenigen Blessuren davon.

Frau Dr. Hombitzer arbeitet in den Siebzigerjahren als Lehrerin an der *Kaiserin-Augusta-Schule* in Köln und leitet in Düsseldorf das ehemalige Schulkollegium, also den Vorläufer einer modernen Bezirksregierung. Damit ist sie die oberste Chefin meines Vaters, der 1972 sein Examen erhält und eine Stelle als junger Lehrer am Städtischen Gymnasium in Erftstadt antritt. Einer seiner direkten Vorgesetzten in der Firma *Tigges* ist ihr Mann. Walter Hombitzer bekleidet zusammen mit Robert Striebeck den Posten des Chefreiseleiters. Die Hombitzers kennen meine Großeltern zu dieser Zeit gut und pflegen einen herzlichen Umgang mit ihnen. Als mein Vater in seiner Anfangszeit als Reiseleiter mit seinen Eltern bei ihnen eingeladen wird, steht er vor einem kniffligen Problem. Wie soll er am besten seine Tätigkeit als freiberuflicher Reiseleiter erklären? Er muss Frau Hombitzer gegenüber zugeben, dass er eigentlich illegal neben dem Lehrerberuf für

Tigges arbeitet, denn die Möglichkeit einer offiziellen beruflichen Nebentätigkeit existiert noch nicht. So sucht er bei einem Glas Wein das Gespräch mit seiner Dienstherrin und weist vorsichtig auf den Sachverhalt hin. »Glauben sie nicht, Herr Hillerich, dass es mir lieb wäre, wenn der Horizont eines Gymnasiallehrers am Rothaargebirge aufhören würde!«, kommt die bemerkenswerte und prompte Antwort. Damit ist das Thema für sie erledigt und alle verbringen einen interessanten Abend miteinander.

Mittlerweile ist in Berlin das Abendessen fertig, die Küche duftet wunderbar und mein Vater und ich begeben uns zu Tisch. Unser Gespräch dreht sich um den Flugzeugabsturz und ich erfahre mehr über Ursache und Konsequenzen. Einerseits bedeutete er erhebliche finanzielle Einbußen, andererseits ist dadurch auch zum Teil die Notwendigkeit der boomenden Pilgerreisen Anfang der Sechzigerjahre zu erklären. Aber wie ist Hubert Tigges an Karl Herfurtner geraten? Zwei Jahre zuvor wird auf dem Flughafen Düsseldorf-Lohausen ein größerer Flugzeughangar errichtet, in dem fortan die Maschinen des ersten deutschen Privatunternehmens stehen. Karl Herfurtner riskiert die Investitionen und steigt in das Fluggeschäft ein. Vor dem Zweiten Weltkrieg sieht der Unternehmer zunächst während eines Roadtrips durch die USA, dass es mit attraktiven Angeboten möglich ist, Reisende von der Schiene auf die Straße zu locken. Bald sollen sie auch noch mit ihm in die Luft gehen. 1931 gründet er die *Busgesellschaft Karl Herfurtner* und baut seine Flotte mit dem wachsenden Erfolg der zunehmend beliebter werdenden Pauschalreisen stetig aus. Wie auch für Hubert Tigges bedeuten die Kriegsjahre eine Unterbrechung, bei weitem aber nicht das Ende seiner Geschäftsidee. Da Herfurtner in den Kriegsjahren die Ersatzteile für seine Busflotte ausgehen, flickt er alle noch einigermaßen fahrbaren Untersätze aus Restbeständen im Lager notdürftig zusammen. Mut zum Risiko, Kreativität und ein scharfer Spürsinn für ein lukratives Geschäft sind gefragt. Herfurtner hat alle diese Eigenschaften und unterschreibt direkt nach dem Krieg mit Hubert Tigges einen

Vertrag zur engen Kooperation auf dem deutschen Reisemarkt, denn auch die Firma *Tigges* will viel flexibler sein und unabhängig von der Schiene neue Destinationen für Studienreisende anbieten. Der rapide Anstieg der Gästezahlen in den Nachkriegsjahren soll sich schnell bezahlt machen. Kunden der *Dr. Tigges Fahrten* entdecken in *Herfurtner*-Bussen ganz Europa – mit Spirituskocher, Zelten, Küchenutensilien, Brotsäcken und Salamiwürsten im Kofferraum oder gar auf dem Dach. 1955 spielt der Zufall Herfurtner den jungen britischen Piloten Jan MacLean in die Arme, der für eine Kartierungsfirma Luftaufnahmen machen soll und seine Maschine in Düsseldorf-Lohausen warten lässt. MacLean hat ebenfalls Ambitionen, ins Fluggeschäft einzusteigen und sieht in dem finanzkräftigen deutschen Unternehmer den idealen Kooperationspartner. Beide ergänzen sich hervorragend. Der Brite rekrutiert die nötigen Kommandanten, Flugzeugführer und Mechaniker aus England und Herfurtner kauft die Flugzeuge und garantiert mit seinem Busunternehmen in der Hinterhand für zuverlässige Buchungszahlen. Nach der Unterzeichnung des Kooperationsvertrages ist *Tigges* in der Lage, weiter in außereuropäische Tourismusländer zu expandieren und bietet Studienreisen nach Südamerika und in die Karibik an. Zeitersparnis, schnelle Erreichbarkeit und die Aufnahme neuer exotischer Reisedestinationen in die Angebotspalette sind die Hauptgründe für die Partnerschaft. Doch nur ein Jahr später ereignet sich das Unglück! Die Maschine schmiert vom Himmel und kracht in die Düsseldorfer Gartenanlage. Schnell können technische Probleme ausgeschlossen werden, da die amerikanische Luftfahrtbehörde vor der Überführung nach Deutschland die *DC-4* als korrekt gewartet und für absolut flugtauglich befunden hatte. Zudem gehört der im Krieg hoch dekorierte Transportflieger Karl-Heinz Stahnke als Chefpilot der *Karl-Herfurtner-Fluggesellschaft* neben dem jungen Co-Piloten Peter van der Helden zum erfahrenen Personal der Maschine. Wenn also weder Material noch menschliches Versagen den Unfall der *Herfurtner*-Maschine über Düsseldorf verursachten, was war der Grund dafür? Mit absoluter Sicherheit kann das heute keiner mehr sagen, aber Spezialisten des Luftfahrt-Bundesamtes gehen davon aus, dass Stahnke van der Helden noch während der Startphase einer Pilotenprobe unterzieht, um die Reaktionsfähigkeit des jungen Mannes zu testen. Laut Recherchen des *SPIEGEL* ergaben Untersuchungen des Luftfahrt-Bundesamtes, dass auf der Backbordseite alle sechs Propeller der beiden Motoren kurz nach dem Start in die sogenannte *Segelstellung* gedreht wurden. Der *SPIEGEL* schreibt, dass »die Einstellung den geringsten Luftwiderstand erzeugt und darauf schlussfolgern lässt, dass entweder der Grund dafür ein technisches Problem während der Startphase war oder aber ein technischer Defekt der Motoren vorgetäuscht wurde, um absichtlich die Reaktionsfähigkeit des Co-Piloten in einem dadurch simulierten Notfall zu testen. Eine Erklärung für eine derartige Anweisung könnte gewesen sein, dass man den Flugbehörden zeigen wollte, dass kleine Reedereien genauso flugtüchtige und versierte Piloten haben [,] wie die großen Branchenschwergewichte und damit ebenso sicher Passagiere befördern wie alteingesessene Unternehmen.« Wie auch immer – der Absturz bedeutete das wirtschaftliche Aus für Karl Herfurtner, sodass Hubert Tigges die Flotte aufkauft und in die *Transavia-Fluggesellschaft* umbenennt. Trotz eigener Flugzeuge muss er mit einem erheblichen Vertrauensverlust kämpfen, sodass *Tigges* 1967 schließlich unter das Dach der *Touristik Union International (TUI)* kriechen muss. Vier Jahre später stirbt Hubert Tigges an den Folgen eines Verkehrsunfalls und erlebt den Niedergang seiner Firma nicht mehr mit. Die alte Traditionsmarke aus Wuppertal verliert im Zuge der Eingliederung in den Verbund der *TUI* auf Empfehlung der amerikanischen Unternehmensberatung *McKinsey* ihren Namen. *Dr. Tigges* gilt den Amerikanern geradezu als ernstes Buchungshindernis, ja als Relikt aus dem Mittelalter. Wer bucht schon bei *Dr. Tigges*, wenn er sich nicht dazugehörig fühlen kann, so gänzlich ohne Doktortitel? Die Antwort der Amerikaner ist eindeutig. Gar keiner! Nur die wenigsten Kunden sind schließlich promovierte, akademisch gebildete Menschen, so die Argumentation. *Twen Tours, Touropa, Scharnow* verschwinden ebenfalls, *Tigges* wird der *TUI* untergeordnet, von Hannover aus verwaltet und die einzelnen Programme heißen sodann *TUI* Ägypten, *TUI* Mallorca oder *TUI* Italien. Jedoch soll sich diese Entscheidung als Irrtum erweisen und zeigt, dass ein amerikanischer Konzern offenbar wenig Kenntnis von der europäischen Tourismustradition hatte. 1997 wird der alte Name nach vielen Anfragen wieder ausgegraben und als *Dr. Tigges Studienreisen* von der *Gebeco*, der *Gesellschaft für Begegnung und Cooperation* in Kiel als eigenständige Marke vertrieben.

Es ist spät geworden am Müggelsee und der Hunger treibt uns in den unteren Teil des umgebauten alten Boothäuschens, wo wir damit beginnen, das Abendessen zuzubereiten. »Wie muss ich mir die Arbeit damals in der Firma *Tigges* vorstellen?«, frage ich meinen Vater, während er Kartoffeln schält.

»1966 bekam ich meinen Einsatzbefehl für meine erste *Dr.-Tigges*-Studienreise nach Hause in die Augenbroicher Straße geschickt. Die Tour *Seine, Loire, Auvergne* in Frankreich leitete ich mehrere Male. Ich bin immer von Euskirchen nach Wuppertal in die Briller Straße aufgebrochen, wo *Tigges* den Firmensitz hatte. Hilde Lumpe war die Mutter der Kompanie, die Chefbuchhalterin. Von ihr habe ich meine Unterlagen und Devisen bekommen, bevor es zum Bahnhof ging«, erinnert er sich. »In der Briller Straße war auch die Schaltzentrale der Reiseleiterdisposition mit Striebeck.« »Wie hat die Firma damals funktioniert?«, möchte ich wissen. »Das ist ein Familienbetrieb gewesen, Marcus. Wenn du als Reiseleiter kein Geld bekamst, weil du in Bonn an der Universität bei Lützeler studieren und promovieren sowie deine Doktorarbeit zu Ende schreiben musstest und so nicht für Hubert fahren konntest, durftest du als junger Kollege zu ihm kommen. Der sagte dann: *Geh zu Hilde und lass dir 500 Mark geben, die kannst du mit der nächsten Reise verrechnen, aber sieh endlich zu, dass du mit deiner Arbeit fertig wirst!* Während Maria auf die

Moral achtete, war Hubert für seine Reiseleiter die ideale Chef-figur, der ihnen richtig was zutraute und auch nicht kleinlich war. Er wollte, dass seine Angestellten ein breites, großzügiges Wissen hatten. Er hielt nichts von Leuten, die fünfzehn Jahre über grie-chische Vasen promovierten und dann eine dorische Säule nicht vom Jugendstil unterscheiden konnten. Seine Reiseleiter sollten neben dem Fachwissen über ein umfangreiches Allgemeinwissen verfügen. Er sagte einmal: *Der große Erfolg des Reiseleiters be-steht darin, dass die Gäste von dem breiten Wissen und von den Bezügen, die man automatisch herstellt, vor Begeisterung erschla-gen werden.* Solche Leute wurden von Prof. Dr. Heinrich Lützeler bestens ausgebildet. Er selbst war der große Kunsthistoriker und spätere Dekan in Bonn. Ein Humanist alten Schlags, unheimlich belesen und wortgewandt. Der konnte alles und schrieb über alles, war aber in manchen kunsthistorischen Insiderkreisen durch-aus umstritten, weil sein Stil manchmal zu heroisierend wirkte.« Nachdem ich meinem Vater das geschnittene Gemüse auf einem Brettchen reiche und uns beiden zwei große Gläser Wasser ein-schenke, komme ich auf Lützeler zu sprechen. »Wenn ich heute Beiträge seiner Kollegen in der Zeitschrift *Die FAHRT* lese, kann ich nur erahnen, welche Klasse die besaßen«. »Ja Marcus, das ist doch gar keine Frage! Die hat es nie wieder gegeben! Wenn über-haupt, dann nur ganz wenige, die auch wissenschaftlich so top waren. Lützeler raunte früher öfter: *Wenn ich den Namen Tigges schon höre, springe ich aus der Hose!* Der hatte seine Schwierig-keiten mit *Tigges*, weil die Firma ihm die besten Doktoranden wegschnappte, da die jungen Kunsthistoriker ja alle kein Geld hatten. Überleg mal, Junge!«, spricht er mich an und dreht die Herdplatte leicht herunter. »Mein erstes Gehalt 1966 oder 1967 als Anfänger in Frankreich betrug sechzig Mark pro Tag bei freier Verpflegung. Keine Fahrt endete unter achtzehn Tagen. Da haben wir in drei Wochen 1.200 Mark verdient, so viel wie mein Vater nach dem Krieg pro Monat als Berufsschullehrer in Euskirchen erhielt. Für damalige Verhältnisse war das enorm! Kein Wunder, dass Lützeler stinkig war.« »Brachen denn von der Briller Straße auch die Tourbusse zu ihren Zielen auf?«, interessiert es mich. »Nein, nein, die Gruppen trafen sich in der Frühzeit entweder am Kölner oder Düsseldorfer Hauptbahnhof, wo eine gecharterte Busgesellschaft aus Soest auf die Kunden wartete und sie in kleinen *Setra-Jumbo*-Bussen nach Frankfurt zum Flughafen brachte. Die Fahrkarten hatten wir Reiseleiter ja alle von Wuppertal aus dabei. Bis auf Riecke! Hans-Joachim Riecke nahm immer seinen eigenen persönlichen Fahrer mit. Der war ne Nummer! Ich habe dir ja von ihm erzählt. Wenn Riecke zu den Gästen in den Bus einstieg, schmiss er seine Mappe mit dem Verfügungsgeld und den Papieren dem Busfahrer Charly in den Schoß, verscheuchte mit seinen Seidenhandschuhen wild gestikulierend die Gäste aus der zweiten Sitzreihe in den hinteren Teil des Busses, rückte seine Krawatte mit silberner Anstecknadel zurecht und philosophierte bis Frankfurt ohne Punkt und Komma in einem durch über das Abendland. Kam ihm einer quer, hob er seinen Zeigefinger und sagte: *Mein lieber Freund!* « »Was waren das für Typen!«, antworte ich lachend. »Heute würde es sofort Beschwerden hageln.« Er nickt mir zu und fährt fort: »Was haben wir alles in Rom erlebt, Marcus. Dort habe ich aus dem Jungbrunnen meines Lebens getrunken.«

Während des Abendessens in Berlin spreche ich meinen Vater auf die Sechzigerjahre an. Er lernt meine Mutter Edeltraud Spiluttini ebenfalls in der Augenbroicher Straße kennen und verliebt sich in sie. Wie ihr Mädchenname erahnen lässt, weitet sich seine Leidenschaft für Italien auch in den privaten Bereich aus. Während der massenhaften Migration von Arbeitskräften zu Beginn des 20. Jahrhunderts machten sich vor allem Italiener auf den Weg in das deutsche Kaiserreich. Viele fanden eine Anstellung im Ruhrgebiet und im Rheinland. In Euskirchen heuerten sie bei Betrieben an, die am Bau der *Urfttalsperre* in der Eifel beteiligt waren. Der deutsche Kaiser gewährte den italienischen Wanderarbeitern zahlreiche Privilegien, denn sie galten als sehr strebsam, assimilierungswillig und politisch harmlos. Wirtschaftliche Not zwang auch meinen Urgroßvater Mattia Spiluttini 1901 aus Italien nach Euskirchen. Mit ihm kam die Kunst der *Terrazzo* genannten Mosaikfußböden in die Stadt. Als ausgebildeter *Terrazieri* gründete er mit seiner Ehefrau Domenica ein Baugeschäft, das sich auf die Steinhauerei und Marmorplatten spezialisierte. Eines der fünf Kinder heißt Anton Werginio, Vater meiner Mutter und von mir und meinem Bruder nur liebevoll *Opa Tinitoni* genannt. Es dauerte nicht lange und die *Terrazzo*-Böden waren sehr begehrt, als Blickfang im Empfangsbereich öffentlicher Gebäude, aufgrund ihrer hygienischen Eigenschaften in vielen Metzgereien oder aber als Luxusartikel in Privathäusern. Wie für die Hillerichs, so bedeutete dann aber der Krieg auch für die Spiluttinis Not, Leid und eine einschneidende familiäre Veränderung. Mit dem Eintritt Italiens in den Ersten Weltkrieg im Mai 1915 erhielt mein Urgroßvater den Status eines gegenüber dem deutschen Kaiserreich feindlich gesinnten Ausländers. Er stand unter Aufsicht, seine Frau und die fünf Kinder hingegen wurden nach Italien geschickt. Nach dem Krieg kehrte Domenica mit den Kindern zurück, sodass die Familie 1926 eingebürgert werden konnte. Mittlerweile galt *Matthias* Spiluttinis Lebensweise dem Staat in jeglicher Weise als deutschfreundlich. Nach seinem Tod führte Opa Tinitoni mit seinem Bruder Jakob das Geschäft weiter. Anton Spiluttini wird der Vater zweier Töchter und eines Sohnes. Meine Mutter Edeltraud ist die älteste der drei Kinder. Gemeinsam wachsen sie in Euskirchen auf und heiraten dort auch später.

Eines legendären Abends im Herbst 1962 wird meine Mutter den Hillerichs vorgeführt. Der Fernseher läuft: Oma Lotte und Opa Hans sehen einen zur damaligen Zeit nicht ganz jugendfreien Film. Ein Mann greift dabei einer Frau unter den Rock. Was denkt meine Mutter bei dieser Szene wohl von den Hillerichs? Oma Lotte erkennt die brenzlige Situation, läuft rot an und sagt überlaut: »Was sucht der denn da?« Opa Hans rettet die Situation und schreit: »Eine Uhr!« Ich möchte nicht in der Haut meines Vaters gesteckt haben. Nach dieser Situation kann das mit den Frauen nur besser werden. Aber die Beziehung zu meiner Mutter hält, beide durchleben in Euskirchen eine schöne Schulzeit, bis mein Vater 1965 das Gymnasium beendet – ein Jahr später als der Rest der Klasse. Ein Urlaub in Frankreich ist wichtiger als die Mathearbeit. Sein Mathematiklehrer – Iwan der Schreckliche – macht seinem Namen alle Ehre und lässt ihn wissen: »Hillerich, gehen Sie doch nach Afrika, da können es ganze Völkerstämme nicht!« 1965 geht Papa nicht nach Afrika, sondern fährt wie schon gesagt als Begleiter einer Pilgerreise nach Rom.

Nach dem Abendessen auf dem Müggelsee machen wir beide es uns vor dem Häuschen im Garten gemütlich. Es ist eine laue Sommernacht. Mit einer Tasse Kaffee in der Hand nehmen wir das Gespräch wieder auf. »Mama war in den Sechzigerjahren auf keiner deiner Reisen als Gast dabei, oder?« »Nein, nein«, antwortet er. »Das wurde von Maria und Hubert nicht gewollt. Es galt, das Dienstliche klar vom Privaten zu trennen. Auf den Pilgerfahrten wäre dies zudem unmöglich gewesen. Als ich dann zu den klassischen Studienreisen wechselte, war die Vorbereitung so intensiv, dass selbst die Abende auf einer *Tigges*-Reise in Frankreich noch mit der Vorbereitung des nächsten Tages bestritten wurden. Du musst wissen, dass neben den touristischen Besichtigungspunkten Hubert Tigges von seinen Reiseleitern verlangte, alles auf den Reisen in einen europäischen Kontext zu setzen.« »Verständlich! Nach den Erfahrungen mit dem nationalsozialistischen Regime während seiner Anstellung in Wuppertal muss er sich inständig darum bemüht haben, den europäischen Gedanken zu verfolgen.« »Geradezu missionarisch – im positiven Sinne!«, ergänzt mein Vater. In einer Ausgabe der *FAHRT* aus dem Jahr 1957 finde ich einen Artikel von ihm, der dies zum Ausdruck bringt. Einen Satz habe ich notiert, gilt er doch quasi wie ein Leitgedanke für sein Handeln: »Die Europäer sollten sich besser kennenlernen, und es werde sich bei allen europäischen Völkern die Überzeugung Bahn brechen, dass unser altes Europa bei aller Verschiedenheit der Sprachen doch eine gemeinsame sowohl natürliche wie kulturelle Grundlage habe sowie eine allen gemeinsame Art zu leben.« »Der europäische Gedanke war das zentrale Leitthema, musst du wissen«, sagt er. »Vor diesem Hintergrund sind auch in den Achtzigerjahren die *Dr. Tigges Reiseakademien* ins Leben gerufen worden.« Diese Form der Studienreise war mir bis dato gänzlich unbekannt, sodass ich nachfrage. »Unter einer Reiseakademie musst du dir eine Schiffsreise für 150 bis 200 Studiengäste mit einem Schwerpunktthema vorstellen. *Antike, Christentum und Wir*, so hieß die erste Tour. Vierzehn Tage durch das Mittelmeer. Griechenland mit Athen, dann Italien und Rom und vor allem Sizilien. Oder *Westrom – Ostrom*. Ich selbst war mehrmals unterwegs. Großartig war auch die Tour *Auf den Spuren der Hanse – die europäische Großmachtpolitik im Ostseeraum.* Mich hat auf dieser Reise der Kollege Herwig begleitet. Wir arbeiteten aber nur als Organisationsreiseleiter. Mit uns an Bord waren Kunsthistoriker, Theologen und Archäologen. Hol doch schnell das Laptop und google mal *Tigges Reiseakademie*, während ich das Geschirr wegräume und noch einen Kaffee aufsetze.« Ich brauche nicht lange und finde einen interessanten ZEIT-Artikel mit dem trefflich passenden Namen *Im Bildungsboot*. Die ZEIT schreibt, dass »elf Dozenten von Rang, engagierte Provokateure der Vorstellungskraft der Zuhörer eher als konventionelle Referenten an Vorträgen und Diskussionen durch ein paar Jahrtausende europäischer Geschichte, die Historie Vorderasiens oder Nordafrika gelegentlich *inklusive* führten.« Und dann stoße ich im Internet auf eine Werbeannonce aus dem Jahre 1986 im *Deutschen Ärzteblatt* zu exakt der Schiffsreise, die mein Vater begleitet hat. Unter dem Titel »*Handel, Hanse, Großmachtträume*« wird die Reiseakademie der *Dr. Tigges Fahrten* mit dem Thema »*Aufstieg und Niedergang der historischen Großmächte Dänemark, Schweden und Preußen*« beworben. Der Text informiert Kunden, dass Interessierte während einer Ostseekreuzfahrt an Bord der *Dalmacija* mit Wissenschaftlern aus verschiedenen Fachgebieten diese Themen erläutert bekommen. Die Reise beginnt in Lübeck (mit fakultativem Vorprogramm) und führt über Stockholm, Reval, Riga, Gdingen, Danzig, Stralsund, Rostock, Bornholm und Kopenhagen. Ich drehe mich zur Küche um und rufe laut zu meinem Vater: »Engagierte Provokateure der Vorstellungskraft! Wie großartig.« »Marcus, Herwig zeigte in Lübeck traumhafte Bilder zur Backsteingotik als Einstieg ihn das Thema. Ah. Und Prof. Klaus Held hielt geradezu sensationelle Vorträge. Das waren echte Highlights der Vortragskunst. Held war als freie Honorarkraft bei *Tigges* angestellt, soviel ich weiß.« Auch ihn finde ich im Internet. »Stimmt. Zwischen 1982 und 1990 arbeitete er als Referent und Mitglied des Planungsbeirates bei den *Dr. Tigges Reiseakademien.*« »Das ist ein ganz großer Kopf! Wenn du seine Sachen liest, ziehst du innerlich die Mütze ab. Der hat phänomenal denken und schreiben können und hatte einen Blick für das absolut Wesentliche. *Treffpunkt Platon* ist ein Meilenstein – ein philosophischer Reiseführer durch die Länder des Mittelmeeres. Am Vortag lauschten die Kunden seinen Erklärungen und am nächsten Tag standen im Hafen Busse bereit, damit wir zu den Basiliken, Museen, Ruinen oder was auch immer fahren konnten. Diese Form der Reise ist dann Anfang der Neunziger Jahre genauso kaputtgegangen wie das Niveau des Reisens.« »Warum denn?«, frage ich nach. »Die Idee ist ausgelaufen, weil es nicht mehr genügend Kunden gab, die im Urlaub ein Interesse daran hatten, eine derart hochkonzentrierte Themenarbeit zu leisten. Irgendwann war es dann vorbei.«

Es ist spät geworden. Ich reibe mir meine müden Augen und mein Vater spricht aus, was ich denke: »Junge, lass uns mal ins Bett gehen.« Im selbigen liege ich aber noch wach und denke an meine erste *Interrail-Tour* in das Mittelmeergebiet. Wie bin ich wohl auf den Trip gekommen? Gutes Wetter und Strand? Oder doch ein bisschen Beeinflussung durch das, was bei uns im Elternhaus allgegenwärtig war? Wie dem auch sei, knapp drei Jahre nach der gemeinsamen Ägypten-Reise ist es so weit. Ich breche im Sommer 1992 in Begleitung eines Schulfreundes zu einer dreiwöchigen *Interrail-Tour* auf. Auch wir nähern uns Italien mit dem Zug, jedoch ist die Anreise deutlich weniger komfortabel als zu Zeiten der Pilgerreisen. Von Paris aus ergattern wir Tickets für den TGV-Hochgeschwindigkeitszug, müssen aber aus Mangel an Sitzplätzen zur Hauptferienzeit die stundenlange Fahrt Richtung *Côte d'Azur* im Gang und auf der Ablagefläche für Gepäckstücke verbringen. Dennoch sind wir sehr stolz und fühlen uns wie richtige Traveller. Eine echte Ausrüstung haben wir nicht, alles ist ausgeliehen. An meinem Stangenrucksack habe ich mit Spanngummis, die normalerweise für den Kofferraumdeckel gedacht sind, ein Zelt sowie meinen alten Bundeswehrschlafsack befestigt. Neben Gaskartuschen, einem Kocher, Besteck, Isomatte und Blechgeschirr führen wir bestimmt fünfzehn Kilo Konserven mit. Was haben wir uns vorgestellt? Länder ohne Supermarkt? Zum Sortiment gehören der *Feuerzauber Texas* und die legendäre *serbische Bohnensuppe* – kulinarische Klassiker, im Rucksack wie im Magen gleichermaßen bleischwer. Anstatt moderner Funktionswäsche müssen ausrangierte T-Shirts, eine alte abgeschnittene Jeans und weiße Tennissocken herhalten. In Saint-Raphaël erwarten wir unberührte Mittelmeerküste mit romantischen Buchten zum Zelten direkt am Meer, erkennen aber schnell, wie schlecht wir uns vorbereitet haben. Ein Hotelkomplex reiht sich nach dem anderen entlang der zugebauten Uferpromenade. Wir treffen auf zwei weitere Deutsche mit einer Militärplane und entscheiden, dass wir gemeinsam die Nacht illegal auf einer der Hafenmolen aus Beton verbringen. Mein Freund muss unbedingt noch abends schwimmen gehen und tritt prompt mitten in einen Seeigel hinein, sodass wir während einer Notoperation mit dem Taschenmesser die Stacheln aus seinem Fuß schneiden und die Wunde mit Whisky desinfizieren. Die *Interrail-Tour* scheint unter keinem günstigen Stern zu stehen, wenn es schon so losgeht, denke ich. Über Cannes und Nizza gelangen wir in das mondäne Monaco und bestaunen den Reichtum um uns herum. Elegante Gäste flanieren auf der Uferpromenade. Das mediterrane Flair dieses luxuriösen Badeortes ist überall zu spüren, auch wenn wir in alten und mitunter auch verkeimten Jugendherbergen übernachten. Wir gehören nicht in diese Welt, betrachten aber den zur Schau getragenen Reichtum aus der Entfernung. Für die edlen Restaurants, schicken Bars und teuren Läden haben wir kein Geld und müssen uns mühsam einen Supermarkt fernab von Prunk und Protz der Jachthäfen und exklusiven Hotelanlagen suchen. Dennoch sitzen wir zufrieden mit einer Stange Baguette und einem Glas Marmelade in der Hand am Strand und beobachten, wie die internationalen Gäste sich in der Öffentlichkeit präsentieren. In Monaco riskieren wir eine Übernachtung im Park, wohlwissend, dass dies von der Polizei geahndet wird. Man erwischt uns nicht, sodass wir am nächsten Morgen voller Freude über das geglückte Kunststück in der Morgensonne einen Kaffee genießen, unsere Rucksäcke packen und die Stadt erkunden. Die nächste Nacht verbringen wir im Zug nach Rom. Italien gönnt uns kaum etwas Schlaf, denn direkt hinter der französischen Grenze sind die Schienen nur noch genietet und nicht mehr geschweißt. Klack, klack, klack, klack rollen wir durch die Dunkelheit und teilen uns das Abteil mit Italienern, die sich wortlos, aber gestenreich über den Gestank unserer Socken beklagen, indem sie immer wieder das Fenster runterziehen und demonstrativ ein- und ausatmen. Und dann bin ich endlich in Rom! Die Rucksäcke bleiben im Schließfach am Bahnhof, sodass wir ohne sperriges und schweres Gepäck die Stadt erkunden können. Und was für eine Stadt sehen wir! Permanent verlaufen wir uns, aber gerade die Eindrücke in den kleinen Gassen und Seitenstraßen haben es mir angetan. Gelb, hellgrau und rostrot sind die Häuserwände. Ich lege den Kopf tief in den Nacken und schaue hoch hinauf zu den über mir hervorspringenden Balkonen, deren Türen im Schatten liegen. Manche Blenden werden vom Wind an die Fassade geschlagen und alter Putz rieselt die Wand herunter. Hier und dort sind ganze Wandbereiche freigelegt worden und man erblickt das nackte Mauerwerk. Die Intensität der Sonne zaubert eine Lüge an die

Häuser, da gleißendes Licht die deutlich in die Jahre gekommenen Gebäude verschleiert und den Betrachter täuscht. Viel realer aber ist die Atmosphäre in den Straßen. Marktstände werden geputzt, Körbe und Fässer wegtransportiert. Unrasierte Kerle stecken die Köpfe zusammen und schimpfen über die korrupte Tagespolitik. Pausbäckige Kinder knabbern an dicken Keksen. Ihre mit Schokolade verschmierten Gesichter graben sich tief in das Gebäck hinein. Wir laufen ziellos umher und weichen schlafenden Hunden aus, die sich auf die warmen Bürgersteige gelegt haben. Immer wieder öffnen sich die engen Gassen und wir treffen auf wunderschöne Brunnen, die ein Ensemble an Bänken unter vereinzelt stehenden Bäumen um sich gruppieren. Sie wirken wie Theaterbühnen, die zum Zuschauen einladen. Das Publikum sitzt bei Rotwein und Tomatensalat mit Zwiebeln sowie Ziegenkäse plauschend in den angrenzenden Restaurants. Die Kellner werfen ein wachsames Auge auf die Tauben, die vom Wasserstrahl trinken, während sie an die Hausmauer angelehnt ihre Zigarette zu Ende rauchen und dann mit einer schnellen Handbewegung in den Gully schnippen, um einen Tisch abzukassieren. Plötzlich öffnet sich die Straße und wir stehen vor dem *Forum Romanum*, das so gänzlich anders aussieht als auf dem Schwarzweißstich im Wohnzimmer des Hauses meiner Eltern. Wo jahrhundertelang römische Kaiser ihre eigenen Ruhmestaten dem Volk vortrugen und die größten Philosophen erregt unter freiem Himmel debattierten, herrscht nun gespenstische Leere. Wo früher die Architektur als Spiegelbild der Gesellschaft erhaben und repräsentativ der Führungselite diente und ihr Glanz und Gloria verlieh, erinnert sie heute gebrochen und beschädigt an ihre einstige Bestimmung. Proportion und Symmetrie sind im modernen Rom leider vielerorts etwas verloren gegangen. Ihre gestalterische Wirkung wird an einigen Ecken nur noch auf die Erinnerung an die Geschichte des Landes reduziert und lädt Touristen zum Bewundern ein.

Mein Freund und ich fahren mit dem Zug weiter über Bari in den Süden zur italienischen Hafenstadt Brindisi. Der Hafen fand bereits bei Herodot Erwähnung und wurde von den Römern in der Antike als Flottenstützpunkt genutzt. Von Rom aus gelangte man auf der *Via Appia* im 2. Jahrhundert direkt nach Brindisi. Über diese zu dieser Zeit wichtigsten römischen Staatsstraße wurden kostbare Güter wie Honig und Wolle aus der Provinz Apulien sowie Sklaven aus dem Orient in die römische Hauptstadt importiert. Wir stolpern aus dem stark verspäteten Zug, erwischen einen lokalen Bus zum Hafen und zittern nervös bei jedem Stopp an den gefühlt hunderten von Bushaltestellen. Erwischen wir die Fähre nach Korfu noch? Irgendwann sind wir die Letzten im Bus und hören, dass wir in der falschen Linie sitzen. Aber wir haben Glück im Unglück. Der Busfahrer beendet gerade seine Schicht und fährt uns persönlich zum Hafen, bevor er den Bus zurück in den Terminal steuert. Dort angekommen fällt uns auf, dass es drei Hafenbecken gibt. Wir irren planlos umher und finden dann doch den richtigen Terminal. 10.000 Lire Hafengebühr und wir haben jeder ein Deckticket für die *Adriatica*, die uns auf die griechische Insel Korfu bringen soll. Wo werden wir schlafen? Wir erkunden das Schiff und nach einem kühlen Bierchen mit einem Amerikaner namens Scott rollen wir unsere Isomatten auf dem Oberdeck aus und legen uns in den lauen Abendwind, der über unsere Schlafsäcke weht. Wir haben es geschafft und dösen zufrieden ein. Am nächsten Morgen stelle ich fest, dass meine Gesichtszüge eingefroren sind. So fühlt es sich zumindest an. Nicht etwa Kälte, sondern eine dicke Salzkruste schränkt die Mimik erheblich ein. Die Nacht auf dem harten Metallboden im Fahrtwind hat Spuren hinterlassen. Wir beide schleichen verkatert in einen der Duschräume an Bord, wo wir uns das Salz vom Kopf schrubben. Ganz früh morgens schlafen die anderen Passagiere noch und wir fallen nicht auf. Am frühen Nachmittag blicken wir schon von Weitem auf die gewaltige Befestigungsanlage der griechischen Stadt Kerkyra, auf Deutsch Korfu-Stadt. Es fühlt sich gut an, wieder festen Boden unter den Füßen zu haben. Wir erhaschen einen Kleinbus zu einer der Ferienanlagen an der Ostküste der Insel und laufen von dort zu Fuß die letzten Kilometer zum Anwesen *Pettas*, wo Kostas, ein Bekannter, schon auf uns wartet. Hier zelten wir eine Woche lang im Garten, gehen ausgiebig im Meer schwimmen und erkunden mit dem Roller die Insel. Die Rückfahrt beginnt, wie die Ankunft geendet hat – verspätet! Wir beide sitzen vier Stunden ohne Informationen im Fährterminal. Um 22.00 Uhr kehrt uns der Sicherheitsdienst rüde vor die Tür und schließt ab. »Morgen, morgen«, so lautet die vage Abfahrtszeit. Während wir vor dem Terminal hocken und die Situation besprechen, wirbeln unangenehme Gestalten im Hafen um uns herum. Ihre Anwesenheit lässt nicht an Schlaf denken, sodass wir aufbrechen und eine eingezäunte Baustelle in einer der angrenzenden Seitenstraßen finden. Wir schlüpfen unter dem Bauzaun hindurch und erklimmen den Rohbau. Im zweiten Stock rollen wir auf dem nackten Beton unsere Isomatten aus und legen uns schlafen. Hier sind wir sicher und verbringen die Nacht.

Geschichten wie diese sind es, an die ich mich in meinem Bett am Müggelsee in Berlin erinnere. Diese Ungezwungenheit und Flexibilität, mit der wir Entscheidungen gefällt haben und mit der wir uns drei Wochen durch Europa bewegten, habe ich mir erhalten. Diese Art des spontanen und wirklich freien Reisens hat es mir sehr angetan. Auf den *Feuerzauber Texas* habe ich seitdem verzichtet, aber der Rucksack ist auf Reisen für mich nach wie vor unverzichtbar. Damals in Italien hatte ich viel Zeit, um in den Zügen über Bologna und Mailand in die Schweiz hinein neue Pläne zu schmieden. Was für eine Entwicklung hat sich doch bis heute vollzogen! Während Hubert Tigges noch am Schlagbaum einer jeden Grenze die komplette Busbelegschaft aussteigen lassen musste, damit die Pässe kontrolliert werden konnten, reisten mein Freund und ich kreuz und quer durch Europa und wickelten die Einreiseformalitäten kurz im Zug ab. Damals habe ich Europa ein Stück weit entdeckt. Vieles war mir völlig unbekannt und fremd. Über meine Eltern und mithilfe der *Dr. Tigges Studienreisen* konnte ich meinen Horizont jedoch peu à peu erweitern. Während ich mit dem Zug auf meiner *Interrail-Tour* durch Europa fuhr, leitete mein Vater neue *Tigges*-Reisen in Südamerika, ein Umstand, der für mich Konsequenzen haben sollte.

Terra de Vera Cruz –
Das Land des wahren Kreuzes

Mittwoch, 22. April 1500. »Zuerst sahen wir einen großen Berg, hoch und rund; darauf erblickten wir südlich von ihm niedrige Gebirgsrücken und flaches Land mit großen Wäldern. Diesem hohen Berg gab der Kapitän den Namen *Monte Pascoal (Osterberg)* und dem Land den Namen *Terra de Vera Cruz* – Das Land des wahren Kreuzes.« Der Autor dieser Zeilen wird in jenem Moment zum Chronisten einer wundersamen Entdeckung und fertigt fieberhaft ein einzigartiges Reisejournal an, in dessen Mittelpunkt die Schilderung der für ihn ersten Begegnung mit einem bis dato unentdeckten und faszinierenden Kontinent steht. So fährt er fort: »Von Bord aus konnten wir Menschen am Strand erkennen, braun und nackt, ohne irgendwie die Schamteile zu verdecken, hielten sie in den Händen Bogen und Pfeile. So liefen sie geradewegs auf die Boote zu. Coelho bedeutete ihnen durch Zeichen, die Waffen niederzulegen. Sie taten es. Eine Verständigung oder ein Gespräch mit ihnen war bei der starken Brandung des Meeres nicht möglich. Er schleuderte ihnen ein rotes Barett, eine leinene Pudelmütze, die er trug, und einen schwarzen Hut zu. Einer von ihnen warf darauf eine Kopfbedeckung aus langen Vogelfedern zurück, mit einer Spitze aus roten und braunen Federn, wie die der Papageien. Ein anderer schenkte eine große Schnur mit kleinen weißen Muscheln, die aus Perlmutter zu bestehen scheinen [sic!].«

Die Rede ist hier von dem Portugiesen Nicolau Coelho, der zuvor mit dem Entdecker Vasco da Gama 1497 nach Indien fuhr und auf der Rückreise den Kontakt zu da Gamas Flotte verlor, da er in einen heftigen Sturm geraten war. Dennoch erreichte er als Erster der Expedition 1499 das heimische Portugal und überbrachte seinem König Emanuel I. die langersehnte Kunde von der Entdeckung des Seeweges zu den Gewürzinseln Südostasiens. Die Gewürze der *Molukken-Inseln* zwischen Sulawesi und Neuguinea bildeten fortan die Grundlage eines sehr profitablen Handels. Hauptagrarprodukte waren exotische Muskatnüsse, Pfeffer, Weihrauch, Zimt und die auf den wenigen Inseln endemisch vorkommenden Gewürznelken. Der neue Seeweg um Afrika herum galt seitdem auch als Gewürzroute und ermöglichte den europäischen Nationen, aber allen voran Portugal, die Möglichkeit des direkten Handels mit den Völkern Asiens fernab der von islamischen Herrschern streng kontrollierten zentralasiatischen Karawanenrouten. Daraufhin verloren die persischen, arabischen und venezianischen Kaufleute den lukrativen Zwischenhandel entlang der im Niedergang begriffenen Seidenstraße. Portugal war gewillt, seinen Machtbereich nach Indien auszuweiten. König Emanuel I. zögerte nicht lange und ließ am 9. April 1500 eine weitere 13 Schiffe starke Flotte den Hafen von Lissabon verlassen und in Richtung Indien segeln. Zu dieser neuen Expedition unter dem Kommando von Admiral Pero Álvares Cabral gehört mit Nicolau Coelho und Bartolomeu Dias, der einige Jahre zuvor als erster Kapitän die Südspitze Afrikas umfuhr, die Crème de la Crème der portugiesischen Seefahrer. Cabral lässt bei den Kapverdischen Inseln die Schiffe in einem weiten Bogen nach Westen segeln, um den gefährlichen Strömungen und widrigen Windverhältnissen zu entgehen. Eine äußerst schicksalhafte Entscheidung, denn der starke Äquatorialstrom des Atlantiks erwischt die Flotte und treibt sie nach Westen ab, sodass der Verband am 22. April des gleichen Jahres unvermittelt im Südatlantik auf Land stößt und Cabral Brasilien entdeckt. Was muss wohl Coelhos Frau dazu gesagt haben? Kurz zuvor verschwindet ihr Mann zwischen Indien und Afrika in einem Sturm, taucht dann unerwartet als Totgeglaubter doch noch in Lissabon auf und nun verschlägt es ihn anstatt nach Indien nach Brasilien. »Nicht gebucht, aber trotzdem schön!«, würde man heute ironisch sagen, sollte aber nicht vergessen, dass die enorme Leistung der Seefahrer zu jener Zeit mindestens mit der Landung auf dem Mond zu vergleichen war – der Horizont des bis dato Bekannten wurde ein weiteres Stück verschoben.

Dabei bekommt einer jedoch die unglaubliche Chance seines Lebens: Pero Vaz de Caminha, der Schreiber des Admirals, hält diesen sicherlich größten Moment aller portugiesischen Entdeckungen für die Nachwelt minutiös fest. Eindrucksvoll und sehr detailreich schildert er die weitere Begegnung mit den entlang der Atlantikküste lebenden Tupi-Indianern am Tag nach der ersten Begegnung in der Nähe des heutigen Porto Seguro: »Wir fuhren mit den Booten zum Strand, bewaffnet; die Fahne führten wir mit. Die Wilden liefen am Ufer, an der Mündung des Flusses auf und ab. Hier konnte man schmucke Männer sehen, schwarz und rot bemalt. Körper und Beine gewürfelt (was meint er wohl damit?). Unter ihnen befanden sich auch vier oder fünf junge Frauen, die, nackt, wie sie waren, keinen schlechten Eindruck machten. Eine von ihnen hatte einen Schenkel vom Knie bis zur Hüfte und Hinterbacken mit jener schwarzen Farbe bemalt; der übrige Teil zeigte die Körperfarbe.« Caminha schreibt auf, wie Nicolau Coelho nach dem Tausch von Geschenken zum Schiff zurückkehrt. Danach wurde die Flagge am Ufer gehisst und das neue Land dem portugiesischen Machtbereich einverleibt. Später erhält die portugiesische Kolonie den Namen Brasilien, der auf das schöne Brasilholz zurückgeht, was sich hervorragend zur Farbgewinnung und zur Herstellung edler Holzmöbel eignet. Dieses Tropenholz wird somit zum wichtigen Exportgut und damit zur Lebensgrundlage der jungen Kolonie.

Brasiliens Nationalflagge hängt gut für jedermann sichtbar im Ankunftsbereich des Flughafenterminals, wo ich vor einer Ampel in einer endlosen Schlange von Menschen stehe. Flug VRG 741 ist pünktlich in Rio de Janeiro gelandet und am 17. August 1994 betrete ich das erste Mal südamerikanischen Boden. In der Maschine bekam ich zur Überraschung einen großen Aufkleber ausgehändigt, auf dem die Fluggesellschaft *VARIG* auf die Gefahren der Cholera hinweist: »Sehr geehrte Damen und Herren«, heißt es. »Aufgrund der Choleraepidemie möchte *VARIG* in Zusammenarbeit mit den örtlichen Behörden seine Passagiere daran erinnern, dass Cholera eine Infektionskrankheit ist, die vorwiegend über verunreinigtes Trinkwasser oder infizierte Nahrung übertragen wird. Sollten irgendwelche Symptome dieser Art auftreten, kontaktieren sie bitte umgehend die örtlichen Gesundheitsbehörden.« Ich habe den Aufkleber später auf Seite 1 meines Fotoalbums geklebt. Was fange ich aber mit dieser Information in der Ankunftshalle des Flughafens an? Offiziell bin ich ja noch nicht einmal eingereist, da ich seit geraumer Zeit vor einer Ampel warten muss. Grün, Grün, Rot – nun erkenne ich den Sinn des Ganzen. Bei Rot müssen die Passagiere aus der Reihe treten und ihre Gepäckstücke öffnen. Es folgt eine Routineuntersuchung des Bodenpersonals. Um mich herum erlebe ich viel Hektik und Ungeduld. Noch einmal Rot. Endlich bin ich an der Reihe und mache die Augen einen Moment lang zu. Aber die Ampel schlägt auf Grün um und ich passiere mit einem Lächeln im Gesicht die letzte Kontrolle. Auf mich soll draußen José warten, ein Freund meines Vaters. Das ist eigentlich alles, was ich weiß. Hinterfragt habe ich nichts und mich meinem Vater völlig anvertraut, der José seit Jahren kennt und ihn als Reiseleiter auf seinen *Tigges*-Studienreisen in Brasilien jedes Jahr trifft. Ihm hat mein Vater vorab ein Bild von mir zugeschickt. Ich selbst habe mich in einem weiteren Brief kurz beschrieben: 1.90 groß, kaum – schon damals! – Haare auf dem Kopf und im Besitz eines großen, blauen kanadischen Stangenrucksacks mit angehängtem Bundeswehrschlafsack. Das muss an Beschreibung ausreichen. Mal sehen, was passiert. Ich entscheide, dass ich einfach vor der Glastür warte und den auf der anderen Seite tobenden Taxifahrern zuschaue. Jeder neue Gast wird direkt in Beschlag genommen und zum Auto gezerrt. Kurze

Zeit später höre ich direkt neben mir: »Hallo, du musst Marcus sein! Willkommen hier in Rio.« Plötzlich steht José im Getümmel vor mir und hält mir die Hand hin. Ich habe ihn gar nicht kommen sehen, so interessant sind die vielen Fluggäste und das bunte Treiben um mich herum. José ist deutlich kleiner als ich, ein schlanker Mitvierziger mit dichtem schwarzem Haar und ergrauten Schläfen. »Stangenrucksack! – das Wort kannte ich auch noch nicht«, sagt er in sehr gutem Deutsch und wechselt dann ins Englische. »Lass uns gehen, das Taxi wartet.« Der Grund für meinen Besuch in Brasilien war der Versuch, mein Englisch zu verbessern. Brasilien ist da eine eher untypische Destination, aber die Idee hatte mein Vater. »Warum fährst du nicht mal nach Rio? Nach England kann jeder fahren! Willst du nicht einmal ein bisschen von Südamerika sehen?«, hatte er mich sechs Monate zuvor gefragt. »In Rio kenne ich José, der sechs Fremdsprachen fließend spricht – darunter Englisch fast so wie seine Muttersprache. Ich könnte ihn fragen!« So kam der Kontakt zustande. Sofort willigte ich ein, werde nun insgesamt sechs Wochen bei José wohnen und dann mit einem Rundflugticket das Land erkunden. Rio de Janeiro, Salvador, Manaus, Brasilia, Foz do Iguaçu, mit An- und Abreise 30.000 km Flug, 12 Starts und Landungen sowie drei verschiedene Zeitzonen. Aber erst einmal zieht sich die Taxifahrt in die Stadt hinein, weil wir uns durch die Rush Hour kämpfen müssen. Wir fahren in einem Pulk hupender sowie höllisch stinkender Autos und Lastwagen auf der dreispurigen *Avenida Brasil* durch zahlreiche Vorstädte mit schier endlosen Gewerbegebieten, Industriekomplexen und Wohnvierteln. Hält unser Wagen an einer der unzähligen Kreuzungen, werden wir von fliegenden Händlern mit bunten Baseballkappen, Flipflops und löchrigen Shorts belagert, die an die Scheibe klopfen und diverse Produkte, vor allem aber Snacks anbieten. Rollt der Verkehr weiter, ziehen sie sich hockend auf die breiten Mittelleitplanken zurück und warten in der Tropenhitze auf die nächste Rotphase. Beiderseits der Straße stehen Menschen im Schatten von Vordächern der kleinen Kioske und Stände, kaufen ein oder trinken einen Fruchtsaft. Die Bebauung ist nicht durchgehend geschlossen, sondern wird immer wieder durch hässliche zur Straße hin offene Hinterhöfe mit fensterlosen Rückfronten mehrstöckiger Gebäude oder durch Parkplätze mit gewaltigen Schlaglöchern und verrosteten krummgebogenen Eisenschranken aufgebrochen. Die Häuser selbst entsprechen dem immer gleichen Schema: die Betonböden der jeweiligen Stockwerke geben die Struktur vor und dazwischen bilden eingemauerte rotbraune, unverputzte Ziegelsteine die Wände. Diese wenig dekorativen Gebäude versperren mir die Sicht zum Meer. Wäre ich wie Pero Vaz de Caminha im beginnenden 16. Jahrhundert hier gelandet, wäre mein Blick auf die dichte *Mata Atlantica* gefallen, auf den Atlantischen Regenwald, der sich ursprünglich an der ganzen Ostküste Brasiliens von *Rio Grande do Norte* bis *do Sul* erstreckte und schon ab 1502 kommerziell ausgebeutet wurde. Die *Mata Atlantica* ist heute einer der tropischen Wälder, der am stärksten bedroht ist, und existiert nur noch in wenigen unzusammenhängenden Gebieten. Caminha beschreibt die Küstenabschnitte folgendermaßen: »Dieses Land, scheint mir, von der südlichen Spitze, die wir sahen, bis zu den nördlichsten, die wir von diesem Hafen aus erblicken können, eine Ausdehnung von gut zwanzig bis fünfundzwanzig Meilen Küste zu haben. In der Nähe des Meeres befinden sich an einigen Stellen große Hügel, manche rot, andere weiß; der Erdboden ist eben und mit Wäldern bedeckt. Von Landspitze zu Landspitze ist alles sehr ebener und herrlicher Strand. Das Hinterland schien uns, vom Meer aus gesehen, sehr groß; wenn wir die Augen wandern ließen, erblickten sie nur Land und Wälder, Land, dass uns sehr ausgedehnt erschien.« Ich hingegen schaue heute nur in einen urbanen Dschungel und an einer Bushaltestelle auf einen dicken Sack Bananen vor den Füßen eines wartenden Mannes. Eine Gruppe Jugendlicher lümmelt sich auf dem Betondach der Haltestelle herum. Zwei Jungs tragen ihre T-Shirts als Kopfbedeckung und präsentieren durchtrainierte Oberkörper. Ihre Beine baumeln nach unten und den anderen Wartenden vor der Nase herum. Mir fällt sofort die dunkle Hautfarbe vieler Einwohner Rio de Janeiros auf. Sie ist heute noch Ausdruck zweier furchtbarer Kapitel in der langen Geschichte Brasiliens, die de Caminha, ohne es ahnen zu können, in seinem ersten Bericht anspricht. So schildert er, dass der größte Gewinn, den man seiner Meinung nach von dem Land haben kann, die Rettung der Eingeborenen ist, und er fügt schnell hinzu, dass »dies der wichtigste Samen sein muss, den seine Hoheit hier ausstreuen sollte«. Das Gegenteil war der Fall, denn in der Folgezeit kamen schätzungsweise zwei Drittel aller Ureinwohner im völlig aussichtslosen Kampf gegen die weißen Eroberer und den von ihnen eingeschleppten Krankheiten ums Leben. Brasiliens Landschaften wurden im Flug erobert, die Kolonialherren gründeten erst bewaffnete Stützpunkte entlang der Küste und drangen danach in das Hinterland vor. Genügten den Portugiesen beim Schlagen des begehrten Brasilholzes noch die Ureinwohner als Arbeitskräfte, so verlangte die lukrative Landwirtschaft schnell ein enormes Heer an billigen Arbeitern und setzte damit einen über 200 Jahre dauernden Sklavenhandel in Gang, der an die fünf Millionen Afrikaner nach Brasilien brachte, sowie der Ausgangspunkt für bis heute anhaltende, gravierende soziale Disparitäten war. Diese lerne ich schon auf den ersten Kilometern im Taxi kennen. Auf einer Brücke erhebt sich die *Avenida Brasil* über das flache Umland und José zeigt mir eine der zwischen 650 und 700 Favelas, die sich wie damals die *Mata Atlantica* die Hügel um Rio de Janeiro hochziehen. Daher kommt auch der Name – *Favela* stammt von einem brasilianischen Rankengewächs ab, das vom Boden aus Richtung Himmel klettert. »Dort hinten am Berg liegt der *Complexo do Alemano*, eines der größten Armenviertel, benannt nach einem Deutschen! Siehst du, wie die Häuser den Hügel hinauf wuchern.« Ich nicke und erkenne eine wabenartige, in sich völlig kompakte Bebauung. Aus der Entfernung sind kaum Straßen zu sehen, sodass ich nachfrage. »Da hast du recht«, erwidert José. »Meistens gibt es dort nur sehr viele, unheimlich enge

Gassen, die es den Drogendealern ermöglichen, schnell und unerkannt zu entkommen, sollte die Polizei oder das Militär sich wieder einmal entschließen, eine Favela zu stürmen. Es ist ein ewiges Katz-und-Maus-Spiel. Einige Marginalsiedlungen sind von der Polizei befriedet worden, in vielen herrscht jedoch weiterhin der Ausnahmezustand und in manche traut sich die Polizei nicht einmal mit Hilfe der Armee hinein.« José hält meinen Arm gedrückt und fährt fort: »Oft kommen die Jugendlichen, die du auf der Straße siehst, von den entlegenen ländlichen Regionen, wo es wenige Perspektiven gibt und von wo die Menschen auf der Suche nach Arbeit und einer Verbesserung der Lebenssituation abwandern. Ein Drittel der Bevölkerung hier in Rio ist jünger als vierzig Jahre. Viele Menschen sind arbeitslos und leben in Vierteln wie dem *Complexo do Alemano*. Marcus, Rio de Janeiro ist ganz anders als andere südamerikanische Städte, nicht alles ist Samba, Karneval, Fußball und traumhafte Strände. Zu Hause werde ich dir erst einmal beibringen, wie du dich hier verhalten musst. Es ist eine wunderschöne Stadt, in der du viel sehen wirst, es gibt aber auch Regeln, die du unbedingt befolgen musst.«

Rio de Janeiro war bis 1960 Hauptstadt und Regierungssitz zugleich. Die Stadt ist mit ca. 12 Millionen oder mehr Menschen (wer weiß das schon sicher?) die zweitgrößte urbane Agglomeration des Landes und mit einem Anteil von 10 Prozent am Bruttonationaleinkommen ein ganz wichtiger Motor der brasilianischen Wirtschaft. Hier arbeiten über 70 Prozent aller Beschäftigten im Dienstleistungssektor und 25 Prozent in der Industrie. Zu den wichtigsten Branchen sind der Finanzsektor, die Medien, der Tourismus, der Agrarhandel sowie die pharmazeutische und chemische Industrie zu zählen. Rio ist der Sitz nationaler und internationaler Unternehmen. Das Wachstum der Stadt wird sich aufgrund des funktionalen Bedeutungsüberschusses, des diversifizierten Arbeitsmarktes und der überproportionalen Einkommenschancen sowie der Zuwanderung aus der ländlichen Peripherie in den kommenden Jahren kaum abschwächen. Verstärken hingegen werden sich die erheblichen sozialen Gegensätze. José hat die Menschen auf der Straße und in den Favelas angesprochen. Der Anteil der Bewohner in Elendsquartieren hat sich in den letzten 50 Jahren verdreifacht und die Kluft zwischen Arm und Reich ist immer größer geworden. Rio ist ein Abbild der brasilianischen Gesellschaft. Ober- und Mittelschicht haben ein monatliches Einkommen von insgesamt 450 bis 2.200 Euro. Ihr Anteil am Gesamtvermögen des Landes machen satte 90 Prozent aus. Die untere Mittel- und Unterschicht müssen sich im Vergleich mit einem monatlichen Einkommen von 300 – 500 Euro im Durchschnitt begnügen und haben einen Anteil am Gesamtvermögen von mauen 10 Prozent. Diese Probleme sind allerorts sichtbar. Es kommt zur fortschreitenden Verdrängung der Unterschichtsbevölkerung aus den innenstadtnahen Gebieten in periphere Stadtteile. Eine gleichzeitige Aufwertung der luxuriösen Wohnviertel mit hoher Lagegunst wie Ipanema oder Copacabana entlang der Atlantikküste verstärkt die städtischen Gegensätze nur noch mehr. Und genau da sind wir nun angekommen! Anstelle der Industriebetriebe und Hinterhöfe sind sorgfältig gepflegte Gartenanlagen mit bunten Blumenkübeln und äußerst akkurat geschnittenen Sträuchern beiderseits der Straße getreten. Von Norden aus fahren wir auf die Bucht von Botafogo zu, die wie ein breiter Löffel aussieht und die Atlantikküste aushöhlt. In ihr liegen dutzende, nein hunderte von Jachten und Booten geschützt vor dem rauen Seegang des Atlantischen Ozeans. Am Ende der anderen Seite bildet der *Pão de Açúcar*, der Zuckerhutfelsen als Wahrzeichen Rios eindrucksvoll die westliche Grenze der großen Guanabara-Bucht, in die der portugiesische Entdecker Gaspar de Lemos am 1. Januar 1502 hineinsegelte und sie damals fälschlicherweise für eine große Flussmündung hielt. Sein Irrtum aber gab der Stadt ihren Namen: *Rio de Janeiro (Fluss des Januars)*. José und ich umfahren die Botafogo-Bucht und nehmen den Tunnel, um auf die andere Seite der Granitbarriere zu gelangen. Dort muss ich für einen Moment meine Augen schließen. Zu grell sind die

Sonnenstrahlen auf den hellen Steinplatten der Uferpromenade an der Copacabana. Die *Avenida Atlantica* ist prachtvoll angelegt. Neben der Fahrbahn sehe ich extra abgetrennte Wege für Fahrräder oder Rollerblader. Brasilianer und Touristen schlendern am Meer entlang oder sitzen zwischen Palmeninseln an einem der vielen kleinen Cafés, deren rotweiß-gestreifte Sonnenschirme zum Verweilen einladen. Dahinter beginnt unmittelbar der Strand mit schneeweißem Sand, in den sich unablässig die kraftvollen Wellen des tobenden Atlantiks hineinbeißen. Surfer ziehen darauf gekonnt kunstvolle Linien im Wasser oder werden von ihnen begraben, wenn sie einen Moment lang unaufmerksam waren. Landeinwärts bildet die erste Reihe der Bebauung die Topadressen vor Ort: *Hotel Leme Palace, Hotel Meridien, Hotel Rio International, Hotel Copacabana Palace, Rio Atlantica Suite Hotel, Hotel Othon Palace* und *Hotel Rio Palace* – sie alle sind elegante Markierungssteine am Ende der Häuserreihen, die den Stichstraßen folgen, die sich von der Promenade entfernen. In eine solche biegen wir ab und kurz darauf hält der Taxifahrer in der *Rua Gorceix* 14/101. »Wir sind da, Marcus! Los geht es.« Ich schaue mich um, bemerke, wie mich Passanten freundlich mustern, und warte, bis der Taxifahrer mir den Kofferraum aufschließt, sodass ich meine Sachen herausnehmen kann. Dicke Bäume mit breiten von beiden Bürgersteigen über die Straße ragenden üppigen Blätterdächern spenden Schatten. Darunter stehen Autos, Fahr- und Motorräder halb auf dem Bordstein, halb auf der Straße. Neben mir fegt ein Anwohner leise pfeifend verwelkte Blätter und Äste in den Rinnstein. José bezahlt das Taxi und führt mich zum Eingang des mehrstöckigen Hauses. »Bitte pass jetzt einmal genau auf. Ich melde dich nun beim Wachpersonal an. Du bekommst von mir einen eigenen Schlüssel für die Wohnung, jedoch müssen dich die Männer hier am Eingang kennen, sonst kommst du nicht in das Haus hinein. Die Sicherheitsvorkehrungen gelten für uns alle hier. Schau dich einmal um, siehst du die kleinen Häuschen neben den Türeingängen. Dies ist leider notwendig in der

Stadt.« Der Wachmann dreht sich zu mir um und begrüßt mich zuerst freundlich mit »*Boa tarde*« und schaut danach zu José und sagt: »*Ele é um Gringo!*« Beide lachen, während ich etwas verdutzt dreinblicke. »Tja Marcus, du bist ein Gringo! Das wirst du noch öfter hören.« Oben im vierten Stock schließt er die Tür auf und ich betrete sein Reich. Im Wohnzimmer kann ich meinen Schlafsack auf dem Boden am Fenster hinter einem Couchsessel ausbreiten. Josés Wohnung ist gemütlich eingerichtet, er mag geschmackvolle Lampen. Wir sitzen den Rest des Abends in der Küche und essen gemeinsam. Bei Bier und Knabbereien erzähle ich ihm von meinen Reiseplänen in den nächsten Wochen. Ich brenne darauf, das erste Mal in meinem Leben den tropischen Regenwald zu sehen. Zu Hause habe ich jede Reportage mit und von Uwe George in meinen *GEO*-Magazinen verschlungen, der als Wissenschaftsjournalist weltweit unterwegs war. Sein Buch »*Regenwald – Vorstoß in das tropische Universum*« hat es mir besonders angetan. Als ich José davon erzähle und ihm sage, dass ich ebenfalls durch ein Stück unberührte Natur im *Amazonas* laufen will, lacht er laut auf, vielleicht aufgrund meiner Unkenntnis oder meiner grenzenlosen Naivität. Ich weiß es nicht. Als ich zu meinem Rucksack flitze und mein Messer zum Vorschein hole, schreit er regelrecht auf. »Jesus Marcus, was ist das denn? Bist du des Wahnsinns? Wie bist du denn um Himmelswillen durch die Einreisekontrolle gekommen?« Nun schwant mir, dass ich sehr viel Glück gehabt habe und froh sein kann, dass die Ampel am Flughafen auf Grün geschaltet hat. Bei der Vorbereitung meiner Brasilien-Tour hat mir ein Schulfreund ausgeholfen. Er lieh mir ein gigantisches Kampfmesser à la Rambo mit einer 20 Zentimeter langen Klinge. Damit hätte ich problemlos ausgewachsene Alligatoren abstechen können. Irgendwie hielt ich es für nützlich – gewissermaßen für den Notfall! José hält sich vor Lachen am Tisch fest. »Wir machen jetzt mal Folgendes: das Ding bleibt bis zu deiner Abreise hier! Denn wenn die Polizei es bei dir findet, schließen sie dich auf unbestimmte Zeit weg – und ein brasilianischer Knast ist eine Zeitreise zurück in das dunkle Mittelalter! Unbedingt zu vermeiden, wenn du mich fragst. Und ab morgen lernst du, bei mir wie man ohne Buschmesser im Großstadtdschungel von Rio zurechtkommt!«

In den nächsten Tagen bringt mir José bei, wie ich mich in Rio im Speziellen und im ganzen Land im Allgemeinen zu verhalten habe. Blicke ich heute auf die ersten Tage zurück, muss ich sagen, dass ich es ihm zum ganz großen Teil zu verdanken habe, dass ich gelernt habe, Südamerika wirklich zu verstehen, und mich so bis heute auf diesem Kontinent ohne Schwierigkeiten oder Unfälle bewege. Wir beide machen eine erste Besichtigungstour durch die Stadt. Meine Wertsachen bleiben zu Hause, meine Kameraausrüstung verschwindet in meinem dreckigen Rucksack, der jedoch vor jedem Foto auf die Brust geschnallt wird, sodass ich ihn öffnen kann und schnell die Kamera für ein Bild in der Hand habe. Ich merke, wie rasch ich Blicke auf mich ziehe, sobald meine Kamera den Rucksack verlässt. José steht am Anfang noch jedes Mal hinter mir, was ich zunächst für sehr übertrieben halte. Vom imposanten *Teatro Municipal* im Stadtteil *Gloria* spazieren wir zum Denkmal für die Gefallenen im Zweiten Weltkrieg und von dort aus zur wunderschönen Kirche *Igreja de Nossa Senhora da Glória do Outeiro*, einem Juwel unter den Barockkirchen Rios. Von der Eingangstüre aus blicken wir zum *Parque do Flamengo*. »Vermeide in Rio einsame Parkanlagen, vor allem bei Nacht«, sagt er warnend und deutet auf vier Jugendliche unter einem großen Baum, die in einer Tasche wühlen und den Inhalt unter sich aufteilen. Als sie sich von uns beobachtet fühlen, suchen sie das Weite. Ich sehe, dass zwei von ihnen größere Glasscherben in den Händen halten. »Wahrscheinlich haben sie die Tasche dem Eigentümer vom Hals geschnitten. Das ist ganz schnell passiert, Gelegenheiten gibt es mehr als genug! Was haben sie auch zu verlieren? Drei halten dich fest und einer reist dir den Rucksack vom Leib.« Mir wird nun einiges klar. »Deswegen hast du beim Fotografieren anfangs auch hinter mir gestanden!«, antworte ich und blicke in sein lächelndes Gesicht. Nach einigen Minuten treffen wir im Park auf eine Gruppe Männer, die Capoeira vor einer Menge Schaulustiger praktizieren. Diese brasilianische Kampfkunst wurde während der Kolonialzeit von aus Afrika verschleppten Sklaven eingeführt und diente ihnen zur Verteidigung, da sie keine Waffen besitzen durften. Die Zuschauer vor uns bilden eine sogenannte *Roda*, einen Kreis, in dem sich zwei Capoeiristas messen. Ihre muskulösen Körper führen zu den rhythmischen Klängen der Musiker die charakteristischen kreisenden Tritt- und Ausweichbewegungen aus. Es sieht aus wie ein magischer Tanz, grazil und technisch höchst anspruchsvoll. Plötzlich halten die schwitzenden Körper inne, die Musik verstummt und ein Kämpfer bittet suchend eine Person aus der *Roda* in die Kreismitte. Die Finger der anderen Capoeiristas zeigen auf mich und laden mich grinsend ein, nach vorne zu kommen. In diesem Moment spüre ich Josés Hand mit Nachdruck auf meinem Arm. »Marcus, wir gehen. Sofort!« Bevor ich etwas entgegnen kann, zieht er mich von der Menge schnellen Schrittes weg. »Das war typisch. Leichte Beute wärest du gewesen. Erst die Ablenkung und dann hätten sie deinen Rucksack gehabt. *Malícia!*« »Wie bitte, ich verstehe nicht?« »Das zentrale Element der Capoeira ist die Bösartigkeit oder Verschlagenheit, *Malícia* genannt«, erklärt er. »Eigentlich soll sie positiv belegt sein und die Schläue oder geschickte Taktik der Capoeiristas im Wettkampf zum Ausdruck bringen. Die eben nahmen es wortwörtlich und hätten dich übers Ohr gezogen.«

In der kommenden Woche erlebe ich zahlreiche solcher Momente. Ich lerne, den korrekten Taxipreis einzufordern und springe sofort aus dem Auto, weigert sich ein Fahrer, den Taximeter anzuschalten. Vor einzelnen Fahrten präge ich mir Gebäude- und Straßennamen ein und versuche mich so gut es geht zu orientieren. Ich kann nun Fahrzeiten und Distanzen abschätzen und merke, wenn man mit mir Gringo ein Geschäft machen möchte. Meist habe ich nur ganz wenig Geld für einen Tagesausflug am Körper. José nennt mir immer die Eintritts- und maximalen Fahrpreise, bevor er in elegantem Anzug gekleidet zur Arbeit geht. Am berühmten Zuckerhut zücke ich die Kamera erst oben auf dem Felsen und lichte die Szenerie nur in einer Gruppe von anderen Touristen ab. Am Vortag signalisierten meine Nachbarn mir allzu energisch, dass ich nicht mit der Kamera allein auf der Straße vor der Wohnung fotografieren solle. Viel zu gefährlich sei dies auf offener Straße, da ein vorbeifahrendes Motorrad sie mir entreißen könnte. Abends meide ich den Strand, da in der Dunkelheit immer wieder Touristen am Wasser überfallen werden und es sogar vorgekommen ist, dass sie am nächsten Morgen halbtot mit fehlenden Organen gefunden wurden. Die andere Seite der Uferpromenade mit Drag Queens, schmierigen Drogendealern und Prostituierten vor einschlägigen Lokalen ist für mich auch tabu. Ebenso meide ich volle Busse, in denen Taschendiebe ihr Glück versuchen, und investiere lieber in ein Taxi. Ich empfinde die Maßnahmen nach wie vor für übertrieben, möchte ich doch den Brasilianern offen und ohne Vorurteile gegenübertreten. Seit nun zwei Wochen habe ich geradezu wunderbare Erlebnisse mit den zuvorkommenden und immer interessierten Menschen. Mit José diskutiere ich dies abends beim Glas Wein immer wieder aus und akzeptiere nur sehr langsam, dass eine gesunde Skepsis und Vorsicht nicht bedeutet, in allen Menschen sofort Gauner und Trickbetrüger zu sehen. Mein Verhalten zahlt sich allerdings aus. Ich kann mich in der Stadt tagsüber völlig frei bewegen und gehe fast jeden Tag an der Copacabana schwimmen. Den Schlüssel zu Josés Wohnung binde ich mir vorne in die Badehose ein. Handtuch, Wasserflasche und Schlappen sind zu bedeutungslos und bleiben während des Schwimmens am Strand zurück. Inmitten dieses urbanen Wirrwarrs aus Sambaatmosphäre, Karneval und Fußballemotionen erschüttert mich immer wieder die rücksichtslose Gewalt, die unvermittelt und brutal zuschlägt. Nichtsahnend jogge ich eines Morgens an der Copacabana an einem Polizeiwagen vorbei, der auf dem Bürgersteig steht. Direkt neben mir hinter der Absperrung liegt ein toter Mensch im Sand

unter einem Sonnenschirm. Starr ist sein Blick gen Himmel gerichtet, Fliegen umkreisen seine seelenlosen Augen. Wer weiß,
wie er gestorben ist? Vielleicht an einer Überdosis Kokain? Den
ganzen Tag bekomme ich seinen Blick nicht mehr aus meinem
Kopf und muss abends erst einmal ein großes Bier trinken, um
meine Nerven zu beruhigen. José rechne ich dabei hoch an, dass
er mir kommentarlos zuhört und mich meine Erfahrungen machen lässt. Die Stadt befindet sich im Klammergriff der Gewalt,
die genährt wird durch Korruption, Kriminalität, Drogenmiss-
brauch und bittere Armut. Oft geht die Staatsgewalt gegen die
Ärmsten der Gesellschaft vor. Es vergeht kaum ein Tag, an dem
Schwarze nicht als Drogendealer verdächtigt werden, die Polizei
Leichen findet und Kinder und Frauen als Kollateralschäden im
Krieg gegen die Drogenmafia zwischen die Fronten geraten. An
Straßenkreuzungen bemerke ich, wie Frauen in ihren Autos selten
an roten Ampeln halten, schon gar nicht im Dämmerlicht der he-
reinbrechenden Nacht. José erklärt mir, dass das Risiko im Wagen
überfallen zu werden oder in eine Polizeikontrolle zu geraten zu
hoch sei. So versuchen sie, schnellstmöglich ihr Ziel zu erreichen.
In der zweiten Woche schenkt er mir eine Eintrittskarte für eine
Sambashow im edlen Stadtteil *Botafogo*. Zwei Stunden lang be-
wundere ich die grandiosen Darsteller, deren perfekte Körper
in den opulenten Kostümen noch besser als sonst zur Geltung
kommen. Nach der Show warte ich an einer Haltestelle neben
einem Kiosk auf den richtigen Bus zurück nach Copacabana. Es
fährt einer vor und ich möchte einsteigen. Irgendetwas jedoch ist
seltsam, der Bus ist voller Kinder in Lumpen gekleidet und mit
dreckverschmierten Gesichtern, die mir signalisieren, dass ich
zu ihnen kommen möge. Alle grinsen hämisch und viele Finger zeigen aus den offenen Busfenstern auf mich. Gerade als ich
mich bewegen möchte, kommen vier Polizisten zum Vorschein,
deren Mannschaftswagen hinter dem Bus geparkt wurde. »*No, no,
Gringo!*«, höre ich sie rufen und werde von ihnen zur Seite genommen. Drei von ihnen haben lange Eisenstangen in den Händen

und mit diesen schlagen sie unter den Kiosk hindurch. Erst jetzt sehe ich einen obdachlosen Jugendlichen, der auf der anderen Seite vor den Hieben flüchtet und sich auf die Straße rollt. Äußerst ruppig wird er von den Polizisten aufgegriffen und zügig in den Bus befördert. Danach verschwinden sie alle und ich bleibe mit zitternden Beinen allein zurück, bis mein Bus vorfährt. Zu Hause angekommen erzähle ich José von der Begebenheit. »Ja, das ist der grauenhafte Versuch, die Unerwünschten aus der Innenstadt verschwinden zu lassen, sodass die reichen Touristen nicht das tägliche Elend zu sehen bekommen und Rios Oberschicht weniger Diebstähle und Gewaltverbrechen befürchten muss.« »Aber das sind doch Kinder …«, » …die morgen alle wieder in der Stadt sein werden, sodass dieses dreckige Spiel von Neuem beginnt«, beendet er meinen Satz. »Schau dir doch einmal das große Ganze an: Wir haben hier in Rio de Janeiro seit 1950 ein anhaltend starkes Wirtschaftswachstum, ein besonders starkes Bevölkerungswachstum in den Außenbereichen und dabei erhebliche regionale Disparitäten zwischen den Stadtregionen im Norden, Nordosten und den südlichen Ecken wie Ipanema und Copacabana. Ursache für die wahnsinnige Verdichtung und enorme flächenhafte Ausdehnung, Marcus, sind die starke Zuwanderung aus den anderen benachteiligten Räumen Brasiliens und die wirtschaftliche, politische und kulturelle Bedeutung Rios als Pull-Faktor. Diese Menschen kommen alle hierher, weil sie hier überdurchschnittliche Einkommenschancen vorfinden oder meinen vorzufinden.« Er hält kurz inne, um einen Schluck Wasser zu trinken. »Wenn du aus dem Fenster im Wohnzimmer die Straße hinaufsiehst, kannst du doch die Elendsviertel an den steilen Hängen sehen und nachts ab und zu sogar das Maschinengewehrfeuer hören! Ipanema und Copacabana mit ihren vergleichsweise doch sehr wohlhabenden Einwohnern wuchern in städtische Räume hinein, in denen zuvor die Unterschicht gewohnt hat. Seit Neuestem kommen auch noch die grauenhaften *Condominios* dazu, durch fette Mauern mit Stacheldraht und von privatem Sicherheitspersonal bewachte, inselartige Wohnanlagen, die direkt an die Elendsviertel grenzen und die erheblichen Unterschiede nur noch verschärfen. Rio ist eine extreme Stadt!«

Brasiliens Multikulturalität durchzieht sich zwar durch die Geschichte des Landes, endet jedoch in den Statistiken zu Gewaltverbrechen, Mord, Bandenzugehörigkeit und Opfer von Polizeigewalt. Dort dominiert die Hautfarbe Schwarz. Die meisten Schwarzen sterben auf der Straße, in Haft, bei Routinekontrollen und am hellen Tag, wenn rivalisierende Banden um die Vorherrschaft in den Favelas kämpfen. Immer wieder berichten Familien von der Brutalität der Polizei gegen die Ihren. In den 1980er und 1990er Jahren nahm die Polizeigewalt exorbitant zu. Ein Hauptgrund dafür war das Ende der 21-jährigen brasilianischen Militärherrschaft unter dem Diktator João Figueiredo 1985 und der Übergang zu einer, zumindest auf dem Papier festgehaltenen Art von Demokratie mit Einsetzen der neuen Verfassung im Jahr 1988. Plötzlich fehlte eine harte Hand im Staat und eine stotternde Wirtschaft, kombiniert mit einer Hyperinflation von mehr als 1.000 Prozent pro Jahr, ließ die Gewalt allerorts aufblühen. Neben Drogenbaronen und anderen Kriminellen etablierten sich in Rio als weitere Lokalmacht gut organisierte Milizen, zusammengesetzt aus ehemaligen bewaffneten Angehörigen der Polizei, des Personals aus Gefängnissen und anderer Sicherheitskräfte, die den Kampf gegen die Drogenbarone in den Elendsvierteln aufnahmen und nach deren Aufgabe das organisierte Verbrechen dort systematisch übernahmen. Rio lief dabei völlig aus dem Ruder. Kurz vor meinem Besuch 1994 wählte das brasilianische Parlament dann Fernando Henrique Cardoso zum neuen Präsidenten, der schon in der alten Regierung als Finanzminister tätig war und erkannte, dass sofortiges Handeln vonnöten war, um die Kluft zwischen Arm und Reich nicht noch weiter auseinanderklaffen zu lassen sowie die Spirale der Gewalt zu beenden. Das Land erhielt unter Präsident Cardoso eine Währungsreform. Mit der Einführung des Reals, der an den US-Dollar angeknüpft ist, wollte er die Kehrtwende schaffen und die Märkte und internationalen Geldgeber beruhigen. Rios eklatante soziale Ungerechtigkeit bleibt jedoch eine Geißel und durchzieht weiterhin alle Facetten des Lebens in dieser Stadt.

»Geh mal hinein und schau es dir an. Nicht alles ist Gewalt und Kriminalität! Ich kann einen Besuch für dich arrangieren und muss nur meinen Bekannten Marcelo Armstrong anrufen. Soll ich?« Ich sage etwas zögernd zu und José bucht mir einen geführten Rundgang durch zwei Favelas, unter anderem durch das für seine Gewaltexzesse notorisch berühmt-berüchtigte Elendsquartier *Rocinha*, in dem schätzungsweise 160.000 Menschen leben, und durch die Favela *Vila Canoas*, die in unmittelbarer Nähe zu Rios luxuriösem Viertel *São Conrado* liegt. Marcelo holt mich am darauffolgenden Tag mit dem Wagen ab und ich lerne einen englischen Journalisten kennen, der ebenfalls Teil der Gruppe ist. Zu dritt fahren wir nach *Vila Canoas* raus und ich erlebe einen ganz anderen Teil Rios. »*Vila Canoas* liegt an den Flanken eines Kessels und ist relativ uninteressant für die Drogendealer«, erklärt Marcelo. »Hier können sie nicht wie in *Rocinha* ganz schnell über die Berge entwischen, sollte die Polizei das Viertel stürmen. Daher herrscht hier deutlich weniger Gewalt. Ich habe in der Nähe gewohnt und immer viel Kontakt zu den Menschen vor Ort gehabt.« Marcelo ist in einer besser situierten Familie aufgewachsen und ging Anfang der 1990er Jahre in den Senegal, um im *Club Méditerranée* zu arbeiten. Innerhalb der *Club-Med*-Anlage fühlte er sich wie mitten in Frankreich. Außerhalb lag eine große Marginalsiedlung. Diese und die nahe Umgebung machten für ihn das eigentliche wahre Afrika aus. Hier entwickelte er die Geschäftsidee, nach seiner Rückkehr geführte Touren in Rios Favelas anzubieten. *Vila Canoas* war seine Nachbarschaft und deren Einwohner signalisierten ihm ihre Bereitschaft, etwas von ihrer Privatsphäre preiszugeben. »1992 startete ich meine erste Tour, seit zwei Jahren bin ich nun im Geschäft«, beantwortet er die Frage des Engländers nach seinen Erfahrungen. Ohne es damals ahnen zu können, war ich mit einer der ersten ausländischen Touristen, die die Möglichkeit bekamen, in diese Welt einzutauchen. Mittlerweile hat Marcelo seine eigene Agentur, die zahlreiche Reiseführer anstellt und im Tourismusgeschäft eine feste Größe darstellt. Nach kurzer Fahrt taucht *Vila Canoas* vor uns auf. Dichter Wald überragt die linke Straßenseite. Rechts sehe ich die typischen roten Backsteine und viele Gassen, die in die Favela hineinführen. Marcelo parkt den Wagen und wir gehen zu Fuß weiter. Hunde bellen hinter Eisengittern, Radiostationen dröhnen durch offene Fenster ihr Programm in die Straße hinaus. Samba und brasilianischer Funk begleiten *Subbuteo* spielende Männer vor kleinen Bars. Im Rhythmus schnippen sie gekonnt mit ihren Zeigefingern über die Feldspieler die Bälle auf das gegnerische Tor des Tisch-Fußballspiels. Halbstarke Jungs lungern mit ultracoolen Sonnenbrillen auf ausgebleichten bunten Straßenbänken und lassen ihrem Machismo freien Lauf. Im Labyrinth der Favela führt uns Marcelo zu einer kleinen Schule, die von den Spenden einer Wohltätigkeitsorganisation und durch einen Teil unserer Tour-Gebühren finanziert wird. Ich blicke in einen Innenhof mit blauem Tisch, an dem Kinder unterschiedlichen Alters sitzen und ihre Schularbeiten erledigen. Als würden sie ertappt, schauen sie zu mir hinauf und vertiefen sich dann sofort wieder in ihre Arbeit. Im nächsten Wohntrakt liegen kleine Kinder in einem großen Saal auf dem Boden nebeneinander und machen ihren Mittagsschlaf. Betreuerinnen kümmern sich um die Kleinen und grüßen Marcelo und uns freundlich. Auch der Zahnarztstuhl im Nachbarraum wurde von Spendengeldern finanziert. »Die Menschen hier können von der Regierung oder der Stadtverwaltung kaum etwas erwarten. So ist eine Gemeinschaft entstanden, die sich gegenseitig hilft. Ihr habt die vielen kleinen Geschäfte und Handwerkerläden gesehen. *Vila Canoas* ist äußerst dynamisch«, erklärt er. Mir öffnet er die Augen. Ich beginne, diesen Mikrokosmos aus zusammengewürfelten, zellenartigen Hütten und Baracken mit anderen Attributen als nur mit Gewalt und Kriminalität in Verbindung zu bringen. Dennoch bin ich immer noch nervös. Schaut man sich als Tourist fremdes Elend an? Ein seltsames Gefühl beschleicht mich, wenn ich fast schon voyeuristisch durch offene Türen in die Häuser blicke und das Leben der Menschen beobachte. Lasse ich die Kamera im Rucksack, den ich wie gewohnt vor der Brust trage, oder zeichne ich Armut und Perspektivlosigkeit der Bewohner auf Film auf? Ich frage Marcelo, der eine verblüffende Antwort parat hat: »Nicht alles hier ist Elend. Viele Menschen leben zwar ein einfaches Leben, das wahre Elend aber ist die Straße selbst. Die Obdachlosen, die du auf Pappkartons sitzend in den Straßen Rios oder unter den Zeitungskiosken gesehen hast, gehören dazu. Klebstoff schnüffelnde Kinder ohne Zukunft sowie drogenabhängige Jugendliche, die nicht zur Schule gehen und von den Drogenbanden für ihre Zwecke instrumentalisiert werden – das ist das wahre Elend! Die Menschen in *Vila Canoas* sind nicht reich und ja, auch sie klauen den Strom von der Straße, wie man überall an den Leitungen unschwer erkennen kann, aber die meisten haben Jobs und ein Heim mit Dach über dem Kopf. Marcus, hole deine Kamera raus und mache Bilder. Dies ist kein Problem. Ach übrigens, du solltest den Rucksack auf deinem Rücken tragen, da wo er hingehört. Hier wirst du nicht beklaut!«

Am Nachmittag brechen wir in die *Zona Sud* auf und besuchen die Favela *Rocinha* zwischen den Stadtvierteln *São Conrado* und *Gávea*. Als wir zu dritt das Auto verlassen, erhebt sich hinter mir ein Meer von Häusern in der überwiegend einfachen Ziegelbauweise am Hang. Will man in Rio eine Favela sehen, so muss man sich bloß von der Atlantikküste wegdrehen und in die Berge schauen. Auf Anweisung bleibt meine Kamera hier erst einmal im Rucksack und ich erkenne schnell den Grund: begrüßt werden wir von Minderjährigen mit Maschinengewehren, die Zufahrtsstraßen und Häuser bewachen. Marcelo hat eine Genehmigung, wir sind angemeldet und werden somit in *Rocinha* geduldet. Die bewaffneten Jugendlichen bewachen die Viertel der Drogenbosse. Marcelo führt uns an ihnen vorbei in die engen Gassen, in denen sich über uns einzelne Bewohner Haushaltsgegenstände von Haus zu Haus durch die Fenster reichen. Zahlreiche vollbehängte Wäscheleinen lassen wenig Tageslicht zu uns nach unten durch. Hier fühle ich mich als Eindringling und bin noch nervöser. Unser Reiseleiter ist in *Rocinha* bekannt. Ein Plausch und das Rauchen einer Zigarette gehören zum Geschäft. Er nutzt den Smalltalk, um seine Kontakte auszubauen und den Status quo aufrechtzuerhalten. Auf einer terrassenartigen Aussichtsplattform darf ich fotografieren – keine Menschen, keine Waffen, versteht sich von selbst! Dafür habe ich aber Siedlungsanarchie im Sucher meiner Kamera. Sonnenstrahlen tanzen auf dem nackten Metall der Wellblechdächer, der wild zusammengewürfelten Hütten. Dazwischen kann ich hunderte von blauen Tonnen ausmachen, die als Wasserbehälter im Notfall genutzt werden, sollte die Stadtverwaltung dem Elendsviertel das Trinkwasser abstellen, das illegal angezapft wird. Um *Rocinha* herum ist die Grenze, entlang derer die Bewohner Rios leben, noch klarer definiert als in anderen Vierteln der Stadt. Am östlichen Ende sehe ich das exklusive *Sheraton-Hotel* direkt an die hohe Mauer heranreichen. Von den höheren Stockwerken können die Luxustouristen den Bewohnern *Rocinhas* auf die Dächer schauen und dabei einen Cocktail in der Abendsonne trinken – soziale Segregation par excellence. Doppelverglasung sorgt dafür, dass die Touristen nachts nichts von den Schießereien unter den rivalisierenden Banden mitbekommen.

In *Rocinha* gibt es eine wirklich unterirdisch schlechte Aufklärungsrate von Gewaltverbrechen. Zeugen sind aus Angst vor Racheakten nie zu finden, Beweismaterial verschwindet sofort vom Tatort. Aussagen, die auf exzessive Polizeigewalt hinweisen, werden unterdrückt oder geheim gehalten. Die Opfer sind fast ausnahmslos arm und schwarz. Paradoxerweise ist eine Atmosphäre des gegenseitigen Misstrauens zwischen Ordnungshütern und der schwarzen Favela-Bevölkerung ganz im Interesse der hiesigen Drogenbarone. Der Grund dafür ist tiefgründiger Hass gegenüber der überall bekannten *Batalhão de Operações Policiais Especiais*

(BOPE). Diese Spezialeinheit der brasilianischen Militärpolizei gilt als erste Angriffslinie bei der Beendigung von Straßendemonstrationen und Räumungsaktionen in Favelas. Sie macht die Präsenz von Drogenkartellen und deren bis an die Zähne bewaffneten Privatarmeen weniger Furcht einflößend. So ist ein Leben mit täglichen Drogengeschäften zwar unangenehm, aber eher zu tolerieren als unvorhersehbare Razzien der Polizei, die Verwüstung, Tote und erzwungene Erpressung nach sich ziehen können. Ein Synonym für die Überdosis an Gewalt ist die Drogenbande *Amigos dos Amigos (Freunde von Freunden)* in *Rocinha*. Zu den schillernden Bossen ist zum einen Luciano Barbosa da Silva zu zählen, der 2004 bei einer Polizeirazzia starb. In seinem Haus wurde er festgenommen und dann abgeführt, ohne Widerstand zu leisten. Mit über dem Kopf verschränkten Händen marschierte ihn die Eliteeinheit *BOPE* für alle gut sichtbar durch *Rocinha* und ließ ihn an einem öffentlichen Platz sich auf eine Mauer setzen. Ohne Vorwarnung oder Ankündigung erschoss ihn ein Soldat, der neben ihm saß. Der offiziellen Version nach soll sich da Silva in Gefangenschaft gewehrt haben und bei einem Schusswechsel von der Polizei getötet worden sein. Zum anderen ist Antônio Francisco Bonfim Lopes, auch *NEM* genannt, zu erwähnen. Er galt lange als Chef der *Amigos dos Amigos*, war der meistgesuchte Verbrecher Brasiliens und wollte bei einer Razzia der Polizei im Kofferraum eines Autos unentdeckt entwischen. Parallelen zu Pablo Escobar in Kolumbien sind zu erkennen, der die gleiche Taktik erfolgreich in Medellín anwendete. Der Schmuggel aus *Rocinha* flog auf und *NEM* wurde gefasst.

Marcelo Armstrongs sehr kundige Führung hat mich nachhaltig beeindruckt und nachdenklich gemacht. Man kann an solchen Führungen viel Kritik üben, mir jedoch hat sie geholfen, ein wenig hinter die Kulissen der Stadt zu schauen und etwas mehr zu sehen als die Pracht entlang der Copacabana.

Auch mein Vater hatte für seine erste Südamerikareise eine notwendige Unterweisung erhalten, bevor er das erste Mal für die

Firma fahren durfte. Bis heute bekommen die Reiseleiter nach wie vor bei *Gebeco* und *Dr. Tigges Studienreisen* nur eine Einführungsfahrt; kommen weitere neue Zielgebiete zum persönlichen Repertoire hinzu, hat man zuvor auf eigenen Antrieb hin das neue Land intensiv ausgekundschaftet. Eine unverzichtbare Hilfe bei der konkreten Einarbeitung ist der Reiseleiterbericht, der von jedem Kollegen nach jeder Reise angefertigt wird. Er enthält neben Informationen zum Routing und zu den Hotels vor Ort sehr hilfreiche Tipps zum Reiseablauf, zu Eintrittsgeldern sowie zu Fahrtzeiten, damit die Studienreise für den Kunden zu einem unvergesslichen Erlebnis wird. In der Firma hilft der Reiseleiterbericht den Produktmanagern für die Optimierung und Weiterentwicklung der im Sortiment vorhandenen Reiseprodukte. 1978 gab es diese clevere Form der Unterstützung so noch nicht, umso wichtiger war der Austausch der Reiseleiter untereinander. Um darüber mehr zu erfahren, gehen mein Vater und ich an einem anderen Abend in Berlin wieder seine Ordner durch und ich finde Material zu seinen Südamerikareisen. Er schaut mir über die Schulter und sieht das Titelbild: »*Ingapirca – Ecuador*! Warte, ich muss meine Brille suchen.« Ich halte ein mächtig vergilbtes Heft in den Händen: »Informationen zur Politischen Bildung. Das Ding ist ja uralt!«, rufe ich ihm zu. Mit Brille auf der Nase liest er mit. »1967. Herrlich.« Wir beide lachen. »50 Jahre alt, Marcus, allein die Ausgabe hat schon historischen Wert.« »Letztendlich hat sich bis heute nicht viel geändert, oder? Man hat sich selbst mit diesen Materialien vorbereitet, sich seine Karten besorgt, Karteikarten geschrieben und ist irgendwann losmarschiert«, bemerke ich. »Na klar«, antwortet er, »das System ist dasselbe geblieben. Heute nur digital. Mein Gott, was haben wir Karteikarten geschrieben! Hier, das ist Buzzin.« Er reicht mir eine Karte über eine peruanische Inkasiedlung, die ich kaum entziffern kann. »*Pachácamac – Plan und Bedeutung*«. Darunter sind mit dem bloßen Auge so gerade noch Zahlen zu erkennen, die in dem beigefügten Umrissplan zu verorten sind: »1.) Sonnentempel, Inkazeit,

15. Jh.; 2.) Mondtempel (Gattin des Sonnengottes) restauriert von
Tello (auch *Manaconas* genannt; Bestimmung fraglich) – Bedeutung: wichtiger Kultplatz aus der Vorinkazeit. Verehrung eines
hölzernen Gottesidols – reiche Goldausstattung.« Und weiter geht
es. »Das kann doch kaum einer lesen«, sage ich. »Nicht mehr«,
kommt die Antwort. »Das ist Thermopapier. Buzzin hatte die
Karte auf DIN A4 und hat sie dann runterkopiert.« »Weißt du,
was das ist? Auf der zu bedruckenden Seite ist eine temperatur-
empfindliche Schicht aufgelegt, die bei Einwirkung von Wärme
einen Farbstoff ausbildet.« »Daher sind die Karteikarten so ver-
gilbt!«, bemerke ich. »Ja, wie bei einem Kassenbon, den du zu
lange in der Hosentasche hattest. Zuerst klein kopiert und dann
aufgeklebt. Hier, das ist auch Hans Buzzin. Da ist jeder Punkt von
Machu Picchu drauf«, zeigt er mir stolz die nächste Karteikarte
und lacht: »Das ist doch ein Dokument der Reife!« »Sind deine
Eltern auch schon mit den Karten auf Reisen gegangen?«, frage
ich nach. »Meine Mutter nicht. Opa Hans hatte sie dabei.« »Und
Hombitzer oder Tuffi Northoff?«, möchte ich wissen. Mein Vater
braucht für die Antwort etwas Zeit, weil er konzentriert in seinem
Ordner blättert. »Ähm, Hombitzer hatte alles im Kopf. Tuffi hatte
sicherlich auch Karteikarten.« Einen Moment später hat er gefunden, wonach er suchte:« So, jetzt habe ich den Brief von Buzzin.
Der ist geschrieben worden …« » …am 25.01.1978«, sage ich mit
Blick auf den Briefkopf. »Auch vor 40 Jahren!«, murmelt er, setzt
sich an den Tisch und liest mir die ersten Zeilen vor: »Lieber Herr
Hillerich! Ich bin erst am 20.01. zurückgekommen und ersticke
fast unter einem Berg von Briefen und Antworten darauf, Büchern, Broschüren, Reparaturen etc. Ob ich mich bis zu meinem
nächsten Termin freimachen kann zu einem Gespräch mit Ihnen,
ist schwer zu sagen – im Augenblick jedenfalls nicht. Da ich Ihnen
gerne helfen möchte, gebe ich Ihnen mit diesem Brief einige
Tipps«, endet mein Vater und ruft laut: »Einige Tipps! Da hat er
sich hingesetzt und ein, zwei (blättert), sieben Seiten auf der
Schreibmaschine getippt. Ha! Allein die zu lesende Sekundärlite-

ratur ist auf zwei Seiten aufgelistet.« Er liest weiter: »Mit viel Material werde ich Ihnen kaum dienen können, da ich ja selbst noch einige Reisen in diesem Haus übernehmen werde (die nächste z. B. ist schon *Indianer, Anden, Amazonas*). Kartenmaterial gibt es sehr wenig. Und was ich an Büchern habe, umfasst etwa zwei bis drei Chiquita-Kartons (das nur der Vorstellung halber. Sie würden ja beim besten Willen nicht alles vorher lesen können – und nicht brauchen zum bloßen Einstieg).« Er schaut mich an und sagt: »Marcus, das ist der wahre Vorläufer des Reiseleiterberichtes, so wie es ihn bis heute gibt – verfasst vom Kollegen Buzzin, einem wahren Alleskönner und Reiseleiterurgestein der Firma. Du musst wissen, dass Hans im Jahr sicherlich 250 bis 300 Tage unterwegs war. Der hatte auf dem Dachboden gut und gerne zwischen 80 und 100 Chiquita-Bananenkartons. In jedem Karton war mindestens ein Reisegebiet. Nein, nicht nur das! Die Kartons waren sein Leben. Warte, wir brauchen Wein.« Während mein Vater in die Küche verschwindet, schnappe ich mir den Brief und beginne zu lesen. »Sie haben fünf Länder, aber nur zwei (Peru und Brasilien) werden Ihnen als Staatsgebilde etwas deutlicher. Kolumbien, Bolivien (reiner Hochanden-Hang) und Paraguay bleiben Stippvisiten. Legen Sie darum kein allzu großes Gewicht auf Nationalitäten, besser auf Großlandschaften.« Mein Vater ist mit zwei gefüllten Rotweingläsern zum Tisch zurückgekehrt und sagt im Kommen: »*Indianer, Anden, Amazonas* war meine allererste Tour in Südamerika. Ohne seine Hilfe wäre ich völlig aufgeschmissen gewesen.« »24 Tage«, platzt es aus mir ungläubig heraus. »Das kannst du heute überhaupt nicht mehr verkaufen.« »Richtig. Damals sind wir in Frankfurt abgeflogen. Ich weiß das noch ganz genau. Morgens früh in Portugal angekommen und mit der *TAP* weitergeflogen. Und in Bogotá sind wir aus der Maschine gestiegen und direkt in das Goldmuseum gefahren, da wir ja noch einigermaßen frisch vom Flug waren.« Ich lese dazu Hans Buzzins Abschnitt in seinem Brief: »Bogotá. Vom Flughafen aus sofort Stadtbesichtigung, am besten sogar erst das Goldmuseum (ca. 1,5 Std.). Nun ist das Museum im Umbau, leider kann man nicht mehr die Kulturen an bestimmten Hintergrundfarben erkennen, alles ist auf scheißebraun gesetzt. Sie sehen folgende Kulturen: *Sinú, Tolima, Tairoma, Galima, Quimbaya, Muisca, Narino*, ein paar Stücke *St. Augustín* und *Tierradentro*. – Von hier aus zu Fuß (1,5 Std.) zur *Kirche San Francisco* (die Sie unbedingt ansehen sollten), *Pl. Bolivar* und kurze Kurve durch die Altstadt [v. der *Casa de la Independencia* bis zur *Biblioteca Luis Arango*, weiter zur Ecke der Münze, dann *Theatro Colón, Palacio S. Carlon (Wache mit preußischen Pickelhauben)* zurück zum *Pl. Bolivar*]. Bus hierher bestellen und mit der Seilbahn auf den *Monserrate*. Dann Hotel. Mittagspause nach Gutdünken. Nachmittags *Zipaquirá (Salzkathedrale)* – falls mal wieder einmal geschlossen: *Nueva Gustavita*. Achtung: große Diebstahlgefahr; keinen Schmuck tragen, am besten auch keine Uhren, alle Taschen, Beutel etc. immer geschlossen halten; aufeinander achten, nicht allein ausgehen; immer nur eine Art Taschengeld im Geldbeutel haben. Auf der Straße nie mit großen Scheinen aufwarten etc. Sollte jemand Smaragde kaufen (es kommt selten vor, da man nach dem Nachtflug kein Gehirn für so etwas hat) am besten in den beiden Läden *La Mina* und *Taller* neben dem Hilton. Im Übrigen auf H. Stern in Rio verweisen.« Ich schaue meinen Vater mit großen Augen an. »Mein Sohn, so ist der ganze Brief. Das hat immer gepasst, egal, wo ich war.« »Allein mit dem Brief konntest du schon auf Tour gehen«, antworte ich. »Klar. Da war jeder Satz wichtig. Am übernächsten Tag sind wir dann nach Leticia in das Amazonastiefland geflogen.« Den Abschnitt lese ich mir sofort durch. Hans Buzzin beschreibt es wie folgt: »Leticia: Pionierkaff, schlammig, schlampig, eigene Welt. Längster und erholsamster Aufenthalt der ganzen Reise. Am ersten Nachmittag den sogenannten *Zoo* anschauen (der spärliche Rest der ehemaligen Tierfangstation); es ist gut, wenn Mike selbst die Tiere vorführt (das Ganze ca. ́ne Stunde).« »Wer ist Mike?«, frage ich meinen Vater. Er setzt sein Weinglas ab und erklärt es mir. »Mike Tsalikys. Amerikaner. Er entdeckte die

Isla de los Micos – die Affeninsel, welche ca. vierzig Minuten mit dem Boot von Leticia entfernt liegt und ein knapp 500 Hektar großes Naturparadies ist. Dort haben die Tsalikys-Brüder Reptilien und ca. 5.000 Affen für die Krebsforschung gezüchtet. Sein Bruder George ist später von einer Schlange gebissen worden und hat alles falsch gemacht, was man falsch machen konnte. Er ist zum Jeep zurückgelaufen und direkt davor tot zusammengebrochen.« »Da hatte sich das Gift schon im ganzen Körper verbreitet«, ergänze ich. »Logisch. War tragisch! Mike hatte also die Farm in Leticia und wir haben dort sechs Tage in seinem kleinen Bungalowhotel gewohnt, sind mit den *Dr.-Tigges*-Gästen in den Urwald gefahren und haben Kaimane gefangen. Ist zwar alles Sekundärregenwald, aber war trotzdem wunderschön und sehr abwechslungsreich.« Das beschreibt auch Buzzin: »Zweiter Tag. Ganztägig Arara (christianisierte *Ticuna*), Affeninsel (Lunch), *Yagua*-Siedlung. Boot: lahm, zünftig, unbequem, amazonaswürdig (es heißt vermutlich immer noch *OLGA*). Abends eventuell fakultativer Kaiman-Fang. Lautloses Hingleiten. Bannen mit der Taschenlampe und Fang je nach Mut mit der Hand, der Schlinge oder einem Speerstich seitlich am Körper vorbei (manchmal werden die Tiere böse verletzt: Nichts für deutsche neurotische Tierliebhaber!). Nächtlicher Dschungel ist vielleicht lohnender als der Fang. Denkbar für Tonbandexperten. Dritter Tag: Dschungelwanderung (ist immer im Programm, offiziell aber Geschenk von Mike an *Tigges* wegen der guten Beziehungen). Sie gehen auf einem Holzfällerweg und werden außer Mücken keine Lebewesen finden. Die fakultativen Ausflüge sind teuer; bestehen Sie auf 20 Prozent Kommission für sich. Früher gab es mehr, aber seit Einbruch des Fanggeschäftes lebt Mike nur noch von den Touristen und hält alles auf kleinster Skala für die Reiseleiter.« »Wunderbar!«, fällt mir dazu nur ein. »Von Leticia sind wir dann nach Iquitos geflogen«, sagt mein Vater. »Mensch, was war das für 'ne Tour!« »Man musste erst im Dreiländereck rüber nach Brasilien zum internationalen Flughafen *Tabatinga*. Das war ein schlimmes

Scheißhaus! In der Mitte die Startbahn. Links und rechts davon jeweils eine Toilette. Da mussten die Piloten sich in Acht nehmen, dass sie beim Drehen der Maschine mit der Tragfläche nicht die Klohäuschen zerstörten. Mein lieber Himmel, Marcus. Das ganze Rollfeld war nur 800 Meter lang und auf der anderen Seite des angrenzenden Flusses haben sie die Bäume abrasiert, so dass die Maschinen mit vollem Saft so gerade in die Luft kamen und nicht hängen blieben. Im peruanischen Iquitos haben wir auch zwei Tage im Amazonasgebiet gewohnt und sind dann über Lima nach Cusco geflogen. Da weiß ich noch, wie einer meiner Gäste bei der Ankunft erst einmal in die Knie gegangen ist. Luftnot!« »Angesichts des Höhenunterschieds kein Wunder!«, ergänze ich. »Richtig, dem habe ich im Hotel sofort eine Sauerstoffdusche verpasst. Was steht im Brief dazu?«, möchte er wissen. »Cusco: Achtung! Sie werden schlagartig auf 3.300 Meter Höhe versetzt. Die Reaktion des Körpers auf die dünne Luft heißt *Soroche*. Sie tritt schneller oder langsamer ein, mit allen möglichen Symptomen: Schüttelfrost, Kopfschmerzen, Schwindelgefühl, Schlappsein etc. Je nach Konstitution verschwinden sie nach einem Tag. Nach meiner Erfahrung ist es unsinnig, die Leute gleich bei Ankunft ins Bett zu schicken, denn niemand wird in den ersten Stunden etwas spüren. Machen Sie gleich nach der Ankunft Programm, u. a. Cusco / Umgebung, *Sacsayhuamán*, *Quenko*, *Puca Pucara* und *Tambomachay*. Dann erst zurück nach Cusco und nun l a n g e Mittagspause!« »Die Touristen wurden aber zu keiner Zeit geschont, oder?« »Selbstverständlich nicht, mein Junge, das wollten sie aber auch nicht. Dafür haben sie ja die Studienreise gebucht. Mit Erholungsurlaub hatte dies nichts zu tun! In den nächsten Tagen ging es Schlag auf Schlag mit der Besichtigung von *Inka-Ruinen* weiter. Pisac mit Markt, Ollantaytambo und dann schließlich *Machu Picchu*. Der Eintrag von Hans zu *Machu Picchu* ist auch klasse.« Ich genieße noch einen Schluck leckeren Merlot und blättere um: »ACHTUNG! Es gibt sehr häufig (eigentlich immer) Schwierigkeiten mit den *Guias locales*, da nach einem peruanischen Gesetz nur ein Peruaner Gruppen führen darf. Die Leute benehmen sich mittlerweile rotzig und frech und involvieren z. T. die Aufsichtspolizei. (Der *Kuoni*-Kollege wurde im letzten Jahr im Zug festgebunden!) Verwenden Sie Ihre Leute immer als Zeugen; geben Sie Ihren Pass nicht aus der Hand und erfragen Sie sofort den Namen, wenn Ihnen einer etwas will; geben Sie nur Name gegen Namen. Fragen Sie vorher Blanca Tinzón in Cusco! (Es könnte sich verschärft haben).« Ich staune nicht schlecht. »Raue Sitten.« Mein Vater nickt und fügt hinzu: »Am nächsten Tag fuhren wir mit dem Zug nach Puno zum *Titicaca-See*. Was für eine Fahrt! Durch den ganzen *Altiplano*. Wir waren im Speisewagen und mir saßen drei Sozialarbeiterinnen aus Mönchengladbach gegenüber. Mit ihnen habe ich SKAT gespielt. Wer 500 Miese hatte, musste eine Flasche Rotwein ausgeben. Ich musste zudem pro 500 Miese 10 Witze erzählen. Bis Puno war ich mit 40 Witzen dabei und hatte alles ausgepackt, was ich auf der Pfanne hatte.« Wir beide lachen und wissen, dass nur höchstens ein Drittel wirklich lustig gewesen sein konnte. »Und je ordinärer, desto lauter haben die Frauen gelacht. Natürlich hat der Rotwein ordentlich geholfen. Vor Ort sind wir raus zu den *Uros*-Indianern auf die Schilfinseln gefahren und danach über die Grenze nach La Paz in Bolivien. Mit drei Pannen und platten Reifen!« Buzzin hat wie zuvor ähnlich gute Tipps für die Grenzüberquerung parat: »Die Grenze macht von 12.00 bis 14.00 Uhr zu (in Bolivien 1 Std. Zeitdifferenz!)! Machen Sie die Abfertigung zusammen mit Ihrem *Guia local*, aber ohne Leute (falls möglich). Schieben Sie dem Peruaner 2 US-Dollar hin (falls Sie meinen, dass es nötig ist – ich kann mittlerweile nicht mehr umhin, da wir uns kennen und das Spiel sozusagen unvermeidliche Routine ist!); den Bolivianern, wo immer mehrere sind, ebenfalls – v. a. dem Zoll, damit er nicht langatmig das Gepäck kontrolliert. Sollten die Bolivianer selbst fordern, dann auf stur schalten und kontrollieren lassen! Bei aller Bestechung darf kein Tourist anwesend sein! Versteht sich! – An der Grenze werden Sie auf bolivianische Busse (oder Autos) um-

geladen. Mario Grisi aus La Paz schickt sicher wieder eine Künstlerin, die ihr Deutsch produzieren möchte. Arrangieren Sie sich.«
»Möchtest du noch ein Glas Wein?« »Sehr gerne«, erwidere ich und lasse mir von ihm einschenken. »Wie haben die Gäste denn auf die Höhe in La Paz reagiert?«, interessiert es mich. »Dort hatten es die Kreisläufer dicke. So nannte Hans Buzzin immer diejenigen in der Gruppe, die Kreislaufprobleme hatten. Liegt ja auf 4.000 Meter. Am Flughafen dachte ich damals, dass die Maschine überhaupt nicht mehr abhebt.« »Es ist eine der längsten Startbahnen der Welt«, antworte ich. »Ja, ja, weil die Luft in der Höhe so dünn ist. Man hat das Gefühl im Flugzeug, als dass gleich einer kommen und mit dem Auto von hinten anschieben muss, bis das Ding irgendwann in der Luft ist. Die *Tigges*-Gruppe ist mit mir direkt nach Asunción geflogen. Von 4.000 Meter auf Meereshöhe, sodass die Kreisläufer sich erholen konnten. Buzzin hat mich damals eindringlich vor Willy gewarnt.« »Wer ist das? Ein Agenturmitarbeiter?« »Ja, Marcus, Willy war Deutscher mit ausgeprägtem Erwerbssinn, Hans nannte dieses Verhalten *starken Kapitaldrang*. Passte wirklich großartig! Willy versuchte uns immer das gleiche furchtbare Restaurant Iguacú mit paraguayischer Folklore zu Höllenpreisen zu verkaufen. Hans sagte damals, dass ich Willy nu´ ja nicht vor den Gästen desavouieren solle. Wollte doch jemand von den Gästen dorthin, dann mussten aber mindestens 10 Prozent Kommission herausspringen.« Er hält kurz inne. »Wunderschön hingegen war die Umgebung von Asunción. Ach, da haben wir Ausflüge in diese beeindruckende Parklandschaft angeboten – das sind ja alles Terra-Rossa-Böden. Nach Asunción waren die Iguaçu-Wasserfälle auf dem Programm und von dort sind wir über São Paulo nach Rio geflogen.« »Dort hast du José kennengelernt, oder?«, frage ich. »Genau, aber lass uns erst einmal was essen. Später können wir weiter in aller Ruhe über Rio reden.« Mein Vater und ich gehen in die Küche und bereiten *Dicke Bohnen mit weißer Soße* zu, ein Gericht, das wir beide lieben und unsere Frauen leider aber meiden wie der Teufel das Weihwasser. Daher

kochen wir es zusammen und entwickeln während des Zubereitens eine kindische Vorfreude. Zwiebeln werden in reichlich Butter ausgelassen und Speckstückchen darin angebraten. Danach kommen die Bohnen in den Topf, das Ganze wird mit dem Bohnenwasser abgelöscht und dann lässt man es auf niedriger Flamme köcheln. Damit die Soße die richtige Konsistenz erhält, rührt mein Vater eine Mehlschwitze an und gibt diese dem Topf hinzu (daher der Name *weiße Soße*). Verächtlich nennen unsere beiden Frauen dies *Mehlpampe* und rümpfen die Nase. Mit Kartoffeln sowie Mettwürsten und scharfem Senf ist die Mahlzeit jedoch ein Highlight der rustikalen Küche. Dazu passt eigentlich am besten ein kühles Bier, aber wir bleiben beim Merlot und kehren nach dem Abendessen in das Wohnzimmer zurück, wo ich mich sofort wieder dem Brief widme. Dass mein Vater ihn wie die zahlreichen anderen Materialien im Ordner über die Jahrzehnte hinweg aufbewahrt hat, ist für mich ein Wunder. Buzzin gehörte genauso wie Hombitzer und Northoff zu den Universalkönnern, die es in der Reiseleiterszene heute so nicht mehr gibt, die jedoch immer noch allen Kollegen bekannt sind. Buzzins Informationen zu Rio de Janeiro schließen sozusagen den Kreis. Mein Vater erhält von seinem Kollegen wertvolle Tipps zu Hans Stern in Rio, lernt dann dort José kennen und eröffnet mir sechzehn Jahre später somit die Möglichkeit, Brasilien zu bereisen. Daher lese ich den Abschnitt in Buzzins Brief besonders genau durch: »Rio: Streichen Sie Hombitzers Kirchenschwelgerei auf ein sinniges Beispiel zusammen (*St. Antonio* und falls geöffnet – vielleicht gegen ein Trinkgeld – die Kirche *Terceira Ordem*, gleich neben *St. Antonio*). Und streichen Sie das öde Museum in der *Quinta da Boa Vista*. Rio ist Stadtlandschaft und das Wesentliche sind *outdoorvisitas*! Machen Sie vom Flughafen aus sofort Programm – bei gutem Wetter: *Maracanā-Stadion* und *Corcovado*; bei schlechtem Wetter zu Fuß durch die Innenstadt (wegen des U-Bahn-Baus zurzeit äußerst lästig). Sprechen Sie das Programm mit dem *Guia* (vermutlich Edwina) ab; sie weiß am besten, wie die Verkehrslage ist.

Lohnend ist eine Fahrt mit der *Bonde* (zum Abschluss des Rundgangs). Sortieren Sie sich nach Belieben. Rio ist eine Sache des Wetters. Versuchen Sie aber, keinen ganzen Tag in Rio abzuwickeln (Zwei Halbtage sind bekömmlicher). Stern, deutscher Jude aus Essen [,] hat eine geniale Methode ...« Hier stoppe ich einen Moment. Ich drehe mich zu meinem Vater rüber und sage: »Nun kommt die Info zu H. Stern.« »Ja, Hans Stern ist ebenso wie ich in Wuppertal geboren worden. Er wuchs in Essen auf, bis die Nationalsozialisten das Elektrogeschäft seiner Eltern niederbrannten. 1939 wanderte er nach Brasilien aus – mit 17 Jahren!« Ich google ihn auf meinem Computer und finde heraus, dass er in Rio Englisch-Unterricht gab, dann in einem Briefmarkenladen arbeitete und schließlich eine Stelle bei einem Juwelier annahm. Sechs Jahre später machte er sich gewissermaßen per Rucksacktrip durch Brasilien selbstständig. Überall, aber vor allem in *Minas Gerais*, hat er den Minenarbeitern Edelsteine abgekauft und sie gewinnbringend an größere Juwelieradressen in São Paulo und Rio weiterverkauft. »Ich wusste gar nicht, dass er sein erstes Geschäft in den Docks von Rio eröffnet hat. Warum denn dort?«, frage ich. »Weil er dort die Passagiere der großen Kreuzfahrtschiffe bei ihrem Landgang abgreifen konnte«, antwortet mein Vater. »Stern war enorm clever, musst du wissen. Nimm einmal die *Indianer, Anden, Amazonas-Tour* von *Tigges* als Beispiel. Überall auf dieser Route sind uns Dependancen in den Hotels der großen Städte begegnet. Die Touristen bekamen in den Filialen Messing-Anhänger geschenkt, aber das dazu passende Armband gab es nur in der Firmenzentrale in Rio de Janeiro. Was für eine geniale Idee! Überleg mal. Überall in Südamerika wurden die Touristen heißgemacht und in Rio haben sie dann wie die Irren gekauft. Hier hatte Stern den nächsten Trick parat. In Rio lud er die Touristen zu einer Besichtigung der Werkstatt ein – alles auf Kosten der Firma mit Abholservice ...« »Warte mal«, falle ich ihm ins Wort. »Buzzin spricht davon. Ich habe es ja gelesen. Stern hat eine geniale Methode: anhand der Zimmerliste werden Einladungen (Bringdienst gratis, kleines Geschenk) verteilt ...« » ...und die Gäste zur Vorführung der Schmuckherstellung in die Zentrale gebracht«, unterbricht mich mein Vater. »Dort wurde erst der Köder ausgelegt und dann haben die Touristen zugeschlagen. Das Personal bei H. Stern ist immer mehrsprachig gewesen, sodass die Gäste in ihrer Muttersprache bedient werden konnten«, berichtet er. »Und da hast du José kennengelernt«, füge ich hinzu. »Genau, Marcus! Und danach ging es über Recife nach Portugal und von dort zurück nach Frankfurt.« »Sag mal, wer hat denn damals so eine Riesentour vor Ort begleitet? Heute haben wir ja lokale Agenturen, die die Leistungen einkaufen und Hotels buchen«, möchte ich wissen. »Hatten wir damals auch schon. Astruk. Das war ein Jude in ...ähm«, Jetzt ist mein Vater von sich selbst überrascht – das sehe ich an seinem Gesichtsausdruck – und sagt: »Da kannst du mal sehen, wie ich die Namen noch draufhabe.« Ich stimme ihm zu. »Astruk und Stepenovic in São Paulo – die beiden haben das für *Tigges* gemacht. Waren auch Juden, die im Krieg nach Südamerika geflüchtet sind. Überleg mal, alle die Flüge auf dieser langen Tour! Frankfurt – Lissabon, Lissabon – Bogota, dann mit *Air Columbia* ins Amazonasgebiet, wieder nach Lima, hoch in die Anden hinein und von La Paz an die Ostküste und durch Brasilien mit Stopp in Iguaçu und zurück nach Deutschland. Das waren gut und gerne zehn oder mehr Flüge. Rechne dies nun mal zwanzig Personen, dann kannst du dir vorstellen, was ich an Tickets dabeihatte. Eine Tasche voller Flugscheine so dick wie Geldbündel ...« » ...die du aber nicht in irgendeinen Fluss geschmissen hast, oder?«, frage ich lachend nach. »Nein, diesmal nicht! Aber da musste alles passen und es hat immer gepasst. Astruk und Stepenovic haben exzellente Arbeit abgeliefert.«

Die beiden hatten für *Tigges* und somit für meinen Vater alles organisiert, meine erste Tour hingegen war ein Sprung ins kalte Wasser und ich hatte mächtig Angst davor. Nach drei Wochen bei José packe ich meinen Rucksack und fliege mit *VRG* Flug 342 nach Salvador de Bahia, der drittgrößten brasilianischen Stadt an der

Atlantikküste. Zu einer Zeit ohne elektronische Tickets, ohne Mobiltelefone und ohne Internetcafés bin ich auf mich selbst gestellt. Von José erhalte ich aus dem Hause H. Stern eigens gedruckte kleine Stadtpläne zu den jeweiligen Destinationen auf meiner Route. Sie sind meine Lebensversicherung, enthalten sie nicht nur Informationen zu den wichtigsten Botschaften, sondern alle Telefonnummern der *H.-Stern*-Boutiquen in den großen Hotels. Sollte mir etwas passieren, kann mir dort geholfen werden. Dennoch macht mir das Unbekannte Angst. Ich sehe zu viele Gefahren und versuche zu krampfhaft, mich so zu verhalten, wie José es mir in Rio beigebracht hat. Sehr bald merke ich aber, dass allein zu reisen besonders befreiend ist und ich keine Kompromisse einzugehen brauche. Von Nachteil ist jedoch, dass mir eine Person fehlt, mit der ich meine Erlebnisse teilen oder kritische Situationen gemeinsam meistern kann. In Salvador falle ich aus dem Flugzeug und werde noch am Flughafen von einer Familie angesprochen, die Platz im Auto hat. Sie nehmen mich mit und zeigen mir sogar ein Hotel in der Innenstadt, in dem ich ein Zimmer bekomme. Ich erhalte überall Hilfe und Anweisungen auf allerlei Zetteln und Blättern. Schnell erkenne ich, dass der Austausch mit diesen vielen helfenden Händen für mich sehr wichtig ist. Er beruhigt mich und macht mir Mut. So lande ich unvermittelt in *Pelourinho*, einem Teil der Altstadt, und erkenne in den verwinkelten Gassen anhand der Hautfarbe der Capoeira-Kämpfer und der afrikanischen Stoffe und Masken in den Souvenirläden, wie dominant hier der afrobrasilianische Einfluss ist. An die Stelle des einstigen furchtbaren Sklavenmarktes ist in diesem Stadtteil nun ein aufwendig revitalisiertes Künstler- und Musikviertel getreten. Zurück im Hotel buche ich für den nächsten Tag eine Tour in die hinter der Stadt sich ausbreitende *Allerheiligenbucht*. Einen Reiseführer à la *Lonely Planet* besitze ich auf meiner ersten Reise noch nicht. Alle Informationen erhalte ich wieder auf Nachfrage an der Rezeption oder über das Gespräch mit den anderen Gästen. So verlasse ich mich auf deren Vorschläge und Tipps. Mein Bild von der Stadt ist anfangs sehr lückenhaft und von mir besuchte Orte ragen wie Inseln ohne Verbindung untereinander aus dem Ganzen hervor. Im Laufe der Zeit kann ich Stadtteile in Beziehung zueinander setzen, Mosaiksteinchen fügen sich hinzu, sodass gerade auch die Orientierung mit dem Bus einfacher wird. Zeitgleich werde ich ruhiger. Der für mich schlimmste Moment ist der erste Einstieg in ein Taxi in einer neuen Stadt. Ohne Ortskenntnis ist man hoffnungslos ausgeliefert, daher buche ich kleine Ausflüge bei der hoteleigenen Agentur. Zwei Mitarbeiter von *Cristal Turismo* holen mich mit ihrem Wagen ab. Es sind die Studenten Luis und Ramon mit einem schlimm zerbeulten und von Rost zerfressenem Cabrio, dessen Dach dem Aussehen nach mit einem stumpfen Winkelschleifer ungerade vom Rumpf abgetrennt wurde. »Steig ein, du musst Marcus sein!«, ruft mir Ramon zu. Die Bezahlung für die Tour erfolgt Cash in die Hand. Los geht es! Das offene Dach ist ein Erlebnis, die Stoßdämpfer nicht! Vorläufiger Höhepunkt ist die Fahrt in die *Allerheiligenbucht* hinein, weil Luis nach jeder Anhöhe auskuppelt und den Motor abstellt, um Benzin zu sparen. Leise rollen wir die sanften Hügel hinab und hoffen inständig mit Stoßgebet an sämtliche Heiligen der Bucht gerichtet, dass der Motor wieder startet. Tut er natürlich nicht immer und so bekomme ich hier und da Zeit zu fotografieren. Irgendwann nach erfolgreicher Reparatur hupt Luis mir grinsend entgegen und sammelt mich ein. Vergessen ist die Vorsicht, die ich in Rio an den Tag legen musste. Es fühlt sich alles unbeschwert und so unendlich frei an. Drei Studenten machen einen Tagesausflug. Ich entdecke kleine Buchten mit schneeweißem Sandstrand und großen Kokosnusspalmen, unter denen Brasilianer hinter bunten fahrbaren Straßenständen stehen und frischen Saft mit viel Muskelkraft aus Zuckerrohrstangen pressen. Der Schweizer Pädagoge Johann Heinrich Pestalozzi schrieb einmal, dass die wahren Erlebnisse durch das Auge in den Kopf gehen. Dies widerfährt mir hier. Man muss das Land wirklich gesehen haben. So beeindruckend die Schilderungen auch in den *GEO*-Büchern Uwe

Georges waren, sie bleiben leider nur Erlebnisse aus zweiter Hand. Einen kleinen Teil selbst entdecken zu dürfen macht mich unglaublich stolz. Nach zwei Tagen verlasse ich Salvador de Bahia. Mein Flug nach Manaus inmitten der grünen Lunge des weiten Amazonastieflandes hat zwei Zwischenstopps. Das Bordpersonal bedient die in Recife und Belém jeweils neu hinzugestiegenen Fluggäste und schenkt mir nach jeder Startphase ein weiteres Abendessen und kühles Bier. Allen voran ist der *VARIG*-Chefsteward Christiano sehr an einem Gespräch interessiert. Er notiert mir sorgfältig auf einem Schmierzettel einige erste Tipps für Manaus: »*Hotel Amazonia* – 3 Sterne (Centro!), *Hotel Monaco* (in Manaus???) – 3 Sterne (auch Centro!), *Novo Hotel* (5 Sterne) – die Eigentümerin heißt Rita Bernardino. Bei ihr melden und unbedingt sofort von Christiano grüßen!« Und zu guter Letzt: »*Ariaú-Jungle-Tour* – Hotel + 5 Tage Programm = 400 US-Dollar« Am Gepäckband lerne ich wenig später Andreas und Claus aus den süddeutschen Städten Ravensburg und Weingarten kennen. Die beiden reisen auch als Backpacker durch Brasilien. Mit unseren großen Rucksäcken beziehen wir zusammen ein Zimmer im *Hotel Internacional* in der *Rua Dr. Moreira*, ebenfalls Centro und im Retrostil mit einer gigantischen Nachttischlampe, deren Lampenschirm noch in Plastikfolie eingepackt ist. Neben wir wummert die Klimaanlage gegen die Feuchtigkeit an. Das beige Telefon ist nicht international und ohne Kabel in der Wand ziemlich tot. Abends stehe ich in der Dusche, drehe das heiße Wasser auf und finde mich unvermittelt auf dem Hosenboden wieder. Ein Stromschlag hat mich im wahrsten Sinne des Wortes in die Knie gezwungen. Das Elektrokabel zum Durchlauferhitzer am Duschkopf wurde auf das Wasserrohr an der Wand aufgeklebt. Am Ende sehe ich die nackten Drähte und dusche fortan nur noch kalt. Auf dem Bett breiten wir unsere Werbebroschüren aus und sitzen mit einer Flasche Zuckerrohrschnaps davor, um zu beraten, welche Tour wir gemeinsam buchen wollen. Ich habe die *Agência Amazonas* im Angebot. »*Indian Turismo LTDA. – Jungle Specialist*«, lese ich. »*Good Price – four days. We have a tour going today at 5:30 with a special guide to see the wild life! 100 Real.*« Claus blättert in »*The Voice of the Amazon Jungle Journal*«. Am Ende des Tages einigen wir uns auf *Iaratur*, rufen den Besitzer André an und buchen mit ihm. Die nächsten Tage werden für mich zum großen Abenteuer. Wir fahren auf dem *Rio Negro* zum *Meeting of the Waters*. Hier treffen die Flüsse *Rio Negro* und der mächtige *Amazonas* aufeinander und deren in Farbe und Schwebstoffgehalt unterschiedliche Wassermassen vermischen sich erst nach mehreren hundert Metern. Wir übernachten bei Einheimischen, sehen Würgeschlangen, Spinnen, Faultiere und exotische Pflanzen des Regenwaldes, gehen mit eigenem *Guide* auf Kaiman-Fang und versuchen, mit der Angel Piranhas zu fangen. Ich merke, wie hilflos ich ohne sachkundige Führung im Regenwald bin und kann nachts aufgrund der unbekannten Geräusche schlecht schlafen. Am Ende aber ist dieser Trip für mich ein wunderbares Erlebnis und viel interessanter als das sagenhafte Theater in Manaus, das zur Zeit der portugiesischen Kautschukbarone dort errichtet wurde. Am Flughafen rauche ich nach dem Abschied von Andreas und Claus mit Blick auf meine Maschine auf der Rollbahn meine erste Zigarette. Sie schmeckt fürchterlich, trotzdem fühlt es sich aber großartig an. Während ich auf meinen Flug warte, finde ich in der Jackentasche ein Blatt Papier, auf dem José und ich wichtige Hinweise für meine Reise aufgeschrieben haben. Flug nach Salvador – für den besten Blick links sitzen. Kurz vor Manaus Kamera für das *Meeting of the Waters* rausholen. Sind Bananen immer komplett zu? Auf Eier von Fruchtfliegen achten! Habe ich alles befolgt. Eine Flasche Cachaça gegen alles kaufen. Von dem brasilianischen Zuckerrohrschnaps hatte ich nach der Regenwald-Tour zu viel und daher den Tag darauf enorme Kopfschmerzen. Homöopathische Anwendung besser nur im Notfall! Traveller Checks und deren durchgehende Nummern sowie Kreditkarte separat aufbewahren. Bei Cash-Advance über ein Imprinter-Gerät darauf achten, dass die Hochprägung der Karte über das

Ritsch-ratsch-Gerät nicht zweimal auf das Transaktionspapier gedruckt wurde. 70 Stunden vor jedem Abflug den jeweiligen Flug bei der Fluggesellschaft bestätigen, sonst verschwindet die Buchung im Nirgendwo. Auch daran habe ich mich gehalten. Es läuft also, sollte man meinen und dann passiert es! 36 Stunden später warte ich voller Langeweile wieder auf einen Flug, diesmal in der Hauptstadt des Landes. Brasília hat mich furchtbar enttäuscht. Am Reisbrett geplante Architektur der Sechzigerjahre auf einem öden ariden Hochplateau ohne Altstadt oder Innenstadt macht noch lange keine vibrierende Metropole. Mein Hotel lag gefühlt an einer Autobahn. Nirgendwo konnte ich ein Restaurant finden und saß den Abend über deprimiert allein mit Keksen und einer Flasche lauwarmem Wasser in meinem einem Luftschutzbunker ähnelnden Hotelzimmer. Hals über Kopf verlasse ich dieses Etablissement und frühstücke am Flughafen. Ein saftiger Cheeseburger sowie guter Kaffee heben meine Stimmung, aber erst in der Maschine merke ich, was sich in meinem Körper nun zusammenbraut. Den größten Teil des Zwischenstopps in São Paulo verbringe ich auf der Toilette des Flughafens. Geschwächt nehme ich den Anschlussflug nach Foz do Iguaçu. Während des Aufenthaltes an Bord verliere ich Unmengen an Wasser und trockne förmlich aus. Beim Landeanflug auf Curitiba kann der Pilot aufgrund von dichtem Nebel die Landebahn nicht sehen, startet durch, dreht ab und bringt die Passagiere zurück nach São Paulo, um von dort mit uns allein direkt nach Iguaçu zu fliegen. Ich habe zwar einen Sitzplatz gebucht, halte mich aber größtenteils in der Bordtoilette auf. Die Crew reicht mir Wasser ins Klo hinein und erkundigt sich nach meinem Wohlbefinden. Aus 18.00 Uhr lokaler Ankunftszeit werden 01.00 Uhr nachts. Ich krieche förmlich aus der Maschine und schleppe mich langsam mit nachgebenden Beinen zur Gepäckausgabe. Jegliche Kraft hat meinen Körper verlassen. Der Flughafen von Iguaçu ist nicht mehr als ein Schuppen im Regenwald. Gepäckbänder habe ich nicht gesehen. Mein Rucksack liegt einsam auf einem Trolley und weit und breit sehe ich weder weitere Fluggäste noch irgendein Taxi. Alle sind schon verschwunden. Wie soll ich denn zu dieser Zeit in die Stadt kommen? Glücklicherweise erwische ich einen einsamen Flughafenmitarbeiter, der die Türen schließt. Er nimmt mich in seinem Wagen mit in die Stadt und fährt mich zum *Hotel Ilha de Capri* in der *Rua Rio Branco*. Ein müder Mitarbeiter an der Rezeption gibt mir ein Zimmer und wenig später breche ich im Badezimmer zusammen. Meine Beine krampfen und ich robbe zu meinem Rucksack und nehme die Hydrationsmittel. Das kupferfarbene Wasser aus dem Hahn schmeckt scheußlich, aber Getränke habe ich nicht zur Hand, um die Medikamente aufzulösen. So muss ich es trinken, wohlwissend, dass sich die Bakterien in meinem Darm darauf freuen. Mithilfe eines Antibiotikums schaffe ich es durch die Nacht und ziehe am nächsten Morgen die Blicke der anderen Gäste im Frühstückssaal auf mich, als ich mich am Büfetttisch festkralle und drei große Karaffen Orangensaft leer trinke.

Die weltberühmten Wasserfälle von Iguaçu im Dreiländereck zu Argentinien und Paraguay schaue ich mir ausführlich an. Eine schlimme Flut, ausgelöst durch heftige Unwetter zur Regenzeit, hat dazu geführt, dass in diesem Jahr viele Betonstege zu den einzelnen Wasserfällen im Nationalpark weggebrochen sind. Man packt mich in ein kleines Boot mit starkem Außenbordmotor und so erreiche ich mit rasendem Herzen die Aussichtsplattform am *Garganta do Diablo*, dem gewaltigen Teufelsschlund, in den sich die Wassermassen ergießen. Während der Fahrt dorthin hoffe ich nur, dass mir nicht das gleiche Schicksal widerfährt wie einer ausgewählten Jungfrau mit ihrem Geliebten. Dem Mythos der Guaraní-Indianer nach sind die Wasserfälle das Werk des vor Eifersucht rasenden Gottes Mboi, der in Form einer riesigen Schlange jedes Jahr eine Jungfrau als Opfergabe verlangte. Eines Tages versuchte eine Auserwählte zu fliehen, sodass der rachsüchtige Gott voller Wut eine Schlucht in das Flussbett schlug, in der die Seele des Mädchens für immer gefangen blieb. Die Schönheit der Natur dieser einzigartigen Wasserfälle könnte dies sehr leicht zulassen.

Bei dem Blick in die imposante Schlucht kann man sein Herz verlieren oder wie ich die Zeit aus den Augen. Irgendwann drängen die Bootsmänner mich zum Einsteigen. Der Motor knattert und wir müssen leider zum Ufer zurück. Nach zwei intensiven Wochen treffe ich José wieder in Rio und erzähle in den darauffolgenden Tagen bis spät in die Nacht von meinen Erlebnissen. Südamerika hat mich sicherlich genau so sehr wie Pero Vaz de Caminha damals in seinen Bann gezogen, sodass ich wenige Jahre später mit meiner Frau Barbara zurückkehre und wir drei Monate lang die Länder Ecuador, Peru und Bolivien besuchen.

An jenem Abend in Berlin sprechen mein Vater und ich noch bis spät in die Nacht hinein über unsere Erlebnisse auf diesem spannenden Kontinent. Dabei fällt mir auf, dass immer wieder die für uns irrwitzigen Geschehnisse im Vordergrund stehen, egal ob mit *Dr. Tigges* oder privat. Sie haben sich wohl deswegen in unsere Erinnerung eingebrannt, weil sie im aufgeräumten Deutschland so einfach nicht passieren können. Südamerika mit seinen teils chaotischen, teils anarchischen oder korrupten Zuständen zwingt den Besucher förmlich, seine eigene Komfortzone zu verlassen – sicherlich viel mehr als anderswo in der Welt. Dies galt uneingeschränkt früher, dies gilt auch heute noch sowohl für reisende Rucksacktouristen als auch für wohl situierte *Dr.-Tigges*-Gäste und vor allem dann, wenn man mit öffentlichen Verkehrsmitteln unterwegs ist. »Ich erinnere mich noch an meine erste Fahrt von Quito in das ecuadorianische Hochland«, sage ich. »Der Bus war den Stoßdämpfern nach schätzungsweise 300 Jahre alt und füllte sich schnell mit Reisenden und fliegenden Händlern auf dem Weg nach Otavalo. Ich blickte aus dem Fenster und bestaunte die ausgebluteten Ochsenköpfe, die mich auf der Ladefläche eines Pickups anschauten, während der Fahrer im zweiten Gang bergauf krampfhaft versuchte, uns zu überholen. Und natürlich rechts! Die Ochsenköpfe wippten auf der Ladefläche hin und her, als würden sie klug signalisieren: *Nein, das geht nicht gut!* Gemeinsam drangen wir in einen Tunnel ein, in dem die Kohlendioxidkonzentration so hoch war, dass die Abgase der Fahrzeuge vor uns von den Scheinwerfern unseres Busses blau angeleuchtet wurden. Ich hielt mir ein T-Shirt vor den Mund und versuchte nicht zu atmen, während ich auf das überflüssige Nichtraucher-Schild vor mir starrte.« »Der Umgang mit Tieren ist bei solchen Fahrten mehr als robust«, kontert mein Vater. »In Ecuador habe ich öfter Schafe gesehen, die auf dem Dach angeleint und so mittransportiert wurden.« »Oder Kühe!«, sage ich. »Das ist mir mal passiert, als wir den Osthang der Anden hinuntergefahren sind. Da kam uns ein Pick-up entgegen, der zwei ausgewachsene Kühe auf der Rampe geladen hatte. Er war so schwer, dass er im Rückwärtsgang die Anden hochfahren musste, weil dieser Gang die stärkste Umsetzung hatte.« Ich gieße uns das Rotweinglas noch einmal voll und lehne mich im Sessel zurück. »Marcus, wenn du von den Märkten auf dem *Altiplano* zurückkamst, passierte es sehr häufig, dass den Indios in den Bussen die gekauften Küken aus ihren Käfigen ausbüxten.« »Ja, und alle Insassen unter die Sitze greifen mussten, um die Viecher wieder einzufangen«, ergänze ich und wir beide müssen lachen. »Ebenfalls in Ecuador fuhr ich mal in einem Bus zum berühmten Indiomarkt von Saquisilí. Ist irgendwo zwischen Quito und Latacunga, wenn ich mich recht erinnere. Unser Fahrer fuhr einen heißen Reifen und hatte innen vor sich an der Scheibe einen kleinen Marienaltar über dem Rückspiegel installiert. Dieser war mit der Bremse verkabelt und jedes Mal, wenn er feste auf sie drauftrat, leuchtete hinter der Mutter Maria ein Heiligenschein rot auf und aus einem kleinen Lautsprecher ertönte ein andächtiges *Halleluja*.« »Alles Beten half aber nicht, wenn mal wieder einmal eine Straße gesperrt war, und das ist in Südamerika leider an der Tagesordnung. Auf einer *Dr.-Tigges*-Studienreise haben wir ein sehr eng getaktetes Besichtigungsprogramm, das sofort in Gefahr ist, wenn man irgendwo nicht weiterkommt«, erklärt mir mein Vater. »Die klimatischen bzw. naturgeographischen Gegebenheiten, die es in Südamerika in einem ganz anderen Maße gibt als bei uns, verursachten uns meistens die Probleme.« »Also hier eine Überschwemmung und dort ein Erdrutsch ...«, » ...vor allem wenn die Bergstraßen wegrutschen«, unterbricht mich mein Vater und fährt fort: »Genau wie in Indien ja auch in der Monsunzeit. Dazu kamen zusätzlich die Konflikte zwischen den Ureinwohnern und der Regierung. Auf dem Weg nach Cuenca in Ecuador ist mir ein solcher Streit mal auf einer *Tigges*-Reise zum Verhängnis geworden. Da haben die *Indigenas* für bessere Bildungschancen und einen Stromanschluss in ihren entlegenen Dörfern gekämpft und haben die Straße aufgerissen. Da kamen wir nicht weiter und demzufolge mussten die Gäste mit einer erheblichen Störung im Reiseablauf klarkommen. Auf der Tour haben die *Tigges*-Gäste damals pro Person über 4.000 D-Mark erstattet bekommen, weil zusätzlich auch noch während der anschließenden Galapagos-Reise unser Boot auf ein Riff aufgelaufen war. Da hat es dermaßen gescheppert, dass die Leute sich die Knie aufgestoßen haben und einige medizinisch betreut werden mussten. In den Anden gab es zudem schlimme Situationen mit Verletzten und Toten, wenn die Straße nach Starkregen urplötzlich mit Geröll und Schlamm überspült wurde und ganze Überlandbusse weggerissen hatte.« »Ist mir mal auf dem Weg in die *Oriente* passiert«, sage ich. »Wir waren auf dem Weg nach Tena am *Rio Napo* und im subtropischen Bergregenwald hingen wir plötzlich nach dem zweiten platten Reifen stundenlang im Gebirge fest, weil die Straße weg war. Ein mächtiger Bagger brauchte sehr lange, um eine Fahrrinne auszugraben und der erste LKW, der durchfahren wollte, blieb auch noch im Schlamm stecken, so dass er von hinten durch den Bagger rausgedrückt werden musste. Dementsprechend verbeult sah er auch aus.« »Klar, da bist du den örtlichen Naturgewalten völlig ausgeliefert. Ich bin ja fast immer mit sehr guten Bussen auf *Tigges*-Reisen unterwegs gewesen. Wir hatten aber häufig in Brasilien, was ein besonders heißes Pflaster war und wohl auch noch ist, andere Probleme. Da wurde der Reisebus von der Polizei mit der Begründung, er sei defekt, angehalten und erst nach einem satten Schmiergeld von 100 bis 200 US-Dollar war er urplötzlich innerhalb von Sekunden wieder repariert, sodass wir weiterfahren konnten. Marcus, da sind wir einfach von Straßenräubern – deinem Feind und Helfer – abkassiert worden.« »Und somit konnte ein Besichtigungstag ungewollt und unvorhergesehen viel länger werden!«, antworte ich. »Oh ja, manchmal bis tief in die Nacht. Apropos, es ist wirklich spät geworden. Lass uns mal schlafen gehen.« *Was für ein passender Übergang* denke ich und schließe mich meinem Vater an.

Die Anfänge des Reiseleiterdaseins

Das Leben macht manchmal seltsame Bocksprünge. Brasilien hatte mich sehr verändert und ich brauchte eine Auszeit vom Studium, sodass ich für ein Jahr nach England ging und in einem kleinen Städtchen namens Leek, das in den *Midlands* am Rande des *Peak National Parks* liegt, als *Assistant Teacher* an der *Leek High School* und *Westwood High School* arbeitete.

In der ersten Woche im Juni 1997 bin ich wieder zurück in Köln und suche nach Orientierung. Die Semesterferien beginnen gerade erst. Meine ehemaligen Englisch- und Geographie-Kommilitonen haben sich in der Zwischenzeit alle weiterentwickelt und studieren in höheren Semestern. Einen Job brauche ich auch, da ich in England so gut wie kaum finanzielle Rücklagen aufbauen konnte – oder wollte. Fast jedes Wochenende reise ich in einen anderen entfernten Winkel Großbritanniens und das meistens mit der Bahn, weil mein alter Golf ständig kaputt war und in der örtlichen Werkstatt stand. Mein Geld trug ich zudem in den kleinen muffig riechenden Buchladen in Leek und investierte in viele englische Klassiker wie Defoe, Richardson, Fielding oder Dickens sowie in zahlreiche mir meistens nachhaltig im Gedächtnis gebliebene Pub-Besuche am Wochenende.

In Köln bricht mir nun mein wenn auch recht geringes, dafür aber geregeltes Einkommen weg und mir widerstrebt es, wieder als Kellner in verrauchten Biergärten zu schuften. Eine Woche nach meiner Rückkehr ruft mich mein Vater an und sagt mir, ich solle doch zum Kolpinghaus in der Nähe des Neumarktes kommen, denn die *TUI* werde dort in der Mitte Kölns ein Reiseleiter-seminar abhalten, auf dem junge Bewerber unter anderem von meinem Vater im Auftrag der Firma auf Haut und Nieren geprüft werden und sich im besten Fall nach bestandener Prüfung als Reiseleiter eine Anstellung erhoffen können. »Dies ist für dich die Gelegenheit, Frau K. einmal persönlich kennenzulernen!«, sagt mein Vater und meint damit die langjährige Chefin und Grande Dame der Reiseleiterdisposition innerhalb der *TUI Studienreisen*. Seit der Einverleibung der Marke *Dr. Tigges* in die *Touristik Union International (TUI)* ist sie für sämtliche Einsätze der Studienreiseleiter von Buchungsjahr zu Buchungsjahr verantwortlich und disponiert vom Firmensitz der *TUI* in Hannover aus deren Einsatzgebiete und Anzahl der zu führenden Reisen. Diese Einladung kommt überraschend. Ein bisschen habe ich mir immer gewünscht, auch einmal als Reiseleiter zu arbeiten, jedoch schätze ich meine Qualifikationen als völlig unzureichend ein. Weder studiere ich Kunstgeschichte noch kann ich ein abgeschlossenes Studium vorweisen. So will ich das Treffen eher als willkommene Gelegenheit nutzen, etwas von der Arbeitswelt meines Vaters zu sehen. Dennoch beschließe ich, einen guten ersten Eindruck zu hinterlassen und betrete mit einiger Aufregung den großen Konferenzraum des Kolpinghauses. Die quietschende Tür durchbricht für meinen Geschmack etwas zu laut die Stille im Raum und nur für einen Moment verlässt die Aufmerksamkeit der Zuhörer vor mir das groß an die Wand projizierte Dia. Frau K. und mein Vater stehen seitlich an der Fensterseite, stecken die Köpfe kurz zusammen und nicken mir dann zum Gruß zu. Vor den auf mehreren Stuhlreihen sitzenden Bewerbern spricht Wolfgang Herwig, langjähriger Reiseleiterkollege und Lehrerfreund meines Vaters. Herwig und mein Vater kennen sich seit vielen Jahren über den Schulberuf und teilen die Leidenschaft für das Reisen. Weil mein Vater vor Eintritt in den Lehrberuf als Offizier die Bundeswehr verlassen hatte, meldet Wolfgang sich bei ihm am Telefon oft als *Gefreiter Herwig*. Herwig kann druckreif Referate halten und ist einer der ganz großen Allrounder in der Firma – einer, der völlig ohne Hilfsmittel eine Reisegruppe in seinen Bann zieht. Am *Gymnasium Kreuzgasse* in Köln fragte er meinen Vater vor vielen Jahren einmal zwischen Unterrichtsbesuch und Nachbesprechung mit einer Referendarin: »Sag mal Burkhard, was ist eigentlich ein Overheadprojektor?« Die Erklärung erfolgte prompt: »Wolfgang, damit projizierst du Folien an die Wand, die du zuvor mit Stiften beschriftet hast.« »Und warum braucht man so etwas?«, setzte er verdutzt nach, weil er nicht verstehen konnte, dass man nicht fähig war, Fakten und komplexe Zusammenhänge im Gedächtnis zu haben oder strukturiert vorzutragen. Es lässt sich daher sagen, dass Herwigs Toleranzschwelle für mangelndes Faktenwissen relativ niedrig beziehungsweise seine Messlatte für Fachkompetenz äußerst hoch war. Dieser Umstand muss den Absolventen des Lehrgangs im Kolpinghaus an diesem Nachmittag schon kurz nach seiner Einführung deutlich geworden sein und hängt ihnen wie ein Damoklesschwert im Nacken. Man kann die Konzentration und den Respekt im Raum mit Händen greifen. Klack, das nächste Dia ist an der Leinwand, während ich leise Platz nehme. »Sie da«, redet er einen jungen Anwärter auf den Beruf des Reiseleiters an. »Hier sehen sie ein bedeutendes historisches Dokument, nämlich das Wappen von Kastilien und Léon. Die Könige der beiden um 1230 zusammengelegten Reiche befreiten in der Reconquista 1492 den Süden der iberischen Halbinsel von den muslimischen Herrschern und im gleichen Jahr entstanden nach der Entdeckung Amerikas durch Kolumbus erste Kolonien in der *Neuen Welt*, die ebenfalls diesem Königreich angehörten. Ist bekannt, nicht wahr? So, erklären Sie mir doch mal schnell die einzelnen Bestandteile des Wappens.« Totenstille im Raum. Keiner atmet mehr. Der Angesprochene läuft rot an und stammelt sich eine Antwort zurecht, die ich gar nicht mehr aufnehme, so tief sitzt der Schock in meinen Gliedern. Ich habe sehr viel Mitgefühl für den jungen Mann, denn an Herwigs Gesichtsausdruck merke ich, dass das besagte Wappen und seine Bestandteile nicht zu seiner Zufriedenheit erklärt wurden. Ähnliches könnte sich so auch vor einer Gruppe ereignen. Wolfgang Herwig ist bei seinen Gästen auf Reisen wegen seines unglaublichen Wissens sehr geschätzt, obwohl er nicht immer genügend Verständnis für situationsunangemessene Kommentare aufbringt und dies seine Gäste manchmal auch wissen lässt. Mein Vater erzählt mir später eine solche Anekdote: »Oh, er hat sich in Italien einmal dermaßen über einen Gast aufgeregt, dass eine unnötige Beschwerde über ihn an die *TUI* nach Hannover geschickt wurde.« »Warum?« »Du musst wissen, dass es in Italien sehr häufig ein verhältnismäßig einfaches Frühstück gab. Kaffee und Kraterbrötchen.« »Kraterbrötchen? Was ist das denn?« »Die nannten wir so, weil man mit dem Finger immer durch die Brötchendecke einbrach und sich plötzlich ein gewaltiges Loch auftat. Innen war nichts drin und draußen hattest du nur Krümel auf der Hose. Brötchen in der Form eines Vulkankraters. Marcus, da konntest du ein Pfund Butter reinschmieren und das Loch war immer noch nicht gefüllt. Oben kam dann Marmelade drauf. Und am Ostersonntag war das meistens steinhart, da ja in Italien keine Bäckerei geöffnet hatte und die Brötchen daher schon am Vortag angeliefert wurden.« »Aufgebacken wurde sicherlich auch nicht«, entgegne ich. »Natürlich nicht. Also, Gefreiter Herwig saß am Tisch, frühstückte und freute sich, da es im *Hotel Siena* dazu sogar noch einen kleinen Orangensaft gab. Das Brot war wie immer knüppelhart. Jedenfalls kam ein Gast zu ihm und knallte ihm sein angegessenes Brötchen mit den Worten auf den Tisch: *Da waren gerade meine Zähne drin!!! – Ja, wie denn?* erwiderte Wolfgang. *Wie! Ja wie?* schäumte der Gast vor Wut. *So ein hartes Brot, da bricht man sich doch die Zähne raus! Es gibt ja nicht einmal frisches Brot hier! Was ist das denn für ein Scheißladen, den die TUI uns ausgesucht hat?«* »So eine Begegnung früh morgens am Frühstückstisch. Da hast du doch als Reiseleiter schon den Kaffee auf!«, antworte ich. »Vom Feinsten!«, stimmt mir mein Vater zu. »Anschließend sind sie dann gemeinsam von Siena nach Florenz gefahren und haben das berühmte 1299 gegründete Benediktiner-Kloster *San Marco* besichtigt. Wolfgang hielt vor der Gruppe einen brillanten Vortrag über mittelalterliche Klosterkulturen. Du musst wissen, dass *San Marco* das Kloster ist, wo die Mönche zum ersten Mal nicht mehr zusammen im Dormitorium geschlafen haben, sondern in eigenen Zellen. Zahlreiche dieser Zellen sind vom berühmten Fra Angelico, dem großartigen Maler der italienischen Frührenaissance mit wunderbaren Fresken versehen worden. Fra Angelico, auch *il Beato Angelico (der engelsgleiche Angelico)* genannt, ist der Begründer der besonderen Darstellung christlicher Ikonografie. Nach seiner Seligsprechung durch Papst Johannes Paul II. im Jahr 1982 wurde er der Schutzpatron der christlichen Künstler. Fra Angelico wohnte in diesem Kloster«, so erklärt es mir mein Vater und fährt mit der Geschichte fort: »Am Ende des Vortrages über die Alltagsgewohnheiten der Mönche sagte Wolfgang nun zur Gruppe: *Ja, hier schliefen die Mönche anders und man frühstückte auch anders. Es gab morgens überhaupt keine frischen Brötchen!*« Ein Schnaufen ertönte vor ihm. *Das haben Sie nicht umsonst gesagt!* explodierte der Gast vor Wut in der Gruppe. *Das gibt eine Beschwerde.* Wolfgang reagierte völlig ruhig und zeigte ihm die kalte Schulter.« Zurück in Deutschland kam auch prompt die Beschwerde, zu der er innerhalb von sechs Tagen Stellung nehmen sollte. In Reiseleiterkreisen heißt es, er habe das Formular unbeantwortet zurückgeschickt und damit gedroht, sofort zu kündigen, sollte man ihn damit noch einmal aus dem Haus an den Briefkasten locken.

Nachdem Herwig seinen Vortrag beendet hat und die Beteiligten sich bei Kaffee und Kuchen stärken, wachsen bei mir die Zweifel, ob ich hier nicht hätte fernbleiben sollen. Eine solche Frage wie die an den jungen Mann im Raum kurz zuvor würde unweigerlich meine unzureichende Vorbereitung offenkundig machen. Blamieren würde ich mich und meinen Vater geradezu und mir jegliche Möglichkeit rauben, in der Zukunft einmal als Reiseleiter arbeiten zu können. Ich bin eingeschüchtert und am liebsten würde ich die schwere Tür des Saals wieder hinter mir fest verschließen, doch es taucht plötzlich Frau K. mit meinem

Vater vor mir auf. Wir begrüßen uns freundlich und einen Moment lang mustert sie mich mit wachen Augen, bevor sie dann ohne Umschweife sagt: »Ach, der ist ja schon groß genug! Den können wir sofort losschicken.« Ich glaube es nicht. »Was studieren Sie denn?«, fährt sie fort. »Geographie und Anglistik? Mmh! Wir wollen Island in diesem Jahr erstmals in unser Programm aufnehmen. Da schicken wir Sie hin!« Das ist es! Unfassbar! Das ist mein Vorstellungsgespräch und der Beginn als Reiseleiter bei *Dr. Tigges Studienreisen.* »Ich schicke Sie nächste Woche auf die Reiseleiter-Akademie der *Willy Scharnow-Stiftung* und in sechs Wochen fliegen Sie nach Island. In der Zwischenzeit können Sie sich auf das Zielgebiet vorbereiten. Würde Ihnen das zeitlich passen, Herr Hillerich?« Ich laufe zwar nicht rot an, aber nun bin ich derjenige im Saal, der sich eine Antwort zurechtstammelt. »Rufen Sie mich am Montag in Hannover an, damit wir die Einzelheiten besprechen können. Bleiben Sie ruhig noch ein bisschen. Einen schönen Tag und bis bald«, sagt sie und ist auch schon wieder weg. »Na, das ging ja schnell«, gratuliert mir mein Vater.

Zwei Wochen später fahre ich nach Oberorke ins hessische *Orketal* und nehme an einem Reiseleiter-Seminar der *Willy Scharnow-Stiftung für Touristik* teil. Wenn man in Oberkorke nicht rechtzeitig bremst, ist man schon in Niederorke. Trotzdem finden neun weitere Teilnehmer ebenfalls mit örtlicher Hilfe den Weg in den beschaulichen Luftkurort und erhalten mit mir am ersten Tag Informationen zu grundsätzlichen Aspekten des Tourismusgeschäftes. Ich mühe mich durch trockene theoretische Vorträge zu den Einflussfaktoren des touristischen Angebotes, zu der Beherbergungsindustrie im Allgemeinen und zu Transportbetrieben, Reiseveranstaltern, Reisemittlern und Fremdenverkehrsorten im Speziellen. Gemeinsam bekommen wir eine Einführung in die Länderkunde, müssen in Kleingruppen ein europäisches Reiseland vorstellen und studieren eine Anleitung zur modellhaften Erarbeitung länderkundlicher Präsentationen. Unter ständiger Beobachtung führen wir unsere Workshop-Arbeit am Nachmittag fort und präsentieren die Ergebnisse in Form von Kurzvorträgen. Mir ist das Ganze etwas zu theoretisch. Spannender hingegen sind typische Probleme auf Reisen, die wir in Rollenspielen lösen. Ein Beispiel: Paragraf 651, Absatz c des Bürgerlichen Gesetzbuches sagt beispielsweise als Zusatz zum Reisevertrag aus, dass »der Reiseveranstalter dazu verpflichtet ist, die Reise so zu erbringen, dass sie die zugesicherten Eigenschaften hat und nicht mit Fehlern behaftet ist, die den Wert oder die Tauglichkeit zu dem gewöhnlichen oder nach dem Vertrage vorausgesetzten Nutzen aufheben oder mindern.« Oje, was für ein Juristendeutsch! Dann präsentiert man uns eine Liste mit der Aufgabe, vor dem Hintergrund des Gesetzestextes Abhilfevorschläge für folgende Reklamationsgründe zu formulieren: 1. Bad nicht gereinigt (einmalig), 2. Bus ist nicht klimatisiert (entgegen der Zusage), 3. Betten sind durchgelegen, 4. das Essen ist mehrfach schlecht. 5. Geruchsbelästigung durch eine Mülldeponie (ständig und intensiv). Hier hätte ich gedacht, dass dies die Reiseagentur zu verantworten hat, schließlich wählt sie ja die Hotels anhand eines Routings aus. 6. Nachtruhe gestört durch laut singende Touristen (einmalig). *Dann sollte man nicht nach Italien und Spanien reisen* überlege ich. 7. zugesagtes Zimmer mit Meerblick ist nicht frei. Der Blick fällt auf die Garage. Der Klassiker, wobei die Garage gegen diverse andere Hässlichkeiten ausgetauscht werden kann: Hauswand, Hinterhof, Lüftungsrohr aus der Küche – die Liste ist beliebig zu verlängern. 8. Handtücher fehlen. Sollte nicht passieren, erachte ich aber auch nicht als einen erheblichen Mangel. 9. Stromausfall (zeitweise). Schon eher, vor allem in den Tropen! Meine Gedanken schweifen ab und ich bin für einen Moment in Manaus im brasilianischen Amazonasgebiet, wo ich mit verzweifelter Willenskraft versucht habe, meinen Körper vom Schwitzen abzuhalten – vergeblich! 10. Streik des Hotelpersonals. Das möchte ich miterleben. Bis auf die Mülldeponie und das streikende Hotelpersonal hatte ich alle anderen Punkte auf meiner Südamerikareise erlebt und als gegeben hingenommen. Ich stelle fest, dass mein Anspruch an ein Hotel deutlich von der Norm abweicht, und zwinge mich, in die Rolle eines besser-verdienenden Studienreisegastes zu schlüpfen. Als Student und jüngster Teilnehmer in der Gruppe ist es mir ehrlich gesagt völlig egal, wie die Unterkünfte in Island wohl aussehen. Hauptsache, ich darf für die Firma dorthin fliegen und mir dieses spannende Land ansehen. Meine Mitstreiter diskutieren interessante Verbesserungsvorschläge und stufen die Mängel hinsichtlich ihrer Schwere doch sehr unterschiedlich ein. Daraus ergibt sich ein abschließender Diskussionsbedarf und Ideenaustausch. Danach begeben wir uns überaus müde, aber auch erkenntnisreicher zum Abendessen.

Am zweiten Seminartag wird es richtig spannend, stehen doch die Erwartungen der Kunden an die Reise und die Reiseleitung auf dem Programm. Es gilt, die psychologischen Grundlagen und das Anforderungsprofil des Reiseleiters zu erörtern. Zu den wesentlichen Erwartungen von *Dr.-Tigges*-Studienreise-Kunden gehören Informationen zu Land und Leuten, Erholung, Exotik, unvergessliche Erlebnisse, Unterhaltung, Kultur, gutes Essen, Entspannung und Geselligkeit. Vom Reiseleiter indessen erwarten sie fachliche Kompetenz, Ortskenntnisse, Insider-Tipps, Freundlichkeit, Fingerspitzengefühl, Geduld und ein offenes Ohr. Wodurch aber werden die Erwartungen bestimmt? Unser Dozent unterstreicht, dass alle Handlungen der Menschen zielgerichtet sind und logischerweise der Wunsch nach Zielerreichung das auslösende Moment zum Handeln ist. Im Hinterkopf sollte man haben, dass ein zentraler Aspekt dabei ist, dass 80 bis 90 Prozent aller Handlungen durch das Unterbewusstsein veranlasst werden. Ziel unserer Handlungen ist somit die Befriedigung von Bedürfnissen. Wer also als Reiseleiter eine Antenne für vor allem unbewusste Handlungen von Gästen in seiner Reisegruppe hat, ist einen riesigen Schritt weiter, denn unbefriedigte Bedürfnisse lösen Frustrationen aus. Diese wiederum können in Aggression oder Resignation umschlagen, was den Erfolg einer Reise gefährdet oder im schlimmsten Fall den ersehnten Wunsch nach einer erlebnisreichen Urlaubsreise zunichtemacht. Folgenden Satz seines Vortrages habe ich mir aufgeschrieben: »Dabei unterscheiden sich die Kunden durch eine unterschiedliche Ausprägung der Bedürfnisse, da diese Ausprägung weitgehend durch ihre Sozialisation erfolgt.« Mmh, mal sehen, was mich erwartet.

In Oberorke habe ich gelernt, dass zu den wesentlichen Kundenbedürfnissen die Aspekte Geborgenheit, Kontakt, Kommunikation, Gesundheit, Sicherheit, Anerkennung und Bestätigung sowie der Wunsch nach Veränderung gehören. Bei der Thematisierung der Reklamationsliste ist mir jedoch aufgefallen, dass meine Erwartungen und Bedürfnisse gänzlich anders sind als die meiner Kollegen und Kolleginnen. Mich interessiert vor allem im Hinblick auf meinen bevorstehenden Einsatz als Reiseleiter, wie sich die Bedürfnisse von Studienreisegästen im Laufe der Zeit geändert haben, sodass ich meinen Vater darauf anspreche. Mit seinen dreißig Dienstjahren 1997 hat er wohl wie kaum ein anderer diese Veränderungen schon lange mitbekommen. Wir sitzen nach meinem Seminar in Oberorke gemeinsam zu Hause im Wohnzimmer und er fängt an zu erzählen: »Die Bedeutung des Komforts in Frankreich in den Siebzigerjahren? Kannst du auf zwei Aspekte runterbrechen – Essen und ein komfortables Bett«, legt er, ohne groß überlegen zu müssen, los und schmunzelt. »Man hat sich als deutsches Ehepaar nicht immer gefreut, wenn man in ein französisches *Grande Lit* musste, in dem man sich dann nachts unter nur einer Decke zusammenrollte und es gar nicht wollte. Da haben meine Gäste immer ein Gesicht gezogen und jeden Tag auf zwei getrennte Betten gehofft. Aber dafür stand das Bett nicht im Fokus der Reise. Früher war es so, dass die Kunden in erster Linie an den Inhalten einer Studienreise und nicht am Hotelzimmer interessiert waren. Die fuhren an die Loire, um die Loire-Schlösser zu sehen, und zwar bitte schön so viele wie eben möglich.« »Oder so viele Kathedralen wie möglich«, entgegne ich. »Wenn man früher als Reiseleiter am Ende der Rundreise verabschiedet wurde, gab es häufig irgendein Dankeschön in Form eines Abschiedsvortrages oder einer Laudatio auf den Reiseleiter, wenn es denn gut gelaufen war. Dabei standen auch immer die Inhalte im Vordergrund. Dazu kam zweitens, dass früher alle Reisen viel länger waren. Das heißt, dass die Leute sich darauf eingestellt hatten, einmal im Jahr Urlaub zu machen. Ab und zu verlängerten sie noch um ein paar wenige Tage, aber ansonsten reisten sie eben nur einmal – und das war die klassische Studienreise!« Ich nicke und füge hinzu: »Und diese Reise musste somit zwingend auch Elemente einer Studienreise beinhalten.« »Völlig richtig, Marcus, im Vergleich zu einer Erlebnisreise. Wenn ich den Leuten gesagt hätte, wir gehen auf den Markt, dann hätte ich mir das nur einmal erlauben können, vielleicht in Arles, weil es ja ein fantastischer provenzalischer Markt ist, aber es wäre unmöglich gewesen, so ein Nachmittagsevent häufiger zu veranstalten. Die *Dr.-Tigges*-Gäste wollten weniger die Volksseele riechen. Sie wollten Kulturdenkmäler besichtigen. Auf einer Tour bin ich in Frankreich einmal am letzten Tag von den Gästen von *Burkhard* in *Basilika-hard* umgetauft worden, weil ich auf der Tour hauptsächlich Basiliken gezeigt habe. Die Leute hatten das damals nicht sattbekommen. Die hatten Hunger auf Kultur. Auf den Reisen mussten schon mindestens drei Kathedralen dabei sein. Ohne Kathedrale in Paris oder Lyon ging gar nichts!« »Länger als bei *Tigges* hat das *Studiosus* bis heute weitergeführt«, sage ich. Mein Vater nickt mir zu und steht auf. Dann dreht er sich um und reagiert auf meinen Aspekt: »Bei *Tigges* ist die Besichtigung von Kulturdenkmälern bis heute ebenfalls ein unverzichtbares Qualitätsmerkmal.« Nun kommt er zur Couch zurück und fährt fort. »Dennoch waren die Gäste damals völlig anders. Nicht nur hungrig auf Land und Leute, sondern auch hungrig auf Kultur. Das lag daran, dass die Kunden nach dem Zweiten Weltkrieg ja sonst kaum etwas besaßen. Sie mussten sich wieder in die Arbeitswelt hineinfinden und sich dann neue Existenzen aufbauen. Und wer – meistens waren es ja Akademiker – es denn geschafft hatte, so viel Geld zu sparen, um sich eine achtzehntägige *Tigges*-Reise wie zum Beispiel *Seine*,

Loire und Auvergne oder *Normandie und Burgund* leisten zu können, der wollte natürlich so viel wie möglich sehen und erleben,« erklärt er mir. »Einwöchige Reisen wurden bei *Tigges* um die Zeit wohl gar nicht angeboten, oder?« »Nein, erst viel, viel später, in Ägypten konnte man das beispielsweise buchen, als sich allmählich Nil-Kreuzfahrten auf eine Woche verkürzt hatten. Ansonsten waren typische *Tigges*-Reisen nach Ägypten immer vierzehn Tage lang. Alles Bustouren natürlich.« Während ich uns in der Küche einen Kaffee mache, möchte mein Vater gerade einen neuen Gedankengang verfolgen. Ich muss ihn aber erst einmal unterbrechen, weil ich ihn nicht verstehe. Mit zwei Cappuccino in der Hand kehre ich ins Wohnzimmer zurück. »Erzähl weiter«, rufe ich ihm zu. »Marcus, noch einen Satz dazu: Es waren einfach völlig andere Gäste. Leute, die oft auch bescheidener waren, die gerne gegessen haben und sich unheimlich über ein einfaches Stück Käse in Frankreich, dem Land des Käses und Weins, freuen konnten, obwohl Käse zum Nachtisch immer teuer und auch nicht in der Reise inkludiert war. Wenn man also abends gemeinsam aß, dann gab es häufig nur gefesseltes Schwein mit Fürst-Pückler-Eis oder einen brandlackierten Pudding als Nachtisch.« »Was ist das denn?«, unterbreche ich ihn. »Schweinerollbraten und danach schon matschiges Scheibeneis«, lacht er. »Käse war natürlich nicht für Reisegruppen im Angebot. Viel zu teuer. Allenfalls gab es als Alternative ein *poulet aux hormones* (ein *Hormonhähnchen*). Ich hatte mal einen wirklich netten Musikprofessor auf einer Normandie-Bretagne-Tour dabei, der sang nachmittags im Bus bei der Anfahrt auf das Hotel schon lauthals *Kikeriki – Hähnchen, wir kommen!* Mit der neuen Hotelkultur kam in Frankreich schließlich in den Achtzigerjahren die Wende. Plötzlich musste man nicht mehr in den vergammelten alten Hotels absteigen, wo man ja als Reiseleiter wirklich jeden Abend kurz vor dem Herzinfarkt stand. Obwohl die Leute viel mehr erdulden konnten als heute, prasselten die Beschwerden oder die aufgezählten Unzulänglichkeiten auf einen nieder. Mensch, da kamst du rein, hattest deine Zimmerschlüssel noch nicht in der Hand und schon waren ohne Vorwarnung zig Einzelzimmer auf mehrere Doppelzimmer umgebucht. Die Gäste machten enttäuschte Gesichter. Als Reiseleiter habe ich beide Seiten verstehen können. Da wir häufig über Ostern fuhren, waren gleichzeitig viele einheimische Touristen unterwegs. Die Hoteliers mussten von den internationalen Reiseveranstaltern Sonderkonditionen akzeptieren und wollten dies eigentlich gar nicht, da ja genügend Privatgäste im Land herumreisten. So haben sie sich geärgert, dass sie für eine Nacht eine große Gruppe anzunehmen hatten. Wir haben gewissermaßen das Hotel blockiert und unsere Gäste haben dann auch kaum etwas getrunken. Eine Flasche Wein in den Siebzigerjahren hat vielleicht zwischen 35 und 50 Francs gekostet, also durch drei geteilt zwischen 12 und 17 Mark. Das konnten sich nur wenige Studienreisegäste leisten. Manche hatten das Geld nicht so locker in der Brieftasche und manche sahen es nicht ein, so viel Geld dafür zu bezahlen. Den Gästen knurrte am späten Morgen schon wieder vor Hunger der Magen, da sie sich nicht an das französische Frühstück gewöhnen konnten, aber aus Anstand auch nie etwas sagten. Sie hätten lieber ein Wurstbrot gegessen als ein luftiges Croissant in eine große *Boule* Kaffee eintauchen zu müssen. Gab es aber nicht. Also, was haben sie gemacht? Dem Hotelier alle Croissants aufgegessen. In wenigen Minuten war der Tisch leer gefegt und dann musste der arme Kerl draußen auf der Straße in der Bäckerei Nachschub holen. Ich weiß noch, wie einmal ein Hotelbesitzer vor Wut schäumte und schrie: *Les Allmandes bouffe tout les croissants!* Insgesamt aber haben sich beide Seiten aufeinander eingelassen. Marcus, kannst du dir vorstellen, wie die Kunden reagierten, als plötzlich einmal ein Stück Käse zum Nachtisch angeboten wurde. Dies war für sie ein besonderer Moment, ein kulinarischer Hochgenuss, der nicht vergessen wurde. Im Gegensatz zu den Croissants knabberten sie daran lange herum und genossen den besonderen Geschmack.« »Was war noch anders?«, möchte ich wissen. »Immer noch die Leute!«, antwortet er.

»Wir haben nach wie vor großartige Gäste bei *Tigges*, aber damals hatten die Kunden einfach deutlich weniger im Koffer. Heute ist es anders. Riesenkoffer! Sie reisen für eine Woche mit einem Container-Koffer nach Rom, den sie kaum rollen können und der so schwer ist, dass sich der Kofferboy daran einen Bruch hebt. Für manche Koffer braucht man einen Gabelstapler. Das darf man natürlich nicht pauschalisieren, aber das ist der neue Trend. Einige wissen nicht immer, wo sie hinfahren. So scheint es zumindest. Andere haben nicht einmal eine Karte dabei.« »Dafür aber wahrscheinlich einen geschenkten kleinen Polyglott-Reiseführer«, antworte ich. »Ja, früher konntest du dich darauf verlassen, dass jemand nachfragte, ob wir denn auch *dahin und dorthin gehen würden*, und freute sich dann drei Tage lang auf den Moment. Des Weiteren bestanden siebzig Prozent der Gruppen aus Frauen. Das war ein riesiger Unterschied zu heute. Und zwar aus Frauen, die sehr gebildet waren, die richtigen Bildungshunger auf eine *Tigges*-Reise mitbrachten. Viele waren Witwen oder einzeln reisende Studienrätinnen, die sich einen solchen Urlaub leisten konnten. Ich bin ja oft nach den Fahrten von meinen Freunden veräppelt worden, indem ich gefragt wurde, ob ich wieder mit meinen Studienrätinnen unterwegs gewesen sei. Aber diese Damen hatten erstens Interesse an einer klassischen Studienreise, zweitens das nötige Kleingeld und drittens waren sie für den Hotelier ein Totalausfall, weil sie keinen Wein tranken.« Lachend lehnt er sich zurück in die Couch. »Ist heute auch anders.« »Wie bist du mit Reklamationen umgegangen?«, möchte ich wissen und denke an Oberorke. »Echte Reklamationen an *Tigges* gab es ganz selten, und wenn, dann eher zu organisatorischen Problemen wie zu umgebuchten Zimmern, auf denen Einzelreisende plötzlich zu Bettnachbarn wurden. Nie hat sich jemand beschwert, wenn es abends neunzehn Uhr wurde und wir noch nicht im Hotel waren. Heute muss man sich mit den Kunden sehr gut verstehen, um sagen zu können, dass es etwas länger wird, weil wir ein so tolles Programm haben und dies natürlich nicht in fünfzehn Minuten zu absolvieren ist. Schlimm ist es, wenn im Bus gestänkert wird, weil man noch nicht beim Abendessen sitzt. Damals in den Siebzigerjahren wäre es keinem Gast in den Sinn gekommen, es sich im Spa-Bereich des Hotels gut gehen zu lassen oder auf eine Sauna zu spekulieren. Das war völlig ausgeschlossen, existierte einfach nicht. Man hat sich mit schlechtem Essen abgefunden oder es sich schön gesungen und den einfachen Hotelstandard hingenommen. All dies stand nicht im Fokus einer Studienreise. Wie gesagt, erst mit dem Aufkommen der ersten Hotelketten wie *Frantel*, *Souvitel* oder *Novitel* wurde auch der Standard in Frankreich besser.«

Dieses Gespräch verdeutlicht mir mehr als zwei lange Tage in Oberorke, welche Veränderungen sich vollzogen haben und welche unterschiedlichen Rollen der Reiseleiter bekleidet. Er hat eine exponierte Position inne und fungiert als Informationsvermittler, Organisator der Reise vor Ort sowie als Repräsentant des Unternehmens. Das, was er leistet, ist im Wesentlichen als Interaktion zwischen ihm und der Reisegruppe zu verstehen. Einerseits interagiert er auf der Sachebene als Manager, der für die technische Abwicklung verantwortlich ist, und andererseits agiert er auf der sozial-emotionalen Ebene, wo er mit zwischenmenschlichen Beziehungen, Werten, Emotionen und Einstellungen jongliert. All dies sollte er können, damit sich die Gäste optimal betreut fühlen und zahlreiche schöne Erlebnisse insgesamt zu einem besonderen Urlaub führen. Den emotionalen Bedürfnissen ist dabei besondere Aufmerksamkeit zu widmen.

Aber ist *Betreutsein* wirklich alles? Genau dieser Frage geht Hubert Tigges in einem Beitrag für die *FAHRT* schon 1957 nach. Reisen, so schreibt er, »sollte Geist und Herz erneuern und wandeln, sollte Tat und Werk, womöglich Kunstwerk sein.« Er sieht die recht verstandene Reisekunst als »ein wichtiges Teilstück der Lebenskunst und sieht in der Gemeinschaft der gut geführten Reisegruppe für diejenigen, die trotz Beruf und häuslicher Umgebung in seelisch-geistiger Einsamkeit leben, die Chance, dieser Einsamkeit für wenige Wochen im Jahr zu entkommen.« Das besondere Gemeinschaftserlebnis einer Studienreise bezeichnet *Tigges* als »eine wahre Herztäuschung, die die Aussprache über seelische und geistige Anliegen ermöglicht und die gemeinsame Freude am Schönen, an der Kunst und am Reichtum der Natur vermittelt.« Unter den so verschiedenartigen und doch in vielen Dingen gleichgesinnten Menschen soll man wieder das Lebensganze spüren und, so ergänze ich seinen Gedanken, sich nicht über ein einfaches Frühstück oder eine zu weiche Matratze aufregen. Während ich seinen Artikel lese, blicke ich mit Unbehagen auf meine Unterlagen zum Thema Konfliktlösung, die ich in Oberorke bekommen habe. Dort habe ich nicht ohne eine gewisse Besorgnis erfahren, dass eine Studienreise nur dann zum Erlebnis in der Gemeinschaft wird, wenn die Gruppenstruktur funktioniert. Dies hängt zum großen Teil von den Gästen ab und von den Rollen, die sie innerhalb der Reisegruppe und vor allem in Konfliktsituationen einnehmen. Folgender Fall wurde mir in meinen Seminarunterlagen präsentiert: eine Reise geht durch den Nahen Osten, Israel und Jordanien. Es ist heiß, das strapaziöse Programm verlangt viel Selbstdisziplin und erhebliche Hintanstellung individueller persönlicher Wünsche. Ein Gruppenmitglied ist zu dieser Leistung nicht willig und auch nicht fähig. Er provoziert den Reiseleiter als vermeintlichen Wortführer der Gruppe und wiegelt andere Teilnehmer gegen ihn auf. Wie soll ich als Reiseleiter reagieren? Mir wird empfohlen, ihn einerseits ernst zu nehmen, indem ich mit ihm ein vertrauliches Gespräch führe. Wichtig ist, dass ich den Gast betont normal behandle und nicht vor der Reisegruppe heraus- oder gar bloßstelle. Andererseits ist es meine Pflicht, ihm vorsichtig Grenzen aufzuzeigen, damit die anderen Gäste nicht unter ihm leiden. Ich lerne, dass solche Menschen auf Reisen eine besondere Herausforderung darstellen, weil sie eine Bühne suchen, auf der sie sich präsentieren können. Dabei bleiben meine Augen bei einem Satz hängen, den Hubert Tigges geschrieben hat: »Dasein und Leben erhalten gerade durch die Gruppenreise neue Antriebe.« Bezieht sich der Satz auf den Umgang mit komplizierten Menschen? Möglicherweise. Vielfalt statt Einfalt! Weiter schreibt er in der *FAHRT* hinsichtlich der Vorteile einer geplanten Gruppenreise, dass »sich die Kosten verringern, dass man nicht blindlings an Sehenswürdigkeiten vorbei stolpert [sic!] und dass man sein Zimmer erhält, dabei nicht geneppt wird, da der Reiseleiter Bescheid weiß, ja mit den Sitten und Eigenheiten des Landes vertraut ist und durch seine sach- und sinngemäße Führung Fehlwege vermeidet, auf denen sich der Unerfahrene leicht verirren kann.« »Wunderbare blumige Worte«, hörte ich mich sagen. »Wenn es so einfach wäre!« Mittlerweile mache ich mir einen Spaß daraus, mögliche Konfliktfälle auf Studienreisen den jeweiligen Passagen aus Tigges Aufsatz gegenüberzustellen. Dazu lege ich meine Unterlagen und die Ausgabe der *FAHRT* vom Oktober 1957 nebeneinander. Dieser Spaß entwickelt sich für mich aber schnell und unerwartet zu einem enormen Erkenntnisgewinn. Tigges misst im weiteren Verlauf seines Beitrages der Notwendigkeit einer äußerst kenntnisreichen Reiseleitung enorme Bedeutung zu. Ich muss an mich denken. Er scheint vergessen zu haben, dass jeder Reiseleiter auch irgendwann einmal anfangen muss. Für diesen Aspekt habe ich dann auch schnell eine konkrete Konfliktsituation aus meinen Unterlagen parat: Die Reise geht nach Ägypten – ein Ziel, das insbesondere das allgemeingebildete, vor allem aber das kunsthistorisch und archäologisch vorgebildete Publikum interessiert. Der Reiseleiter ist jung und unerfahren (ein Glück, dass ich erst einmal nur nach Island geschickt werde, denke ich, bevor ich den Abschnitt zu Ende lese). Er hat sein Wissensgebiet sorgfältig vorbereitet, seine Führungsvorträge konzipiert und seine Einzelobjekte auf Karteikarten notiert. Was ihm fehlt, ist der große Überblick der abendländischen Kultur, der religionsphilosophischen und anthropologischen Zusammenhänge. Sein ihm zugeteilter ägyptischer *Silent Guide* will Geld verdienen und nimmt jede Gelegenheit wahr, um der Gruppe mit seinem Detailwissen zu imponieren. Er positioniert sich als *heimlicher* Fachmann. Der Reiseleiter aber möchte ankommen, er braucht Bestätigung. Wie kann er das Problem lösen, um mit dem *Silent Guide* zurechtzukommen, auf dessen Hilfe und Ortskenntnis er angewiesen ist? Als Lösung werden mir Diplomatie und Geduld angeboten. Ich soll sein Wissen mit in meinen Vortrag einbauen, ihm die Gelegenheit bieten, sich zu zeigen und nicht gegen ihn vor der Gruppe ankämpfen. Als letzte Möglichkeit, den Konflikt zu entschärfen, bekomme ich aber auch den Rat, mit ihm ein Einzelgespräch zu führen, um die Zuständigkeiten klar zu regeln. Es ist interessant zu lesen, dass Hubert Tigges im Hinblick auf die Auswahl bei der Reisebegleitung für meinen Geschmack etwas zu übertrieben despektierlich über die amtlichen Reiseleiter spricht, aber vielleicht muss man ihm zugutehalten, dass sich zwischen 1957 und heute die Qualifikationen der örtlichen Führer stark verändert haben. So betont er, dass »man statt der amtlichen Reiseleiter, die zwar über ein beachtliches Faktenwissen, aber sehr oft auch über eine nur allzu brüchige Allgemeinbildung verfügen, sowie einen schon zu stark abgetragenen, übertriebenen Enthusiasmus für die Dinge hegen, die sie zu zeigen haben, doch durchweg nur höchst Gebildete als Reiseleiter einsetzen sollte.« Nur diese könnten seiner Meinung nach alles Einzelne in den größeren Zusammenhang der Reise stellen. Im Gegensatz zu den für die Saisonbeschäftigung angeworbenen gescheiterten Existenzen, die laut Tigges »während der Weinpause kindliche Albernheiten über *Muschekuhs* und nachher Verdauungswitze zum Besten geben, sodass dagegen Säuglings-Flaschentrinken noch gehobene Unterhaltung ist«, soll am besten nur der firmeneigene Reiseleiter zur Assimilierung – mehr noch – zur Einverleibung der fremden Welt in die eigene Existenz anregen, die ausschließlich von ihm geleistet werden kann, da er über den Dingen steht und den ganzen Stoff souverän beherrscht. Ich halte einen Moment lachend inne und frage mich, was *Muschekuh* ist. Vorher noch nie gehört! Tigges schreibt weiter, dass eine Studienreise die Aufgabe habe, den Reisenden auf eine unaufdringliche Art zu betreuen, ihm lästige und unangenehme Dinge abzunehmen, ihm das Reisen bequem zu machen, ihn vor Preisüberforderungen zu schützen und ihm für den kleinsten, aber festen Betrag die größte Leistung zu vermitteln, kurz: einen Service zu bieten, den ein Einzelreisender in dieser Vollkommenheit und für diesen Preis sonst nirgendwo erhält. Dieser Aspekt interessiert mich sehr. Das Stichwort ist *Vollkommenheit.* Dazu finde ich eine weitere Konfliktsituation: Die Gäste haben zu Reisebeginn eine Hotelliste mit den im Katalog vorgestellten Hotels und mit deren Telefon- und Faxnummern erhalten. Es handelt sich hier v. a. für Geschäftsleute um einen wichtigen Service, da diese immer gerne erreichbar sein möchten. Aber auch Privatleute möchten gerne angerufen werden. Während der Rundreise erfährt der Reiseleiter nun von seinem *Local Guide,* der von der ausländischen Vertragsagentur gestellt wurde, dass bei dem Termin über die Ostertage (z. B. während des Peschawar-Festes in Israel) statt der gebuchten Hotels andere (schlechtere) Hotels angefahren werden müssen. Einige *clevere* Teilnehmer rufen bei dem ursprünglichen Hotel an – die Telefonnummer hat der Gast ja – und erkundigen sich nach der Anzahl der Sterne und dem Pensionspreis, um sich beim Reiseleiter zu beschweren und beim Reiseveranstalter Regress zu verlangen. Es kommt noch schlimmer! Der Reiseleiter weiß, dass das anzufahrende Hotel hinsichtlich Standards, Komforts und Sauberkeit wesentlich schlechter ist als das geplante Hotel. Die Situation verschärft sich bei Ankunft im Hotel, als er erfährt, dass ihm ein gebuchtes Einzelzimmer nicht zur Verfügung stehen wird, da ein Gast vom Vortag wegen Krankheit noch im Zimmer verweilt. Die *cleveren* Gästepaare bilden eine lautstarke Opposition. Auf welche Bedürfnisse sollte der Reiseleiter eingehen, um dem Eklat in der Empfangshalle zu begegnen? Mir wird empfohlen, dass ich als Reiseleiter den Kunden vermitteln muss, dass ich sie wahrnehme, denn die Gründe für die Unzufriedenheit können sehr unterschiedlich sein. Sich dem Reiseteilnehmer widmen, ihm durch ein persönliches Gespräch Anerkennung geben, indem in Ruhe das Problem erklärt wird, sind offensichtlich probate Möglichkeiten, den Konflikt zu beheben. Ich lehne mich im Stuhl zurück, schaue aus dem Fenster und denke, dass da einiges auf mich zukommen wird. Kundenbetreuung verlangt offensichtlich eine gehörige Portion Fingerspitzengefühl!

Ist *Betreutsein* wirklich alles? Hubert Tigges beendet seinen Beitrag, indem er die Frage beantwortet. Er hält fest, dass die geliebte Ferne, ihre Bewältigung und Besitzergreifung, als ewige Verlockung vor den Augen des Geistes steht. Sie einzufangen, sie zu erleben und auszukosten und sie anderen als Reiseleiter zu erschließen bezeichnet er als eine herrliche Aufgabe und köstliche Sehnsucht. Seiner Meinung nach kommt es auch auf den Menschen selbst an, auf seine Aufnahmefähigkeit, auf seinen Körper, seine Seele und seinen Geist. Also ist die sogenannte *Betreuung des Kunden* laut Tigges nicht alles. Er schreibt, dass »die Erweckung der Stumpfen und die Steigerung der Wachen, die gute, Freiheit lassende und Freiheit schaffende Führung mehr ist als *Betreutsein* und das ist es, worauf es bei einer Gruppenreise ankommt.«

Die Auseinandersetzung mit Konfliktsituationen, mit dem Führen von Menschen, der Gruppendynamik und dem Verhalten der Reiseleitung gegenüber den Rollenträgern innerhalb einer Gruppe lösen gehörigen Respekt vor der Aufgabe in mir aus. Bin ich all dem wirklich gewachsen? Ich beschließe erst einmal, Island akribisch vorzubereiten, um darüber mein Lampenfieber etwas abzubauen sowie vor Ort hoffentlich Souveränität ausstrahlen zu können. Doch bevor ich mich mit der Literatur zu der schönen Vulkaninsel im Nordatlantik beschäftige, spreche ich voller Neugierde meinen Vater auf die unterschiedlichen Rollen in einer Gruppe an, die von den Teilnehmern eingenommen werden können. »Ja klar«, antwortet er sofort. »Das hast du fast auf jeder Reise und du erkennst manche Personen ganz schnell. So ein auf Krawall gebürstetes Alpha-Tierchen hatte ich einmal auf einer Rom-Tour dabei. Ich habe vorsichtig nachgefragt, ob es denn möglich wäre, das Rauchen auf dieser Reise etwas zu beschränken, damit die Raucherpausen kürzer und somit die Besichtigungszeiträume vor Ort etwas länger werden könnten.« »Das war sicherlich ein großer Fehler«, antworte ich. »Und wie!«, entgegnet er. »Da kam eine Frau aus meiner Gruppe im Bus zu mir nach vorne an das Mikrofon und sagte überdeutlich: *Herr Hillerich, ich habe nicht bei Tigges gebucht, um mir das Rauchen abzugewöhnen. Um das mal klar zu sagen!*« Wir beide müssen lachen, als mein Vater die Szene nachspielt. »Zu dieser Zeit wurde ja auch noch auf den Flügen hinten im Flugzeug geraucht«, fährt er fort. »Da gingen die ganzen Passagiere, die sich zuvor vorne einen feinen Platz besorgt hatten, in den hinteren Teil der Maschine. Zum Qualmen setzten sie sich auf die Armlehnen und alle um sie herum atmeten Zigarettenqualm ein.« »Apropos Italien!«, ich erinnere mich an Herwigs Problem mit dem unangenehmen Gast auf der Italien-Reise. »Sag mal, hast du eigentlich jemals eine Beschwerde bekommen?« »Kann ich dir zeigen. Komm mit«, sagt er und geht schnell rüber in das Arbeitszimmer. Aus dem Regal holt er einen Aktenordner mit zahlreichen Dokumenten hervor. Er muss nicht lange suchen, bis er den Brief gefunden hat. »13.06.1990. Adressiert an Frau Dr. Brinkmann in Hannover«, höre ich ihn sagen. »Hier ist die Beschwerde. Sie betraf eine *Tigges*-Reise nach Indien im Juni 1990.« Er braucht einen Moment, um den Brief zu überfliegen und reicht ihn mir dann rüber. Ich lese laut vor: »Sehr geehrte Damen und Herren, wie mit Ihnen und auch Herrn Hillerich besprochen und vereinbart habe ich die Gruppe aus Tirol für die Indien-Reise ab Innsbruck bis Frankfurt persönlich begleitet, um meinen Stammkunden den *Dr.-Tigges*-Reiseleiter Herrn Hillerich vorzustellen bzw. die Gruppe am Flughafen zu übergeben. Besprochen und vereinbart war, dass ich und die Gruppe Herrn Hillerich am Eingang der Wartehalle B (Zoll und Passkontrolle) treffen sollte.« »Das ist das Intro«, sagt mein Vater. Glaube ich auch und antworte: »Es wurde offensichtlich sehr viel besprochen und vereinbart!« »Ja, das war die Leiterin eines Reisebüros in Innsbruck. Mach weiter, jetzt kommt die Anklage.« Ich schaue wieder auf das

Blatt: »Als ich am 12.06. mit meinen Tiroler Kunden dort eintraf, war von Herrn Hillerich keine Spur zu sehen. Ich musste mir dann bei der Flughafenverwaltung einen Spezialausweis besorgen, um Zutritt zum Gate zu erhalten. Dies nahm 10 Minuten in Anspruch. Auch dort waren ich und die Teilnehmer der Gruppe sehr überrascht, dass wir Herrn Hillerich ebenfalls nicht antreffen konnten.« Nun muss ich grinsen, nehme mir aber den nächsten Abschnitt vor: »Alle Teilnehmer der Gruppe weigerten sich vorerst strikt, einzusteigen, da kein Reiseleiter zu sehen war und weil sie verständlicherweise nicht unbegleitet nach Indien reisen wollten.« »Marcus, das ist ein Paradebeispiel für eine niedrige Frustrationstoleranz«, unterbricht er mich. »Die Situation am Flughafen hat sich ganz anders zugetragen und ist auch nicht der Auslöser für das Schreiben gewesen. Zeige ich dir gleich. Fahr aber erst mal fort.« Schnell überfliege ich den folgenden Absatz und kann schon am Wortlaut erahnen, dass die Dame fordernd wird: »Wenn ich mir vom Reisebüro (einer hundertprozentigen Tochterfirma der *TUI*) schon die Mühe mache, meine Stammkunden persönlich bis Frankfurt zu begleiten, um eine ordnungsgemäße Übergabe der Gruppe zu gewährleisten, so könnte man doch vom Reiseleiter erwarten, dass dieser wenigstens am Gate wartet!« »Jetzt knallt es«; sage ich. »Ja, die Anspielung an die *TUI* soll ihr natürlich mehr Gewicht verleihen. Sie deutet an, dass sie nicht irgendwer ist.« Es geht weiter: »Bei einem Reisepreis von 4.500 DM muss speziell Studienreise-Kunden ein besonderer Service geboten werden. Es handelt sich meist um ältere Kunden, welche sich auf einem Flughafen wie Frankfurt verloren vorkommen. Ich kann mir nicht vorstellen, dass diese Vorgehensweise im Sinne des neuen *TUI*-Konzeptes ist und erwarte mit Interesse Ihre entsprechende Stellungnahme.« Ich lese den letzten Satz noch einmal. Der hat es in sich. »Hier ist meine Gegendarstellung.« Ich schaue meinen Vater an, der einen weiteren Brief aus dem Ordner holt. »Telefonisch vereinbart war unser Treffen an der Ticketkontrolle vor der Pass-, nicht der Zollkontrolle. Und dort stand ich mit dem

Dr.-Tigges-Schild in der Hand. Nur musste ich irgendwann durch die Kontrolle hindurch. Vor mir stand eine hundert Meter lange Schlange am *Security Check*«, erklärt er. »Frankfurt ist eben nicht Innsbruck«, erwidere ich. »Völlig richtig. In der Wartehalle waren sie auch nicht. Der Purser hat mir in der Maschine sofort an meinem Sitzplatz mitgeteilt, dass die Gruppe kommt. In Delhi habe ich dann die Gäste wiederum mit dem *Tigges*-Namensschild am *Immigration Counter* in Empfang genommen. Die Gruppe war vollkommen gelassen und von strikter Weigerung konnte keine Rede sein, da die Leute sich nicht vorstellen konnten, dass sie von einer renommierten Gesellschaft allein gelassen werden würden. Sie wussten ja, dass ich im Flieger saß.« »Aber sag mal, worin lag denn der Grund für die angestaute Frustration der Dame?« »Hier, lies selbst«, sagt er und reicht mir den Brief. Seine Antwort ist unmissverständlich: »Aus meinen Unterlagen und aus dem Gespräch mit der Agentur geht eindeutig hervor, dass der Aufenthalt in Leh auf mehr als 3.500 m Höhenlage für den ersten Teil der Reise vorgeschlagen wurde. Dieser Vorschlag wurde von Ihnen mit dem Argument der Akklimatisierung abgelehnt. Ihre Stammkunden kommen aus Tirol, aus 1.000 m Höhe und mehr, sie sind gebirgserfahren und –angepasst.« »Oh nein!«, sage ich. »Die waren gar nicht akklimatisiert.« »Nicht nur das, Marcus. Hier steht es. Sie mussten zunächst erst nach *Rajasthan* in die Wüste auf 200 m Höhe mit mehr als 50° C an Hitze und sind dann nach sieben anstrengenden Tagen von Delhi hoch in den Himalaya geflogen, was selbst für Tiroler zur Strapaze wurde und deren äußerste Disziplin verlangte.« Nun fällt es mir wie Schuppen von den Augen. »Die Dame hat wahrscheinlich selbst nach der Reise von ihren Gästen einige unangenehme Fragen zum Reiserouting bekommen.« »Vom völligen Unverständnis der Agentur ganz zu schweigen, denn die hatten erhebliche organisatorische Probleme in Delhi«, fügt er hinzu. »Da kannst du ja von Glück reden, dass du den Vorfall so genau rekonstruieren konntest«, sage ich. »Marcus, wenn etwas schief geht, mach dir noch am gleichen Tag umfangreiche Notizen im Reiseleiterbericht an die Firma und dokumentiere, mit wem du gesprochen hast. Lass dir immer den Namen des Verantwortlichen vor Ort geben.« Verrückter Vorfall! Und wie lehrreich. Oberorke war gut, aber das hier ist das Original, sodass ich mehr wissen möchte. »Hattest du irgendwann auch einmal Spezialisten oder Fachleute dabei, die dir in deine Vorträge reingeredet haben?« »Reingeredet nicht direkt, aber…, …na ja, etwas liebevoll den Kopf zurechtgerückt haben. Auf einer großen Südamerika-Rundreise begleiteten mich einmal der ehemalige Generaldirektor der *Siemens*-Werke in München mit seiner Gattin. Während der Reise habe ich versucht, mich mit meinen hochtrabenden Ergüssen des Geographie-Studiums über Direktinvestitionen in Entwicklungsländern philosophisch in Szene zu setzen …« »Was das wohl heißen mag«, falle ich ihm ins Wort. »Warte! …und ich habe diese Form ausländischer Investitionen verteufelt, als wir in São Paulo ankamen. Kennst du die Story?« »Nein, erzähle weiter.« »Na jedenfalls hatte die Firma *Siemens* natürlich auch heftig in Brasilien investiert.« »Oh, Achtung Fettnäpfchen!«, sage ich. »Ach, das war ein sehr netter Mann. Später waren deine Mutter und ich bei ihm am Tegernsee zu Besuch und sind gemeinsam mit ihm bergsteigen gewesen.« Ich traue meinen Ohren nicht. »Bergsteigen? Du?« Ich bin fassungslos. »Ja, hoch zur Hütte und am Ende des Tages bin ich beinahe nicht mehr allein runtergekommen. Ich habe ihn gefragt, wie man den Abstieg macht, und er hat locker geantwortet: *Wenn es gar nicht mehr geht, dann auf dem Hosenboden.* Also, wir haben uns sehr gut verstanden.« »Wie geht die Geschichte in São Paulo weiter?«, möchte ich wissen. »Dort hat er mich in einer ruhigen Minute zu sich gezogen und mir geschildert, wie transnationale Unternehmen seiner Meinung nach weltweit agieren müssen. Er sagte: *Herr Hillerich, jetzt erkläre ich Ihnen das mal. Ein Siemens-Mitarbeiter in der Halbleiterfertigung verdient in Deutschland 100 Prozent für seine Arbeit, 90 Prozent in Nordamerika, 50 Prozent in Südafrika, 30 Prozent in Brasilien und 7 Prozent in Malaysia. Und damit wir hier alle wohlhabend sind sowie uns so eine schöne Reise leisten können und sie auf diese Weise auch bezahlt werden, funktioniert es leider nur über die Preissituation, dass ein Konzern weltweit im gnadenlosen Konkurrenzkampf überleben kann.* Damit unterstrich er seine Sicht der Dinge.« »Zumindest anständig, dass ihr beide dies unter vier Augen besprochen habt.« »Nur so geht es. Marcus, das waren interessante Leute. Überleg doch mal, wie lange ich schon Wilfried zum Freund habe.« Wilfried Koch. Menschenskind, denke ich. Na klar, ihn hatte ich ganz vergessen. Mein Vater lernte ihn auf einer Rom-Reise 1985 kennen und die beiden haben sich sofort gut verstanden und pflegen seitdem eine intensive Freundschaft. »Hier, schau mal.« Jetzt zieht mein Vater sein Reiseleiter-Fotoalbum aus dem Regal. Ich betrachte ein Bild von den beiden vor dem *Simeon-Kloster* bei Assuan, einer koptischen Klosterruine aus dem 6. Jahrhundert. »Liegt das Kloster nicht gegenüber der Insel Elephantine?« »Genau, und man kann es über den gleichen Wanderweg erreichen, über den wir damals auf unserer Ägypten-Reise vom Bootsanleger hoch zum *Aga-Khan-Mausoleum* gelangten.« Unweigerlich taucht der arme Tourist mit baumelnder Kamera auf dem Kamel vor meinem geistigen Auge wieder auf. Auf dem Bild ist festgehalten worden, wie Wilfried mit über dem Kopf ausgestreckten Armen wild gestikulierend der Gruppe etwas erklärt und mein Vater ihm als Reiseleiter gegenübersteht und zuhört. »Wilfried hielt damals einen Vortrag über das *Pastophorion*«, erinnert sich mein Vater, als ich ihn auf das Bild anspreche. »Das was?«, frage ich nach. »In altägyptischen Tempeln war das *Pastophorion* ein Aufenthaltsraum für die *Pastophoren*, die Priester, sowie für verschiedene Geräte des kultischen Gebrauchs. Man bezeichnet in byzantinischen Kirchen und Klosteranlagen mit dem Wort *Pastophorion* einen Arbeitsraum für Priester seitlich des Altarraumes.« Wilfried ist Kunsthistoriker und Künstler. Er hat in seinem Leben weit über 1.000 Porträts gezeichnet und sich seit den Achtzigerjahren intensiv der Bildhauerei gewidmet. Er schuf überlebensgroße Skulpturen mithilfe von Gipsmodellen, die als Rohformen dienten und geschmolzenes Metall aufnahmen, das in ihnen aushärtete. Danach wurde die Form zerschlagen, der Rohguss entnommen und die einzelnen Elemente zu den ausdrucksstarken Figuren zusammengesetzt. Bekannt wurde Wilfried einem internationalen Publikum als Kunsthistoriker durch die Herausgabe der Bücher »*Kleine Stilkunde der Baukunst*« und »*Baustilkunde – Europäische Baukunst von der Antike bis zur Gegenwart*« aus dem Jahr 1982. Die *Baustilkunde* mit ca. 2.800 Architektur-Federzeichnungen gilt als Standardwerk für Architekten sowie kunsthistorisch Interessierte. Die beiden Bücher wurden mehr als 80-mal in deutscher Sprache aufgelegt und zudem in 20 Sprachen übersetzt. Mir kommt plötzlich ein Gedanke. Während mein Vater in der Küche ist, schlage ich das Wort *Pastophorion* in meiner eigenen Ausgabe der *Baustilkunde* nach und siehe da, sofort bekomme ich die komplette Erläuterung. »Hier haben wir es«, rufe ich in die Küche. Ich habe es in Wilfrieds Buch gefunden.« »Was?«, kommt die Frage aus der Küche zurück. »*Pastophorien*, im frühchristlichen und byzantinischen Kirchenbau die Räume am Ostende der Seitenschiffe: Prothesis (N = Sakristei) und Diakonikon (S = für Diakone und Geräte), ergeben zusammen mit dem Chor oft einen Zellenquerbau«, lese ich die Passage vor und klappe schmunzelnd das Buch wieder zu. »Glaubst du mir nicht?«, ruft mir mein Vater zu. Einen Moment verharre ich auf meinem Platz und schlage dann die erste Seite auf. Dort entdecke ich eine Widmung an mich, die ich völlig vergessen hatte: »Für dich, lieber Marcus, mit allen guten Wünschen für deine Zukunft als Reiseleiter. Dein Wilfried – Satzvey, 08.08.1996« 1996?« Das war im letzten Jahr, zwölf Monate vor England und dem Treffen mit Frau K. in Köln. Hat Wilfried schon vorher geahnt, dass ich mich für den Job des *Tigges*-Reiseleiters interessiere? Ich wende mich wieder an meinen Vater, der mittlerweile in das Wohnzimmer zurückgekommen ist. »Wissen wie das von Wilfried auf Reisen nicht zu integrieren wäre sträflich gewesen, oder?«, sage ich. »Natürlich, aber genauso wichtig ist es, sich mit den *Local Guides* gut zu verstehen. Auch wenn sie manchmal etwas sehr fordernd sein können. Gerade in Extremsituationen brauchst du ihre Verbindungen, ihre speziellen Ortskenntnisse und vor allem ihre Sprachkompetenz.« »Nenn mal ein Beispiel«, bohre ich nach. »Auf einer Ägypten-Reise ist mir ein Gast plötzlich auf dem Weg vom *Hatschepsut-Grab* im *Deir el-Bahari* über den Berg zum Tal der Könige gestorben«, sagt er mit verschränkten Armen vor der Brust. Dann steht er auf und stellt die Szene nach. »Ich habe den Gast gesucht und mich mehrmals nach ihm umgeschaut. Plötzlich lag er zusammengebrochen neben dem Weg im Wüstensand.« »Ach du lieber Himmel, das ist sicherlich der Supergau!«, antworte ich. »Gerade in einem muslimischen Land, da Tote in Ägypten ja sofort auf dem Ausländerfriedhof beerdigt werden. In Luxor, weißt du.« »Und was habt ihr gemacht?« Mein Vater fährt sich mit der Hand langsam durch das Haar. »Der *Local Guide* und ich haben den Leichnam mit einem Taxi 600 Kilometer durch die Wüste nach Kairo in ein Kamellager geschafft.« »600 Kilometer?« »Ja! Das sind über fünf Stunden Fahrt gewesen. Erschwerend kommt noch die Hitze in der Wüste dazu. Wir sind abends gefahren. Fenster auf und ab und zu eine Zigarette geraucht.« »Nicht wahr!« »Doch! Wohlgemerkt mit seiner Frau. Der Tote hat hinten im Taxi gesessen und musste bei den dortigen Straßenverhältnissen ab und zu ein bisschen stabilisiert werden.« Nun grinsen wir beide. »Ich glaube das immer noch nicht«, sage ich. »Stimmt aber. Der Taxifahrer hat etwas verwirrt dreingeschaut, aber für seine Dienste später einen satten Kollegialitätsabschlag erhalten.« »Bakschisch!« Mein Vater nickt und erzählt weiter. »Ich saß vorne und habe Blut und Wasser geschwitzt, dass wir nu ja nicht in eine blöde Straßenkontrolle gerieten. Mohammed war nicht dabei. Ich weiß heute gar nicht mehr, wer mein *Local Guide* war, aber er hat seine Arbeit erstklassig gemacht. In Kairo stellte ein von ihm gerufener amerikanischer Arzt in der gleichen Nacht den Totenschein aus, sodass der Gast und seine Frau am nächsten Morgen mit der ersten *Con-*

dor-Maschine ausgeflogen werden konnten. Zu diesem Zeitpunkt war ich noch als Repräsentant der Firma auf dem Rollfeld und habe mitansehen müssen, wie der Sarg über ein Gepäckband in die Maschine befördert wurde. Ein grotesker Anblick.«

Ich bin erst einmal bedient und widme mich in den Tagen darauf meiner Island-Vorbereitung. Dazu decke ich mich mit Fachliteratur zur Geologie, Geomorphologie und zur Theorie der Plattentektonik ein. Ein Standardwerk ist der *DuMont*-Landschaftsführer zu Island von Achim Schnütgen. Schnütgens Biografie ist ungewöhnlich, er studierte erst nach zehnjähriger Gärtnertätigkeit Geologie, Mineralogie und Geophysik, promovierte 1973 über ein Thema der Eiszeitforschung und war seit 1974 am *Geographischen Institut* der Universität Köln beschäftigt. Dort leitete er viele Jahre das Labor des Institutes. Seine Exkursionen auf die Vulkaninsel im Nordatlantik waren legendär. Zelten bei Minusgraden, Regen sowie an die Bundeswehrzeit erinnernde Gewaltmärsche mit schweren Ausrüstungsgegenständen im Gepäck gehörten zum Alltag einer Schnütgen-Exkursion genauso dazu wie wunderschöne gesellige Abende, Naturschauspiele sowie der Genuss von *Brennivín*, dem auch als *Schwarzer Tod* berüchtigten isländischen Schnaps. Alles, was ich zu tun hatte, war, mich für seine Sprechstunde anzumelden. So treffe ich ihn eines Tages im halbfertig renovierten Rundbau des *Geographischen Institutes*. An diesem denkmalgeschützten Gebäude wurde Zeit meines Studiums in Köln gearbeitet. Im Erdgeschoss waren die Büros für die *Physische Geographie* und die Übungsräume untergebracht, wohingegen das gesamte Obergeschoss vom leistungsfähigen Labor des Institutes eingenommen wurde. Dort erhalte ich die Möglichkeit, Herrn Schnütgen zu Island zu befragen und bekomme wertvolle Tipps sowie zahlreiche Literaturangaben. »Lesen Sie doch mal Ida Pfeiffer«, sagt er nach einiger Zeit. »Schon mal von ihr gehört?« Ich verneine und wundere mich etwas. Komischer Name. »Waren sie schon in der Besler-Vorlesung zu Indonesien und Borneo?«, kommt die nächste Frage. »Natürlich, im Grundstudium besucht«, sage ich. Am *Geographischen Institut* zu Köln war diese Vorlesung zur Reliefgenese in den immer feuchten Tropen mit Schwerpunkt Borneo ein Klassiker. Ich erinnere mich, wie die Hilfskraft überpünktlich den Hörsaal vorbereitete, indem sie die Tafel wischte und den Diaprojektor anmachte. Frau Prof. Dr. Helga Besler stürmte herein, grüßte uns nur kurz und kam direkt zur Sache. Es galt, keine Zeit zu verlieren, aufgeschrieben wurde kaum etwas. Frau Besler dozierte und wir hörten zu. Legendär waren die Bilder zu ihren Expeditionen. Unvergesslich ist ein Bild, auf dem sie mit Tropenhelm und in einer weißen Hemd-Hosen-Kombination zu sehen ist. Insgesamt weckte das Arrangement Assoziationen mit einem Raumanzug. Im Hintergrund konnte ich dichten Regenwald und einen Fluss mit mächtigen Gesteinsbrocken ausmachen. Wir Studenten klebten an ihren Lippen, als sie von der Beinahe-Katastrophe im Flussbett berichtete. Dort rutschte ihr Fuß im Wasser zwischen zwei Steine, die sich verschoben hatten, und die Strömung drohte sie unter Wasser zu drücken. Die Rettung erfolgte in letzter Minute durch einen *Guide*, der sie am Arm griff, stabilisierte und aus der gefährlichen Situation befreite. Ihre exotischen Bilder und Geschichten von Abenteuern in Südostasien oder Berichte von ihren Forschungsreisen in die Trockengebiete Afrikas, wo der Schwerpunkt ihrer Tätigkeit lag, waren außerordentlich und um einiges spannender als die nicht enden wollende Erarbeitung dröger Schichtstufenprofile im Proseminar. Nach der Vorlesung wollte eigentlich keiner mehr so recht in die Steinbrüche des Mittelrheintals, um das Fließverhalten urzeitlicher Flüsse anhand von Kieselsteinen zu studieren. Oder in die Hocheifel, um dort in Kalkmulden den pH-Wert zu bestimmen. Alle wollten ins Unbekannte, die meisten jedoch ohne Raumanzug. »Wie passt denn Frau Besler zu …?« »Ida Pfeiffer«, hilft er mir auf die Sprünge. »Einfach, sie war die erste europäische Frau im 19. Jahrhundert, die das Innere der Insel Borneo erforschte. Herr Hillerich, da haben Sie ihre Verbindung! Ida Pfeiffer hat mehrere Bücher über ihre Weltreisen geschrieben.«

»Lassen Sie mich raten«, unterbreche ich ihn. »Sie war auch in Island.« »Völlig richtig. Lesen Sie mal *Nordlandfahrt: Eine Reise nach Skandinavien und Island im Jahre 1845*. Wird Ihnen gefallen und ist vielleicht eine spannende Lektüre zur Begleitung, weil es eine gänzlich andere Zeit war und das Buch Ihnen einen Einblick in die Veränderungen geben könnte. Ist nur eine Idee.« Aber eine, die mir helfen kann, denke ich. Zurück zu Hause beginne ich damit, über hundert Karteikarten zu Themen wie zum Beispiel der nordischen Geschichte, den isländischen Landschaften, der Entstehung Islands, der Vulkanologie, aber auch zu Aspekten wie einer Rundfahrt durch die Altstadt Reykjavíks oder zum Parteien- und Bildungssystem Islands anzufertigen. Ich übernehme die gleiche Vorgehensweise, wie sie mein Vater und seine Kollegen praktizieren. Erst Primär- und Sekundärliteratur lesen, dann Exzerpte anfertigen und zum Schluss die Quintessenz extrahieren und den Vortrag so ausformulieren, dass ein Blick auf die kleine Karteikarte während einer Busfahrt ausreicht, damit man anhand der Informationen frei seinen Vortrag halten kann. Dazu ist es im Vorfeld dringend nötig, dass ich mir genau überlege, welche zentralen Schlüsselwörter ich in Fettdruck markiere, sodass mir diese direkt ins Auge fallen. Mit dem Computer tippe ich meine Vorträge und Informationen, drucke danach die Blätter aus und schneide den Textteil sorgfältig aus, sodass er auf eine DIN-A7-Karteikarte geklebt werden kann. In der Regel habe ich zu einem Thema mehrere vorder- und rückseitig beklebte Karteikarten, sodass ich sie durchnummerieren und mit Büroklammern zu einem Paket zusammenhefte. Bis heute bewahre ich alle meine Karten in braunen Karteiboxen aus dicker Pappe auf, die das jeweilige Land als Überschrift auf dem Deckel tragen. Dazu sammle ich Artikel und Kommentare über die unterschiedlichsten Facetten des isländischen Lebens.

Im späten Frühjahr 1997 ruft mich Frau K. wieder an und bietet mir an, auf Kosten der Firma nach Hannover zu reisen, um mich dort mit Rulf Treidel zu treffen, der als Mentor meine

Einführungsfahrt mit mir machen wird. Rulf ist von Hause aus Historiker, lebt in Hannover und hat an der dortigen Universität Geschichte und Philosophie studiert. Seit 1992 arbeitet er als Reiseleiter für die *Dr. Tigges Studienreisen* innerhalb der *TUI*. In seiner Wohnung sitzen wir beide vor einer prall gefüllten Bücherwand und sprechen das weitere Vorgehen ab. Ich werde schon vier Tage vor Beginn der Reise in Island sein und bekomme einen Mietwagen, mit dem ich mir einige Sehenswürdigkeiten vorab anschauen kann. Rulf wird mit den Gästen nachkommen und dann gemeinsam mit mir die Reise durchführen. Als erfahrener Kollege hat er die Aufgabe, mir alle Kniffe und Tricks beizubringen. Im Alltag gehören dazu vor allem zeitliche Abläufe, die Strukturierung eines Tages mit den Besichtigungen, die darauf abgestimmten Vorträge sowie die Ausarbeitung des Rahmenprogramms. Des Weiteren werde ich von ihm alle wichtigen organisatorischen Aufgaben vom Ausfüllen des Reiseleiterberichtes als Feedback an die Firma bis hin zur Abrechnung der Eintrittsgelder und Verfügungsbeiträge lernen. Wir vereinbaren, dass Rulf die Schwerpunktvorträge halten wird und ich aufgrund meines Geographie-Studiums Fachvorträge zu geographischen Aspekten und zu konkreten Besichtigungspunkten ausarbeiten soll. Rulf Treidel gibt mir von der ersten Minute an das Gefühl, dass wir das Projekt Island gemeinsam angehen. Frau K. bittet uns zudem, vor Ort zu überprüfen, inwieweit das Routing der ersten von der Firma angebotenen Reise nach Island bezüglich des Ablaufs der Besichtigungspunkte, der Anzahl der Fahrtage und der Standards der eingekauften Hotels noch optimiert werden kann. Zufrieden sitze ich drei Stunden später wieder im IC nach Köln und kann nun gezielt meine Vorträge in den verbleibenden Wochen ausarbeiten. Vierzehn Tage vor Abflug werden mir meine Reiseunterlagen per Post zugeschickt. Darin enthalten sind mein Ticket, Gästeliste, Hotelliste mit sämtlichen Adressen und Telefonnummern, Abrechnungsblatt, Reiseleiterausweis, Gepäckanhänger, Kontaktdaten der lokalen isländischen Agentur *Snaeland Grimsson* sowie das *Dr.-Tigges*-Schild für die Frontscheibe des Busses. Es kann also endlich losgehen! Mein Vater wünscht mir alles Gute und ich fliege aufgeregt das erste Mal von Düsseldorf mit *Icelandair* nach Reykjavík. Im Flieger sitze ich immer am Gang, um etwas mehr Beinfreiheit zu haben. Daher muss ich mich etwas verdrehen, um an meinen beiden Sitznachbarn vorbei aus dem Fenster schauen zu können. Die Frau neben mir, die noch vor einer Stunde mit ihrem Essen kämpfte und die Zutaten auf ihrem Tablett fein filetierte, um sie dann anstatt zu essen nur anzuschauen, spricht mich plötzlich an, da ich meine Kopfhörer nicht mehr trage. »Ich bin wegen der Geister hier«, wissen Sie!« »Oh Gott«, schießt es mir durch den Kopf. »Bitte nicht das!« »Und wegen der Energien«, fügt sie hinzu und schaut mir dabei tief in die Augen. »Wegen der Energien? Schön!« Mehr fällt mir dazu nicht ein. Ich richte mich mit einem Stoßgebet an Odin, Thor sowie an den Rest des nordischen Pantheons: »Bitte, bitte, lasst mich nicht solch eine Frau in meiner ersten Reisegruppe haben.« Gut, dass Rulf erst in ein paar Tagen kommt und sie nicht zu uns gehören kann. »Schön? Weiß ich nicht«, reist sie mich aus meinen Gedanken und fügt hinzu: »Sicherlich aber spannend.« Dies kommentiere ich mit einem Lächeln und schaue wieder zum Fenster hinaus. Mittlerweile fliegen wir so tief, dass ich eine graue flache Landschaft sehe, die immer wieder von Wolken verdeckt wird. Ich rutsche auf meinem Sitz nach vorne und versuche einen besseren Blick zu erhaschen. »Grau«, murmle ich vor mich hin. »Grau ist die Farbe der Geister oder des Geistes«, kommentiert meine Nachbarin. Für einen Moment mache ich meine Augen zu. »Jaja, Grau kann die Erkenntnis, aber auch Unkenntnis repräsentieren. Ich assoziiere mit Grau Nebel, Mysteriöses oder Verborgenes. Auf Island soll es ja ein verborgenes Volk geben, das nur Auserwählte sehen können!« »Ach so?«, sage ich. »Natürlich, Grau verschleiert oder verbirgt meistens etwas, das man nicht sehen soll. Mensch, denken Sie doch mal an Nebel oder Rauch.« »Aha«, erwidere ich und merke, dass meine Antworten unhöflich wirken, sodass ich noch hinzu-

füge: »Ich freue mich auf die unberührte Natur und die Weite.«
Plötzlich rumst es und wir haben auf der Landebahn aufgesetzt.
Nun widmet sich die Frau neben mir ausgiebig ihrer Handtasche
und fahndet darin nach irgendetwas. Es macht den Anschein,
als greife ihr Arm in ein schwarzes Loch. Unerwünschte Offen-
barungen präsentieren sich ihr und lassen ihre Armbewegungen
hektischer werden. Irgendwann triumphiert sie. Als Reisepass
und Lippenstift zurückgekehrt sind, bin ich längst verschwunden.
Während ich die Maschine verlasse, spüre ich zwischen Tür und
Gate die frische Kühle der Abendstunden. Im Terminal tausche
ich Geld, fahre mit der Rolltreppe in den Keller und hole dort
meinen Rucksack vom Gepäckband. Draußen vor der Tür wartet
Hallgrímur Lárusson von unserer isländischen Vertragsagentur
Snaeland Grimsson auf mich. »Hallo Marcus, ich heiße Halli. *Vel-
kominn. Hvernig hefur þú það?* Wie geht es dir?« Ich grüße zurück
und werde von ihm zum Bus gebracht. »Ich setze dich zu einer
Gruppe in einen unserer Transferbusse. Der Fahrer weiß Bescheid
und bringt dich zum Hotel.« Halli spricht fließend Deutsch, mein
Isländisch hingegen ist kaum existent. »Morgen bekommst du
deinen Mietwagen. Deine Gruppe trifft ja erst in ein paar Tagen
ein. Schlaf dich also in Ruhe aus. Das Wetter soll auch besser werden. Wir sehen uns dann so gegen zehn Uhr. Ich habe noch drei
weitere Gruppen heute Abend zu betreuen. *Bless Bless.*« Und weg
ist er. Auf der Fahrt nach Reykjavík gleitet eine unbunte Landschaft an mir vorbei. Trostlos und trist auf den ersten flüchtigen
Blick, beim genaueren Hinsehen entpuppt sich jedoch ein äußerst
differenziertes Bild. Wechselnde Landschaftselemente kündigen
sich mit neuen Farbschattierungen an. Je heller der Grauton,
desto älter ist beispielsweise der Lavastrom. Hier hatten Moose
und Flechten mehr Zeit, sich gegen das raue Klima zu stemmen
und sich auf der spitzen Lavakruste festzukrallen. Dann bin ich
plötzlich am Hotel. Ich muss den Rest der Fahrt geschlafen haben.
Schnell checke ich ein und falle wieder in Morpheus´ Arme. Am
nächsten Morgen blendet mich die Sonne so lange im Bett, bis ich

aufwache. Grell wie in Deutschland nur über die Mittagszeit steht sie jetzt schon hoch am Firmament. Zügig mache ich mich fertig, frühstücke und gehe dann zu Fuß zu *Snaeland Grimsson*, wo Halli bereits auf mich wartet. Die Stadt ist sogar schon hektisch um diese Uhrzeit. Bewohner laufen auf den großzügig angelegten Gehwegen entlang der breiten Straßen zu ihrem Arbeitsplatz. *Coffee to go* gehört bei vielen wie auch Musik aus überdimensionalen Kopfhörern zum morgendlichen Erscheinungsbild dazu. Während ich die neue Stadt um mich herum aufsauge, mache ich mir Gedanken über meine nächsten Schritte. Eigentlich ist es sinnvoller, sich einen Teil der Insel anzuschauen, den ich nicht in den nächsten Tagen mit der *Tigges*-Gruppe besichtigen werde. Der gesamte Norden und Osten ist jedoch zu weit entfernt und die Westfjorde sind viel zu schwer zu erreichen. Also entschließe ich mich, die nahe gelegene Halbinsel *Reykjanes* ausführlicher zu erkunden. So kann ich mein Hotel in Reykjavík als Basis benutzen und von dort aus in die Umgebung starten. Halli hilft mir bei der Abwicklung des Papierkrams und im Nu bin ich Besitzer eines Toyotas, mit dem ich mich aufgrund mangelnder Ortskenntnis prompt ordentlich in Reykjavík verfahre, bis ich schließlich die Straße Richtung *Reykjanes* gefunden habe.

Hunderte von Möwen, Lummen und vereinzelten Papageientauchern umkreisen die scharfkantigen Vogelfelsen. Ich schaue hinunter auf ein brausendes weißgischtiges Meer, dessen Brandung sich in wilden Wirbeln durch enge Spalten und steil aufragende Basalttürme hindurchzwängt. Mit voller Wucht krachen die nimmermüden Wassermassen auf die Sockel mächtiger Brandungspfeiler, trotzige Überbleibsel einstiger Tore, deren Bögen längst in die See gefallen sind. Beim Zurückweichen der Wellen wird dicker Schaum sichtbar, der an manchem Treibholz haften bleibt. Wuchtige, in einiger Distanz zur Küste vorgelagerte Gesteinsbrocken versuchen der Erosionskraft des Wassers irgendetwas entgegenzusetzen, müssen jedoch miterleben, wie das Meer immer größere Löcher und Höhlen in sie hineingräbt. Der Zahn der Zeit hat kein Mitleid mit Millionen Jahren alter Lava. In den oberen Regionen der Brocken sowie der Steilküste erkenne ich durch die vielen Ausscheidungen der verschiedenen Vogelarten entstandene weiße Felsbänder. Vorsprünge und kleine Balkone dienen den Tieren als gute Nistplätze und wehe, es nähert sich von der See her ein Fressfeind. Mit heftigem Geschrei und ernst gemeinten Scheinangriffen wird die eigene Brut verteidigt. Ich stehe völlig bewegungslos an der Kante und lasse alles auf mich wirken. Der Wind pfeift mir um den Kopf und über mir ziehen Wolkenformationen in stetig wechselnder Gestalt hinweg. Türme, Glocken, Ambosse und zerrissene Wolkenteppiche, soweit das Auge reicht. Wie fantastisch der Himmel ist! Kommt die Sonne an den Wolken vorbei und erwärmt die Oberfläche, macht sich dies sofort bemerkbar. Der Temperaturunterschied zwischen Schatten und praller Sonne ist beträchtlich. Der Himmel lässt keine eindeutige Prognose zur Entwicklung des Wetters zu, sodass ich mit mir ringe, ob ich mein Fleece ausziehen oder doch anbehalten soll. Auf jeden Fall stecke ich meine Regenjacke in den Rucksack, damit ich auf meiner geplanten Wanderung einige Kilometer weiter von der Ortschaft Garður aus für alle Eventualitäten gewappnet bin. Das kleine Garður befindet sich im Nordosten der Landzunge *Miðnes* auf der Halbinsel *Reykjanes*. Entlang der Küste führt ein schöner Weg nach Sandgerði. Zwischen den kleinen Felsen sehe ich vielerorts Flachstrand aus weißem angespültem Muschelkies. Von Stürmen herausgerissenes und angeschwemmtes Kelp liegt wild in der Landschaft herum und die Oberflächen der biegsamen Stängel glitzern unter dem Sommerhimmel. Auf halber Strecke erheben sich die beiden Leuchttürme von Garðskagi. Im Felsenwatt davor tummeln sich dicke Kegelrobben, deren unentwegtes Heulen ich schon von Weitem vernehme. Hinter dem Strand zwischen recht kleinen Wasserbecken brühten Stare und Küstenseeschwalben im nachlassenden Wind. Singschwäne, Eiderenten und Graugänse sind hier zu Hause. Von Sandgerði trampe ich zurück zu meinem Auto in Garður und fahre an die Südküste nach Grindavík. So ungefähr auf der Höhe von Hafnir südlich des internationalen Flughafens ändert sich plötzlich dann die Landschaft. Während die Landzunge Miðnes nach dem Abklingen der letzten Eiszeit noch von Meerwasser bedeckt war und dementsprechend eingeebnet wurde, brachen auf dem Rest der Halbinsel unzählige Spaltenvulkane aus. *Reykjanes* bedeutet so viel wie *rauchende Landzunge* und ist ein Seitenarm der aktiven Vulkanzone, die Island in zwei Teile trennt. Hier tritt der sogenannte *Mittelatlantische Rücken*, eine gigantische Riftzone zwischen der europäischen und nordamerikanischen Kontinentalplatte, aus dem Atlantik heraus an die Oberfläche. Anzeichen dieser nach wie vor sehr aktiven Vulkanzone sind auf Island durch Erdbeben begleitete Risse sowie kilometerlange Spaltensysteme in der Erdkruste, große Vulkanbauten, Verwerfungen, ausgedehnte Lavaströme und mehrere Geothermal- sowie Hochtemperaturgebiete. Düstere Kraterreihen, Schlackenkegel mit laut schnaufenden Solfataren, stinkende Schlammkessel und lange Lavakanäle deuten auf die unterschiedlichsten vulkanischen Aktivitäten hin. Auf *Reykjanes* ist der Vulkanismus größtenteils jünger als 10.000 Jahre und somit erklärt sich auch die Lage des Flughafens auf flachem Land so weit entfernt von der Hauptstadt. Aus dem Fenster meines Wagens schaue ich auf fast vegetationslose Lavafelder und unwirtliche Bergrücken. Das Innere der Halbinsel ist bis auf wenige Gehöfte unbewohnt, sodass Siedlungsschwerpunkte fast ausschließlich an der Küste zu finden sind. Einige Orts- und Flurnamen erinnern an menschliches Leben. Verlässt man die Straße, geleiten einen unbefestigte Schotterwege in entvölkerte und sich selbst überlassene Landstriche weit abseits der Touristenpfade. Der gesamte Südwesten ist reine Urlandschaft, in der vielfältige Flussformen der Lava dominieren und Klima sowie Oberfläche kaum Landwirtschaft zulassen. Die Wüsten von *Reykjanes* sind öde Einsamkeit, überall baumloses Land, nur in Niederungen oder in windgeschützten Löchern können sich widerstandsfähige Gräser halten – gedeihen wäre ein Euphemismus.

Kurz vor der Siedlung Grindavík suche ich wieder die Küste auf. Die Flut donnert hier wild zerrissene Klippen empor. Der Wind hat deutlich zugenommen, sodass ich froh um meine mitgebrachte Regenjacke bin. Ich blicke auf eine ausgewaschene und zerbröselte, ja durch das Meer massiv in Mitleidenschaft gezogene Küstenlinie mit vielerorts markanten Felsvorsprüngen und davor abgebrochenem Geröll. Noch im Auto packe ich Ida Pfeiffers Buch »Nordlandfahrt« aus meiner Tasche und lese nach, was die Autorin über den Ort schreibt: »Grundivík, ein kleines grünes Plätzchen mit einigen elenden Koten«, bemerkt sie »liegt einer Oase gleich in dieser Schlackenwüste. Der Weg führt immerfort durch erstorbene Gegenden, durch große Täler, die oft fünf bis sechs Meilen im Umfang haben, die durchaus jeder Vegetation entbehren und in ihrer ganzen Ausdehnung mit Lavamassen überdeckt sind, – düstere Bilder vulkanischer Eruptionen. Und doch sehe ich hier an diesem Hauptherde des Feuers nur einen einzigen Berg, welcher oben eingesunken war und daher einem Krater glich. Alle übrigen waren vollkommen geschlossen und endeten in einer schönen runden Kegelform oder ganz spitz oder bildeten lange schmale Rücken.« Wie genau ihre Beschreibungen der Landschaften auf Island sind, ist bemerkenswert. Um die Naturwunder sehen zu können, nahm Ida Pfeiffer viele Strapazen auf sich. Während ihres Aufenthaltes schonte sie sich nicht im Geringsten und unternahm von einheimischen Führern geleitet anstrengende Reisen in den Südwesten der Insel. Sie war Kälte und den häufigen Regengüssen genauso ausgesetzt wie eiskalten Nächten und der Feuchtigkeit der isländischen Behausungen, in denen sie Unterschlupf suchte. Manchmal war es ihr tagelang nicht möglich, ihre Kleider zu trocknen. An manchen Tagen saß die Wienerin stundenlang im Sattel und setzte ihre Reise am nächsten Tag trotzdem unermüdlich fort. Ich löse mich einen Moment von ihren Zeilen und blicke auf den Hafen von Grindavík, wo sich Boote auf der Wasseroberfläche aus dem örtlichen Nebel herausschälen. Ohne Sonne sitze ich leicht fröstelnd an der Uferstraße im Auto, beschließe dann aber, um den Hafen herum auf die Halbinsel *Hópnes* zu spazieren. Das Buch nehme ich mit. Der Vulkanismus ist hier am Ort sehr interessant: vor ungefähr 3.000 Jahren schufen gewaltige Eruptionen aus der in der Nähe gelegenen und damals schon von Ida Pfeiffer beschriebenen Kraterreihe Sundhnúkur eine Landzunge und formten die für den Bau einer hervorragend geschützten Hafenanlage perfekte Bucht. Auf dem Weg entlang der Küste im Osten von Grindavík erhalte ich zahlreiche Informationen zur lokalen Fischereiwirtschaft und sehe mehrere Schiffswracks. Ich merke, wie das Meer durch die Geschichte hinweg eng mit dem Schicksal der Nation verknüpft ist. Es isoliert Island im Nordatlantik vom Rest Europas und verbindet zugleich die Kontinente mit der Insel aus Feuer und Eis. Viele Isländer sagen von sich, dass sie diametral verschiedene Charaktereigenschaften besitzen. Auf der einen Seite haben sie von den Wikingern Mut, enorme Willenskraft, Tapferkeit, Abenteuerlust und Unternehmungsgeist geerbt. Auf der anderen Seite wurde ihnen von den Männern aus den *Viks*, aus den Buchten Norwegens, vor allem in den harten, dunklen Wintermonaten zutage tretende Melancholie, Traurigkeit und vor allem Trübsal mitgegeben. Es ist vergleichbar mit den zwei Seiten des Meeres: es erweckt Leben und vernichtet es zugleich auch wieder. Jede Fahrt auf den Ozean hinaus konnte die Menschen reich an Beute und Wohlstand werden lassen, aber ihnen auch gleichzeitig Tod und Untergang bringen. In der Nordlandfahrt heißt es, dass an manchen Küstenorten, wenn die armen Fischer im Winter aufgrund der fürchterlichen Stürme wochenlang die See nicht befahren konnten, die Bevölkerung fast ausschließlich von getrockneten Fischköpfen lebten. Die Fische haben sie selbst eingesalzen und verkauft und mit dem gelösten Geld teils ihre Steuern und Abgaben berichtigt, teils ihre Schulden für bereits erhaltene Bedürfnisse bezahlt, unter denen leider Branntwein und Schnupftabak nur zu bedeutende Rollen spielen. Die Wienerin hebt hervor, dass »eine zweite Ursache der sich nicht vermehrenden Volkszahl die vielen Unglücksfälle sein sollen, welche sich in den stürmischen Jahreszeiten beim Fischfang ereignen. Mit Gesang und Freude«, so berichtet sie, »ziehen die Isländer hinaus, – ein schöner Himmel, ein ruhiges Wetter verkünden ihnen Glück. Doch wehe! Ein Sturm und Schneegestöber überfällt die Armen, die ruhige See wird aufgewirbelt, – mächtige Wogen steigen empor und reißen Fischer und Kahn mit sich in die unergründliche Tiefe. Spurlos gehen sie verloren. Selten bemannt ein Vater mit seinen Söhnen ein und dasselbe Boot. Sie verteilen sich auf mehrere, damit wenn eines versinkt, nicht die ganze Familie damit zugrunde geht.« Auch heute spürt der Besucher diese unterschiedlichen Charaktereigenschaften. Entweder ungebändigte Freude an einem Freitagabend in den Kneipen der Hauptstadt und nicht abklingender Jubel beim Fußballspiel der isländischen Nationalmannschaft oder Heimweh, Einsamkeit und anhaltende Traurigkeit in den Musikkompositionen Ólafur Arnalds oder in den berühmten Büchern des großen Literaturpreisträgers Halldór Laxness.

Auf dem Rückweg zum Auto rieche ich zuerst und sehe danach die großen Fischverarbeitungsstätten im Hafenbereich. Mit strengem Gestank in der Nase beobachte ich viele Möwen auf den Dächern oder auf der Kaimauer, wie sie sich gierig auf die Abfälle aus den Plastikboxen vor den Toren der Hallen stürzen. Gabelstapler rauschen zwischen den Tieren hin und her, sodass sie traubenartig in die Höhe aufsteigen. Die Verarbeitung von Meeresprodukten kennt keine Pausen und hat hier in Grindavík lange Tradition. Schon im Mittelalter war der Ort ein Handelsplatz für deutsche und englische Kaufleute. Als 1602 die Dänen das Handelsmonopol einführten, machten sie die Siedlung zum Handelshafen. Der neue Hafen, den ich nun besuche, wurde 1939 erbaut und ist von enormer Bedeutung für die Wirtschaft des Landes. Die Fischer hier gehen auf Hering, Lodde, Seewolf und Kabeljau. Immer wieder hat man die Verarbeitungsmethoden modernisiert. Zuerst wurde die frische Ware an Land auf Latten in der Luft getrocknet, später in Salz eingelegt und heute tiefgefroren. Halldór

Laxness sagte einmal: »Es ist nun einmal so, dass im Grunde genommen alles im Leben Salzfisch ist und nicht Träumerei.« Er sollte recht behalten: die Fischerei ist auf Island bis heute Knochenarbeit. Die große Bedeutung des Fisches für die Nation wird mir an jeder Ecke gezeigt: Überall Kunstwerke, die an Fischer erinnern, weil sie auf rauer See verloren gingen. So zum Beispiel das schöne Denkmal für die vielen Seenotopfer vom isländischen Künstler Ragnar Kjartansson ein wenig weiter im Ortskern von Grindavík. Überall Fischgestank als Wegweiser in die Fischfabrik – in Island nimmt man mit geschlossenen Augen problemlos wahr, wann sich eine neue Siedlung ankündigt. Überall Fischerboote, im Original, im Museum oder als modernes Kunstwerk. Überall Stockfisch, im Supermarkt oder auf Holzgerüsten neben Bauernhöfen am Meer. Überall verewigter und gepriesener Fisch. Delphine auf der 5-Kronen-Münze, Lodde auf der 10-Kronen-Münze, Nördliche Krabbe auf der 50-Kronen-Münze und Seehase auf der 100-Kronen-Münze. Auf allen Münzen werden die Meerestiere auf der Rückseite von den isländischen Schutzgeistern Drache, Greif, Stier und Riese bewacht. Also doch Geister, schießt es mir durch den Kopf. Was die Dame aus dem Flugzeug wohl jetzt macht? Eventuell ist sie in ein Zwiegespräch mit Trollen verwickelt. Bei dem Gedanken muss ich laut lachen. Und immer wieder Fisch, Fisch und noch einmal Fisch. Überall Kampf gegen die Natur zum Wohle der Fischereiwirtschaft. So zum Beispiel 1973 auf den Westmännerinseln, als die ganze Nation gegen einen Lavastrom kämpfte, der den Hafeneingang des Fischereihafens von Heimaey zu verschütten drohte. Überall Fischpolitik zum Schutz der Fanggründe und –quoten. Man denke an die Kabeljaukriege oder die Greenpeace-Kampagne, die die heimische Wirtschaft über den Streit zum kommerziellen Walfang in die Knie gezwungen hat. Egal, wohin man blickt, das Thema Fisch durchdringt alle Facetten des isländischen Daseins. Träumerei, so Laxness, ist fehl am Platz – harte Arbeit in der Fischereiwirtschaft hat bis in die Neuzeit zum Wohlstand dieser kleinen Nation beigetragen.

Grindavík ist ein gutes Beispiel, ist es doch für 40 Prozent der gesamten Salzfischproduktion auf Island verantwortlich. Damals im 19. Jahrhundert war die Konservierung mit Salz so wertvoll, wie es das Erdöl heute für die *OPEC*-Länder ist. Salzfisch galt als Wegbereiter für Islands Entwicklung zu einem modernen, wohlhabenden Staat. Ausdruck dieser Bedeutung war die Aufnahme des Salzfisches in das Nationalwappen bis in das 20. Jahrhundert. Lange Rede kurzer Sinn: die Fische schwimmen also um die Insel und auf ihr dreht sich jeder Gedanke um sie.

Mittlerweile ist mir so kalt, dass ich beschließe, mich schnell richtig aufzuwärmen. Grindavík ist auch dafür der ideale Ort, denn nur wenige Kilometer nördlich liegt das Geothermalfeld von *Svartsengi*. 1969 bat die Stadtverwaltung die Nationale Energiebehörde darum, das geothermale Potenzial der Region zu erschließen. Ingenieure waren bei Testbohrungen auf ein Thermalfeld gestoßen, das zum gleichnamigen *Svartsengi*-Vulkansystem gehört und eine über 200°C heiße Salzlauge liefert. Seit dem Bau des Kraftwerkes 1976 und seiner sukzessiven Erweiterungen in den Folgejahren produziert der Komplex elektrische Leistung in Dampfturbinen und heißes Heizungswasser im Wärmeaustauschverfahren. Da das sehr mineralhaltige Salzwasser selbst nicht direkt in den Heizungssystemen verwendet werden kann, wird es benutzt, um kaltes Süßwasser zu erhitzen. So können die rund 20.000 Einwohner der Halbinsel sowie der internationale Flughafen mit geothermalem Heizwasser versorgt werden. Das lokale Energievorkommen reicht Schätzungen zufolge aus, um 45 Millionen Watt Elektrizität zu erzeugen, die größtenteils in das Fernwärmenetz eingespeist wird. Das Ab- oder Restwasser des *Svartsengi*-Kraftwerkes entlässt der Betreiber seit jeher in das umliegende Lavafeld, wo es, so der ursprüngliche Plan, in den porösen Lavaschichten versickern sollte. Jedoch scheinen die in hoher Konzentration im Wasser gelösten Salze und Mineralien die Poren des Lavagesteins zu verschließen. Schnell hat sich so ein großer Restwassersee über einer wasserundurchlässigen Schlammschicht gebildet, der seit Inbetriebnahme des Komplexes von den Anwohnern im Sommer wie im Winter als willkommene Gelegenheit zum Baden genutzt wird. Schon von den letzten Häusern Grindavíks aus kann ich die weithin sichtbare Dampfsäule des Kraftwerkes erkennen. Meinen Wagen parke ich am Hotel vor dem See. Der Name *Bláa Lónið (Blaue Lagune)* beschreibt die typisch blau-weiße Wasserfarbe, die von der im Wasser enthaltenen Kieselsäure herrührt. Wie kompaktes Gletschereis reflektiert diese den blauen Farbanteil der Sonnenstrahlen. Zwei Jahre nachdem das Label *Blaue Lagune* gegründet wurde, erfolgte 1994 der Bau des ersten Zentrums zur Behandlung von Hautkrankheiten. Ich stelle meinen Wagen am Hotel davor ab. Es selbst macht von außen nicht viel her. Jedoch wirken die ockergelben hölzernen Außenwände und das hellrote Dach wie wohltuende Farbtupfer und heben das Gebäude vom schwarzen Hintergrund des Bergrückens und des Lavastroms ab. *Svartsengi* bedeutet *schwarze Wiese* und beschreibt die Landschaft bestens. Aber irgendwie geht der einstöckige Bau auch in der Trostlosigkeit der Szenerie unter. Bedrohlich ragt die Vulkanreihe über der Unterkunft empor und das Kraftwerk schickt je nach Windrichtung weißen Dampf zu mir herüber. »*Góðan daginn*! Guten Tag«, werde ich an der Hotelrezeption herzlich willkommen geheißen. »Wie können wir Ihnen helfen?« Ich trage meinen Wunsch vor und die freundliche Dame im Empfangsbereich rät mir, den Weg am Hotel vorbei durch den Lavastrom zur Badeanstalt zu nehmen. »Handtücher können Sie sich leihen, die Umkleidekabine finden Sie vor Ort. Viel Vergnügen!« Wenige Meter weiter sehe ich schon den geradezu unnatürlich wirkenden blauen Badesee inmitten dieser Urnatur. So nah am Kraftwerk! Das hat einen bizarren Charme. Ich zahle einige wenige Kronen Eintritt und betrete die Ansammlung von einfachen Holzhütten. Die Umkleidekabinen sehen doch eher provisorisch aus und erinnern an einen Campingplatz. Meine Wertsachen kann ich einschließen und laufe über einen schmalen

Holzsteg der milchig-blauen Brühe entgegen. An den Rändern wird der scharfe Kontrast zum schwarzen Lavagestein durch eine feine weiße Schicht Kieselgur abgemildert. Ich bücke mich danach und meine Finger berühren weichen, von der Konsistenz her mit Mehl vergleichbaren Mineralschlamm, der mir durch die Finger rinnt und sich im Wasser auflöst. Es riecht nach faulen Eiern und in der Entfernung zischt und pustet das Kraftwerk. Es entlässt aus unterschiedlichen Überdruckventilen und metallischen Schornsteinen Wasserdampf in die Luft. Der Gestank ist Ausdruck der vulkanischen Aktivität im Untergrund. Vor den Turbinenhallen wabert weißer Dampf wie ein Schleier über der Wasseroberfläche und verdeckt die Teile des Sees, die direkt an die Anlage reichen. Eine Kordel mit roten Bojen begrenzt den offiziellen Badebereich. Auf meine Nachfrage erklärt man mir, dass es im See Stellen mit sehr unterschiedlichen Temperaturen gibt. Dort, wo das Wasser aus dem Kraftwerk in das Lavafeld entlassen wird, sind die zum Baden ungeeigneten heißen Areale abgesperrt worden, damit sich die Besucher keine Verletzungen zufügen. Zudem macht man mich am Eingang auf Untiefen aufmerksam. Vorsichtig laufe ich auf den Holzstegen umher und sehe an den Uferarealen Badegäste im Wasser auf Lavabrocken sitzen. Auf ihrer Haut haben die Besucher eine feine Schicht des mineralhaltigen Schlamms aufgetragen. Er sieht wie eine Fangopackung aus Quark und Joghurt aus, die zum Trocknen und Einwirken in die Sonne gehalten wird. Bewegungslos hocken die Isländer mit blassen Clownsgesichtern im warmen Abwasser und warten auf die Heil bringende Wirkung. Es ist wirklich ein großartiges Erlebnis. Was ich hier sehe, lässt mich den Grund für meinen Besuch vergessen. Erst als ich meine Gänsehaut spüre, springe ich in das warme Wasser und nehme dort eine andächtige Beobachtungsposition ein. Die mir gebotene Farbspielerei auf dem kristallblauen Teich wechselt zwischen unheimlichem Zaubertrick und geradezu zauberhafter Unwirklichkeit. Ach, endlich Wärme!

Hochland, Gletscher und Geysire

»Ich bin in der Hölle!«, so fühlt es sich zumindest an. Mein Arm ist lahm und ich schwitze aus jeder Pore meines Körpers, so anstrengend ist der Gang über sandige Wege und Geröll. Es sollte eigentlich ein netter Spaziergang am Nachmittag werden, aber daraus wurde ein kräftezehrender Gewaltmarsch. Meine Gruppe sehe ich gerade noch in einiger Entfernung. Die Gäste unterhalten sich angeregt, machen hier und da Bilder von der Landschaft und genießen den sonnigen Tag. Mir hingegen läuft der Schweiß die Kopfhaut herunter. »Das hätte ich nicht gedacht!«, höre ich ihn sagen. »Ich konnte doch gar nicht wissen, dass dies so anstrengend ist«, sagt Herr K. an meiner Seite – und das nicht zum ersten Mal! Meine Warnung ignorierte er am Bus, nahm seinen Stock und war nicht zum Umkehren bereit. Mit Engelszungen habe ich auf ihn eingeredet, aber ein Einlenken war nicht in Sicht. Nun hängt er schon seit einer Dreiviertelstunde an meinem Arm, den ich kaum noch spüre. Anfangs sollte es nur eine leichte Hilfestellung sein. Nach den ersten zwei Pausen schwante mir jedoch, dass ich ihn bald würde stützen müssen. Nun schleppe ich Herrn K. durch den südlichen Teil der *Dimmuborgir*-Region östlich des *Mývatn-Sees* in Nordisland.

Dimmuborgir, auf Deutsch *dunkle Burgen* genannt, befindet sich in einer vulkanisch aktiven Region auf dem Gebiet des Vulkansystems *Krafla*. Bizarr geformte Gesteinsformationen entstanden, als die Kruste eines großen Lavasees einbrach, nachdem die Lava unterirdisch aus dem See ausgeflossen war. Wie eine Haut auf der Suppe oder auf einem heißen Vanillepudding wurde die Decke ihres Haltes beraubt. Sie kollabierte und übrig blieben Kanten, Deckentrümmer, Lavaschlote und Platten. Dieser Wirrwarr an zerbrochener Lavakruste macht den besonderen Reiz der Region aus. Zahlreiche Wanderwege geleiten den Besucher zu den großartigen Lavaformationen. Die höheren Ränder bieten der Vegetation Schutz vor eisigen Winden, sodass Krüppelbirken und Büsche sich in den Niederungen besser entfalten können. In Nischen wachsen schwarze Krähenbeere, Heidelbeere und nickendes Wintergrün. Rotdrosseln, Birkenzeisige und Zaunkönige fliegen von Ast zu Ast oder zwitschern in den Vegetationsinseln. Auf der Route durch das Gebiet muss der Besucher immer wieder Anhöhen erklimmen und über spitze lose Lavabrocken steigen. Trittsicherheit ist daher notwendig, über die Herr K. leider überhaupt nicht verfügt. Sein Stock ist ihm auch keine große Hilfe, denn er bleibt in kleinen Spalten damit hängen. Zudem kommt noch, dass er einen Herzschrittmacher besitzt und sich eigentlich keinen größeren Anstrengungen aussetzen darf. Am Parkplatz ignorierte er meine Wanderkarte und unterschätzte neben eigener Konstitution auch das Wetter. Nun brennt uns die Sonne auf die Häupter und seine Kräfte schwinden dahin. Einer isländischen Sage zufolge soll *Dimmuborgir* die Erde mit der Hölle verbinden. Da haben wir es, denke ich! In der nordischen Mythologie traf hier der Teufel ein, nachdem er aus dem Himmel verbannt wurde und gleich damit begann, die *Helvetes Katakomber*, die *Katakomben der Hölle*, zu errichten. Den Isländern ist *Dimmuborgir* als eine Unterkunft von Elfen und Trollen bekannt. Genauso unberechenbar wie die Natur sollen zudem die dreizehn lebenden *Jólasveinar* sein, die hier leben und ihr Unwesen treiben. Als Vorbereitung auf den Besuch von *Dimmuborgir* hatte ich mir angelesen, dass diese feindseligen Gesellen von ihrer Mutter Gryla und ihrem Vater Leppalúði am *Mývatn-See* aufgezogen wurden und dass sie, als sie alt genug waren, hierherzogen. Dies ist verständlich, ist doch ihre Mutter eine derbe Schreckgestalt, die am liebsten unartige Kinder frisst. Auch die Hauskatze war nicht ohne! *Jolaköttur* verschlingt faule Leute, die bis Weihnachten nicht sämtliche Wollreste vom Herbst verarbeitet haben. Tolle Nachbarschaft, fährt es mir durch den Kopf. Vielleicht haben die Jólasveinar mir das angetan? Mein Gejammer hilft mir nicht. Ich konzentriere mich auf den Weg und wähle meine Tritte mit Bedacht, sodass ich Herrn K. über größere Steine hieven kann.

Nach der Tour wird eine Mitreisende aus Görisried im schwäbischen Ostallgäu Frau K. einen Brief schreiben. »Unser ältester Reisebegleiter war 85 Jahre alt. In Worten: fünfundachtzig! Zuerst war unsere kleine Gruppe voller Bewunderung für ihn. Sich mit diesem Alter auf Trampelpfade aus spitzem Lavagestein zu irgendwelchen Wasserfällen zu wagen, das war schon was. Aber dann kamen bei besonders unwegsamen Stellen doch murrende Stimmen auf (…gibt es keine Altersgrenze für Studienreisende?) Das waren Situationen, wo ein Reiseleiter zeigen muss, dass es nicht nur darauf ankommt, über das nötige Wissen über Land und Leute zu verfügen. Herr Hillerich nahm kurzentschlossen unseren 85-jährigen Reisebegleiter bei der Hand, wenn es schwierig und unwegsam wurde [,] und schon waren die murrenden Stimmen verschwunden.« So sehr mich der Brief gefreut hat, er ist in einem Punkt ungenau, was mein Gast aber nicht wissen konnte. Der Dank geht an meinen Busfahrer Oskar, der mir in diesen brenzligen Situationen mit Rat und Tat zur Seite stand. Nach dem Kraftakt in *Dimmuborgir* ist es Oskar, der in meiner Abwesenheit den älteren Herrn im Bus wieder aufpäppelt und an der Tankstelle Getränke und Müsliriegel kauft, während ich mich vor dem *Hverfjall*, einem mächtigen Ringwallkrater aus vulkanischem Lockermaterial in der Umgebung, um meine *Dr.-Tigges*-Reisegruppe kümmere und einen Vortrag über die Entstehungsgeschichte des *Mývatn-Sees* halte. In den kommenden Tagen arbeitet Oskar abends mit mir ein Alternativprogramm für Herrn K. aus, der dieses auch annimmt. Mein Busfahrer kennt diverse andere Zugänge und Anfahrten zu einigen Sehenswürdigkeiten auf der Route, sodass wir ihm die Naturschauspiele präsentieren können, jedoch gleichzeitig die Gruppe nicht in eine Situation versetzen, in der sie ständig Rücksicht auf sein Alter nehmen muss. Zwei Wochen zuvor, während meiner Einführungstour Anfang Juli 1997, brachte mir Rulf Treidel alle Tricks und Kniffe des Leitens einer Studienreise bei. Ich lernte, Tagesstrukturen zu erstellen, Zeitabläufe zu koordinieren und geschickt Vorträge zur Landeskunde, Kultur und Geschichte mit dem Wiedergeben von Anekdoten sowie dem Vorlesen von Kurzgeschichten und Passagen aus Büchern zu verbinden. Aber bei den isländischen Busfahrern gehe ich in die wahre Lehre des Reiseleiter-Einmaleins. Was der *Silent Guide* in Ägypten für meinen Vater gewesen ist, ist der isländische Busfahrer für mich auf meinen Reisen über die Vulkaninsel: Hilfe und Ruhepol, absolute Verlässlichkeit sowie extreme Flexibilität. Allen voran Oskar, mein erster Busfahrer und langjähriger Vorsitzender der Gewerkschaft der Taxifahrer in Reykjavík. Auf Oskar ist Verlass. Immer weißes Hemd, Ärmel hochgekrempelt, sodass man seine Tätowierung auf dem Unterarm sehen kann. Immer Hosenträger, immer dicke, dunkelbraune Cordhose, weiße Tennissocken und braune Sandalen. Er wird mir in Erinnerung bleiben, da ich ihn sehr geschätzt, aber auch verteufelt habe. Verteufelt immer nachts, weil ich sein Schnarchen noch zwei Zimmer weiter hören konnte. Das knatternde Geräusch bohrte sich allabendlich unaufhörlich in meinen Schädel hinein. Ein Entkommen war unmöglich.

Wir beide haben auf unserer Tour von Reykjavík um die Insel sehr häufig Zimmer nebeneinander. Im *Hotel Aning* in Sauðárkrókur ist es besonders schlimm. Wir beziehen die schlechteren Zimmer im Keller, wo dünne Wände und ein langer Flur das quälende Theater noch unterstützen. Oskar fällt Baum für Baum und zersägt die ganze Nacht mehrere Wälder. Dabei variiert er auch noch nach Belieben. Zartes Röcheln als Vorspiel, tiefes Schnaufen als Vorgeschmack auf die bevorstehende Klangentfaltung und plötzlich dann wieder ohrenbetäubendes Sägen mit brachialer Durchschlagskraft. Es ist nicht zum Aushalten. Am nächsten Morgen liegen etliche Klafter Holz fein säuberlich geschnitten vor seinem Bett und ich brauche mehrere starke Kaffee, um in die Spur zu kommen. Beim Abendessen amüsiere ich mich köstlich über ihn. Wird der Salat aufgetragen, verdreht Oskar die Augen und sagt zu mir: »Ich esse kein Gras! Ich bin kein Schaf!« Dann schiebt er mit Messer und Gabel alles Gesunde an das eine Ende des Tellers und widmet sich dem Lamm. Bei zwei Übernachtungen im gleichen Hotel wird am ersten Abend die Küche informiert, sodass es am Folgeabend nur noch den Hauptgang in Reinform gibt – Fleisch oder Fisch an Soße im Diskurs mit Kartoffeln. Ich schätze Oskar, weil er mir viel über seine Heimat berichtet und mich auch zu Recht korrigiert, wenn ich etwas falsch an die Gruppe weitergebe. Da ist er sehr penibel und für mich ein guter Lehrer. Auf dem Weg nach Borgarnes verbessert er mich zum Beispiel zu Beginn meiner ersten Tour in einer ruhigen Minute während eines Fotostopps am *Hvalfjörður*, da ihm meine Ausführungen kurz zuvor am Mikrofon im Bus über die Marinebasen der Alliierten zu ungenau waren. Zuerst bin ich etwas irritiert, dann aber sehr dankbar, weil ich seine einfühlsame Art bemerkenswert finde. Oskar sieht mir an, dass ich ein Neuling bin. Der Fjord ist die Verlängerung der weit geschwungenen *Faxaflói-Bucht* im Westen Islands. Er ist über 30 Kilometer lang und mit 84 Metern der tiefste Fjord Islands. Der Name *Walfjord* geht auf eine amüsante isländische Volkssage zurück, die besagt, dass es einen zauberkundigen Priester gegeben hat, der einen bösen Wal aus der Meeresbucht in den dahinter gelegenen *Hvalvatn (Walsee)* gelockt hat, um ihn für die Menschen aus dem Verkehr zu ziehen. Dazu musste sich der Wal mühevoll den Berg hinaufquälen und dabei die 120 Meter hohe Steilstufe des *Glymur-Wasserfalls* erklimmen. Vor Anstrengung schnaubte und pustete der Wal derart kräftig, dass diese Geräusche aus der Schlucht weit ins Landesinnere hallten. *Glymur* heißt auf Deutsch *Hall* und verlieh dem Wasserfall seinen Namen. Im Inneren des Fjords betrieben die Isländer bis in die Achtzigerjahre eine Walfangstation und noch heute kann man deren Reste sowie die Tran-Tanks sehen, weshalb ich den Bus für die Gelegenheit eines Fotostopps anhalten lasse. Aufgrund seiner Tiefe war der *Hvalfjörður* sehr gut für die Stationierung von großen Walfang- und Kriegsschiffen geeignet. Die Alliierten installierten früh schon zwei Marinebasen, die Briten auf der Südseite und die Amerikaner auf der Nordseite neben der Walfangstation. Während des Zweiten Weltkriegs wurden im Fjord die Nordmeergeleitzüge zusammengestellt, die Richtung Sowjetunion aufbrachen. Ich hatte im Bus die Briten mit den Amerikanern verwechselt und Oskar korrigierte dieses Detail. Er sollte nicht der letzte Busfahrer sein, der mich mit seinem enormen Wissen über sein Land beeindruckt. Ich erkenne, dass ich mich in Zukunft an seine Kollegen und Kolleginnen halten muss, möchte ich über Neuigkeiten oder Details informiert werden.

In Höfn im Südosten Islands kurz vor Ende meiner ersten Tour sitzen Oskar und ich noch lange nach dem Abendessen mit einem Bier in der Hand vor dem *Edda-Hotel* und er schwelgt in Erinnerungen. »Als kleiner Junge habe ich auch im Internat gelebt. Wie jeder von uns, der auf dem Land aufwuchs. Zu weit und beschwerlich wäre ein tägliches Pendeln zu einer der wenigen Schulen gewesen.« »Mit Beginn der Sommerferien seid ihr dann zurück zu euren Eltern gefahren, oder?« »Ganz genau, Marcus.« »In den Fünfziger- und Sechzigerjahren war die Infrastruktur in Island eine Katastrophe. Ich erinnere mich an Busse, die auf nur wenigen brüchigen Schotterpisten überhaupt fahren konnten. Obwohl die Insel klein ist, kam man nirgendwo einfach hin. Und dann entdeckten die ersten Ausländer Island für sich als Touristen, da sie sich plötzlich Flugreisen leisten konnten.« »Meine Großmutter hat diese Entwicklung bei *Dr. Tigges* in Südeuropa mitgemacht«, antworte ich. »Tja, dort gab es wenigstens Hotels, aber hier schliefen die Reisenden entweder im Zelt oder sie waren auf die Gastfreundschaft der Bauern im Land angewiesen, die ihnen ein Bett oder eine Couch anboten.« »Es musste also etwas geschehen«, entgegne ich. Mit dem Finger zeigt er auf das Schild an der Hoteltüre. *Edda-Hotels.* Ich sehe ihn mir zunicken. »Vorrangige Bedeutung hatte der komplette Ausbau der Ringstraße um Island«, fährt er fort. »Schon während ihrer Fertigstellung baute man Schulinternate an allen strategisch wichtigen Standpunkten, sodass es möglich war, Kinder von Familien in gänzlich entlegenen Landesteilen dorthin zu bringen und im Internat zu beschulen.« »Na, die Schulen waren ja fast perfekt ausgestattet, sodass man sie temporär zu Hotels zweckentfremden konnte.« Nun zieht Oskar die Augenbrauen hoch und sagt: »Wieso fast perfekt?« »Die Betten sind viel zu kurz für mich! Nur Teenager passen da rein«, antworte ich. »Abends ziehe ich die Matratze aus dem Bett auf den Boden runter und lege mich dann drauf und zweitens sind die Wände zu dünn …« Wir beide lachen laut los, bevor er mich zur Rezeption schickt. »Marcus, geh noch zwei Bier holen, dann schläfst du auch besser.« Auf meinem Zimmer lese ich die Entwicklung in der Hotelbroschüre nach. 1961 wurden die ersten *Edda-Hotels* am *Laugarvatn* im Südwesten und in Akureyri für ausländische Gäste eröffnet, viele folgten danach. Bis Mitte der 2000er-Jahre sollten sich diese Hotels als ideale Möglichkeit der Unterbringung für Einheimische und Ausländer herausstellen. Irgendwann fallen mir die Augen zu. Am nächsten Morgen bringe ich meine erste und sehr nette *Dr.-Tigges*-Gruppe wohlbehalten nach Reykjavík zurück und arbeite auf dem Rückflug nach Frankfurt an meinem Schlafdefizit. Das Geheule der Flugzeugtriebwerke geleitet mich sanft in einen tiefen Schlaf.

Ein Jahr später bin ich wieder in Island und fahre die »*Hochland, Gletscher und Geysire-Tour*« *back-to-back* zweimal hintereinander. Dabei überkommt mich durch den Kontakt zu meinen Gästen ein Zustand fortbestehender Freude bei der Arbeit. Vierzehn Tage dauert die Reise und bekommt später den Beinamen *Island ausführlich*. Es bleibt die einzige Tour, die zuerst mit der Halbinsel *Snæfellsnes* den Westen Islands behandelt, danach aber abrupt Richtung Osten abbiegt und entgegen dem Uhrzeigersinn die Südküste auf der Ringstraße abfährt, bevor über die *Sprengi-*

sandur-Hochlandsroute der Norden erreicht wird. Die kompletten Ostfjorde bleiben ausgespart. Keflavík, *Snæfellsnes, Thingvellir,* Vík, Hrauneyjar, *Mývatn,* Akureyri, Blönduós und zurück nach Reykjavík – 28 Tage volles Programm. Halli von *Snaeland Grimsson* drückt mir am Flughafen mein Voucherheft in die Hand und stellt mir Kalli vor. Wir zwei werden die nächsten vier Wochen ein Team bilden. Unsere kleine *Dr.-Tigges*-Gruppe geleite ich zu dem hoch aufgebockten Mercedes Benz Kleinbus 630 D, mit dem wir einen kurzen einachsigen Gepäckanhänger für die Koffer und Reisetaschen hinter uns herziehen. Kallis Markenzeichen sind Pilotenbrille, schwarzer Rollkragenpullover und blaue Windjacke. Auf dem Weg in unser Hotel merke ich, dass die Chemie zwischen uns ganz besonders stimmt. Groß ist er und sitzt kerzengrade hinter dem Lenkrad. Dabei strahlt Kalli eine geradezu ansteckende Ruhe aus.

Auf der Halbinsel *Snæfellsnes* wohnt meine *Tigges*-Gruppe im Bauernhaus Langaholt, welches seit 1978 in Familienbesitz ist. Meine Gäste lieben die familiäre Atmosphäre und gemütlichen Zimmer auf Anhieb. Abends genießen sie ein exzellentes Fischgericht mit Blick auf die grandiose Natur um sie herum. Isländische Hausmannskost wird etwas international aufgehübscht serviert, ohne dass das Wesentliche aus dem Fokus gerät. Frischer Schellfisch von hervorragender Qualität mit Butter und Süßkartoffeln, dazu ein leckeres Gemüse und zum Abschluss ein hausgemachter ausgezeichneter Schokoladenkuchen zum Dessert. Ich gebe der Gruppe noch einen kurzen Ausblick auf die Höhepunkte des nächsten Tages, empfehle ein, zwei kleine Spaziergänge in der Umgebung und wünsche meinen Gästen einen schönen Abend. Nach dem gemeinsamen Essen folge ich Kalli nach draußen. Wir laufen zum Bus, wo er einen Sixpack *Gull-Bier* aus dem seitlichen Kofferraum holt und mir eine Dose öffnet. »Skál«, prostet er mir zu. »Auf eine schöne Tour, Marcus!« So sitzen wir nebeneinander und genießen das Bier, während die immer noch intensive Abendsonne den Bus erwärmt. Neben dem Hauptgebäude sehe ich das

Bauernhaus mit Traktoren und landwirtschaftlichen Geräten. Im Hintergrund ragt der stolze Stratovulkan *Snæfellsjökull* über die umliegende Landschaft. Nach Süden fällt das Bergland recht abrupt in ein breites Küstenvorland ab, in dem das *Hotel Aning* wie verloren direkt am Meer auf alten Flusssedimenten steht. Hinter dem Bus prallt die Brandung auf den flachen Strand. Im direkten Einzugsbereich des Vulkans weiter westlich brandet das Meer hingegen auf eine Steilküste, die sukzessive von vielen Lavaströmen des *Snæfellsjökull* aufgebaut wurde. An den Klippen brüten tausende laute Eissturmvögel auf Felsvorsprüngen. In der Umgebung krönen dicke Polster aus Zackenmützenmoos wie vollgesogene Schwämme die jungen Lavabrocken. Vereinzelt ragen kleine gelbe Büchel von Rosenwurz aus dem Moos heraus. Um den Bus herum schwirren flinke Alpenstrandläufer, Sterntaucher und Küstenseeschwalben durch die Luft.

Von der Halbinsel *Snæfellsnes* aus fahren wir gen Osten zum Þingvallavatn und der ehrwürdigen, geschichtsträchtigen Parlamentsstätte *Thingvellir*. Imposant liegt sie genau auf der Schnittstelle des *Mittelatlantischen Rückens*, der Island in zwei Teile trennt. In diesem vulkanisch aktiven Gebiet grenzt die nordamerikanische Kontinentalplatte an die eurasische Platte im Osten. Man kann förmlich von Amerika über die in der Landschaft verteilten Gräben und Spalten nach Europa hüpfen. Kalli empfiehlt mir, einen Spaziergang anzubieten. In den kommenden Tagen werden wir noch genug im Bus sitzen, kommentiert er seinen Vorschlag. Ohne genaue Ortskenntnis laufe ich unsicher mit meiner kleinen Gruppe im Schlepptau los. Bis heute hasse ich es, mich per Anweisung oder mithilfe von ungenauen Karten zurechtfinden zu müssen. Aber dies gehört ebenfalls zum Alltag des Reiseleiters. Öfter verändern die Programmplaner und *Area Manager* daheim in der Firma Programmpunkte. Auch als kenntnisreicher Reiseleiter ist man nie schon überall gewesen. Ein *erstes Mal* gibt es immer wieder und immer wieder fühlt es sich unangenehm an. Ich versuche Kallis Beschreibung zu folgen. Hinweisschilder oder sonstige Markierungen sind Fehlanzeige. Am Ende der Schlucht führt der Weg zu einem kleinen Wäldchen, durch das ich hindurchspazieren soll. Der darin befindliche schmale Wanderpfad folgt der Grabenbruchtektonik Richtung Nordosten zu einem Campingplatz an der Straße Nr. 36. Auf der anderen Seite wird Kalli mit dem Bus auf mich am *Informationszentrum Leirar* warten. Im Wäldchen angekommen, sind keine anderen Touristen mehr zu sehen und meine Gruppe bringt ihre Freude darüber lautstark zum Ausdruck: »Herr Hillerich, Sie sind hier bestimmt schon so oft gewesen, dass Sie sich so gut auskennen! Wie viele Gruppen haben Sie denn schon in diese herrliche Ecke Islands geführt?« »Sie sind die erste …«, bin ich versucht zu sagen und unterdrücke ein Lachen, halte mich aber zurück, weil ich weiß, wie wichtig *Dr.-Tigges*-Gästen eine gute Betreuung ist. »Wie oft waren Sie denn schon in Island?« ist eine typische Standardfrage, die häufig gestellt wird, noch bevor wir am Flughafen das Gepäck in den Bus verladen haben. Übersetzt bedeutet die Frage in etwa: »Sagen Sie uns bitte, dass Sie als derart junger Reiseleiter schon häufig in Island gewesen sind, damit wir uns beruhigen können und nicht das Gefühl haben, mit einem Berufsanfänger zu fahren.« Ich schwitze Blut und Wasser, lasse mir aber nichts anmerken und finde tatsächlich den Campingplatz, von wo aus ich den Bus am anderen Ende vor dem Besucherzentrum parken sehe. Dieses mulmige Gefühl werde ich auf unserer Tour noch öfter haben, fahre ich doch zum ersten Mal ins Hochland. »Herr Hillerich, im nächsten Jahr brauche ich Sie auf der Höhepunkte-Tour, die jetzt schon prima gebucht wird«, sagte Frau K. kurz vor Weihnachten gut gelaunt am Telefon zu mir. Ich schien einen ordentlichen ersten Eindruck hinterlassen zu haben. »Aber …«, versuche ich dazwischenzukommen. »Prima, Sie bereiten sich also etwas intensiver auf die Hochlandtouren vor. Ich melde mich im neuen Jahr. Wir bleiben in Kontakt. Grüßen Sie wie immer ihren Vater von mir. Tschüss!« Aufgelegt. Klassisch Frau K.. Prost Mahlzeit! Þórsmörk, *Landmanalaugar* und *Sprengisandur* – alles neu und unbekannt, aber auch eine spannende Herausforderung. Nur gut, dass Kalli an meiner Seite ist, denke ich auf den letzten Metern zum Bus. Und der widmet sich gerade dem Rest eines starken Kaffees in der Sonne vor dem Gebäude und winkt mir gelassen zu. »Gott sei Dank kann man in Island richtig weit in die Ferne blicken ...«, sage ich. » ...Já, já ... und geht somit nicht verloren! Ein Land ohne Wälder kann durchaus seinen Reiz haben«, antwortet er grinsend. Wenig später lässt er den Motor an, Signal für meine Gäste zum Einsteigen. Ich zähle im Bus noch einmal die Anzahl der Gäste durch und dann fahren wir zum umgebauten Bauernhof *Efrí-Brú*, einem Gasthaus im Südosten des Nationalparks. *Efrí-Brú* ist der Geburtsort des isländischen Dichters Tómas Guðmundsson, der auf das berühmte *Menntaskólinn-Gymnasium* in Reykjavík ging und dort in Kontakt mit dem renommierten Autor und Nobelpreisträger Halldór Laxness kam, mit dem er eine sehr innige Freundschaft entwickelte. 1921 machte er dort das Abitur und studierte danach Jura an der Universität. Ab 1943 lebte und arbeitete Guðmundsson nur noch als Schriftsteller, immer wieder auch auf *Efrí-Brú*. 1983 verstarb er, jedoch kann man heute noch auf ihn treffen, läuft man auf der Austurstræti in Reykjavík zu seinem Denkmal, das ihm zu Ehren errichtet wurde, da das gleichnamige Gedicht die Straße besonders thematisiert. *Efrí-Brú* hat nur sehr wenige Zimmer, sodass Kalli und ich in das zur Anlage gehörige Ferienhäuschen im Garten ausquartiert werden. Wir beziehen unsere einfachen Zimmer und ich habe im gemütlichen Aufenthaltsraum genügend Zeit, mithilfe von Achim Schnütgens Buchempfehlung den Tag Revue passieren zu lassen. 1998 ist Island noch ruhig, denn die fürchterlichen Auswüchse des Massentourismus haben das Land noch nicht überrollt. Viele der Hochlandstraßen sind nach dem langen Winter in einem katastrophalen Zustand und müssen bis zur sehr kurzen Saison im Sommer immer wieder neu hergestellt werden. Später werden sie einmal durchgängig asphaltiert sein. *Edda-Hotels* gehören noch zu den besseren Unterkünften auf dem Land und familiäre Bauernhöfe wie *Aning* oder *Efrí-Brú* sind selten. Auf diesen arbeiten ausländische Aushilfskräfte, weil Island im Sommer jede helfende Hand dringend gebrauchen kann. Gerade junge Studentinnen aus dem Ausland jobben als Kellnerinnen und Zimmermädchen für Kost und Logis sowie für die Möglichkeit, kostenlos auf dem Bauernhof die Islandpferde ausreiten zu dürfen. Die Vulkaninsel ist nach wie vor ursprünglich, die Sehenswürdigkeiten noch nicht abgesperrt und Hot-Dog-Buden oder Kaffeestände an den Wasserfällen Fehlanzeige. Wie aber muss Island zu Ida Pfeiffers Zeit ausgesehen haben? Was mich am Buch wirklich fesselt, sind ihre akkuraten Beschreibungen und ihr Auge für Detailtreue. Am 17. Juni 1845 trifft sie in *Thingvellir* ein und beschreibt den bedeutsamen Ort wie folgt: »Plötzlich öffnete sich zu meinen Füßen wie hingezaubert ein Schlund, in welchen hinabzusehen wahrhaft Grausen erregend [sic!] war. Unwillkürlich fiel mir Webers *Freischütz* und die Wolfsschlucht ein«, schildert sie. »Es war eine Spalte kaum vier bis fünf Klafter [sic!] breit, dafür aber mehrere Hundert Fuß tief, und da mussten wir hinab auf einem schmalen, schroffen höchst gefährlichen Pfade [sic!] über große Lavatrümmer.« Ich blicke zu Kalli rüber, der mir gegenübersitzt: »Hast du mal von Ida Pfeiffer gehört?« Er bemerkt mich aber nicht, so versunken ist er in sein Fahrtenbuch. Hinter ihm blickt mich Tómas Guðmundsson von einem Bild aus an. O.K., also widme ich mich wieder meinem Buch. »Je tiefer man kommt, desto schauerlicher gestaltet sich die Bahn, desto ängstlicher wird einem zumute«, schreibt die Wienerin. Ich schaue ein weiteres Mal auf und ziehe Vergleiche: die Höhenangaben stimmen ungefähr, jedoch führt heute ein gut ausgebauter Schotterweg in die Schlucht. Oben auf dem Aussichtsplateau gibt es weit und breit keine Absperrungen, sodass man bis an die Klippe herantreten und auf der anderen Seite große Lavablöcke sehen kann. Diese finden sogar bereits Erwähnung im Buch: »Auf hochaufgetürmten Lavawänden, die den ganzen langen Schlund gleich einer Galerie umschließen, stützen sich lose und schwebend in Form von Pyramiden oder

Säulentrümmern [,] einzelne Steinkolosse, die dem armen Wanderer mit Tod und Vernichtung drohen. Stumm, ängstlich und beklommen klettert man herab, durchzieht einen Teil der Kluft [sic!] und wagt kaum aufzublicken, viel weniger auch nur den geringsten Laut von sich zu geben, um ja nicht diese Steinlawinen, von deren furchtbarer Gewalt umherliegende Felstrümmer zeugen, zu erschüttern und zum Sturze zu bringen.« Interessant, was für eine bedrohliche Situation sie skizziert und wo sie überall Gefahren sieht. Das passt nicht ganz zu ihrer Biografie, denke ich, denn ängstlich kann man sie wirklich nicht nennen. Als drittes Kind einer wohlhabenden Wiener Kaufmannsfamilie war es ihr verwehrt, die Welt zu bereisen, sodass sie sich voller Wehmut der Reiseliteratur zuwandte, was ihren Freiheitsdrang jedoch nur stärker werden ließ. 1842 bestieg die Wienerin kurzum ein Dampfschiff nach Palästina, ohne dass jemand ihr wahres Ziel kannte. Auch das zeugt nicht von ängstlichem Charakter. Ihr Buch »*Reise einer Wienerin in das Heilige Land*« wurde danach begeistert aufgenommen. 1845 bereiste sie Island, kam auf einem klapprigen, kaum seetüchtigen Kahn zurück und brach nur ein Jahr später zu ihrer ersten Weltreise auf: Brasilien, Tahiti, China, Indien und Persien – alles Länder, deren Besuch zu jener Zeit ebenfalls eine gehörige Portion Mut erforderte. Das dreibändige Buch »*Eine Frauenfahrt um die Welt. Wien 1850*« etablierte Ida Pfeiffer endgültig als Weltreisende. War die Beschreibung der Gefahren in Island also der Versuch, sich mittels dramatischer Erzählungen früh als Frau Gehör zu verschaffen oder zu zeigen, dass sich das weibliche Geschlecht genauso Bedrohungen aussetzen konnte wie das männliche? Sicher muss ihr bewusst gewesen sein, dass ihre Reisen in der Wiener Gesellschaft des 19. Jahrhunderts die unterschiedlichsten Reaktionen hervorgerufen haben müssen, so schreibt sie im Vorwort an den Leser: »Abermals eine Reise [,] und noch dazu in Gegenden, die jedermann eher flieht als aufsucht. Es scheint, diese Frau macht solche Reisen nur, um Aufsehen zu erregen. So [,] und vielleicht noch strenger [,] werden wohl die meisten über mich urteilen.« Sie entkräftet aber dieses Vorurteil, indem sie ihre Motive aufzählt: Sehnsucht nach diesem einzigartigen Land und überirdische Glücksgefühle bei der Anschauung erhabener Naturszenen. Ich lese den nächsten Absatz. Das Ende der Schlucht wird in einem ganz anderen Stil beschrieben. Nun ist die Rede von einem der schönsten Täler Islands. Ida Pfeiffer stellt die geschichtliche Bedeutung heraus, indem sie erläutert, dass »*Thingvalla* einst einer der wichtigsten Orte in Island gewesen ist und man noch jedem Fremdling die Wiese zeigt, die sich unweit des Örtchens befindet, auf welcher jährlich das *Althing (die Gerichtsversammlung der Isländer)* unter Gottes freiem Himmel gehalten wurde. Hier versammelten sich das Volk und seine Führer und schlugen gleich Nomaden ihre Zelte auf. Hier war es auch«, fährt sie fort, »wo manche Meinung [,] manches Recht durch Gewalt der Waffen durchgesetzt wurde.« Am Ende des Absatzes begeht sie nach heutiger Sicht einen Fauxpas, da sie leicht spöttisch die Vegetation am Ende der Schlucht kommentiert: »… bald kommt man sogar durch kleine Waldpartien, das heisst [sic!] nach der Isländer Meinung – denn bei uns zu Lande würde man dergleichen reizende Partien für unnützes Gestrüpp ansehen und ausrotten. Es wuchert am Boden fort und erhebt sich kaum zwei bis drei Fuß hoch. Erreicht einmal ein Stämmchen vier Fuß, so gehört es schon zum Riesengeschlecht der Bäume.« Genau dort bin ich eben noch durchgelaufen, murmle ich vor mich hin. Mit einer ähnlichen Anspielung auf den Kleinwuchs der heimischen Vegetation verursachte die britische Königin Elisabeth II. im Jahr 1990 während einer offiziellen Zeremonie im nahe gelegenen *Kárastaðir* einen diplomatischen Ausrutscher. Während der Feierlichkeiten im *Freundschaftswald Vinaskógur* sollte das britische Staatsoberhaupt mit der damaligen isländischen Präsidentin Vigdís Finnbogadóttir drei Birken pflanzen und erkundigte sich nach der Lage des Waldes, ohne zu wissen, dass sie bereits mittendrin stand, jedoch der *Freundschaftswald* kein Wald, sondern ein Zeremonialgarten ist. Die Isländer machten betretene Gesichter.

Kalli sieht mich schmunzeln und fragt nach den Gründen. Ich erzähle ihm von den Bemerkungen über die isländischen Baumbestände. »Darüber können wir aber auch sehr gute Witze machen«, sagt er. »Wenn diese Ansammlung von winzigen Bäumchen unser *Freundschaftswald* sein soll, dann ist das doch Beweis genug, dass wir eines der einsamsten Länder der Welt sind!« Laut lachend steht er auf und bringt das fertig geführte Fahrtenbuch in sein Zimmer. »Los Marcus, lass uns endlich zum Abendessen gehen.«

Am nächsten Tag thematisiere ich ausgehend von Ida Pfeiffers Buch im Bus die Entwicklung des Tourismus in Island auf dem Weg nach Vík í Mýrdal oder kurz Vík an der Südküste. Eine Reise durch Island war zu Ida Pfeiffers Zeit ein Ereignis, dass Aufsehen erregte. Immer noch außergewöhnlich war der Besuch der kleinen Nation im Nordatlantik in den Sechzigerjahren als Hubert Tigges das Land als Tourismusdestination für sein Unternehmen entdeckte. *Reisende* mussten ebenfalls noch zahlreiche Entbehrungen auf sich nehmen, um die heimischen Sehenswürdigkeiten zu bestaunen. Obwohl sich die *Dr. Tigges Studienreisen* am Markt mittlerweile zum Synonym eines neuen Typs von Kultur- und Bildungsreisen etabliert hatten und die Firma 1967 als Konsequenz des allgemeinen Konzentrationsprozess in der deutschen Touristikbranche in die *Touristik-Union International (TUI)* einverleibt wurde, beharrte der humanistisch geprägte Tigges auf zentralen Werten, die er für seine Touristen propagierte. Dazu gehörten die Ausschaltung des Luxuriösen, eine einfache Lebens- und Wohnweise und maximale Gruppengrößen von 15-20 Teilnehmern. Aus dem Katalog erfuhren potenzielle Kunden etwas ruppig, dass sie sich besser nicht anmelden sollten, wenn sie den einfachen Stil dieser Fahrt nicht lieben und Ansprüche stellen, die bei diesem Preis nicht befriedigt werden können. Die Vulkaninsel war da völlig nach dem Geschmack des Pioniers der Pauschalreise, ist Hubert Tigges doch nach dem Krieg gerade in Form von länderkundlichen Studienfahrten mit Autobus und Zelt berühmt geworden. In Island traf er in den Sechzigerjahren auf den Isländer Lárus Grimsson, der 1945 das Familienunternehmen *Snaeland Grimsson* gründete. Hallis Vater organisierte für *Tigges* Fahrzeuge, Unterkünfte und stellte ihm das Routing zusammen. Nachdem die *Dr. Tigges Studienreisen* unter dem Dach der *TUI*-Familie agieren mussten, bewarb man die Marke als den *»Individuellen unter den Großen«* im speziellen *»Erlebnisreisen-Katalog«*. Obwohl der Reisemarkt sich in den Siebzigerjahren rasant entwickelte und die Ansprüche an das Erlebnis auf Reisen hinter die Ansprüche an den Komfort zurückgedrängt wurden, konnten die *Dr. Tigges Reisen* weiterhin überproportionale Zuwachsraten verbuchen, was der Traditionsmarke innerhalb der *TUI* noch ein paar Jahre länger das Überleben garantieren sollte. Kulturtouristen waren in der Lage, beispielsweise eine *»Wanderreise auf alten Inkastraßen«* in Südamerika für 4.958 Mark oder eben die Rundreise *»Island – Land der Geysire, Gletscher und Vulkane / Zeltfahrt für Freunde des Abenteuers und kernigen Lebens«* ab 1.920 Mark zu buchen. Ein weiblicher Gast hält die Begrüßung in Reykjavík auf einer dieser Touren 1977 in ihrem Reisetagebuch ironisch fest: »Hallo, ich bin Jón, ihr Reiseleiter! Leider sind unsere Zimmer für heute Nacht schon besetzt. Es gibt zurzeit sehr viele Geologen bei uns, da wir einige Erdbeben erwarten!« Ich hätte gerne die Gesichter der Mitreisenden in der Gruppe gesehen. War es Witz, Wahrheit oder werbeträchtiger Gag? Der Reiseleiter erlitt damals aber schnell selbst einen Schock, musste er doch mitansehen, dass die große Mehrzahl der *Tigges*-Gäste trotz Reisetitel und somit gebuchtem Inhalt noch nie in ihrem Leben ein Zelt aufgebaut hatten. Alles sollte sich schnell irgendwie fügen. Die Firma *Snaeland Grimsson* transportierte die Reisegruppe mit Koffern, Zelten und Ausrüstungsgegenständen in einem hoch aufgebockten Bus. Der Proviant wurde hingegen mit einem eigenen Küchenwagen vorausgefahren. Dieser war ein umgebauter und hinten doppelachsiger REO M35 A2, ein geländegängiger 2½-Tonnen-Lastwagen, der ursprünglich in der US-Armee und später in vielen Ländern der Welt als brachialer Alleskönner zum Einsatz kam. Er glich einem Expeditionsfahrzeug mit gigantischer Kühlbox als Aufbau und war ohrenbetäubend laut. Darin bereitete das Küchenteam die Mahlzeiten vor, die die Touristen im Freien auf dem Boden sitzend zu sich nahmen. Wahrhaftig kerniger Natur musste man sein! Die Tour war nichts für Individualisten, die sich Zeit zur freien Verfügung wünschten. Noch vor dem Abendessen hatte man als Gruppe zusammenzuarbeiten: »Bevor die harte Aufgabe des Zeltaufbaus angegangen wurde, stärkten wir uns erst einmal mit einer schmackhaften Portion isländischen Fischs im Stehen, Sitzen oder in der Hocke. Die Annahme, die Zivilisation würde uns in Form von Tisch und Stuhl beim Essen begleiten, erwies sich als irrig«, schildert die Dame den ersten gemeinsamen Abend in der Natur und wendet sich dann dem Errichten des Nachtlagers zu: »Der Zeltaufbau ging, von großem Gelächter begleitet, vonstatten. Nur der Tatsache einer windfreien, milden Nacht verdankten einige Leute das Überdauern ihrer nächtlichen Behausung bis zum frühen Morgen.« Insgesamt machten den Reiseteilnehmern auf der Tour aber die niedrigen Temperaturen nachts, die doch zahlreichen Tage mit Bindfadenregen sowie die Feuchtigkeit unter dem Zeltboden arg zu schaffen, sodass das Stimmungsbarometer langsam zu sinken begann. In Akureyri versuchte die Reiseleitung gegenzusteuern und verschaffte der *Tigges*-Gruppe die erste trockene Übernachtungsmöglichkeit seit Tagen. »Die Musikschule von Akureyri öffnete ihre Pforten für die feuchte Gesellschaft«, schreibt die Dame. »Jeder nutzte natürlich die Gelegenheit und breitete den halben Kofferinhalt auf Notenständer, Fensterbänke und Heizungen zum Trocknen aus. Echinacin, Eupatal und Imposit kamen ganz groß raus und fanden reißenden Absatz. Unter Klavieren und Schlagzeugen wurden die Luftmatratzen aufgeblasen und unter improvisierten Klängen von Bach, Blues und Beethoven kroch man in bester Laune in den Schlafsack. Ich nehme an«, hält sie fest, »ein solch massives

(Schnarch-)Konzert hatte die hiesige Musikschule noch nie vernommen. Da am nächsten Tag wieder unter freiem Himmel gezeltet wurde, traf der vorausdenkende junge Studienreiseleiter Vorsorge und führte seine Gäste zu einem von außen unscheinbaren Spirituosenlädchen mit runtergelassenen Rollos und ohne Reklame. Alkohol ist in Island sündhaft teuer. Rum oder ähnlich harte Sachen sind nicht unter 60, – bis 70,- DM pro Flasche zu haben. Wer auf Bier ausweichen will, hat Pech gehabt! Es darf nur mit 0,1 % Alkoholgehalt verkauft werden. Für die kommenden Nächte wurden einige Flaschen *Schwarzer Tod* – ein Kümmelschnaps – eingekauft.« Die Aufzeichnungen verdeutlichen nur zu gut Islands damalige Ursprünglichkeit und Exotik. Allzu viel hat sich nicht verändert, denke ich. Dennoch, der Buchungserfolg mit Island als Destination sollte nur von kurzer Dauer sein. Schnell wollte keiner mehr auf so viel Komfort verzichten. Gleichzeitig kamen die Zeltfahrten als Hotel-Ersatzfahrten in Verruf und die restliche Touristikbranche spottete, dass »ein *Tigges*-Kunde auch mit einem Zelt zufrieden sei, Hauptsache neben ihm würde ein anderer Akademiker schlafen.« Reinhold Tigges versuchte sich gegen dieses Image zur Wehr zu setzen, indem er gegenüber der Presse zum Ausdruck brachte, dass »jene bildungsbeflissenen Lehrerinnen, die ihr Haar vorzugsweise als sogenannte *Halleluja-Knoten* oder *Pietisten-Zwiebeln* trugen, unter den *Tigges*-Gästen längst keine Rolle mehr spielten.« Aber die Firma konnte das schädliche Image nicht abschütteln. Selbst die hauseigene *Reiseleiter-Akademie*, die die Reiseleiter schulte und damit die gewünschte Qualität garantierte, stand heftig in der Kritik. So titelte das *Handelsblatt*, dass »dieser spezielle *Tigges*-Ton, eine Mischung aus Gebetsbuch, Kaisers Geburtstag und prozessoraler Abendländerei, anscheinend vor allem Ärzte, Rechtsanwälte, Lehrer und Unternehmer anzog.« Island als Tourismusdestination verschwand zuerst aus den Katalogen, dann gingen die *Dr. Tigges Reisen* in der *TUI* verloren und mein Vater wurde Studienreiseleiter der Touristik-Union International. Erst mit Beginn meiner eigenen Tätigkeit 1997 tauchte die Marke wieder auf dem Markt auf. Zu viele Kundenfragen nach *Dr. Tigges* aus Wuppertal zwangen die *TUI* zum Nachdenken und resultierten im ersten Katalog seit drei Jahrzehnten. Und plötzlich ist Island wieder da! »*Hochland, Gletscher und Geysire*« ist ein Ableger der alten »*Geysire, Gletscher und Vulkane-Tour*« Ende der Siebzigerjahre. 1977 übernachteten die Gäste in der Musikschule und 1998 müssen Kalli und ich in Vík im *Hotel Höfðabrekka* unsere Zimmer wegen Überbuchung räumen und in den Kinderzimmern der Familie die zwei Nächte verbringen. Es hat sich wenig geändert!

Als ich 1998 das erste Mal dort eintreffe, parkt Kalli den Bus vor dem Haupthaus. Eine ehemalige Scheune beherbergt die ersten Zimmer, die meine Gäste schnell beziehen, da es draußen regnet. Ich kenne das Örtchen Vík eigentlich nur mit Nieselregen, Dauerregen und Starkregen. Manchmal ist der Wind vom Meer aus derart heftig, dass es horizontal regnet. Für mich wird *Höfðabrekka* daher fortan zu einer Oase der Gemütlichkeit, was vor allem an der familiären Atmosphäre liegt. Der Eigentümer Johannes, ein nordischer Hüne von kräftiger Statur, ist tagsüber nie anwesend. Ich sehe ihn erst vor dem Abendessen hinter der Bar aushelfen, wo er die Getränke für die Bedienungen zusammenstellt. Johannes trägt einen getrimmten Vollbart und hat gigantische Hände, in denen die 0,5-l-Biergläser der isländischen Marke *Gull* wie Fingerhüte wirken. Er und seine Frau haben *Höfðabrekka* in mehreren Phasen zu einem Hotel umgebaut, sind aber nach wie vor in der Landwirtschaft verwurzelt. Seine beiden Söhne helfen mit, den Hof zu bewirtschaften, werden aber zunehmend in das Geschäft mit den Touristen einbezogen. Ab und zu sehe ich einen der beiden stattlichen Söhne als flinken Kellner im Restaurant aushelfen. Seine Frau leitet den Hotelbetrieb, nimmt Buchungen und Anrufe entgegen, flitzt dann wieder in die Küche, wenn dort Not am Mann ist und schaut nach den Zimmermädchen, die in den beiden Gästehäusern ihre Arbeit verrichten. Immer nimmt sie mich ganz fest in den Arm und begrüßt uns herzlich. Die beiden haben viel Arbeit in die Anlage investiert, die sich nun auszahlt. *Höfðabrekka* liegt strategisch in Vík í Mýrdal direkt an der Ringstraße im Einflussbereich des gewaltigen *Mýrdaljökulls*, einer riesigen Gletscherlinse, die zu unzähligen touristischen Aktivitäten einlädt. Davor erstreckt sich ein wenige Kilometer breiter Küstensaum mit flachen Sanderflächen aus pechschwarzer Vulkanasche und vereinzelten Basaltbrocken. Vík ermöglicht aufgrund der klimatischen Gunstlage Weidewirtschaft sowie ein wenig Ackerbau und ist ein Paradies für Ornithologen. Unmittelbar am Hof ist eine mächtige Eissturmvogel-Kolonie heimisch. Der unvorsichtige Besucher sei gewarnt, denn ein zu nahes Herantreten an die Jungtiere kann zur Folge haben, dass sie ihren schleimig-öligen Mageninhalt ausspeien, der fürchterlich stinkt und sich auch nach mehrmaliger Reinigung hartnäckig in der Kleindung hält. Auf der anderen Seite der Straße lauert eine weitere nicht weniger aggressive Gefahr. Zwischen Meersenf, Salzmiere, Standwegerich und Grasnelken brüten auf strandnahem Magerrasen sowie an den Rändern der kultivierten Wiesen Küstenseeschwalben, die sich gnadenlos auf den Besucher stürzen, kommt dieser den Nestern zu nahe. Östlich von *Höfðabrekka* gelangt man innerhalb einer Tagesetappe zu den touristischen Highlights im *Skaftaféll-Nationalpark* und zu den Gletscherströmen und –seen rund um den Plateaugletscher *Vatnajökull*. Kein Wunder also, dass *Höfðabrekka* mehrfach vergrößert wurde. Die Mühe zahlt sich aus. Johannes und seine Frau haben sich in kürzester Zeit den Ruf erarbeitet, eines der isländischen Tophotels außerhalb von Reykjavík zu führen. Gerade das familiäre Ambiente stellt nach den spartanischen *Foss- und Edda-Hotels* eine willkommene Abwechslung dar. 1998 gibt es leider nicht ausreichend Zimmer, um die enorme Nachfrage in der knappen Sommersaison zu bedienen, sodass Reiseleiter und Busfahrer häufig ihre gebuchten Unterkünfte räumen müssen, um zusätzlichen Platz zu schaffen. So kommt es, dass ich im Kinderzimmer der Familie schlafe und mir morgens das Bad mit ihnen teile. Kalli verbringt die Nacht bei den Bediensteten und flucht mürrisch über den Umstand. Noch tiefer als die Regenwolken über dem Kliff hinter dem Haus hängen die Gewitterwolken über seinem Kopf. Er gibt sich wortkarg am Frühstückstisch und braucht erst einmal zwei bis drei starke Kaffee. Mit Johannes beschließe ich früh, außerplanmäßige Jeep-Safaris in seinem alten Ford-Truck anzubieten. Nach dem Abendessen haben meine Gäste die Möglichkeit, die grandiose Landschaft im Einzugsgebiet des *Katla-Vulkans* hinter dem Hof zu erkunden. Johannes steuert den umgebauten Jeep-Bulli über kaum identifizierbare Geröllpisten auf die Anhöhen von kleineren Parasitärkratern. Hier erblicken wir ein wahrlich vorzügliches Bild vulkanischer Zerstörung. Schier endlose Lavamassen, unterschiedlich in Farbe und Form, soweit das Auge reicht – als ungeheure Platten, die teils verkeilt, teils wie aufgeschwemmt übereinandergeschichtet sind oder sich in Strömen ergossen haben, die im Laufe der Erdgeschichte erstarrt sind. In glasig-tiefschwarz oder in verschiedenen Grautönen. In der Entfernung kann das Auge die vielen Ausbrüche nicht mehr auseinanderhalten, ja es verliert sich hilflos in dunkler Einförmigkeit. Der Jeep schaukelt wild hin und her und öfter, als einem lieb ist, am Abgrund vorbei. Dennoch sind meine Gäste beeindruckt von der Unzugänglichkeit und Ursprünglichkeit dieser Lavalandschaft. Nur wenige Kilometer hinter *Höfðabrekka* tauchen wir in abweisende Natur ein und sind unter uns. Auf halber Strecke der Tour hält Johannes den Wagen an: Zeit für *Hárkal* und den *Schwarzen Tod*. *Hárkal* ist fermentiertes Fleisch des Grönlandhais. In seiner Konsistenz ist es gummiartig und stinkt bestialisch nach Ammoniak. Auf Island behaupten die Kenner der Haute Cuisine, dass das Haifleisch angeblich nach Camembert schmecken soll, was ich noch nie erlebt habe. Ohne die Fermentierung wäre das Fischfleisch für Menschen lebensgefährlich, da der Hai Harnstoff in seinem Blut anreichert, den er zum Ausgleich des osmotischen Drucks des Meerwassers verwendet. Stirbt nun das Tier, dauert es einige Monate, bis der Harnstoff im Körper abgebaut ist. In dieser Zeit wird durch die Zersetzung der Ammoniak frei. Deshalb bedarf es einer besonderen Zubereitung: man nimmt das Tier aus, säubert und wäscht es. Danach graben die Isländer ein Loch in das poröse Lavagestein, in das der Hai gelegt und mit Steinen bedeckt wird. Je nach Jahreszeit lässt man das Haifleisch ein halbes bis ganzes Jahr im Boden vergraben. Zu guter Letzt hängt man es an die frische Luft, sodass der Ammoniak gut abgasen kann. Der Verzehr kann zu Durchfall führen und – diesen Hinweis unterstütze ich vollkommen – man sollte sich vorher betrinken. Mein erster Kontakt mit *Hárkal* war fürchterlich! »Gummipisse«, sagt Kalli dazu und verdreht so schlimm die Augen, dass nur noch die weißen Augäpfel zu sehen sind. Johannes hingegen bietet mir grinsend vor meinen Gästen immer ein extra großes Stück an und triumphiert innerlich. Sobald ich unbeobachtet bin, huste ich gekonnt das Stück in meine Hand, trete hinter den Jeep und grabe mit dem Schuh eine kleine Grube, in die ich das Stückchen Haifleisch fallen lasse. Schnell noch die Deckschicht darüberstreichen und alles ist gut. Zum Glück hat keiner etwas gemerkt. Auch zwei Schnäpse *Schwarzer Tod* helfen nicht, um den ekelhaften Geschmack aus dem Mund zu bekommen. Auf dem Rückweg fährt Johannes den Jeep mitten durch ein Flussbett hindurch. Die mächtigen Profilreifen graben sich durch das Wasser und der Wagen hüpft über lose Gesteinsbrocken. Das fröhliche Gequietsche meiner Gäste mischt sich mit dem bedenklichen Geächze der beiden Achsen. Um den schönen Abend ausklingen zu lassen, trifft sich meine zufriedene Gruppe mit mir an der Bar zu einem letzten Bier. 1998 sind dies meine ganz besonders wertvollen Erfahrungen auf Island. Später werde ich einmal diesen Momenten hinterhertrauern. In der Zukunft wird *Höfðabrekka* in dieser Form nicht mehr existieren. Johannes und seine Frau werden den Familienbesitz an die *Keahotel*-Gruppe verkaufen, die das Haupthaus erweitert und ihm eine überdimensionale Rezeption hinzufügen wird. Schräg gegenüber den umgebauten Scheunen wird eine gigantische, einer grauen Militärbaracke ähnelnde Betonkonstruktion mit neuen Zimmern errichtet. Tourbusse werden gewaltige Ladungen an Touristen ausspucken, die alle routiniert abgefertigt werden. Dementsprechend wird sich auch das Restaurant verändern. Büfettkultur statt der individuellen Kellnerbetreuung. Kein letztes Bierchen mehr an der Bar mit dem Eigentümer. Auf dem Weg ins Bett werden einem noch an der Rezeption isländische Salze, Accessoires aus Fischleder oder Islandpullis zum Verkauf angeboten. Undenkbar, dass man weiterhin im Bach hinter *Höfðabrekka* mit dem Busfahrer nach dem Abendessen gemütlich noch zwei, drei Stunden zum Angeln gehen kann.

Die Fahrt von Vík über *Landmannalaugar* zur Hochlandpiste *Sprengisandur* ist atemberaubend schön. In den schwarzen Basaltwüsten treffen wir auf Grasstellen am Wegesrand, die neongrün schimmern. Dann wieder endloser Himmel auf Anhöhen, bis Kalli den Bus in weite Täler hinabsteuert. Mehr noch als die mannigfaltigen Lavaströme sind die unterschiedlichen Farben der Gesteine von besonderem Reiz. Pechschwarzer Obsidian schluckt die Sonne. Graublaues Pechstein setzt dafür wenige, aber kräftige Farbakzente. Rötlich-braune Rhyolith-Hänge brechen ebenfalls die Monotonie des Basaltes auf. Andauernd lasse ich den Bus anhalten, um den nächsten Fotostopp machen zu können. Meine Gäste danken es mir, denn 1998 ist die Anreise zur Station *Hrauneyjar* im Hochland eine *Knochenbrecher-Tour* auf einer katastrophalen Piste durch Flüsse und Bäche, über Bergrücken und auf die Plateauebenen des Hochlands. Ab der fruchtbaren Oase *Landmannalaugar* mit ihren heißen Quellen wird die Straße zu einem Waschbrett. Entweder man fährt weniger als 50 km/h oder deutlich mehr als 80 km/h, was ein äußerst waghalsiges Unterfangen für Wirbelsäulen und Wagenachsen darstellt. Die Hochlandpiste ist eine ideale Teststrecke, um die Materialmüdigkeit von Bus- und Körperteilen zu prüfen. Während ich am Mikrofon einen Vortrag halte, ruckelt der Wagen so sehr, dass mein Kiefer zittert. Es hört sich über die Lautsprecheranlage an, als ob mir kalt wäre und meine Zähne klappern würden. Das Fahren fordert Kalli alles ab, jedoch zeigt er sein ganzes Können. Sieht er ein Schlagloch zu spät, hüpfe ich vorne auf meinem Sitz derart heftig, dass ich mit dem Kopf an die Leiste mit den Belüftungslöchern knalle. Ein Teil meiner Karteikarten ist mir in den Fußraum gefallen, aber ich bringe meinen Vortrag zur Einzigartigkeit der Geographie in dieser Region noch einigermaßen gut zu Ende. »*Afsökun, afsökun!* Entschuldigung, Entschuldigung«, ruft er und prügelt den Bus den nächsten steilen Hang hinauf. In der Zwischenzeit hat es angefangen in Strömen zu regnen. Die Wolken hängen tief und ich muss am Mikrofon bleiben, um die *Tigges*-Gruppe bei Laune zu halten. Jedoch verschwimmen mir bei dem elenden Geruckel die Zeilen vor den Augen zu einem Buchstabenwirrwarr. Es ist zwecklos! Meine Gäste sehen auch nichts mehr und haben ihre Kameras eingepackt, denn die Rinnsale außen auf den Scheiben machen jedes Fotomotiv zunichte. Die hinteren Reihen haben schon lange aufgegeben, durch verdreckte Scheiben einen Blick auf die Landschaft zu erhaschen, sodass mir Kalli den Bus zwischendurch an einem Bach anhält, wo ich mir den Putzeimer aus dem Kofferraum schnappe und kübelweise Wasser auf die Fensterscheiben schütte, um die Dreckschicht fortzuspülen. Kalli nutzt die Gunst der Stunde und pinkelt in aller Seelenruhe hinter den Bus vor den Kofferanhänger. Zurück am Lenkrad erklärt er der *Dr.-Tigges*-Gruppe, dass er die Doppelreifen hinten regelmäßig kontrollieren müsse. Verkeilen sich dort dicke Steine, kann dies zu platzenden Reifen führen – äußerst unangenehm so weit entfernt von einer Werkstatt im Hochland. Das will ja keiner! Wir beide nutzen diese Möglichkeit, um zwischendurch mal austreten zu können. Für meine Gäste suchen wir größere Gesteinsbrocken als Sichtschutz in der Landschaft unweit der Schotterpiste, jedoch ist es im Hochland kaum möglich, sich hinter Steine zu hocken. Es fällt natürlich auf, dass wir beide bei den *technischen Pausen* nicht einmal die Toilette aufsuchen. »Herr Hillerich, müssen Sie denn eigentlich nie?«, werde ich entgeistert gefragt, nachdem sich ein Herr fünfzehn Minuten lang mit seiner Hose sowie den isländischen Naturgewalten im Freien abgemüht hatte und erleichtert in den warmen Bus zurückgekehrt ist. »Nein, meine Blase hält einiges aus«, antworte ich lapidar und sehe tunlichst zu, dass ich nicht in Kallis Richtung blicke. »Ach so. Ach ja?« kommentiert er, ohne mit der Wimper zu zucken.

Abends erreichen wir *Hrauneyjafossstöð*, Islands drittgrößtes Kraftwerk mit einer Leistung von 210 Megawatt. Es wurde 1981 in Betrieb genommen und befindet sich knapp zwei Kilometer oberhalb des *Hrauneyjafoss*-Wasserfalls. Die Wassermassen aus dem aufgestauten Reservoir schießen mit enormer Wucht durch gewaltige Betonröhren 272 Meter den Berghang hinunter und treiben in der Anlage die Turbinen an. Zum Kraftwerkskomplex gehört auch eine einfache Ansammlung an Baracken aus grünen Containern, die modulartig miteinander verbunden sind und Technikern, Wartungspersonal sowie Arbeitern Unterkunft im Hochland bieten. Für mehrere Wochen leben die Angestellten der Betreiberfirma auf dem sturmgeplagten Basaltplateau und sind verantwortlich für die Instandhaltung des Kraftwerkes. 1998 ist eine komplette Durchquerung der *Sprengisandur*-Hochlandpiste nur mit Übernachtung möglich. Ein völlig anderes Hochlanderlebnis bieten diese Baracken als die komfortablen Hotels entlang der Ringstraße. Meine *Dr.-Tigges*-Gäste schlafen in engen mit Linoleum von Decke bis Fußboden ausgestatteten Kabinen, die an Raumfahrtkapseln erinnern. Nach dem Check-in kommen sie teilweise nur mit Socken zum Essen. Keiner murrt über zu wenig Komfort – im Gegenteil, man ist sich der fehlenden Alternative bewusst. In der gemütlich warmen Kantine essen wir eine dicke Erbsensuppe. Deftige Kost für den großen Hunger – einfach und gut. Alle sind froh, dass wir nicht den Widrigkeiten der Natur ausgeliefert sind. Draußen pfeift der Wind und zerrt an den Außenwänden. Starke Böen peitschen unentwegt Regensalven auf die kleinen Fenster. Damals war die Natur so gefährlich, dass die starken Lastpferde schnellstmöglich über die

Hochlandroute preschten, damit die Menschen rasch wieder in lieblichere Gefilde gelangen konnten. Was hätten die wohl für einen Zwischenstopp mit Erbsensuppe gegeben? Ihren Namen erhielt die Nord-Süd-Traverse im Mittelalter, weil die Pferde in dieser lebensfeindlichen Wüstenregion aus Furcht vor den unberechenbaren Sandstürmen zur Seite *sprangen*. Mensch wie Lasttier waren der geradezu unwirtlichen *Sprengisandur* seit den frühesten Zeiten der Besiedlung hilflos ausgeliefert. *Hrauneyjafossstöð* bietet sich heute hervorragend an, um während des Abendessens mit meinen Gästen über die Vor- und Nachteile der Energiegewinnung durch Staudammprojekte zu sprechen. Schnell ergibt sich eine interessante Diskussion, die zum Vorschein bringt, dass einer meiner Gäste, Herr Rolf W. aus Nürnberg, ein hochrangiger *Siemens*-Mitarbeiter ist. Ich erzähle der Gruppe von meiner anstehenden Examensarbeit am Geographischen Institut der Universität Köln. In dieser habe ich es mir zum Ziel gemacht, das gigantische *Drei-Schluchten-Staudammprojekt* am Yangtse-Fluss in China mit den Staudammprojekten an der *James Bay* in Kanada zu vergleichen. Im Vordergrund der Untersuchung soll die Nachhaltigkeit solcher Großprojekte stehen. Da *Siemens* im Rahmen eines internationalen Konsortiums am Bau der Turbinen für den *Drei-Schluchten-Damm* in China beteiligt ist, verspricht mir Herr W., nach Ende der *Tigges*-Reise Informationsbroschüren von der chinesischen Betreibergesellschaft sowie Kopien der Konstruktionszeichnungen zukommen zu lassen. Am 17. November schreibt er mir: »Leider gehen in Bayern die Uhren nicht nur anders, sondern es dauern die Ferien auch länger, sodass ich die beiliegenden Unterlagen erst heute bekommen habe. Andere Unterlagen gibt es nicht, da alles von der chinesischen Regierung genehmigt werden muss, was veröffentlicht wird. Ich hoffe, Sie kommen zurecht. Sollte es mit weiteren Touren klappen, würden wir uns gerne mal wieder Ihrer Betreuung anvertrauen.« Irgendwie habe ich das Gefühl, dass *Siemens* sehr kontaktfreudige Mitarbeiter hat. Während mein Vater über Direktinvestitionen in

Südamerika aufgeklärt wurde, erhalte ich wertvolle Quellen für meine Examensarbeit. Noch ein zweiter Aspekt ist für mich eine Bereicherung: Momente wie diese sind für mich eine wertvolle Horizontverschiebung. Zwar leite ich die Reise, jedoch lerne ich durch den Kontakt zu äußerst interessanten Gästen, die natürlich in eine Urlaubsreise ihre eigenen Biografien einfließen lassen, in vielfältiger Hinsicht hinzu.

Da ist die ältere Dame zu nennen, die ihr Leben lang als Privatsekretärin mit ihrem Chef durch die Welt gereist ist, mit ihm unzählige Male in seiner Lodge in Afrika gewohnt hat, Südamerika und Asien wie ihre Westentasche kennt und nun allein mit ihren Erinnerungen an ein erfülltes Reiseleben nach Island gekommen ist. Wir beide unterhalten uns über ihr abwechslungsreiches Leben und ihre Erfahrungen. Als älteste Teilnehmerin der Island-Reise fragt sie mich, ob sie auch noch das Rauchen aufgeben soll, um sich dem Rest der Truppe anzupassen. Ich verneine vehement und verweise auf die Notwendigkeit, nicht jeden Trend mitmachen zu müssen. Tags zuvor entledigte sich die Dame schon ihres ihr in einem deutschen Sportgeschäft aufgeschwatzten Tourenrucksacks sowie der dazu gehörigen Carbon-Wanderstöcke. Da ist der Mann in mittlerem Alter, der gerade eine Krebstherapie überstanden hat und sein Leben mit anderen Augen sieht. Er genießt die Einzigartigkeit der Landschaft und nimmt jeden schönen Moment besonders intensiv wahr. Da sind die Frauen aus einer Volkshochschulgruppe, die jede Gelegenheit nutzen, um kleine Steinchen zu sammeln und am Ende der Reise zum Abschied einen Text auf uns alle dichten: »*Aus Frankfurt, München und Berlin / zog es uns Tigges-Reisende nach Island hin / Kaum auf dem Flughafen angelangt, / wurden wir mit Marcus Hillerich bekannt. / Mit klugem Kopf und sehr viel Wissen / ließ er uns das Land genießen. / Interessantes über Menschen, Land und Fabelwesen, / nichts hat Marcus vergessen, / sogar vergammelten Haifisch durften wir essen.*« Oder da waren die netten Augenblicke irgendwo in der Natur gemeinsam in der Gruppe beim von mir ausgegebenen *Welcome Drink*. Meistens Whiskey mit ein paar Erdnüssen zum Knabbern. Eine *Dr.-Tigges*-Gruppenreise beinhaltet eben nicht nur die Vermittlung von Inhalten, sondern sie ist auch eine Möglichkeit für Gäste, ihr Herz zu öffnen und etwas von sich preiszugeben – sei es ein wenig Dankbarkeit für die Bereitschaft zuzuhören oder der Ausdruck von Glück und Zufriedenheit während ganz besonderer Momente.

Neben den Gästen sind es aber vor allem die Einheimischen, die mich verändern. Insbesondere ist es der Busfahrer, der mir diese Erfahrungen ermöglicht. Kalli und ich sind früher als geplant in Akureyri, der größten Stadt im Norden Islands, angekommen. Schuld war katastrophales Wetter, das uns im wahrsten Sinne des Wortes die Weiterfahrt zum *Askja-Vulkanmassiv* verhagelt hat. Dauerregen, dadurch verwüstete Straßen und orkanartige Böen zwangen mich umzuplanen. Ich lasse mir die Änderung des Programmpunktes von meiner Gruppe quittieren. Mit ihrem Einverständnis bin ich gegenüber möglichen Regressansprüchen aufgrund nicht eingehaltener Leistungen laut Programm abge-sichert. Da hat sich Oberorke schon bezahlt gemacht, denke ich. So können wir einen zusätzlichen Tag in Akureyri verbringen. Nach dem üppigen Abendessen (wieder einmal, denn es ist die einzige Zeit, über die ich frei verfügen kann) nimmt Kalli mich im Bus mit zu seinem Vater. Nicht weit vom *Botanischen Garten* entfernt, wohnt er in einem schmucken Häuschen in der groß-zügig angelegten Oberstadt, die sich vom Fjord den Bergrücken hinauf erstreckt. Das Haus umschließt ein kleines Stückchen Gar-ten, in dem Blumen und Kopfsalate Ausdruck von Mühe und unendlicher Geduld mit dem nährstoffarmen Boden sind. Vom Busfenster aus sehe ich ein Kreuzfahrtschiff im Hafen am Ende des riesigen 60 Kilometer langen *Eyjafjörður*, Islands größtem Fjord. Möwen halten das Gleichgewicht auf Laternen und Zäu-nen und steigen dann hektisch in die Luft auf, als wir uns ihnen nähern. Die Abendsonne steht noch hoch am Firmament, das Licht ist grell und intensiv. Kalli und ich treffen bei seinem Vater ein. Herzlich ist die Umarmung, sehr groß die Freude, sich wiederzusehen, da der Sohn im Sommer eigentlich immer mit Reisegruppen unterwegs ist. Daheim zu Hause bedeutet egal, wo man in Island lebt, in der Küche zu sein, genauer gesagt am großen Küchentisch versammelt zu sein. Niemals sitze ich bei Isländern in der Wohnstube. Immer in der Küche! Wohnzimmer sind für unseren mitteleuropäischen Geschmack kühl und mit den Gerätschaften der modernen Wohlstandsgesellschaft vollgestellt: in den Neunzigerjahren mit Stereoanlagen und überdimensionierten Fernsehern. Auf die Errungenschaften aus dem *MediaMarkt* blicke ich von einem modischen, aber kalten Ledersofa. Recht wenige Einrichtungsgegenstände sind zu erkennen, nur ein paar Bilder hängen an den Wänden. In der Küche hingegen herrscht eine warme und gemütliche Atmosphäre, ja richtige Wohlfühllatmosphäre. Es hängen Pötte und Pfannen neben dem Herd. Ein Sammelsurium an Kaffeetassen breitet sich in den Regalen aus. Vor dem Herd trocknet ein Küchentuch ab. Und! Die ganze Familie schaut mir von Bildern in bunten Rahmen aus zu: aufmerksam betrachten sie mich und lassen mich nicht aus den Augen. Anhand dieser Bildergalerie erläutert mir Kalli schnell die Verwandtschaftsverhältnisse. In der Luft wabert der Geruch von frisch aufgebrühtem Kaffee, zu dem immer Knabbereien gereicht werden. Wie könnte es auch anders sein? Lavabrot, die isländische þristur, oder Schokoladenriegel mit Lakritz sind allerorts zu bekommen. Kekse, Waffeln oder Krapfen – Hauptsache Zucker! Isländer essen gerne Süßes. An jeder Raststätte im Aufenthaltsraum für Reiseleiter und Busfahrer greifen meine Kollegen noch vor dem Mittagessen zum Teller mit den Leckereien, als würden sie mit diesem Ritual offiziell die Mittagszeit und Ruhepause einleiten. Es ist schon 22.00 Uhr, aber wir genießen erst einmal gemeinsam einen Kaffee am Küchentisch. Die beiden haben sich viel zu erzählen und ich lausche andächtig. Obwohl ich ihnen Zeit geben möchte, unterbrechen sie ihr Gespräch und Kalli übersetzt mir rücksichtsvoll die Fragen seines Vaters. Wie schön, dass ich miteinbezogen werde. In späteren Jahren werde ich Begegnungen wie diese vermissen, da die Studienreisen als Konsequenz des stärkeren Tourismusaufkommens immer schneller getaktet und straffer strukturiert sind. »Já, já«, was sich wie »jau, jau« anhört, beendet aber auch schon jetzt den kurzen Besuch, denn Kalli muss den Bus für den nächsten Tag volltanken und putzen. Große Hände hauen sich gegenseitig auf die Schultern. Wir verabschieden uns ohne lange Worte oder Gesten von seinem Vater und während er den Bus zur hiesigen Tankstelle fährt, gehe ich zu Fuß zum Hotel zurück. Einige wenige meinem Empfinden nach für die momentanen Temperaturen viel zu leicht bekleidete Jugendliche mit Skateboards tummeln sich zu dieser Zeit noch auf der Straße.

Zurück auf meinem Zimmer lese ich nach, was Ida Pfeiffer über die Häuser und Gastfreundschaft der Isländer zu sagen hat: »Die hölzernen Häuser sind von Kaufleuten oder ihren *Faktoren (Leitern einer Handelsniederlassung)* bewohnt und bilden Erdgeschosse mit nur vier bis sechs Fenstern Front. Die Inneneinrichtung ist europäisch, Spiegel, gusseiserne Öfen, alles kommt von Kopenhagen. Schöne Teppiche liegen vor den Kanapees ausgebreitet, niedrige Gardinen beschatten die Fenster, englische Kupferstiche zieren die weiß getünchten Wände, Porzellan, Silberzeug, geschliffene Gläser usw. stehen auf Kästen oder Ecktischen zur Schau ausgebreitet, Blumentöpfe mit Rosen, Reseden, Nelken etc. verbreiten einen herrlichen Duft. Die Wohnstuben der ärmeren Klasse haben weder getäfelte Wände noch Fußböden und sind gerade groß genug, um darin schlafen und allenfalls noch sich umdrehen zu können. Oberhalb der Betten«, so skizziert sie den Unterschied zu den reichen Kaufleuten, »sind Stangen gezogen, auf welchen die Kleider, Schuhe, Strümpfe und dergleichen hängen. Öfen benötigen sie keine! Ihre eigene Ausdünstung ist ergiebig.« Nettere Worte findet sie bei der Beschreibung der Gastfreundschaft der Isländer in ihren Stuben. »Tische waren reichlich mit Butter, Käse, Brot, Kuchen, Lammbraten, Rosinen, Mandeln, einigen Orangen und Wein bedeckt. Fröhlichkeit und Scherz herrschte dabei in solchem Maße, dass ich unter lebhafte Italiener und nicht unter kalte Nordeuropäer geraten zu sein dachte.« Die Wärme der Stuben ist ihr eine willkommene Abwechslung zur Kälte draußen in der Natur. Ida Pfeiffer stellt fest, dass das Reisen in Island überhaupt viel beschwerlicher als im Orient ist. Oft klagt sie über die schrecklichen Stürme und Winde, die scharfe Luft, den häufigen Regen und die schneidende Kälte, die bei weitem unerträglicher als die orientalische Hitze sei. Was für ein Stimmungsaufheller war ihr doch der isländische Kaffee! So berichtet sie erfreut, dass »an dem Morgenkaffee mit Rahm selbst der feinste Gutschmecker nichts auszusetzen gefunden hätte und dass sie auch seit ihrer Abreise aus Island keinen solchen Kaffee mehr getrunken habe.« Womit wir wieder beim Thema wären! Ich lege das Buch auf die Kommode neben mein Bett und dann fallen mir die Augen zu.

Am nächsten Tag erreichen wir den Ort Blönduós im Nordwesten Islands. Das gleichnamige Hotel ist fürchterlich. Es ist das schlimmste Etablissement der ganzen Reise in schäbig Blau mit grünem Hinweisschild. Drumherum Parkplatz und nichts als Parkplatz. Bei schlechtem Wetter vermischt sich der Horizont mit dem hellgrauen Teerbelag vor der Eingangstür. Während besserer Zeiten sollten wohl zwei Fahnenmaste hinter dem Gebäude einen Hauch von Internationalität versprühen. Niemals habe ich jedoch dort eine Fahne wehen sehen. Meine Gruppe hat Hotelzimmer der Kategorie *Superior Rooms* erhalten. Ich auch! Lippenstiftrote Farbe an allen Wänden gibt dem ganzen einen leicht anrüchigen Touch. Man hatte wohl noch genügend Farbe übrig, sodass der Heizkörper unterhalb der Fensterbank gleich mit angestrichen wurde. Dreht man die Heizung auf, entsendet sie neben Wärme auch einen beißenden Lackduft in den Raum. Vom Fenster aus sehe ich im Innenhof einen dritten Fahnenmast einsam aus einem Betonkübel herausragen. Auf ihm sitzt eine Möwe und starrt auf das Wellblechdach, das langsam, aber stetig seine blaue Beschichtung verliert. Was für ein trostloser Laden! Blönduós ist abends eine *Ghosttown* mit hochgeklappten Bürgersteigen. Das städtische Leben findet spärlich an der Tankstelle statt. Nicht einmal die frische Abendluft kann mich dazu überreden, einen Spaziergang zu machen. Ich bleibe bei geöffnetem Fenster auf meinem Zimmer und schreibe meinen Reiseleiterbericht, denn die Tour neigt sich dem Ende entgegen. Tags drauf empfängt uns Reykjavík mit heftigem Regen, der wütend auf die Busscheiben prasselt. Irgendwie hat der Lackduft letzte Nacht Spuren hinterlassen. Mein Kopf brummt gewaltig. Die Hauptstadt präsentiert sich von ihrer hässlichen Seite und ich glaube, dass die Gäste sich bei diesem Wetter darauf freuen, Island bald verlassen zu können. Auf dem Weg zum Flughafen passieren wir noch einmal die *Blaue Lagune*. Die Lavaströme bilden aufgetürmte schwarze Brocken hier, wellenförmige, schlackenartige Bereiche dort, deren oberste Stellen mit dem grauweißlichen Zackenmützenmoos wie mit einem dichten Raureif überzogen sind. Diesen Lavateppich durchbrechen scharfe Spitzen und Kanten. An anderen Stellen tauchen unvermittelt Löcher und Vertiefungen auf, in denen kleine blaue Veilchen und niedriges Farnkraut im Schutz vor den rauen Winden gedeihen. Ach, wie gerne wäre ich jetzt dort im heißen Wasser, denke ich, aber ein anstrengender Tag steht mir bevor. Im Abflugbereich verabschiedet sich meine *Tigges*-Gruppe zufrieden von mir. Ich wünsche allen einen guten Flug und flitze zum Bus zurück. Auf meiner ersten Tour gab es keine Komplikationen! In nur wenigen Stunden werde ich wieder hier sein und die nächste Gruppe abholen. In der Zwischenzeit gewährt mir Kalli Asyl bei sich zu Hause. Er wohnt sehr komfortabel angebunden im Neubaugebiet im Nordosten der Hauptstadt. Wie so oft machen die Häuser in diesen modernen Stadtteilen von Reykjavík von außen nicht so viel her. Kühler Zweckbeton und wenige Grünflächen, wohin ich blicke. Vergeblich suche ich nach Vorgärten mit Blumenbeten, aber wer sollte denn auch während Kallis Bustouren die Pflanzen pflegen? Ich darf seine Waschmaschine benutzen, in die ich den Inhalt meines Rucksackes kippe. »Einen Kaffee, Marcus?«, eine rhetorische Frage. Die Tasse steht schon auf dem Küchentisch – wo auch sonst? Dampf entweicht ihr, der von warmem Lampenlicht erleuchtet wird. Es ist gemütlich hier. »Darf ich mich umschauen?«, frage ich ihn. »Ja klar, mach nur«, antwortet er und öffnet mir die Durchgangstür zum Wohnzimmer. Isländer halten nicht viel von Vorhängen oder Gardinen vor ihren Fenstern. Auf Spaziergängen durch Reykjavík oder durch andere Ortschaften ist mir das wiederholt aufgefallen. Man schottet sich nicht wie in Deutschland ab, sondern lässt den Blick in die Räume zu. Vielerorts kann man von außen so das alltägliche Leben im Inneren der Häuser beobachten. In Kallis Wohnzimmer stehend starre ich hingegen auf nordeuropäisches Sauwetter, denn es gießt in Strömen draußen auf der Straße. Wir beide essen schnell eine Kleinigkeit, dann bringt er mich zum Hotel zurück, wo ich meine frisch gewaschenen Sachen in Ruhe bügeln kann und etwas schlafen werde. Am späten Nachmittag stehe ich wieder mit *Dr.-Tigges-*Erkennungsschild am Flughafen und nehme die nächste Gruppe in Empfang.

»Hochland, Gletscher und Geysire« – Teil II. Sollte beim zweiten Mal eigentlich mehr Routine bedeuten, weiß ich doch nun genau, welche Wege ich wählen muss und an welchen Stellen ich meine Vorträge zu halten habe. Routiniert kann ich des Weiteren schon zu Beginn der Reise sämtliche Fragen zum Standard der jeweiligen Hotels beantworten. Es kommt jedoch alles anders! Schon am dritten Abend fällt mir eine Alleinreisende mittleren Alters in meiner Gruppe durch ihre seltsam persönlichen Erzählungen und teils anrüchigen Anspielungen gegenüber einem männlichen Gast beim Abendessen auf. Sie benimmt sich merkwürdig, möchte in der Gruppe durch ihre auf exaltierte Weise vorgebrachten Kommentare auffallen und den Gästen mit überschwänglichen Komplimenten gefallen. Was geht in der Frau vor? Was sind ihre Motive für dieses absurde Gehabe? Immer wieder flammt ein Lachen auf, das leicht irre anmutet. Offensichtlich buhlt sie um Aufmerksamkeit. Tagsüber im Bus ist die Frau allerdings wie hypnotisiert,

beteiligt sich nicht an allen Besichtigungspunkten und bleibt stattdessen häufig wie in Trance versunken allein auf ihrem Platz sitzen. »*Marcus, she is crazy!*«, höre ich Kalli flüstern. »*Trouble-maker*. Hab sie im Blick!«, gibt er mir seinen Rat. Während der Wanderung im *Skaftafell*-Nationalpark verweilt sie übertrieben lange am *Svartifoss*, dem schönen Wasserfall mit ganz besonders eindrucksvollen an schwarze Orgelpfeifen erinnernde Basaltsäulen, sodass ich sie auffordern muss, den Anschluss an die Gruppe nicht zu verlieren. »Haha, Marcus, wie du dich um mich sorgst. Reizend von dir«, kommt die Antwort zurück. Und dann wieder das irre Lachen. »Das wird immer gruseliger«, schießt es mir durch den Kopf. In *Vík* und in der Hochlandstation entlang der *Sprengisandur* vermissen wir alle die Frau beim Abendessen. Keine Entschuldigung am nächsten Tag, kein Anzeichen von Magenproblemen oder anderen Krankheiten, die ein Fehlen hätten erklären können. Nun fragen sich auch die Gäste, was los ist. Wir alle sind ratlos. »*Crazy!* Marcus, *watch her*«, wiederholt sich Kalli zwischen erneuter Kartoffelsuppe und Fischgericht. Eine dramatische Wende nimmt die bizarre Geschichte am *Dettifoss*, einem der gewaltigsten Wasserfälle Europas. Wassermassen donnern dort auf einer Breite von mehr als hundert Metern imposant in eine vierzig Meter tiefe Basaltschlucht. So gewaltig ist die Kraft des Wassers, dass ein mächtiger Canyon aus dem Plateau im Hochland heraus erodierte. In diesen verschwindet das Wasser förmlich, pulverisierte Moleküle tanzen als dichte Gischtschleier in der Luft über dem Canyon. Ich stehe in einiger Entfernung zur Schlucht und halte einen Vortrag über die Entstehung des *Dettifoss*. Auf die Gefahr der nassen Basaltbrocken am Rand weise ich immer nachdrücklich hin. Man muss trittsicher sein und sollte nie zu nahe an die Fallkante treten. Keinerlei Absperrung oder Barriere hält einen auf, Island ist auch im Norden reine ungebändigte Natur. Parkplatz, einfacher Zugangsweg und Naturerlebnis – mehr gibt es noch nicht. Die Gefahr des Ausrutschens und Abstürzens ist sehr real. Immer wieder beobachte ich, wie sich ausländische Touristen bei dem Versuch, ein besseres Fotomotiv zu erhaschen, Verletzungen zufügen, weil sie sich über die Ratschläge der Reiseleiter hinwegsetzen und dann im besten Fall nur den Fuß umknicken. Und wer steht völlig allein und viel zu nah an der Fallkante? Die Frau aus meiner Gruppe. »*Crazy!*«, denke ich, renne zu ihr hin und sehe, wie sie sich nach vorne beugt. Ich bekomme sie an der Jacke zu fassen und reiße sie zurück. Wütend raune ich sie an: »Passen Sie doch auf! Das ist sehr gefährlich.« Bleich und Augen so groß und leer wie nach einem heftigen LSD-Trip antwortet sie: »Ach, das wäre auch o. k. gewesen.« »Himmel!« Erst später verstehe ich, was sie mir sagen will, so vollgepumpt mit Adrenalin ist mein Körper. Auf dem Weg zurück zum Bus weiche ich nicht von ihrer Seite. Natürlich hat die Gruppe dies mitbekommen. Abends beim Essen kommt der alleinreisende männliche Gast zu mir und zieht mich zum Gespräch in eine ruhige Ecke des Restaurants zurück. »Herr Hillerich, ich glaube, ich bin der Auslöser für den Vorfall heute gewesen.« »Wie bitte?«, entgeistert schaue ich ihn an. Darauf hat mich Oberorke nicht vorbereitet. Im Kopf spiele ich in Windeseile unterschiedliche Szenarien durch – alle sind unbefriedigend. »Frau G. hat mir ihre Zuneigung signalisiert, die ich aber überhaupt nicht teilen kann. Ich bin glücklich verheiratet, müssen Sie wissen.« Schlagartig wird mir alles klar. »Ich glaube«, fährt er fort, »sie nimmt Psychopharmaka, was ihre ständigen Stimmungsschwankungen erklären würde.« Besorgt will ich der Sache auf den Grund gehen, aber mein Versuch, sie zum Abendessen zu motivieren, scheitert kläglich an der verschlossenen Zimmertür. Ich hoffe nur, dass sie am nächsten Tag wieder im Bus sitzt. Dies ist Gott sei Dank an allen weiteren Tagen, bis wir in Reykjavík wieder eintreffen und meine Gäste einen halben Tag zur freien Verfügung haben, der Fall. Abends mache ich das Angebot, dass wir gemeinsam die Reise bei einem Bier oder Glas Wein nett ausklingen lassen. Aber weder beim Abendessen noch in der Bar taucht Frau G. auf. Ich halte Rücksprache mit der Rezeption und bitte das Personal, mich so-

fort zu informieren, sollte Frau G. dort eintreffen. Um 23.00 Uhr
gibt es immer noch keine Neuigkeiten. Ich flitze ein weiteres Mal
zur Rezeption runter und schildere den Bediensteten dort die Situation. Gemeinsam beschließen wir, die Polizei zu rufen. Vor
deren Eintreffen sichere ich mich ab, indem ich die Notfallnum-
mer der *TUI* anrufe. Dort informiert man mich, dass ich natürlich
nicht Frau G. zwingen kann, den Rückflug anzutreten. Sie ist er-
wachsen. Nimmt sie den Flug nicht wahr, verfällt er und sie muss
sehen, wie sie zurückkommt. Nur wäre es für alle Beteiligten
besser, wenn ich meinen Gast irgendwie in die Maschine bekomme. Zwanzig Minuten später sitze ich mit einem Kaffee in der
Hand in einem Polizeiwagen und rolle mit den diensthabenden
Beamten durch ein leeres, ungemütliches Reykjavík. Funksprüche
werden beantwortet. Die beiden Polizisten sind mit ihrer Zentrale
in Kontakt und haben meine Personenbeschreibung durchgegeben. Zuerst durchsuchen wir den Hafen, der wie ausgestorben
wirkt und dann die Innenstadt um den *Tjörnin*-See. Gähnende
Leere auch hier. Am Parlamentsgebäude knutscht ein Paar eng
umschlungen vor der Eingangstür und fühlt sich durch unsere
Präsenz gestört. Danach fahren wir die *Laugavegur*-Straße ab und
zuletzt die *Kalkofnsvegur*. Fehlanzeige. Nichts. Wir geben auf und
die zwei netten Polizisten setzen mich am Hotel ab. Nach meiner
Rückkehr klopft es kaum fünf Minuten später an meiner Zimmertür. Ich war gerade auf dem Weg in die Dusche. »Herr Hillerich,
wir haben Frau G. gefunden«, sagt eine Dame aus meiner Gruppe,
die im blauen Nachtgewand vor mir steht. »Wie?«, mehr bringe
ich um diese Zeit nicht mehr über die Lippen. »Wir saßen noch
in der Hotelbar, als sie plötzlich orientierungslos in der Lobby
stand. Da waren sie gerade weggefahren. Nun ist sie auf ihrem
Zimmer.« Jetzt fällt mir auf, dass ich zu schnell an der Rezeption
vorbeigerannt bin. Mist! Hätte ich dort geklingelt, dann hätte mir
sicherlich jemand im Büro die gute Nachricht übermittelt. »Wir
müssen in ein paar Stunden raus. Der Transfer ist um 04.00 Uhr«.
Die nette Dame nickt und antwortet: »Ich werde bei Frau G. klop-

fen und gemeinsam mit ihr packen, damit sie auch wirklich pünktlich am Bus erscheint.« Mein Gott, wie hilfsbereit! Ich danke ihr sehr und lege mich für wenige Stunden zum Schlafen hin. Kurze Zeit später reißt mich der Weckruf der Hotelrezeption aus dem Tiefschlaf. Zuerst stehe ich völlig neben mir! Wer um Himmels willen ist der Mensch im Spiegel? Erst eine kalte Dusche hilft mir, wach zu werden. Ich muss an Kalli denken, der uns gleich zum Flughafen bringen wird. »*Crazy*, Marcus. *Watch her!*« Ich stehe vor dem Zimmer von Frau G. und klopfe etwas zu stürmisch an ihre Tür. Meine große Hilfe von gestern Nacht öffnet sie einen Spaltbreit. »Herr Hillerich, gehen Sie ruhig runter in die Lobby. Ich packe gerade mit ihr und weiche ihr nicht von der Seite.« »Wenn der Bus da ist, hole ich Sie beide ab«, antworte ich. Als ich Kalli auf dem Parkplatz sehe, organisiere ich den Transfer. Alle Tickets vom *Pre-Night-Check-in* warten an der Rezeption auf mich. Es kann losgehen. Als Kalli hört, was ich letzte Nacht durchgemacht habe, macht er den Mund auf und ich unterbreche ihn: »Crazy, ich weiß, Kalli«. Grinsend startet er den Motor. Mit vereinten Kräften bekommen wir Frau G. in den Bus und wenig später in die Maschine. Auf meinem Sitz stülpe ich mir die Kopfhörer über die Ohren und tauche ab. Ich brauche dringend Urlaub!

Die nächsten Reisen, die ich durchführe, meiden gänzlich die *Sprengisandur*-Route und konzentrieren sich leider nur auf die Ringstraße. Wenn überhaupt ein Anteil Hochlanddurchquerung inbegriffen sein soll, dann mit der Aufnahme der *Kjölur*-Route in das Programm. Findet jedoch eine Reise Ende Juni statt, besteht die Gefahr, dass heftiger Schneefall die *Kjölur* zu dieser Jahreszeit unpassierbar macht. Zu risikoreich. Die isländischen Wetterkapriolen und das Buchungsverhalten der Gäste ziehen Konsequenzen nach sich: *Snaeland Grimsson* und die Programmplaner in Hannover reagieren. In der nächsten Saison beschränkt sich die Hochlanderfahrung der *Dr.-Tigges*-Reiseteilnehmer auf die fahrtechnisch recht harmlose *Kaldidalur*, ein bisschen Schotterpiste von *Thingvellir* nach Reykholt, die locker zwischen zwei Toilettenstopps eingebaut werden kann. Mittlerweile heißt die auch zeitlich deutlich eingedampfte Tour »*Island – Höhepunkte zwischen Feuer und Eis*«. In den kommenden Sommern übernehme ich viele Reisen auf Island und spare mir etwas Geld zusammen, das ich für mein restliches Studium brauche. An meine Seite hat mir Frau K. eine neue Kollegin gestellt, die mit mir ihre Einführungstour machen soll. Rulf Treidel führt wieder in Spanien und Südamerika und überlässt mir Island. So steht in Reykjavík Angela Schamberger vor mir, die in Tübingen, Oslo und Kiel Skandinavistik, Geographie und Kunstgeschichte studiert hat. Seit einem Jahr lebt sie mit ihrem Mann in Reykjavík. Wir verstehen und ergänzen uns von Anfang an prima. Samantha von *Snaeland Grimsson* hat uns Guðmundur als Busfahrer dazugegeben. Was kann man sich mehr wünschen? Guðmundur ist ein Urgestein und seit Ewigkeiten Busfahrer auf der Vulkaninsel, wo er die Anfänge des Tourismus selbst miterlebt hat. Nichts bringt ihn aus der Ruhe und das überträgt sich sofort auf mich. Während einer Kaffeepause in *Möðrudalur*, dem höchstgelegenen Gehöft Islands, erzählt er mir eine wunderbare Anekdote, als er den schlechten Zustand der Hochlandroute nach Egilsstaðir kritisiert. Diese Straße wird im Sommer während der Hauptsaison nur ganze zweimal präpariert – für ihn viel zu selten! Als er sich daran erinnert, wie er in jungen Jahren mit der damaligen Französischstudentin Vigdís Finnbogadóttir als Reiseleiterin unterwegs gewesen war, platzt es aus ihm heraus: »Zuerst saß sie mit mir im Bus und versuchte auf diesem Waschbrett von Straße ihre Vorträge zu halten und dann haben wir sie zu unserer Staatspräsidentin gewählt. Aber die Straße wurde nach ihrer Amtseinführung immer noch nicht öfter planiert!« Island ist wie eine kleine Familie, denke ich. Jeder kennt jeden und wie so oft, hockt man in der Küche zusammen. Bei Kalli, seinem Vater oder bei Þórður Tómasson im schönen Heimatkundemuseum in Skógar. Bei Herdís Sigurðardóttir in Glaumbær oder bei Ljósbjörg Petra María Sveinsdóttir, der Betreiberin des einzigartigen Steinmuseums in Stöðvarfjörður, die ich durch Guðmundur kennenlernen durfte. Als wir dort halten, tauche ich ein in einen Garten voller Quarzminerale und anderer in Island gefundener Steine. Hunderte, ja Tausende von Steinen liegen fein säuberlich sortiert in Blumenbeeten und Auslagen hinter dem Haus. In den Räumlichkeiten werden dem Besucher die wertvollen Exponate in Regalen und Vitrinen präsentiert. »Komm, ab in die Küche. Ich stelle dir Petra vor«, schubst mich Guðmundur durch die Türe. »Góðan daginn«, werde ich von einer kleinen älteren Dame mit weißen etwas zerzausten Haaren begrüßt. Eine knorrige Hand geleitet mich zum Stuhl am Fenster, durch das während meines Aufenthaltes immerfort Kaffee in großen Thermoskannen nach draußen in den Garten gereicht wird. Meine Gäste dürfen sich selbst bedienen und ein paar wenige Kronen als Dankeschön in einen Glasbehälter werfen. Ich hingegen bekomme frisch aufgebrühten Kaffee in einem großen roten Becher sowie eine leckere Waffel mit Sahne. Zu dritt genießen wir die Pause und Guðmundur bittet Petra, mir ihre Geschichte zu erzählen. »Och, fast genau siebzig Jahre lang sammle ich meine Steine, Marcus. Zuerst hier auf der Nordseite des Fjordes, später im restlichen Fjord und in ganz Island. Als kleine Kinder haben wir unsere kleinen *gullabú* verziert und davor gespielt.« »Was sind *gullabú*?«, unterbreche ich sie. »Kleine Häuschen zum Spielen. Wir hatten überall welche in meiner Kindheit«, erklärt mir Guðmundur das Wort, während ich die Waffel esse. Und Petra fügt lachend hinzu: »Meine Schwester Magrét und ich backten davor *moldarkökur* für unsere Freunde.« »Sandkuchen!«, mein Gesichtsausdruck veranlasst meinen aufmerksamen Busfahrer zu einer weiteren Übersetzung. »Petra hat ihr Leben lang ein Auge für besondere Orte gehabt. Orte, an denen sie besondere Steine aufspüren konnte. Seit ich sie kenne, und das schon seit ziemlich langer Zeit, stellt sie ihre Fundstücke in den Garten. Jedes Jahr bestaunen Tausende Touristen und Isländer ihre Sammlung«, erklärt er. »Jedes Jahr kommen neue Exemplare hinzu«, erwidert sie. »Und immer noch nimmst du keinen Eintritt für diese wunderbare Sammlung!«, schimpft Guðmundur mit einem Augenzwinkern. Ich erfahre auch, warum. »Ich habe die Mineralien zwar gefunden, aber sie gehören mir nicht allein. Sie gehören allen Isländern und deshalb reicht es mir, mit Kaffee und Kuchen etwas Geld zu verdienen. Ich mag es, wenn die Leute in unser Haus kommen und fasziniert nach Hause gehen.« »Jetzt zeig Marcus mal das Bild mit Vidgís. Gestern haben wir beide noch über sie gesprochen.« Die alte Frau steht langsam auf, verlässt die Küche und kommt nach einigen Minuten mit einem blassen Bild zurück, das über die vielen Jahre hinweg seine Farbe verloren hat. Zu erkennen sind die ehemalige Staatspräsidentin Vigdís Finnbogadóttir und Petra in ihrem Garten. Beide stehen inmitten der Steinkollektion und betrachten einzelne Ausstellungsstücke. Für Petras Verdienste verlieh ihr die Präsidentin 1995 eine besondere Auszeichnung. Plötzlich zischt es, eine weitere Kanne Kaffee ist fertig und wird nach draußen gebracht. Guðmundur und ich müssen weiter und verabschieden uns herzlich von ihr.

1998 ist die kleine isländische Familie mehr oder weniger noch intakt, aber das soll sich bald ändern. Große Veränderungen im Tourismusgeschäft kündigen sich an. Auch die *Dr. Tigges Studienreisen* sind davon betroffen. Ebenfalls 1998 übernimmt die *Gesellschaft für internationale Begegnung und Cooperation*, kurz *Gebeco*, mit Firmensitz im norddeutschen Kiel die Marke *Dr. Tigges* von der *Touristik Union International*. Möglich war dieser Deal, weil die *TUI* als Gesellschafter bei *Gebeco* eingestiegen war. Nun versprechen sich die beiden Touristikunternehmen durch eine Zusammenführung der unterschiedlichen Stärken einen Vorteil gegenüber der Konkurrenz. Seit jeher war die Firma aus Kiel besonders stark im asiatischen Bereich vertreten. Schon Anfang der Achtzigerjahre reisten die ersten *Gebeco*-Gäste nach China. Als erstes ausländisches Reiseunternehmen eröffnete die *Gebeco* 1985 in Peking ein Büro und erschloss sich dieses riesige Land. *Dr. Tigges* dominierte hingegen die europäischen sowie die nord- und südamerikanischen Märkte. Notwendig wurden diese

Schritte, um die jeweiligen Stärken zu vereinen sowie wichtige Synergieeffekte zu erzielen und auch, weil die Konkurrenz fusionierte. *Studiosus*, der marktführende Anbieter von Studienreisen in Deutschland, sicherte sich ebenfalls 1998 die Mehrheitsanteile an der Marke *Marco Polo Reisen GmbH* und konnte somit einen Spezialisten für Fernstudienreisen in das eigene Portfolio aufnehmen. Beide Größen im dem deutschen Tourismusgeschäft nutzen also mit den Übernahmen der jeweiligen Marken die Chance zur Diversifizierung und Ausweitung der Produktpalette. Neben den klassischen primär auf die Vermittlung von Kultur konzentrierten Studienreisen können Gäste fortan Erlebnis- und Wanderstudienreisen buchen. So zieht *Dr. Tigges Studienreisen* Ende des Jahres nach Kiel um. Nicht jeder in der Firma macht diesen Schritt mit. Frau K. bleibt in Hannover und wird ihre Arbeit als Chefin der Reiseleiterdisposition mit der auslaufenden Saison 1998 beenden. Rulf Treidel hingegen wechselt seinen Arbeitsplatz und lebt seitdem in Kiel, wo er als touristischer Bereichsleiter und Prokurist Programme der *TUI*-Veranstaltermarken *Gebeco* und *Dr. Tigges* verantwortet. Mit diesem Schritt verabschiedet er sich auch größtenteils aus dem aktiven Geschäft als Studienreiseleiter. Mein Vater Burkhard Hillerich und ich werden in Zukunft die positiven wie auch negativen Konsequenzen dieser Fusion miterleben. Im Jahr der Fusion ist es uns relativ gleichgültig, ob wir unsere Einsatzbriefe aus Hannover oder Kiel erhalten, aber besorgt sind wir schon hinsichtlich möglicher Veränderungen, die den kleineren Partner *Dr. Tigges* betreffen könnten. Für meinen Vater ist es die zweite Übernahme der Marke *Dr. Tigges*. Beim ersten Mal verschwand sofort der Name. Inhalt, der Fokus auf die notwendige Qualität und das Niveau einer Bildungs- bzw. Studienreise blieben aber mit leichten Einbußen erhalten. Die Wiedereinführung des alten Namens der Traditionsmarke aus Wuppertal hat die Nachfrage nach Qualität eindrucksvoll unterstrichen. Die Zusicherung der Firma *Gebeco*, dass beide Marken mit einer eigenen nach touristischen Großregionen aufgegliederten Katalogpalette in den

Reisebüros vertreten und somit voneinander zu unterscheiden sind, ist zumindest vielversprechend.

Während ich noch meine Eindrücke aus Island und meine entwickelten Dias in ihre Kästen sortierte, klingelt das Telefon: »K. – Guten Tag Herr Hillerich. Sie haben doch in Kanada gelebt, nicht wahr?« Völlig perplex antworte ich. »Ja. 1990 / 1991. Damals war ich sechzehn und absolvierte ein halbes Jahr an der *St. Patrick's Highschool* in Vancouver.« »Wie wunderbar. Dann können Sie sicherlich die große Kanada-Studienreise führen. Prima.« Ich versuche sie zu stoppen. »Frau K., ich kenne nur den Westen, habe die Provinz *British Columbia* kennengelernt und ein bisschen von den *Rocky Mountains* gesehen«. Mein Protest klingt etwas verzweifelt. »Ich bin keineswegs kompetent genug …« »Ach, alles halb so schlimm. In Québec, Montréal und Toronto bekommen Sie von mir *Local Guides* für die Stadtrundfahrten. Der Rest ist Natur. Sie haben ja noch ein bisschen Zeit. Die Tour beginnt Mitte August und dauert drei Wochen. Bis dahin haben Sie ihre Karteikarten geschrieben und alle Vorträge ausgearbeitet. Ich schicke Ihnen den Einsatzbrief. Bitte in zweifacher Ausführung unterschreiben und wie immer an mich zurück. Ich danke Ihnen sehr. Ich melde mich vorher noch einmal. Wie immer beste Grüße an Ihren Herrn Vater.« Aufgelegt. Was war das denn? Sprachlos setze ich mich. Ich brauche jetzt aber ganz dringend Urlaub!

Aufbruch in die Neue Welt

In Frankfurt läuft alles konfus ab. Lufthansa weiß nicht, wo unsere Maschine startet. Das Check-in findet am *Air-Canada*-Schalter statt. Selbst Angestellte der beiden großen Fluggesellschaften sind verwirrt und leiten mich und meine Gäste in die Irre. »Fahren wir denn schon am dritten Tag in die *Rocky Mountains*?«, möchte Frau A. wissen, während wir auf dem Weg zum Gate sind. Etwas irritiert schaue ich sie an, was sie wahrnimmt. Am dritten Tag? Hat sie das Routing nicht gelesen? »Zwischen dem Osten Kanadas und den *Rocky Mountains* liegen mehrere tausend Kilometer! Dafür brauchen wir doch ein bisschen Zeit. Die Rockies sehen wir erst im zweiten Teil der Reise«, antworte ich höflich. Das wird ja interessant. »Ach so ist das«, höre ich sie flüstern. »Es ist aber auch ein großes Land!« Danach lässt sie sich dezent zurückfallen und bespricht die neu gewonnenen Erkenntnisse mit ihrem Sohn. Direkt vor dem Gate lege ich meine Sachen ab, halte das *Tigges*-Erkennungsschild vor mich und laufe eine letzte Runde durch die Stuhlreihen. Vier Kunden habe ich bis jetzt noch nicht auf meiner Liste abgehakt. Ich schaue mich in Ruhe um. Sie sind wahrscheinlich schon irgendwo unter den hier wartenden Passagieren. »Da kommt unser Reiseleiter«, höre ich einen Gast sagen. Ich erkenne sofort die *Tigges*-eigenen Kofferanhänger und identifiziere darüber die zwei weiteren Kunden, die mir zugerufen haben. »Wir sind die Meyers. Zu zweit!« Ein herzlicher Händedruck und danach gebe ich auch ihnen noch schnell meine Informationen für die Landung. Wichtig ist mir, dass wir uns am Gepäckband treffen und dann erst gemeinsam den Sicherheitsbereich durch den Zoll verlassen. Sollte es unerwartet Probleme mit einzelnen Gepäckstücken oder Sprachschwierigkeiten bei der Einreise geben, so kann ich meinen Gästen helfen. Inmitten meiner Ausführungen werde ich vom *Air-Canada*-Bodenpersonal unterbrochen und zurück an den Schalter geholt. Vor mir steht eine Frau mit vor Aufregung hoch rotem Kopf. »Herr Hillerich! Ach, Herr Hillerich. Mein Mann hat seinen Reisepass dabei, aber er ist abgelaufen.« Die Frau muss sich vor Erschöpfung am Schalter festhalten. »Er kommt nicht durch die Passkontrolle.« Dann holt sie tief Luft, setzt erneut an und bringt die Situation auf den Punkt: »So eine Scheiße! Was machen wir denn jetzt?« Ich sehe ihr an, dass sie den Tränen nahe ist. Nach kurzer Beratung mit dem Bodenpersonal schicke ich sie zum Bundesgrenzschutz, damit die Beamten ihr dort neue Papiere für ihren Mann ausstellen. Nun kommt es auf Minuten an, denn das Gate wird nicht ewig geöffnet bleiben. Ich erkläre ihr die Situation und füge hinzu, dass sie rennen soll. Mit den Kollegen von *Air Canada* habe ich ausgemacht, dass ich bis zuletzt draußen bleiben werde. Es beginnt der lange Prozess des Boardings. Uns bleibt etwas Zeit, bis alle Passagiere die Boing 747 400 betreten haben. Nervös bleibe ich zurück, wohl wissend, dass mir die Hände gebunden sind. Die beiden schaffen es tatsächlich noch und als Letzter betrete ich hinter ihnen den *Gatearm* und danach die Maschine. Auf dem Weg zu meinem Platz hält mich Frau A. am Arm fest. »Da sind Sie ja! Kurze Frage, Herr Hillerich. Wir landen doch in Toronto, nicht wahr? Das wird für mich eine sehr, sehr lange Zeit ohne Zigarettenpause!« Ich schmunzle, wünsche ihr einen guten Flug und lasse mich in meinen Sitz fallen. 21 Tage »*Kanada umfassend*«, so der Name der Reise. Start im Osten mit dem frankofonen Teil Québecs, der multikulturellen Metropole Montréal, der gemütlichen Hauptstadt Ottawa, Toronto und den Niagara-Wasserfällen als Abschluss. Danach Weiterflug nach Calgary in den anglofonen Teil des Landes und von dort Fahrt in die *Rocky Mountains* mit den *Banff-* und *Jasper-Nationalparks* als Highlights. Durchquerung der mächtigen Rockies gen Westen in die *Coastal Mountains* über Prince George und Houston nach Prince Rupert an den Pazifik. In der Hafenstadt werden wir die Fähre nehmen. Durch die *Inside Passage* über Nacht nach Port Hardy auf *Vancouver Island*. Fahrt von Norden Richtung Süden zur Provinzhauptstadt Victoria und abschließend Überfahrt auf das Festland sowie Besuch der Pazifikmetropole Vancouver als krönenden Abschluss. Es ist eine Reise der Superlative! Das Routing hat unsere Vertragsagentur *Uniquely Northwest* aus Seattle in den USA zu verantworten. Troy Campbell ist im Notfall mein Ansprechpartner vor Ort. Frau K. hat mir den Reiseleiterbericht meiner Kollegin Sabine zur Orientierung zukommen lassen und dafür gesorgt, dass ich in Québec, Montréal und Toronto *Local Guides* an meiner Seite haben werde, die die örtlichen Stadtrundfahrten durchführen. Mein *Step-On-Guide* in Québec heißt Grettle, die mich nach meiner Rückversicherung per E-Mail, ob ich ihren Namen auch richtig verstanden habe, wissen lässt: »Nach *Grettle, the Great, who defeated the infamous witch of the Candy Cottage by heroically pushing her into a hot oven. Handle with care!*« Ich beschließe, äußerst zuvorkommend zu sein. Grettle soll uns in Québec am Flughafen in Empfang nehmen. Kanada hat es in sich und ist überhaupt nicht mit Island zu vergleichen. Seit Wochen trage ich ein mulmiges Gefühl mit mir herum, dass ich auch mit der bestmöglichen Vorbereitung nicht loswerden kann. Die Reise ist gespickt mit organisatorischen Herausforderungen. In ihr enthalten sind zahlreiche fakultative Ausflüge sowie eine Vielzahl an Programmpunkten, die nur dann reibungslos zu absolvieren sind, wenn alle Beteiligten wie ein Uhrwerk präzise zusammenarbeiten und nichts Außergewöhnliches dazwischenkommt. Ich muss immer wieder an Papas große Südamerika-Rundreise denken.

Während des Anflugs auf Toronto erfahren wir plötzlich durch den Kapitän, dass ein Sturmgebiet über der Stadt wütet und der internationale *Toronto-Pearson-Flughafen* für jeglichen Flugbetrieb vorsorglich geschlossen wurde. Eine Landung ist nach derzeitigem Kenntnisstand nicht möglich. Wir mögen uns gedulden. Sobald neue Informationen vorliegen, werde sich das Cockpit wieder melden. In Südamerika habe ich gelernt, dass ein derartiger Zustand der völligen Hilflosigkeit nicht zu beheben ist, indem man in Aktionismus verfällt. Was kann ich auch unternehmen? Ich mache meine Augen zu und atme tief durch. Ein, zwei Minuten später rüttelt jemand an meinem Arm. Ich blicke auf Frau A. »Meine Nikotinpflaster wirken nicht mehr! Ich brauche jetzt dringend eine Zigarette, Herr Hillerich.« In dem Fall hilft Schafe zählen nicht. Meine beruhigenden Worte auch nicht. Ich zeige Verständnis, aber da muss sie allein durch. Nach einer Stunde des Kreisens über Toronto wird unsere Maschine nach Ottawa umgeleitet. Uns geht das Kerosin aus und wir müssen landen. Toronto bleibt bis auf Weiteres geschlossen. In Kanadas Hauptstadt herrscht Chaos am Flughafen. Unser Flugzeug erhält auch noch eine Außenposition. Während wir auf den Transferbus warten, kann ich Frau A. nur mit Mühe davon abhalten, sich eine Zigarette neben der Maschine auf dem Rollfeld anzuzünden. Im Terminal helfe ich meinen Gästen beim schnellen Ausfüllen der Einreiseformulare und Zollformalitäten. Dann parke ich meine Gruppe vor dem Informationsschalter von *Air Canada* und verschaffe mir erst einmal einen Überblick. Nach Rücksprache mit dem Notfallteam in Hannover habe ich wirklich nur eine Möglichkeit: alle meine Kunden irgendwie, egal mit welchen Maschinen auch immer, noch am gleichen Tag nach Québec City zu bekommen. Ein *Local Assist* von *Uniquely Northwest* wird in Québec anwesend sein, um Flugzeug für Flugzeug meine Gäste in Empfang zu nehmen sowie den Transfer in unser Stadthotel zu organisieren. Während der nächsten vier Stunden buche ich alle meine *Dr.-Tigges*-Gäste auf alles mit Tragflächen und Turbinen um, was aus Ottawa direkt oder mit Zwischenstopp in Montréal nach Québec City geht. Dazu muss ich alle alten Bordkarten einsammeln und auf die nächsten freien Sitzplätze warten. Treten irgendwo Passagiere ihre Reise nicht an oder es tauchen freie Plätze auf, so werden die Bordkarten neu ausgedruckt und ein Teil meiner Gäste zum nächsten Gate geschickt. »Wir sehen uns dann irgendwann im Hotel. Machen Sie sich keine Sorgen. Sie sind in guten Händen.« Dies sind meine Standardworte zum Abschied. Die Zusammenarbeit mit den Mitarbeitern von *Air Canada* klappt bestens. Nervenaufreibend dagegen ist die Wartezeit, bis die Info kommt, dass Passagiere ihre Reise nicht angetreten haben und ich weitere *Tigges*-Gäste in die Maschine bekomme. Ich stehe derart unter Strom, dass ich gar nicht mitbekomme, wie die Zeit vergeht. Zwischenzeitlich ruft die *TUI* aus Hannover wieder bei mir an und erkundigt sich nach den jüngsten Entwicklungen. Um 23.00 Uhr fliege ich mit der letzten Maschine nach Montréal und steige dort in ein kleinmotoriges Propellerflugzeug um. Ich komme mir in der Luft vor, als säße ich auf einer wackeligen Rakete, die mich endlich zum Zielort bringt. Völlig erledigt falle ich in Morpheus´ Arme und schlafe 3,5 Stunden bis zum ersten Besichtigungstag. Grettle erwartet mich in der Hotellobby mit den Worten: »Na Marcus, fit für eine Stadtbesichtigung? Soll ich oder willst du führen?« Ein tiefes Einatmen mit passendem Gesichtsausdruck signalisiert ein eindeutiges Nein. Sie muss lachen und ich bin froh, dass sie und eine zufriedene *Tigges*-Gruppe da sind, die munter die Kanadareise beginnen wollen.

Im Vergleich zu Island muss ich mir noch viel exaktere Tagesverlaufspläne erstellen. Alles ist bis ins kleinste Detail durchstrukturiert. 9.00 – 11.15 Uhr: Stadtrundfahrt – Altes und Neues Québec mit Grettle. Ca. 11.30 Uhr: Angebot zum Gang in die Altstadt über die Stadtmauer Richtung *Chateau Frontenac / Rue du Petit Champlain* (alle Gäste nehmen teil). Das Chateau wirkt wie eine Trutzburg auf einem Tablett vor dem *St. Lorenz-Fluss*. Auf den Holzbohlen der weitläufigen *Dufferin-Terrasse* sitzt ein weiß geschminkter Zauberer mit Trucker-Sonnenbrille sowie Engelskostüm und präsentiert Seiltricks. Daneben spielt ein Straßenmusikant mit Melone und schwarzer Weste auf weißem Hemd vor einer Menschenmenge. Durch das Auftreten mit dem rechten Fuß wummert seine große Trommel auf dem Rücken. Mit Mundharmonika und Gitarre stimmt er eine rhythmische Melodie an, sodass sich im Gitarrenkasten vor ihm schnell die Münzen sammeln. Meine Gäste genießen den Blick von der Anhöhe über die an St. Malo in der Bretagne erinnernde Altstadt bis zum mächtigen *Sankt-Lorenz* vor uns. In der Entfernung steuern Skipper mit ihren Familien kleine Segelboote im ruhigen Wasser. 14.00 Uhr: gemeinsames Mittagessen. 14.30 Uhr: Fähre nach Lévis am Südufer des *Sankt-Lorenz-Stroms*. Besichtigung dieser kleinen Stadt, deren Ursprünge auf die französische Kolonialzeit zurückgehen, auf eigene Faust direkt im Anschluss an die Überfahrt (ca. 12 Minuten / Ticket à 3,50 $ Hin- und Rückfahrt – Ticket nicht verlieren! Wird doppelt abgestempelt). Wir werden vom Regenguss überrascht. Ich folge Sabines Empfehlung, zur kleinen Kirche zu spazieren, denn dort kann man häufig auf Hochzeitsgesellschaften treffen. Wir haben Glück: auch wir werden von herrlicher Orgelmusik und Gesang nett empfangen. 16.40 Uhr: Rückfahrt mit der Fähre nach Québec. Zeit zum Einkaufen von Honig vor dem Bootsableger. Notiz: Auf dem Rückweg zum Hotel die Möglichkeit zum Shoppen in der *Rue Saint-Jean* ankündigen. Meine Truppe deckt sich mit Proviant für den Nachmittag ein. Zufrieden sitzt sie auf einer Steinmauer mit Kaffee, Lachsbrötchen und Käse. Ca. 18.00 Uhr: Rückkehr in das Hotel. Restliche Zeit zur freien Verfügung. Abendessen wie an jedem Abend auf dieser Studienreise in Eigenregie. Ein Blick auf die nächsten Tage, so wie sie von Sabine im Reiseleiterbericht ausgewiesen sind, zeigt den wohl größten Unterschied zu den von mir bis dato geführten Islandtouren. Ich lese Folgendes: Tag zur freien Verfügung in Montreal. Angebot zum Mittagessen im *Eaton Centre*. Jeden Tag Möglichkeit des individuell gestalteten Abendessens. *Museum of Civilization* in Ottawa – individuelle Besichtigung mithilfe eines *Audio-Guides*. Individuelle Besichtigung der *Niagara*-Wasserfälle (Spaziergang, *Maid of the Mist*, Blick vom *Minolta-Tower*, Mittagspause). Toronto – individuelle Führung in der *Casa Loma* mit *Audio-Guide.* Zeit zur freien Verfügung an der *Harbourfront* (Kaffee- und Mittagspause, Zeit zum Shoppen / Bummeln ist individuell zu gestalten), danach gemeinsame Abfahrt zum Flughafen. Banff-Town: Zeit zum Stadtbummel am Nachmittag. *Vancouver Island*: Walbeobachtungs-Tour von Telegraph Cove aus. Victoria: gemeinsame Stadtrundfahrt bei Ankunft, dann Check-in im Hotel / Rest des Nachmittags zur freien Verfügung. Letzter Tag in Vancouver – komplett zur freien Verfügung.

Meine Kanada-Reise soll den organisatorischen Rahmen für ganz individuelle Kundenerlebnisse bieten. Dieses Format ist exemplarisch – nein, symptomatisch – für den tiefgreifenden strukturellen Wandel auf dem deutschen Reisemarkt seit den Neunzigerjahren, der von konjunkturellen Problemen und Konzentrationsprozessen begleitet wird und den Beginn eines weitreichenden Umbruchs markiert. Dabei ist die folgende Frage zentral: Ist die Studienreise noch eine klassische Bildungsreise oder eher ein individueller, maßgeschneiderter Freizeiturlaub, angepasst an die Rahmenbedingungen, die ihr von unserer Spaß- und Erlebnisgesellschaft diktiert werden? Mein Mentor und Reiseleiterkollege Rulf Treidel skizziert in seinem Artikel »*Historisches Erbe und touristischer Markt – Geschichtsdidaktische Aspekte der veranstalterorganisierten Studienreise*« diesen angesprochenen Wandel. Für ihn ist das zentrale Element einer Studienreise immer noch die Besichtigung herausragender baulicher Zeugnisse der Vergangenheit wie europäische Kathedralen, hinduistische, buddhistische und islamische Denkmäler sowie Gotteshäuser. Eine Studienreise ist erlebte und erklärte Kultur- und Kunstgeschichte sowie eine beliebte Plattform zur Vermittlung von Geschichte im öffentlichen Raum. Wolfgang Günter, der Herausgeber des Handbuchs für Studienreiseleiter, erkennt in der Motivation eines Gastes, eine Bildungsreise zu buchen, die Absicht, durch eine persönliche Begegnung mit der Natur, den Menschen und ihrer Kultur das eigene Wissen zu erweitern, persönliche Fähigkeiten auszubilden, den Geschmack zu verfeinern und die Urteilskraft zu schärfen. Damit dies gelingen kann, müssen Anlässe kreiert werden. Daher übernahm laut Treidel die jüngere Bildungsreise von älteren historischen Vorbildern Ziele (Italien und später Griechenland) und Inhalte (Denkmäler der Kunst und Kultur) und gewann damit bis in die Gegenwart ihre charakteristische Orientierung an den alten Kulturen des Mittelmeerraumes. Er führt des Weiteren aus, dass sich parallel zur geistesgeschichtlichen Entwicklung die touristisch-logistische Reiseinfrastruktur verändert hat. Maßgeblichen Anteil daran hatten Pioniere wie Thomas Cook und Hubert Tigges, die unterschiedliche Transportmittel vor Ort sowie eingekaufte Zusatzleistungen über Agenturen im Land zu einer Bildungspauschalreise zusammenfügten, die europaweit salonfähig und für die Mittelklasse erstmals überhaupt bezahlbar wurde. Somit avancierte die klassische Studienreise zum Pionier des heutigen Massentourismus. Charakteristisch für die anfängliche Studienreise zur Zeit meiner Großeltern Charlotte und Hans Hillerich war eine aus persönlicher Neugierde gespeiste und auf Allgemeinbildung ausgerichtete Bedürfnisstruktur, die gerade am Beispiel meiner Großmutter in Rom besonders gut zur Freude an der Teilhabe an einem umfassenden Kulturtourismus führte. Mein Vater Burkhard Hillerich durfte in Ägypten in den Achtzigerjahren Jahren die Weiterentwicklung dieser Form hin zu einer erlebnisorientierten Länderkunde mit begleiten. Besonders eindrucksvoll stellte die traditionelle Nil-Kreuzfahrt die Symbiose aus Bildungsinhalten der ägyptischen Kultur und Geschichte mit dem Erleben von Landschaftselementen im Niltal in den Mittelpunkt des Reiseerlebnisses. Und welche Veränderungen erlebe ich? Auch heute noch bietet die Studienreise durch den Besuch von kunsthistorischen Zeugnissen der Vergangenheit den Rahmen für die Entdeckung fremder Kulturen und Wertvorstellungen, jedoch nehmen negative Assoziationen hinsichtlich der Wahrnehmung dieser Reiseform mehr und mehr Raum ein. Studienreisen werden gegenwärtig laut Horst Martin Müllenmeister, der bei der hannoverschen *TUI* für die Ausbildung von Reiseleitern verantwortlich gewesen ist, häufiger mit Touristengruppen assoziiert, die primär in Großstädten zu beobachten sind, wie sie scheinbar unmündig von Reiseleitern mit Fähnchen in der Hand einem Herdenauftrieb ähnelnd schnell zur nächsten Sehenswürdigkeit marschiert werden. Wir lachen zwar noch immer über Chinesen und Amerikaner, die in knapp sechs Tagen und in Großgruppen von über 50 Personen durch Europa hetzen, vergessen aber dabei leider, dass eine Gruppengröße von maximal 25 Personen als *Selling Point* auch bei uns längst der Vergangenheit angehört. Die meisten Veranstalter von Studienreisen nähern sich heute dem chinesischen Negativbeispiel systematisch an, weil so viel mehr Geld in kürzerer Zeit verdient werden kann. Zahlreichen Menschen ist die Gruppenreise auch gerade deswegen ein Dorn im Auge, weil sie dem Individualisten scheinbar Fesseln anlegt und seine gewonnene Reisefreiheit einschränkt. Es geht die Angst um vor dem Ende der Selbstbestimmung des Reisenden sowie vor der Einmischung in seine Privatsphäre im eigenen Urlaub. Die marktführenden Reiseveranstalter sind sich dessen sehr wohl bewusst und unterstreichen bei jeder Gelegenheit die Tatsache, dass besonders ihre Kunden sich ihren höchst individuellen Urlaub zusammenstellen können, jederzeit unbeeinflusst bleiben und ihren Wünschen und Neigungen im Zielland nachgehen können. Müllenmeister stellt süffisant heraus, dass »jeder Gast seinen aktiven oder verschlafenen, seinen sportlichen oder versoffenen, seinen kommunikativen oder einsamen, seinen sinnvollen oder sinnlosen, jedenfalls seinen eigenen frei gewählten ganz und gar nicht massenhaften Urlaub haben soll.« Ausnahmen wird es nach wie vor geben: Rauchen auf dem Rollfeld eines großen internationalen Flughafens wird auch in Zukunft tabu sein. Gespräche mit den Kollegen vom Reiseleitermanagement zeigen, dass anhand der Reiserückmeldungen unserer Kunden seit jeher die Vermittlung von Wissen über fremde Länder und Kulturen als die primäre Aufgabe der Reiseleitung angesehen wird. Die Gäste erwarten Einsichten und Einblicke sowie Kontakte und Erlebnisse im Urlaubsland. Jedoch wollen sie unter keinen Umständen nur unterrichtet werden. Laut Müllenmeister ist für den Gast der Begriff *Pädagogik* ein Reizwort, das mit nicht hinzunehmender Beschulung, Reglementierung und Überprüfung von erlernten Fachinhalten einhergeht. Studienreisende sollen vielmehr dazu animiert werden, ihre individuellen Erfahrungen und Entdeckungen zu machen, um danach für sich selbst entscheiden zu können, was sie für sehenswert, interessant und erinnerungswürdig erachten. Um es auf den Punkt zu bringen, folgender Wandel ist für mich deutlich zu erkennen: Während ich in Island klar definierte Besichtigungsziele anhand eines Routings mit meiner Gruppe abarbeite, wird auf der »*Kanada – umfassend*«-Rundreise von mir erwartet, dass ich viel mehr Angebote zur eigenen Freizeitplanung aufzeigen soll. Aus dem Potpourri an Möglichkeiten mögen sich meine *Dr.-Tigges*-Gäste ihre Zeit zur freien Verfügung individuell zusammenstellen. Gleichzeitig müssen die Inhalte so präsentiert werden, dass sie sich wie Mosaiksteine bis zum Ende der Reise zu einem Gesamtbild zusammenfügen. Das bedeutet für mich eine gänzlich andere Vorbereitung!

Abends im Hotel nach einem üppigen Fast Food Dinner breite ich Karten, Stadtplan, Reiseführer und Karteikarten vor mir auf dem Bett aus. Am nächsten Tag fahren wir nach Montréal und davor habe ich wirklich Angst. Grettle war großartig, sehr kompetent und unglaublich ortskundig. Morgen muss ich in die größte frankofone Stadt Kanadas und den kompletten Nachmittag selbst gestalten, bevor erst am übernächsten Tag die Stadtrundfahrt auf dem Programm steht. Anhand Sabines Reiseleiterbericht fertige ich Notizen zum Tagesablauf sowie zu möglichen kleinen Fallen an, in die ich tappen könnte. 300 Kilometer sind zu absolvieren, und zwar durch das Kernland der Provinz *Québec*. Die Landschaft lädt ein, historische und soziale Unterschiede zwischen den Franzosen und Engländern zu thematisieren. Mit dem Bus fahren wir auf dem *Highway 138*, dem *Chemin du Roi* oder *königlichen*

Weg, Richtung Westen. Die französische Kolonisation war an Flüsse gebunden, sodass die ersten Siedlungen wie Québec oder Montréal entlang der Wasserwege entstanden. Ohne die Nachfrage nach Pelzen und Pelzhüten im weit entfernten Europa gäbe es heute keine kanadische Nation. Die Jagd auf das seidige Unterhaar der Biber trieb die französischen Entdecker den Wasserwegen folgend immer tiefer in den neuen Kontinent hinein. Aus *Coureurs de bois, selbstständigen Waldläufern,* die Kontakte zu den Ureinwohnern wie den Algonkin oder Cree in den Wäldern Ostkanadas herstellten, entwickelten sich tapfere *Voyageurs (reisende Pelzhändler),* die auf den großen Flüssen mithilfe ihrer hölzernen mehrere Meter langen Kanus die Ware zu den Pelzzentren transportierten. Die französische Kolonialmacht verfolgte bei der systematischen Erschließung der Kolonie das seigneuriale Siedlungssystem, wohingegen die Engländer am *Township*-Siedlungssystem festhielten. Dabei erhielten frankofone Grundherren, sogenannte *Seigneurs,* hier in Lehnherrschaften eigene Ländereien (*Seigneuries*). Siedler, auch *Habitants* genannt, hatten die Aufgabe, dieses Land zu bewirtschaften. Die *Seigneuries* wurden in parallele Streifenbesitzparzellen von 200 bis 250 Metern Breite aufgeteilt. So entwickelten sich mit der Zeit prägnante Linearsiedlungen mit dem Hof nahe am Fluss und dahinter liegenden Längsstreifen, welche als Rang bezeichnet wurden. Parallel zum Ufer bauten die Menschen erst viel später Wege und Straßen wie den *Chemin du Roi.* In seiner Verlängerung weiter weg vom *Sankt-Lorenz-Fluss* lagen zudem weitere Ränge. Die Siedler errichteten dort feste Siedlergemeinschaften, die den besonderen Charme der heutigen Tagesetappe ausmachen. Sabines Notizen entnehme ich, dass es sich lohnt, in der Gemeinde Deschaumbault bei der kleinen *Kirche St. Joseph* einen Fotostopp einzulegen. Vom Bus aus blicken wir in die Vorgärten der Wohnhäuser. Liebevoll gepflegte Gärten mit roten Sonnenschirmen grenzen an die Straße. Hier ist der Blick auf den mächtigen *Sankt-Lorenz-Strom* hinreißend schön. Es sind besondere Momente mit meiner Gruppe. Wir haben die Zeit, uns intensiv auszutauschen. Das ältere Paar mit dem abgelaufenen Reisepass ist überglücklich und strahlt bei jedem Besichtigungspunkt vor Freude. Ich selbst genieße das ungezwungene Gespräch mit meinen Gästen und entspanne mich dabei. Etwas, was ich auf Reisen immer besonders genossen habe, ist auf interessante Leute zu treffen, deren Berufsalltag so gar nichts mit meinem zu tun hat. Mittlerweile hat sich eine Gruppendynamik entfaltet und die Kunden passen gegenseitig auf sich auf. Um uns herum stehen bunte Holzhäuser, deren charakteristische Veranden den Besitzern Schutz vor der sengenden Sonne bieten und bis an die Wege heranreichen. Auf Gartenzäune hat man mehrheitlich verzichtet. Davor parken Autos mit den Nummernschildern, auf denen »*Je me souviens*« steht. Diese beklagen kollektiv den Verlust der eigenen Souveränität, besiegelt durch die bittere Niederlage gegen die Engländer im Siebenjährigen Krieg 1763. Ganz Québec erinnert sich! Straßenhändler verkaufen Obst, das an Kreuzungen und Abzweigungen in offenen Holzkisten dargeboten wird. Weite Wiesen und Felder wechseln sich in diesem landwirtschaftlich intensiv genutzten Kernland der Provinz ab. Was gleich bleibt, ist der immer wiederkehrende Blick auf das tiefblaue Wasser des Flusses. Wenig später plane ich einen zweiten Zwischenstopp am Cap-de-la-Madeleine für die Besichtigung der berühmten Wallfahrtskirche *Sanctuaire Notre-Dame-du-Cap* ein. Für die Mittagspause ist zu beachten, dass diese zuerst durchzuführen ist. Wenn nämlich der Morgengottesdienst zu Ende ist, strömen die Besucher mit knurrenden Mägen in die Cafeteria und durchkreuzen mir meine Zeiteinteilung. Während meine *Dr.-Tigges*-Gruppe zu Mittag isst, hocke ich neben meinem Busfahrer mit dem Stadtplan von Montréal auf dem Schoß und lasse mir erklären, wie wir die Anfahrt in die Innenstadt Montréals gestalten. Er spürt meine Nervosität und spricht mir Mut zu. Wir verabreden, dass er mir auffällig zunickt, wenn wir auf der Höhe des *Olympischen Parks* sind. Von dort aus ist es dann nicht mehr weit bis in die Downtown. Am Nachmittag wird es also ernst. Wir

leiten die Anfahrt auf eine der größten multikulturellen Metro-
polen Kanadas ein: *Highway 40*, dann *Highway 138* und dann
noch eine Nummer, die ich verpasst habe. Verdammt! Ich sitze
vorne im Bus neben dem Fahrer und schwitze mal wieder Blut
und Wasser. Ständig denke ich an Frau K.! »Ach, alles halb so
schlimm. In Québec, Montréal und Toronto bekommen Sie von
mir *Local Guides* für die Stadtrundfahrten. Der Rest ist Natur.«
Von wegen! Mittlerweile haben wir die äußere Metropolregion
auf der *Ile de Montréal* erreicht. Die Karte liegt auf meinem Schoß.
Sabine sprach von *Highway 40*, dann *138* und zum Schluss *20*.
Vergebens suche ich die Schilder auf der Autobahn und raufe mir
die Haare oder was davon auf meinem Kopf noch übrig geblieben
ist. Um mich abzulenken, halte ich einen Vortag nach dem anderen und hoffe, irgendwann ein mir bekanntes Bauwerk zu identi-
fizieren oder irgendetwas, was ich schon einmal zuvor in meinen
Reiseführern auf Bildern gesehen habe. Unentwegt schiele ich zu
meinem Busfahrer rüber, aber ein eindeutiges Nicken bleibt aus.
Er bemerkt mich und schüttelt nur leicht mit dem Kopf. Ich soll
warten. Meine Hände schwitzen so sehr, dass ich permanent das
Mikrofon von links nach rechts wechsle und den nächsten Vortrag beginne: »Von Süden her gesehen kann man Montréal als ein
Buch betrachten.« Entnommen habe ich diesen sehr trefflichen
Vergleich dem *BAEDECKER*-Reiseführer. »Geöffnet, reicht die
linke Seite zum Westen hin, und liest sich in Englisch. Die rechte
Seite, zum Osten hin, liest sich in Französisch. Zwischen den Zeilen gibt es zahlreiche ethnische Gruppen. Schließt man das Buch,
ist der Titel und das Cover in Französisch. Der Text hingegen ist
bilingual mit starken kosmopolitischen Akzenten.« »Außerge-
wöhnliche Beschreibung«, murmelt die Dame hinter mir. Da!
Endlich! Ich schaue nach links und mein Busfahrer nickt mir
energisch zu. »Meine Damen und Herren, auf der rechten Seite
vor uns sehen sie den *Montréal Biodome*«, kündige ich die ehemalige olympische Radrennbahn an, die heute vier Ökosystem-
zonen mit entsprechenden Tier- und Pflanzenarten beherbergt.

Ich habe den unverkennbaren Tower im *Olympischen Park* wiedererkannt. Wir kommen also doch direkt von Nordosten entlang des *Sankt-Lorenz* in die Stadt hinein. *Highway 20* ist falsch. Wir sind auf der *Straße 138* geblieben. Nun kann ich mich orientieren. »Vor uns, liebe Gäste, taucht gleich *Hochelaga* auf, wo damals ein befestigtes Dorf der Irokesen-Indianer ganz in der Nähe des *Mont Royal* lag, dem Hausberg der heutigen Stadt Montréal. Der französische Entdecker Jacques Cartier besuchte 1535 als erster Europäer die Siedlung, als er auf dem *Sankt-Lorenz* reiste und die Gegend erforschte.« »Kommt da nicht der Name her?«, höre ich eine Stimme. Ich nehme die Frage auf und beantworte sie für alle: »Richtig, der Stadtname leitet sich von *Mont Royal* oder *Réal* ab, was *königlicher Berg* bedeutet.« In Gedanken verfluche ich Frau K. zwar immer noch (später werde ich ihr unendlich dankbar sein, dass ich diese wunderschöne Reise machen durfte), konzentriere mich aber jetzt auf die Anfahrt zum Hotel im *Centre-Ville*. Auf der Höhe der *McGill-Universität* biegen wir rechts in das Zentrum ab und erreichen einige Minuten später das *Hotel Radisson Gouverneurs*. Endstation. In der Hotellobby kündige ich an, in ungefähr anderthalb Stunden einen ersten Stadtbummel anzubieten. Bis dahin haben meine Gäste genügend Zeit, ihre Hotelzimmer zu beziehen und sich frisch zu machen. Dann teile ich die Schlüssel aus. Auf dem Zimmer fliegen meine Sachen schnell in die Ecke. Ich habe nur wenig Zeit. Meine Laufschuhe ziehe ich mir in Windeseile an. Shorts und T-Shirt. Karteikarten in die Hose und los geht es. In der Lobby fragt mich die Rezeption, ob mir mein Zimmer nicht gefällt, so zügig bin ich wieder unten angekommen. »Nein, alles o. k.«, antworte ich, »aber könnte ich einen Stadtplan haben?« Der Concierge schaut verdutzt drein, als ich ihn abwürge und mit dem Plan das Hotel verlasse. Nur 50 Minuten bleiben mir, um meinen Spaziergang auszutüfteln. Frau K., oh Mann! Zwei Blocks weiter westlich vom Hotel liegen einige wichtige Sehenswürdigkeiten. Ich renne zum *Place du Canada*, krame meine Karteikarten für die Innenstadt *Ville-Marie* aus der Tasche und lese meine Aufzeichnungen. »Gott sei Dank hat mir mein Vater beigebracht, eine *Dr.-Tigges*-Studienreise akribisch vorzubereiten«, sage ich laut und merke dann erst, dass mich zwei Passantinnen etwas irritiert anstarren. Ich sauge die Infos von den Karten regelrecht auf: *Ville-Marie* – Ausgangspunkt für das Stadtzentrum. 1962 – Errichtung eines Gebäudekomplexes zur Revitalisierung der Innenstadt. Achtung Brunnenbassin mit Skulptur *Female Landscape* von Gerald Gladstone. »Mist, bin ich vorhin dran vorbeigefahren. Dicke liegende Frau ohne Kopf mit monströsem Hintern.« Daran erinnere ich mich. *Place du Canada* mit Statue (1895) zu Ehren von Sir John A. MacDonald, Kanadas erstem Premierminister. Im Rücken hinter mir sehe ich sie. Gut! Ein Blick auf die Uhr – noch 35 Minuten. Was sagt die Karteikarte noch? Östlich davon Kathedrale *Marie-Reine-du-Monde*, Vorbild vom Petersdom in Rom. Das wird mein Bezugspunkt sein. Von hier aus kann ich mich perfekt orientieren. *Église Saint-Georges de Montréal* von 1870 und im Westen davon *Édifice La Laurentienne* mit Grünanlagen. Ich renne über den *Boulevard René Lévesque* und stehe direkt auf dem *Square Dorchester*. Wieder blicke ich auf meine Notizen. *Square Dorchester* mit weiterer Grünanlage mit *Wilfred-Laurier-Statue* sowie *Hotel Windsor* von 1878 im viktorianischen Stil. Daneben mehrere neoklassizistische Hochhäuser und Bankgebäude. Plastik *Three Piece Reclining Figure* (1962) von Henry Moore – drei recht unförmige Klumpen nebeneinander, aber offensichtlich was für Kunstliebhaber. Vom *Square Dorchester* ist es nur ein Block in nördlicher Richtung zur *Rue Sainte Cathérine*, der großen Hauptgeschäftsstraße. Dort werde ich meine Gruppe entlassen und sie können in einem der unzähligen Restaurants in der Umgebung zum Abendessen gehen. Zehn Minuten später bin ich zurück im Hotel, kurze Instant-Deo-Dusche und danach stehe ich angezogen in der Hotellobby bereit, wo ich meine Gäste zum Stadtbummel mitnehme. Ich spule das Programm routiniert ab, spaziere gemütlich meine Route entlang und erläutere dabei die Plätze, Kirchen, Statuen mit berühmten Personen sowie Kunstgegenstände. Abschließend wünsche ich meiner Truppe in der *Rue Sainte Cathérine* wie geplant einen schönen Abend. Die Nacht durch schlafe ich komatös und empfange am nächsten Morgen den *Step on Guide* für die Stadtrundfahrt nach dem Frühstück im Hotel. Dies ist ein völlig entspannter Tag für mich. Alle meine Gäste begleiten mich zum Mittagessen in das *Eaton Centre*. Danach haben sie den Rest des Tages – ja wie könnte es auch anders sein? – zur freien Verfügung.

Wenn ich meine ersten Reisetage in Kanada mit Horst Martin Müllenmeisters Empfehlungen zur Informationsweitergabe durch Studienreiseleiter abgleiche, entdecke ich doch deutliche Unterschiede. Er sieht im gemeinsamen intensiven Erleben von Reisegruppe und Reiseleitung die Voraussetzung für einen soliden Zugewinn an Erkenntnissen. Studienreiseleiter sollen die Welt seiner Meinung nach als ein Museum betrachten, als eine faszinierende Ausstellung von Tempeln, Schlössern, Burgen, von Kunststilen und historischen Schauplätzen, die es zu entschlüsseln gilt. Es ist jedoch wünschenswert, wenn die Reiseleitung Wissensinhalte so vermittelt, dass ein Land bzw. eine Kultur über die bloße Besichtigung von seinen Sehenswürdigkeiten hinaus den Kunden nahegebracht wird. Spezialwissen ist nicht notwendig, vielmehr muss ein roter Faden erkennbar sein, sodass die Teilnehmer ihre neuen Informationen in einen thematisch übergeordneten Rahmen einordnen und sich selbst die neue Kultur systematisch erschließen können. Dies gelingt aber nur, wenn auch das Interesse der Teilnehmer dahin gehend zielgerichtet ist und sie auf einer Studienreise den charakteristischen Bildungsaspekt für sich als bedeutsam erachten. So sollte die Zugangsmotivation der Teilnehmer unmittelbar auf die Bildungsziele der Studienfahrt ausgerichtet sein. Bis hierhin stimme ich Müllenmeister zu, jedoch bestätigen mir meine vielen Gespräche mit Kolleginnen und Kollegen sowie meine eigenen Erfahrungen, dass dieses zielgerichtete Interesse am Bildungsaspekt einer Studienreise bei vielen Kunden verloren gegangen ist. Heute herrscht ein erheblich heterogenes Interessensprofil vor. Im Fokus der Mehrheit der Teilnehmer stehen stattdessen viele Erlebnisse, ein hoher Komfort und vor allem Hotelstandard, Erholungsmomente, ein bisschen Kultur light und ganz viel Individualität. Sehr deutlich wird dieser Paradigmenwechsel auf meiner Rundreise durch Kanada, da ich mich viel mehr auf administrative und organisatorische Tätigkeiten sowie auf die Sicherstellung der reisetechnischen Abläufe konzentrieren muss. In welche Richtung wird sich also der Bildungs- und Kulturtourismus in Zukunft entwickeln? Rulf Treidel attestiert der klassischen veranstalterorganisierten Studienreise als Nischenprodukt in der Tourismusindustrie auch weiterhin einen Markt, jedoch wird es seiner Meinung nach zu einer noch stärkeren Individualisierung der Studienreise kommen. Die völlig unterschiedliche Bedürfnisbefriedigung von Gästen, so wie ich sie in Kanada erlebe, ist das beste Beispiel dafür. Sie wird die großen Reiseveranstalter zukünftig zwingen, noch mehr Freiräume für fakultative Elemente zur Verfügung zu stellen. Wichtige Triebfedern dieser Entwicklung sind zum Beispiel die eine weltweite Tourismusexpansion begleitende Globalisierung, eine durch die Digitalisierung begünstigte explosionsartige Erweiterung der Transport- und vor allem Kommunikationsinfrastruktur sowie eine geradezu signifikante Expansion der individuellen Freizeitmobilität. Es folgt eine für den Individualisten räumliche, zeitliche und kulturelle Grenzenlosigkeit. Der Schweizer Volkskundler Ueli Gyr bezeichnet diese Veränderung als eine in der Geschichte des Tourismus bemerkenswerte systemische Verlagerung: »der traditionelle touristische Symbolkonsum (Sehenswürdigkeiten, Denkmäler, Gegenwelten) wird erweitert oder zugunsten einer erlebnisgeladenen Unterhaltungskultur als ein Stück neuer Welterfahrung abgebaut.« Rulf Treidel nennt diesen Trend »Sinnstiftung und Erfahrung einer sinnlichen Wirklichkeit«. Damit meint er die Suche der Reisenden nach weitergehenden speziellen Inhalten und Erlebnissen im Urlaub, sei es die eigene Entdeckungsreise mit dem

Mietwagen im Anschluss an die gebuchte Studienreise oder der Wunsch, den Nachmittag in Montréal in irgendeinem Museum, in einer Bar oder rauchend vor dem Hotel zu verbringen. Egal, welche Bedürfnisse es sind, er rät Veranstaltern wie *Dr. Tigges Studienreisen*, ihr Studienreisekonzept dahingehend vorsorglich anzupassen.

»Das sind die *Rocky Mountains*, nicht wahr?« Plötzlich steht die Dame neben mir im Bus auf dem Weg von Calgary in die der nordamerikanischen Gebirgskette vorgelagerten *Foothills*. »Das sind sie doch, oder? Endlich! Mensch, und wir mussten erst von Toronto hierherfliegen!« Nachdem die Dame an ihren Platz zurückgekehrt ist, widme ich mich ausführlich der Entstehungsgeschichte der *Rocky Mountains*. Erst spät kommen wir in *Banff* an und checken in die *Bow Valley Motor Lodge* ein. An der großen Bar treffe ich abends zwei Ehemänner aus meiner Gruppe. Sie winken mich freundlich herüber und der ältere Gast nimmt den Gesprächsfaden wieder auf: »Da dies nicht meine erste Rucksackreise ist, gab es bei mir auch keine Probleme. Aber meine Frau brauchte einen neuen Rucksack und damit fing das Abenteuer eigentlich schon bei den Outdoorläden an. Wir suchten ihr einen Rucksack, der neben einer genauen Passform auch ein gutes Tragesystem und eine optimale Volumenausnutzung besitzen sollte.« Sein Gegenüber nickt ihm zu und nippt an seinem halb leeren Bier. Im Hintergrund läuft ruhige Countrymusik, weitere Gäste suchen sich einen Tisch. Dann bemerke ich erst, dass die beiden Männer mich anschauen, als hätte ich meinen Einsatz verpasst. Nun nicke auch ich noch schnell, um Zustimmung zu signalisieren. »So weit so gut…«, setzt der eine erneut an, wird jedoch sofort wieder unterbrochen. »Quadrophenia-Gewebe mit darüberliegenden Top-Kompressionsriemen oder durchgängig arretierbare, innen mit atmungsaktivem *Airmesh* bezogene Free-Movement-Schultergurte?« Fragend stellt er sein leeres Bierglas auf die Theke und fährt sich mit der Hand durch den Bart. »Sie kennen sich ja aus!«, entgegnet der ältere Herr anerkennend und fährt fort:

»Hat sie nicht interessiert. Der Rucksack sollte rot sein!« »Rot?«
Beide schütteln die Köpfe und müssen die Antwort erst verdauen.
Lachend verabschiede ich mich hingegen zum Abendessen und
verlasse die Lodge. Am nächsten Morgen erwischt mich Frau A.
völlig aufgelöst vor dem Eingang zum Speisesaal. »Herr Hillerich,
ich traue mich nicht zum Rauchen vor die Tür. Da steht ein großes
Tier! Das ist bestimmt geflüchtet und gefährlich.« »Geflüchtet?«,
mehr fällt mir spontan vor dem ersten Kaffee nicht ein. »Ja sicher,
aus einem Gehege oder so.« »Wo? Lassen Sie mal sehen.« »Da,
direkt im Blumenbeet. Jetzt kommen Sie doch. Warum ist denn
hier keiner, der das endlich weg macht?«, gestikuliert sie wild.
Draußen blicke ich auf eine Wapiti-Hirschkuh, die noch vor mir
an ihrem Frühstücksbüfett steht und sich genüsslich an den Blumen satt frisst. Während ich Frau A. erkläre, dass im *Banff-Natio-
nalpark* wilde Tiere frei leben und oft im Ortszentrum auftauchen,
scharen sich weitere Hotelbewohner um uns und halten den besonderen Moment mit ihren Kameras fest. Es dauert ein bisschen,
bis die Kuh gemütlich von dannen zieht und links von der Lodge
in den nächsten Vorgarten zum Nachtisch abbiegt. Zwei Stunden
später haben wir im Bus Glück und eine erneute Tiersichtung.
Vorsichtig hält mein Fahrer an, weil vor uns einige Autos mit ein-
geschaltetem Warnlicht am Straßenrand des *Bow Valley Parkways*
stehen. Im Gebüsch vor uns sitzt ein ausgewachsener Schwarzbär
und frisst genüsslich Blaubeeren von den Sträuchern. Gelegentlich schaut er zu uns rüber, lässt sich aber nicht von den Motor-
geräuschen der Fahrzeuge beeindrucken. Meine *Dr.-Tigges*-Gäste
kleben an den Fenstern und freuen sich über dieses besondere
Ereignis. Mit dem Rücken zu der Frontscheibe halte ich spontan
einen kurzen Vortrag zu den unterschiedlichen im Park lebenden Tieren. Dann fahre ich zusammen. Mein Fahrer schlägt laut
fluchend und für mich unerwartet auf die Mitte des Lenkrades
ein und lässt die mächtige Hupe des Busses ertönen. Vor mir sehe
ich den Grund. Zwei Asiaten sind aus ihrem Auto gestiegen und
haben sich dem Bären genähert, um ihn aus kurzer Distanz zu

fotografieren. Noch einmal durchdringt die Hupe die Natur. Bär und mit Kamera behangene Asiaten erschrecken derart, dass sie sich in den Wald und in das eigene Auto flüchten. Wütend schreit mein Busfahrer aus dem nun offenen Fenster heraus und macht ihnen unmissverständlich klar, dass dieses unüberlegte Verhalten lebensgefährlich sein kann. Dann fährt er los und wir hoffen, dass die eingeschüchterten und kreidebleichen Tierbeobachter von dieser Dummheit für immer kuriert sind.

Während der gemeinsamen Fahrt durch die vielen grandiosen Naturlandschaften Westkanadas sinniere ich öfter über die unterschiedlichen Erlebnisse, die ich auf dieser Reise als Reiseleiter und früher als Individualtourist gemacht habe. 1990 lebte ich für acht Monate in Vancouver bei einer Gastfamilie und ging auf die *St. Patrick's High School*. Im südlichen Vorort Richmond lernte ich damals Brian White kennen, der uns gegenüber wohnte und mit mir trotz bei uns beiden äußerst schwach ausgeprägten Französischkenntnissen den Unterricht von Frau Da Silva genoss. Oder ihren Anblick. Nachmittags machten wir die Nachbarschaft unsicher, spielten im Winter am Deich Hockey, ließen uns im Plastikbob hinter dem Wagen im Schnee herziehen. Mein Gastvater John legte dafür extra die Schneeketten auf und drehte mit dem Wagen und uns im Schlepptau sowie den ungläubigen Nachbarn hinter den Fensterscheiben vergnügt Runde für Runde auf der Straße im *Fairdell Cresent*. Ich erinnere mich daran, wie ich oft bei schlechtem Wetter in Brians Zimmer seine Marvel Comics las oder wir beide einen Film sahen und seine Mutter uns mit Butter und Paprika überzogenes Popcorn in einer Schüssel von der Größe einer Blechwanne servierte. Oder, wie wir bis in den frühen Abend vor dem Haus American Football spielten. Auch nicht vergessen werde ich die unzähligen Ausflüge mit John in die Berge der Umgebung. Entweder in die *Cascade Mountains* für Skitouren mit Zelt und Proviant auf dem Rücken oder in die *Coastal Mountains* rund um Vancouver. Es gab so viel zu entdecken. Meine Liebe zu Trekking- und Wandertouren begann mit neuen Holzfällerstiefeln, die John mir, entsetzt über meine eigene Ausrüstung, gleich in der ersten Woche kaufte: »Was sind das denn für Muck-Schuhe?«, kam die Frage, als ich unschuldig meine Leinenschlappen aus dem Koffer holte. Oft übernachteten wir am Wochenende im Zelt draußen in der Wildnis, kochten abends auf dem Gaskocher, tranken ein paar Biere und waren froh, einfach nur in der Natur zu sein. Draußen – das war für uns außerhalb der Großstadt, abseits der Menschenmengen, Staus, des Lärms und der Hektik der Metropole. Draußen bedeutete zudem auch Abenteuer zu genießen, Bärenspuren um das Zelt herum im Schnee zu sehen, nachts mit gefrorenen Füßen aufzuwachen und die Stiefel über dem Gaskocher erwärmen zu müssen, damit die Eisfüße darin Zuflucht finden konnten. Draußen war oft auch gleichzusetzen mit zahlreichen Unannehmlichkeiten, wie Johns eingefrorenen Kontaktlinsen nach einer Nacht im Zelt auf dem Gletscher im südlichen Alaska oder gefrorenes Bier und Dosennahrung im Rucksack. Entschädigt für diese Strapazen wurden wir mit vielen ganz besonderen Momenten, wie zum Beispiel einem fantastischen Farbenspiel während des Sonnenaufgangs am nächsten Morgen vor dem Zelt. Draußen hieß zuletzt auch auf die Jagd zu gehen und das erlegte Rehwild in Richmond im Garten hinter unserem Haus am Balkon aufzuhängen und auszunehmen. Was für ein Spektakel – zum völligen Unverständnis der direkten Nachbarn, die Kaffee und Kuchen ohne Eingeweide und blutüberzogene Organe genießen wollten. Und was gehörte noch dazu? Mühsam Treibholz hacken, das wir zuvor im Delta des *Fraser-Flusses* eingesammelt hatten. Ab und an eine Pause mit selbstgebrautem Bier aus dem Keller, das den Gärungsprozess in gebrauchten 2-l-Coca-Cola-Flaschen überlebt hatte, ohne dass diese nachts neben meinem Schlafzimmer plötzlich explodierten. Jede Flasche Bier schmeckte ein wenig anders, was von der Menge der beigefügten Hefe abhängig war. Brian hatte mir damals seine Heimat auf vielen gemeinsamen Trips nähergebracht und mir geholfen, mich an die neue Schule zu gewöhnen. Ich musste fürchterlich lachen, als mein mir angedichteter Ruf eines besonders guten Fußballspielers aus dem Land des gerade frisch gekrönten Weltmeisters bei der ersten Bewährungsprobe eines Auswärtsspiels unserer Schulmannschaft katastrophal verloren ging. Nach 15 Minuten war ich wieder auf der Bank und blieb auch dort bis zum Ende der Begegnung. Zum Anfeuern war ich zu gebrauchen, meine traurige Stolperei wurde abgespeichert unter *er hatte sich stets bemüht*. Brian grätschte hart, aber fair und unermüdlich alle potenziellen Gefahren aus dem Elfer und sicherte uns einen verdienten Arbeitssieg. Diese Erinnerungen werden mir nun bei meiner Anfahrt auf *Vancouver Island* wieder äußerst präsent. Während meine Gäste sich auf einen individuellen Stadtbummel in der Provinzhauptstadt Victoria freuen, treffe ich meinen Freund Brian in der Lobby unseres Hotels. Mit seinen knapp zwei Metern Größe lehnt er an der Rezeption und macht eine gute Figur. Durch und durch ein Outdoor-Liebhaber, der Forstwirtschaft studiert hat und als Mitarbeiter einer Holzfirma auf der Insel arbeitet. Wir fallen uns in die Arme, gehen sofort in die Stadt, um Bier sowie fettige Knabbereien einzukaufen und verschanzen uns danach im Hotelzimmer, wo wir die Geschehnisse der letzten Jahre aufarbeiten. Tags darauf treffe ich ihn in Vancouver wieder, nachdem ich am Nachmittag meine Gruppe nach getaner Arbeit am Ende der Reise zufrieden in die Freizeit entlasse. Stadtbummel, Restaurants und Zeit zur freien Verfügung – das Übliche. Die letzten beiden Tage verbringe ich daher mit meinem kanadischen Freund. Richmond ist mir immer noch vertraut. Über den *West Dyke Trail* spazieren wir am Meer entlang zum südlich gelegenen Fischerdorf Steveston an der Südwestspitze von *Lulu Island*. Brian kauft einen prächtigen Rotlachs direkt von einem Boot, nimmt ihn zu Hause aus und füllt ihn mit Kräutern sowie Zitronenscheiben. Später wird er in Alufolie eingelegt und auf dem Holzkohlengrill zu einem wahren Festschmaus. Für mich sind das einzigartige Erfahrungen. In der Tat, die Momente könnten unterschiedlicher nicht sein: beides, sowohl die organisierte Form einer *Dr. Tigges*-Studienreise als auch meine Erlebnisse mit meinem kanadischen Freund stellen ein Entkommen aus der eingespielten sozialen Ordnung, ja der eigenen Routine dar. Und doch gibt es nach meiner Meinung große Unterschiede hinsichtlich der Intensität. Das Erleben eines Landes auf einer geführten Gruppenreise kann kaum gleichgesetzt werden mit dem wirklichen Eintauchen in eine Kultur mithilfe eines persönlichen Kontaktes oder mit der Unterstützung durch ein vertrautes oder bekanntes Umfeld. Es sind persönliche Verbindungen, die tiefgründige, nachhaltige und wirklich intensive Erlebnisse vermitteln sowie zu einem besseren Verständnis von der anderen Kultur beitragen. Der Reiseleiter kann im Vergleich dazu allenfalls ein Vehikel sein, ein umsichtiger Brückenbauer, der seine vielen Kenntnisse, Erlebnisse und jahrelangen Erfahrungen im jeweiligen Land den Gästen näherbringt. Mehr, so glaube ich, kann er diesbezüglich aber nicht leisten. Und doch suggerieren die Katalogtexte der großen Tourismusanbieter immer öfter, dass die Kunden intensive Reisebegegnungen erleben können, dass sie diese sozusagen schon mit der Buchung garantiert erhalten werden. Letztendlich ist die von den Studienreiseveranstaltern geschickt beworbene Kombination aus intensiven und speziellen Erlebnissen auf den eigenen Reisen eine Gegenbewegung zum Massentourismus. Es ist der Versuch, sich abzusetzen, sich klar und deutlich von den schrecklichen Auswirkungen auf die Umwelt und Menschen der Zieldestinationen zu distanzieren. Jeder Gast möchte etwas Faszinierendes entdecken, irgendwo eintauchen, kulturelle Schätze heben, Traditionen nachspüren und Einzigartiges erleben – aber bitte doch allein, ohne die Massen, die auch noch unterwegs sind.

Wer heutzutage mehr oder weniger allein sein möchte, der muss den Massen entkommen und sich Ziele aussuchen, die entweder abschrecken oder sehr schwierig zu erreichen sind, was für viele Menschen auch schon abschreckend ist. 2005 ist für mich Myanmar ein solches Ziel, das mich sehr fasziniert, weil weite Teile durch die seit 1962 vorherrschende Militärdiktatur ähnlich wie Nordkorea abgeriegelt sind und es schwierig zu bereisen ist. 2005 kommen jährlich knapp 30.000 Menschen in das südostasiatische Land, ungefähr so viele Touristen, wie durchschnittlich an einem Tag Thailand besuchen. Ausländer sind vielerorts im Land größtenteils unbekannt und ziehen Menschentrauben magisch an. Zwischen 1998 und 2005 habe ich weiter jeden Sommer für *Gebeco* und *Dr. Tigges Studienreisen* gearbeitet, aber das Ende meines Studiums und der Einstieg in ein Berufsleben mit geregeltem Einkommen erlauben es mir und meiner Frau nun, den Blickwinkel etwas zu verändern und mehrere Individualreisen in ferne uns unbekannte Länder zu unternehmen. Seit 2003 bereisen wir Südostasien und erst ein Kontakt, den ich auf einer Reise nach Nordvietnam von meinem Trauzeugen erhielt, machte es mir möglich, eine Tour durch Myanmar zu planen. Zu Hause rufe ich meinen Vater an: »Da bin ich dabei! Das ist doch was. Wir beide wieder gemeinsam auf Tour«, höre ich ihn euphorisch am Telefon. »Was muss ich machen? Hast du schon einen Plan, Marcus?« Knapp 12 Jahre nach der letzten gemeinsamen Reise mit ihm scheint mir dies eine tolle Gelegenheit zu sein, noch einmal zusammen abseits des Reiseleiterdaseins aufzubrechen. »Ich kümmere mich um die Flüge. Rufe gleich mal Anja bei *Gebeco* in der Firma an«, sagt er. »Die kann uns ganz bestimmt mit der Vertragsagentur in Yangon in Verbindung bringen.« Ich selbst bin in den nächsten Tagen mit Kyaw Naing von *Golden Swallow Transport Services* (was für ein Name!) per Mail in Kontakt, um mit ihm das Routing auszuarbeiten. Myanmar 2005 nur mit öffentlichen Verkehrsmitteln zu bereisen ist in der Theorie möglich, aber in der Praxis sehr umständlich. Der *Yangon-Mandalay-Expresszug* beispielsweise knattert so langsam durch das Land, dass man nebenherlaufen könnte. Ein privates Taxi mit eigenem *Guide* ist kostspieliger, aber für uns beide in jeglicher Hinsicht vorteilhafter. Überall haben wir so einen Türöffner und Übersetzer dabei. Kyaw bastelt uns ein elftägiges Programm zusammen und ist von der ersten Minute an extrem hilfsbereit. In seinen Mails weist er uns auf Besonderheiten im Land hin: »Kreditkarten, Bankkarten oder Traveller Checks funktionieren hier nicht! Bringt bitte genügend ausländische Währung in Cash mit. US-Dollar sind prima, aber schaut euch genau die Seriennummern der 100 US-Banknoten an. Alle Noten, die mit AB und CB beginnen, werden nicht akzeptiert. Auch nicht jene Scheine, auf denen die kleinen Konterfeis der US-amerikanischen Präsidenten abgebildet sind. Nehmt nur solche mit den großen Portraits.« Verwundert höre ich auf, die Mail zu lesen und schaue erst einmal im Internet nach, was er meint. »Die Banknoten müssen nicht komplett neu bzw. druckfrisch sein, aber es werden von den Händlern auf dem Schwarzmarkt keine Scheine angenommen, die geknickte Ecken haben und leicht eingerissen sind oder auf denen mit Stiften geschrieben wurde.« Ich halte mich an alle seine Anweisungen. Zwei Wochen vor Abreise erfolgt eine letzte kleine Planänderung: »Lieber Marcus, ich möchte dir mitteilen, dass eurer Fahrer Ko Soe Aye heißt. Ihr könnt ihn Ko Soe nennen. Ein fetter Mann mit einem lachenden Gesicht! Wie ein chinesischer Buddha. Morgen breche ich zu einer Tour auf. Vielleicht treffen wir uns ja unterwegs im Land. Alles Gute.« Mein Vater und ich fliegen gemeinsam von Düsseldorf aus. Am Tag der Anreise *überfallen* mich auch noch zwei *Dr.-Tigges*-Gäste im ICE, weil sie meinen Anhänger am Rucksack sehen und glauben, wir seien alle in ein und derselben Reisegruppe. Deutschland fährt in den Urlaub, da die Osterferien begonnen haben. Die beiden machen jedoch die *»Laos-Kambodscha-Tour«* mit meiner Kollegin und fragen mich diesbezüglich aus: »Ist sie nett? Sind wir bei ihr in guten Händen?« Was für eine Frage! »Natürlich. Freuen Sie sich, es wird eine spannende Reise und Sie sind in den allerbesten Händen«, antworte ich und setze mich im Zug ab. Sie lassen aber nicht locker und lauern Papa und mir am Check-in-Schalter sowie in der Maschine auf, wo wir weitere Fragen beantworten und uns angeregt unterhalten. Wir alle bringen unsere Vorfreude auf die kommenden Tage zum Ausdruck. In Yangon wartet Ko Soe schon mit einer Sondergenehmigung für den Sicherheitsbereich des Flughafens auf uns und hält ein Schild mit der Aufschrift »*Welcome* Marcus Hillerich« in den Händen. Und dann tauchen wir in dieses irre Land ein! Alles ist exotisch. Zuerst die Menschen mit ihrer traditionellen Kleidung. Ko Soe trägt wie fast jeder Burmese einen *Longyi*, ein knöchellanges Tuch, kunstvoll um die Hüfte gebunden. Die Frauen haben gelblich-weiße *Thanaka*-Paste aus fein geriebener Baumrinde und mit Wasser angerührt auf den Gesichtswangen. Viele kunstvolle Verzierungen werden nach dem Auftragen in das burmesische Make-up eingeritzt. Die Burmesen sind neugierig, fassen Ko Soe am Arm und wollen uns bei jeder Gelegenheit zum Essen einladen. Fasziniert beäugen wir uns gegenseitig, wenn wir einen Tempel oder eine Pagode besichtigen. Überall Gold, auf den Stupas oder in Form von feinsten hauchdünnen Blättern, die entweder auf den Märkten oder in den Handwerksbetrieben zu kaufen sind, damit wir sie zur Huldigung des Buddhas auf die unzähligen Statuen kleben können. Dann begeistern uns die farbenprächtigen Märkte. Im Hochland am *Inle-See* sehen wir zu, wie eine junge Händlerin im Schneidersitz auf der Straße hockend einem Huhn den Bauch aufschlitzt und mit der Hand hineinfährt, um die Gedärme und die Innereien herauszureißen. Geschickt nimmt sie das Tier aus und trennt Fleisch von Abfall, der in einer Blutlache vor der Mülltonne aufgehäuft wird. Fröhlich sind die Menschen, sie lachen viel und gerne, auch wenn nur noch Zahnstumpen im Mund von einem harten Leben Zeugnis ablegen. Ein Markt ist eine *Tour de Force* für die Nase. Fisch und Fleisch in der Sonne setzen uns schwer zu, um die Ecke beim nächsten Verkäufer dringen uns dann wieder exotische Aromen der vielen Gewürze in die Nase. Ständig müssen wir alle unsere Sinne justieren, das Gehirn arbeitet auf Hochtouren und erhält dennoch keinerlei Pause – zu unbekannt ist alles, zu viele neue Informationen erhalten wir von Ko Soe, der schnell zum guten Freund wird und dessen Vertrauen wir peu à peu in den ersten Tagen gewinnen können. Immer öfter und ausführlicher berichtet er von der Härte und Brutalität, mit der das Militärregime rücksichtslos gegen die eigene Bevölkerung vorgeht und jegliche Demokratiebestrebungen unterdrückt. Aung San Suu Kyi ist seit Jahren kaltgestellt und unter Hausarrest. Kein Bild der Freiheitsikone ist im Land zu sehen, keiner redet öffentlich über sie. Es wäre lebensgefährlich. Und doch ist die burmesische Politikerin in aller Munde. Myanmar ist so völlig anders als jedes Land, das ich bis dahin bereisen durfte. Nicht einmal Distanzen können wir auch nur annähernd richtig abschätzen und scheitern kläglich. Andauernd kommt auf den Fahrten durch die Teilregionen Unerwartetes dazwischen. Zum Beispiel der Benzinfilter, der verstopft ist, weil wir an der Straße auf dem Schwarzmarkt verunreinigtes Benzin kaufen mussten. Der Sprit steht in riesigen Ölfässern am Wegesrand oder ist rationiert an chronisch leeren Zapfsäulen der staatlichen Tankstellen zu kaufen, die zudem noch militärisches Sperrgebiet sind – ich kann es kaum glauben! Die Tankladung muss sorgfältig mit Datum und Unterschrift in ein kleines blaues Buch eingetragen werden, das Ko Soe im Handschuhfach aufbewahrt. »Five gallons – no pictures«, sagt er bei jedem Tankstopp und lacht laut los. Oder ein unerwarteter Stopp im Hochland hält uns auf, weil wir mitten in eine *Shinbyu-Zeremonie* hineingeraten. Wir parken den Toyota Corolla, steigen aus und beobachten, wie ein stark geschminktes Kind im Prinzenkostüm auf einem prächtig dekorierten Elefanten an uns vorbeigetragen wird. Die Feiergemeinschaft hat ihre elegantesten Kleider an. Ein Teil ist berauscht vom Kauen der Betelnüsse, in Trance oder betäubt vom vielen Alkohol. Feierlich wird der Kleine zum Kloster gebracht, in das er für eine bestimmte Zeit vor dem 18. Lebensjahr eintritt, um ein profunderes Verständnis von der buddhistischen Religion zu erlangen. Öfter werden wir angehalten, um 50 bis 200 Kyat Tribut oder Mautgebühr an Schlagbäumen zu entrichten. Das System stammt noch aus der Zeit der zahlreichen Warlords, die vor der Militärjunta über weite Gebiete herrschten und Wegezoll einforderten.

Heute verdienen die Menschen aus den Dörfern an der Maut. Frauen und Kinder warten am Straßenrand und trommeln energisch auf Eisen- oder Blechtöpfe ein, in die wir die Geldscheine werfen. Das Geld kann in den Bau einer neuen Pagode, einer Schule oder Straße investiert werden. Myanmar im Jahr 2005 ist für uns ein besonderes *exemplum classicum* an echtem Individualabenteuer. Zwei Generationen *Dr.-Tigges*-Reiseleiter abseits der ausgetretenen Pfade. Und mein Vater genießt ebenso wie ich jede Minute, liebt es, in Ruhe ohne Besichtigungstermine und vorgegebene Zeitspannen für Führungen Fotos zu machen. Nach wie vor sind wir noch analog unterwegs und fachsimpeln über die ausgewählten Objektive, Brennweiten und Perspektiven. Was mir besonders gefällt, ist die Tatsache, dass ich nach unserer Fahrt durch Ägypten die Reise planen konnte und ihm mit Südostasien eine mir ganz besonders am Herzen liegende Region zeigen darf. Myanmar ist im Nachhinein auch die logische Konsequenz meines Versuches, stärker denn je nach den Reisezielen Indonesien, Vietnam, Laos und Kambodscha dem Massentourismus zu entkommen. Hier ist es uns wirklich gelungen! Nach einer Woche erreicht uns plötzlich eine E-Mail von Anja aus der *Gebeco*-Zentrale in Kiel. Bis dahin waren wir von der Außenwelt abgeschnitten. Wie sie doch durch die Zensur des Internets hindurch kam, ist mir ein Rätsel. »Meine lieben beiden Hillerichs«, schreibt sie. »Seit Tagen versuche ich ein Fax an unsere Agentur in Yangon zu senden, um euer Kommen anzukündigen… Mit der Technik und dem Strom ist es aber leider nicht allzu weit her, so dass [sic!] sämtliche Versuche kläglich gescheitert sind. Und E-Mail-Verkehr gibt es mit den Burmesen nicht. Ich schicke euch daher die Adresse per Mail und bin mir sicher, dass ihr euch jederzeit an die Kollegen dort wenden könnt. Ich wünsche euch einen ganz tollen Urlaub, viel Spaß und kommt gesund zurück! Schließlich brauchen wir euch noch!:-)) Liebe Grüße aus Kiel – Anja.«

Der zweite Aspekt, der nach meiner Meinung das Reisen noch grundlegender verändert hat, ist das Internet und seit 2007 die

Einführung des Smartphones. Diese beiden technischen Errungenschaften, die uns Kommunikation rund um die Uhr und jederzeit Zugang zu sämtlichem Wissen der Welt ermöglichen, können vielen Menschen auf Reisen auch die authentischen Erlebnisse rauben. Es ist wirklich schon paradox! Da wird die Studienreise zur individuellen Erlebnisreise und das Erleben des Unbekannten droht durch die moderne Technik zu verschwinden, da sie es uns erlaubt, aber auch wirklich alles vorher zu googeln. Infos, Bilder auf *Streetview* oder Hotelbeschreibungen. Bei den Individualtouristen sehe ich die Entwicklung als noch viel dramatischer, da die Backpacker ja gerade eben ohne ein vergleichsweise starres Gerüst eines vom Veranstalter ausgetüftelten Programms die Welt entdecken wollen – oder wollten. Nun zwängen die meisten sich selbst in ein solches Korsett hinein, indem viele abends schon den nächsten Tag durchplanen. Ja, ich mag als ziemlich *oldschool* gelten, aber für mich hat das Smartphone zum Ende des echten Traveller-Daseins beigetragen. Ich gebe es ehrlich zu, viele Aktivitäten rund um die Planung und Durchführung einer Reise sind mit ihm wesentlich komfortabler zu gestalten. Das Handy und der Computer sind voller nützlicher Anwendungen, dafür ist aber auch der Rucksack oder Koffer mittlerweile deutlich voller geworden. Akkus, Ladegerät, Kameraausrüstung, Kabel, Universaladapter und die Powerbank sind die wesentlichen und leider unverzichtbaren Bestandteile des Gepäcks geworden. Heutzutage schleppen die Leute auch noch Drohnen mit sich herum, um Bilder und Videos zu machen und diese noch im Urlaub auf ihre Webseiten oder Reiseblogs hochzuladen. Der typische Reiseführer, die Bibel auf Reisen, ist verschwunden. Klassisches Papierrascheln? Fehlanzeige! Seiten umblättern gehört der Vergangenheit an. Ich gebe es zu, mit dem *Lonely Planet* war man früher auch nicht allein vor Ort und ein Hostel, das im Buch länger empfohlen wurde, veränderte sich zunehmend negativ. Mit dem Smartphone ist man nun in der Lage, attraktive Alternativen und entlegene Ecken zu entdecken. Man kann heute bequem auch noch während der Anfahrt zum Flughafen per Tastenklick weitere E-Tickets und Hotels buchen und den Transfer am Ziel zum Hotel organisieren. Bei einer Verspätung des Fluges erhalte ich in Windeseile eine Nachricht auf mein Handy und noch zwei weitere, wenn das Gate zwischendurch gewechselt hat. Für die Sicherheitshinweise im Flugzeug interessiert sich dann aber um mich herum keiner mehr, weil viele Reisende bis zur letzten Sekunde vor der Startphase online sind und erst auf dem Rollfeld in den Flugmodus wechseln. In der Kabine ist es ruhig, da wir auf dem Tablet in die Welt der Spielfilme eintauchen. Richtig nervig wird es jedoch, wenn ausgerechnet der Fluggast am Fensterplatz plötzlich das Klo besuchen möchte. Nun muss schnell die ganze Technik zusammengeräumt werden. Das Handy fällt auf den Boden, die Kopfhörer baumeln unter dem Sitz und zwei Gäste mit Tablet (Ja, das mit dem Film drauf! Auf dem anderen kleben die Reste des Abendessens) und Kaffee in den Händen stehen im Gang, bis das Geschäft erledigt ist. Im Zielland angekommen, kaufe ich mir für einen Apfel und ein Ei eine SIM-Karte und schon bin ich in der Lage, mir ein *GrabCar* zu organisieren, das mich zum Hotel fährt. Fahrzeug, Fahrername und Nummernschild weiß ich schon, bevor ich meinen Rucksack vom Kofferband genommen habe. Auf *Maps.me* verfolge ich die Route in Echtzeit und kann dem indonesischen Taxifahrer Yalu vorne am Steuer auf dem Weg nach Jakarta sagen, dass eine Baustelle uns umleiten wird und dass sich unsere Ankunftszeit um 15 Minuten verzögern wird. Mit *Rome2rio* erfahre ich am Abend, wie viel Geld mich mein Trip von Jakarta nach Semarang kostet, wie lange er dauert, wo ich abfahre und mit welcher Busfirma ich unterwegs sein werde. Gerne würde ich wissen, ob der Busfahrer Haustiere besitzt..., kann die App aber (noch) nicht. Meine Hostels buche ich über *Hostelworld* oder *Agoda*. *Siri* zeigt mir noch die coolen Cafés in der Umgebung. Hält der Akku noch ein bisschen, dann speichere ich mir schnell die neue Erinnerungsliste bei Latte Macchiato und Pistazien auf mein Smartphone. Heute, so könnte man meinen, gehört zu den

Grunddaseinsbedürfnissen im Leben an erster Stelle WLAN und ein voller Akku. Besorgte Bekannte können ihre Sprösslinge während ihres Urlaubs mit dem eigenen Smartphone tracken, nur für den Ernstfall natürlich... Vorgegaukelte Sicherheit durch die eingeschaltete Ordnungsdienstfunktion. O. k., ich übertreibe etwas, aber für mich ist es schon eine andere Welt.

Was ist neu? Was wird wirklich noch entdeckt? Wieviel passiert denn zufällig?

Ein neues Reiseziel, jedoch ist vieles leider schon bekannt. Eine fragwürdige Entwicklung! Manche Dinge fand ich damals einfach besser. Meine ersten Backpacking-Touren habe ich nur mit einem Reiseführer und detaillierten Karten gemacht. Der Fokus lag auf den Sachinformationen wie Verbindungen, Sehenswürdigkeiten, Preise und Übernachtungsangebote. Wenige Bilder schwirrten aus einzelnen *GEO*-Themenheften in meinem Kopf herum. Im Land habe ich permanent aus dem Bus- oder Zugfenster geschaut und alles in mich aufgesogen. Ein Film mit einer anderen Welt spielte sich vor meinen Augen ab. So ist es für mich doch ein bisschen befremdlich, wenn einige meiner Studienreisegäste heute im Bus das Tablet auf dem Schoß haben und Zeitung lesen, sich Bilder anschauen oder die Fußballkonferenz live im Internet mitverfolgen, während ich vorne am Mikrofon versuche, ihnen die Kultur näherzubringen und mir Mühe gebe, ihnen durch meine Vorträge das Gesehene in einen Kontext einzuordnen. »Können Sie uns das WLAN-Passwort für den Bus geben, Herr Hillerich?«, ist mittlerweile eine öfter gestellte Frage. Für Studienreisende wie Backpacker gelten Busfahrten zu oft als unproduktive Zeit, die es zu überbrücken gilt. Wenn man ehrlich ist, muss man zugeben, dass Individualisierung und Digitalisierung nicht immer und überall Annehmlichkeiten bereitstellen. In Island kommen meine Gäste heutzutage bei einer achttägigen Reise mit 10 unterschiedlichen Maschinen an. Berlin, München, Frankfurt, Düsseldorf, Zwischenstopp in Kopenhagen oder Oslo, Direktflug, individuelle Anreise zwei Tage vorher etc. Bis alle Gäste mit den verschiedenen

Transfers im Hotel sind, ist der erste Tag vorbei. Man kann von Glück sagen, wenn am nächsten Morgen alle am Bus stehen und sich das erste Mal gemeinsam als Gruppe wahrnehmen. Reiseveranstalter bauen regelrecht auf das Organisationstalent ihrer Gäste, sourcen ursprüngliche Leistungen an sie aus und sparen mit dem Individualismus sogar Geld. Eigentlich möchte man sich auf Erholung freuen, aber die Anreise artet immer mehr in Stress aus: Reykjavík Flughafen, Transfervoucher bereithalten, die Koffer in die Hände, über den Parkplatz zum Terminal mit den Transferbussen. Warten auf die Abfahrt, Tickets vorzeigen, Ankunft am Busterminal der Firma, Umsteigen auf kleine Privatbusse, Weiterfahrt zu den Hotels. Insgesamt braucht man dafür 2,5 Stunden. Mit einem agentureigenen Bus hat mich Halli damals in 45 Minuten zum Hotel in Reykjavík gefahren. Ist der Reiseleiter auf die Abendmaschine gebucht, checken die Gäste selbst ein und haben dann endlich Zeit zur freien Verfügung, es sei denn, sie müssen sich selbst um das nicht mitgelieferte Gepäck kümmern. Ist das noch Kundenservice? Früher war der Hotelstandort direkt in der Innenstadt, der Preiskampf heute zwingt die Agenturen jedoch, billigere Unterkünfte weit außerhalb des Zentrums einzukaufen, sodass der Gast entweder im Hafen, Industriegebiet oder neben der Autobahn wohnt und auch noch die Fahrt mit dem Taxi in die Stadt selbst organisieren muss. Meistens bleibt er müde und erschöpft an der Bar oder auf dem Zimmer. Damit die Gäste besser informiert sind, erhalten sie als selbst bezahltes und inkludiertes Geschenk zu Reiseantritt einen Reiseführer, der aber leider zu selten auch gelesen wird. »Sind das die *Rocky Mountains*, Herr Hillerich?« ist das beste Beispiel dafür. Die Studienreise entfaltet im Vergleich zwar immer noch mehr Gruppendynamik, aber auch hier entfallen zusehends mehr gruppenbildende Bestandteile. Eine individuelle Anreise zum Zielort verlagert den gemeinsamen *Welcome Drink* auf einen anderen Tag oder lässt ihn ganz verschwinden. Auf meinen ersten Island- und Kanada-Reisen saß ich abends nach Ankunft mit meinen *Dr.-Tigges*-Gästen gemütlich an der Bar und gab ihnen die zentralen Vorabinformationen für die ersten Schritte im Reiseland. Heute bin ich noch nicht auf dem Zimmer, da steht schon die erste Dame vor mir und beschwert sich in Reykjavík über den üblen Geruch im Badezimmer. »Herr Hillerich, Sie müssen wissen, ich erwarte von Ihnen bei den gebuchten Hotels einen besonderen Standard. Es stinkt im Badezimmer nach faulen Eiern! Ich möchte sofort das Zimmer wechseln.« Kein Blick in den Reiseführer, keine Kenntnis von geothermalem Wasser, das in Island aus der Dusche strömt. Schwefelwasserstoff? Ein vulkanisches Gas, das in Wasser gelöst ist und an der Luft entweicht? Island = Vulkaninsel. Obwohl es eigentlich einfacher werden sollte, wird es immer komplizierter. Die Gäste schauen sich gerne das Hotel auf der Homepage an. Groß kann die Enttäuschung jedoch sein, wenn das Zimmer in der Realität nicht mit den Bildern im Internet übereinstimmt.

Auch die Backpacker überlassen nichts mehr dem Zufall und sichern sich über das Studium von manchmal 30 oder mehr Einzelbewertungen anderer Gäste auf den Buchungsportalen im Vorfeld ab. Zeit für und vor allem Lust auf eventuelle Überraschungen in einer Unterkunft hat man keine mehr, man ist ja schließlich im Urlaub und der muss gelingen, da er viel Geld gekostet hat. Mitte der Neunzigerjahre habe ich noch Traveller-Geschichten ausgetauscht, wo es nur ging. Ich bekam Tipps von vielen anderen Backpackern, die das gleiche Schicksal im dreckigen *Chicken-Bus* ereilte. Nach dem dritten Reifenwechsel in den Anden Südamerikas rauften wir uns zusammen und nahmen uns einen Pick-up zum Endziel. Abends im Hostel philosophierten wir bei einem Bier über die besten Tricks und Kniffe. Manches offenbarte sich mir erst vor Ort. In Quito erfuhr ich erst beim Frühstück nach der Ankunft von zwei Amerikanern, dass am Tag zuvor am Oberlauf des *Río Napo* zwei Kanadier, ein Franzose und ein Chilene von den kolumbianischen *FARC*-Rebellen entführt wurden. Genau da wollte ich doch hin. Ich musste meine Route spontan ändern, freundete mich im nächsten Bus mit Raúl an, der mir weitere nützliche Informationen gab, da er die Tageszeitung lesen konnte. Gemeinsam saßen wir in einem übel nach Abgasen stinkenden Bus auf dem Weg durch das Gebirge. Im Innenraum hing ein *No-Smoking*-Schild. Bis auf den Bus rauchte tatsächlich auch keiner. Mal schnell eben im Internet die Lage checken ging damals also nicht. Ich war weg, unterwegs, auf Tour und Gott sei Dank nicht überall zu erreichen. Internetcafés mit einer 56k-Modem-Leitung bildeten Spielhöllen für Minderjährige, die nach der Schule dort Computerspiele zockten und das Surfen im Netz zum Geduldsspiel machten. So notierte ich mir empfohlene Hotels, Busnummern oder den Namen eines *Guide*s aus dem Regenwald auf Papierschnipsel, Bierdeckel, Visitenkarten und schmierigen Stadtplänen. In Cuenca konnte ich damit auch nach Pedro fragen und fand ihn tatsächlich: »Cuenca – *Al Café City* – Frühstück neben der Kathedrale:« Oder »Loja – *Hotel Londres* (8 US-Dollar pro Person), doch lieber im *Hostel Hidden Garden* übernachten (14 US-Dollar inkl. Frühstück). Von Loja nach Piura mit Bus *Loja International*. Piura – *Hostal California* – 6 US-Dollar pro Nacht. Italiener um die Ecke.« Die Hinweise erhielt ich von Pepe aus Ecuador, der in meinem Tagebuch seine Adresse hinterlässt – Your friend!

Gar nicht so lange her, aber es war eine andere Welt. Einige wesentliche Dinge sind heute viel einfacher geworden. Dazu gehören vor allem die Geldbeschaffung und die Aufbewahrung der Flugtickets. Schiefgehen kann da nicht mehr wirklich viel. Entweder ich speichere mein E-Ticket in der Cloud oder auf meinem Handy, Geld ziehe ich mit der Kreditkarte an einem der zahlreichen Automaten. Früher war der Gang zur Bank deutlich umständlicher, aber auch ein richtiges und bisweilen sehr zeitaufwendiges Erlebnis. Ich erinnere mich an einen Tag in Ubud auf Bali, Indonesien. Er begann mit einem Fruchtsaft auf der Veranda vor unserem Zimmer. Um die Tempel der Insel besichtigen zu können, mussten meine Frau und ich Geld bei der hiesigen Bank wechseln und danach einen Sarong auf dem Markt kaufen.

Ich konnte nicht erahnen, wie viel Geduld ich in der Bank habe aufbringen müssen, um an das Geld zu gelangen. Balinesische Uhren tickten damals schon viel langsamer als anderswo. Jeder der zwanzig Angestellten hatte genau eine Aufgabe zu erledigen. Vor dem Schalter herrschte Gedränge und Hektik, dahinter stoische Ruhe. Zwei Polizisten mit Gewehren im Anschlag sollten das gesamte Gebäude bewachen, übten sich aber im Beruhigen der Kunden. Die Mitarbeiter liefen ohne für mich erkennbares System von Tisch zu Tisch und sammelten Unterschriften für diverse Formulare ein. Ein Supervisor las indessen die Zeitung und schaute ab und an dahinter hervor. Für meine *Traveller Checks* durfte ich zweimal meine Unterschrift leisten und viermal meine Postadresse eingeben. Der Angestellte verstand mich nicht, sodass ich seinen Platz hinter dem Computer einnahm und sie selbst eintippte. Mein Reisepass machte inzwischen die Runde von Tisch zu Fotokopierer zu Tisch zu Supervisor (Zeitung war nach wie vor wichtiger) und wieder zurück zu mir. Dann nochmals warten. Zuerst zählte ich die Leisten an der Decke, dann die rechteckigen Fliesen auf dem Fußboden. Glücklicherweise lief der Fernseher. Eine balinesische Seifenoper wandte sich dem Ende entgegen. Ein fieser Dschungelbösewicht versuchte einen smarten Helden samt seinen Gefährten und schön geföhnten Geliebten zu töten. Die Frisur hielt trotz über fünf Minuten andauernder, aber immer noch wilder Flucht durch den Regenwald. Irgendwann siegte die Gerechtigkeit. Das Schicksal ereilte den Fiesling, indem er den finalen Kampf gegen den Protagonisten verlor und nach der Gewaltorgie wimmernd im Dickicht zurückgelassen wurde, während die Geliebten triumphierend in ihr Heimatdorf zurückkehrten. Beim letzten Handkantenschlag schrie mein Nachbar auf und schlug mir grinsend auf die Schulter, was sagen sollte: »Endlich haben sie den Dreckskerl erwischt!« Wir beide kamen ins Gespräch und es stellte sich heraus, dass er Taxifahrer war. Nach gefühlt einer Ewigkeit bekam ich meinen Pass und meine indonesischen Rupien in die Hand gedrückt. Glücklich verließ ich die Bank und verbrachte mit meiner Frau und dem Taxifahrer den Tag gemeinsam außerhalb von Ubud, wo er uns seine Lieblingsecken zeigte und wir ihn zum Dank in ein Restaurant einluden. Mit einer Kreditkarte am Automaten wäre mir dies wahrscheinlich nicht passiert.

Freies WLAN ist heute überall in Asien ein absoluter Standard. Meine Mitbewohner des Hostels sitzen bei *Vegan Juice* in den Hängematten und haben ihre dicken Kopfhörer auf den Ohren. Ich schaue ihnen zu, wie sie Instagram-Fotos hochladen oder WhatsApp-Nachrichten austauschen. Im Fatboy-Sitzsack schräg gegenüber fläzt eine Neuseeländerin und skypt leicht hysterisch und übertrieben laut mit einem Bekannten. Alles ist »*sweet und nice*«. Zeit zum Gespräch mit dem Zimmernachbarn hat man vielleicht kurz vor der gebuchten Elefantentour. Was man sehen wird, weiß man schon, denn alle möglichen Einzelheiten kann der Gast auf der Homepage des Betreibers anklicken. Zwischen Mittagessen und Pick-up-Service gibt es die Möglichkeit, schnell zwei Bewertungen für die letzten beiden Unterkünfte zu schreiben und sie samt Bildern auf *TripAdviser* zu platzieren. Im Urlaub und trotzdem im Freizeitstress – das ist die neue Realität. Gerade die *Followers* müssen häufig bedient werden. Nirgendwo war ich darüber derart schockiert oder amüsiert (ich weiß es nicht) als im nicht mehr ruhigen Chiang Mai im nördlichen Thailand, das mittlerweile fest in chinesischer Hand ist. Beim Frühstück spielen sich für mich merkwürdige, ja skurrile Szenen ab. Natürlich ist das neue Statussymbol Smartphone allgegenwärtig. Die morgendliche Nahrungsaufnahme der chinesischen Urlauber um mich herum ist lästiges Beiwerk. Zu wichtig ist das Versorgen der *Social Media Community* mit den neuesten Nachrichten und mit dem hundertsten Selfie. Die Damen am Tisch gegenüber tragen Handy-Case-Handtaschen mit vergoldeter Kette um den Hals. Vibrationen, Klingeltöne oder eingehende *WhatsApp*-Nachrichten lösen Glücksgefühle aus. Das Rührei ist längst kalt, im Glas setzt sich das Fruchtfleisch müde vom Orangensaft ab. Der Körper ist längst konditioniert und schüttet auf alle Reaktionen des Handys Endorphine aus. Schnell noch ein weiteres Bild, diesmal mit dem Selfie-Stick, der zum Verkaufsschlager an jeder Ecke des Nachtbasars avanciert ist. Freud, der alte Sigmund, hat hier nur teilweise recht! Unter Narzissmus verstand er im charakterpsychologischen Sinn eine Libido, die auf das eigene Ich ausgerichtet ist, anstatt auf ein Objekt. Heute hat das Mobiltelefon die gleiche Bedeutung erreicht. Richtig merkt er an, dass dieses Verhalten zu einer Charaktereigenschaft führe, bei der ein geringes Selbstwertgefühl durch übertriebene Einschätzung der eigenen Wichtigkeit und den Wunsch nach Bewunderung kompensiert werde. Kompensation lässt Harmonie entstehen. Wie trefflich, denke ich böse! 30 Selfies zum Frühstück, vier stumme Freundinnen am Tisch mit ihren Glitzer-Handys und man ist mit sich und der Welt im Reinen. Bild hier, lächeln, immer wieder die Haare arrangieren, Schmollmund, Bild da und sie erlangen einen dem Nirvana ähnelnden Zustand. Ich biete mich an, ihnen zu helfen, möchte sie gewissermaßen auf die nächste Stufe der Glückseligkeit hieven und lasse mir dazu die Kamera geben. Klick, klick, klick. Drei weitere Fotos für das digitale Narzissmus-Album. Dabei kämpfe ich mit mir und versuche meine Mitmenschen zu tolerieren, aber diese extreme Form von demonstrativem Konsum stört mich gewaltig. Zu viele sind Selbstdarsteller, die die Anerkennung des sozialen Umfeldes suchen. Müssen wirklich alle wissen, dass neben den Live-Bildern vom Elefantenritt in Thailand abends auch noch der Hintern eingecremt wurde? Soll ich an solchen nichtssagenden Reiseerlebnissen teilhaben? Der Höhepunkt des kulturellen Fauxpas lässt sich am *Doi-Suthep-Bergtempel* beobachten, dem Wahrzeichen der Stadt Chiang Mai. Es braucht Kondition, um die 200 steilen Stufen zum Tempelkomplex emporzusteigen. Oben angelangt blendet mich das gleißend helle Sonnenlicht. Gold und reflektierende Intarsien-Arbeiten aus Glas, wohin ich auch blicke. Was für eine einzigartige Anlage! Ich muss meine Augen schützen und krame meine Sonnenbrille aus dem Rucksack. Goldene Buddhas sind im inneren Heiligtum um den großen Stupa arrangiert. Thais beten andächtig, ihr rituell-monotoner buddhistischer Sprechgesang ist kaum wahrnehmbar. Blumen werden liebevoll geopfert und kleine Räucherstäbchen angezündet. Menschen knien andächtig nieder und verharren leise mit zusammengefalteten Händen. Dahinter spielt sich ein Zirkus der besonderen Art ab. Touristen aller Couleur fotografieren sich gegenseitig. Viele Chinesen verwechseln den Ort der Ruhe und des Gebetes mit einem Vergnügungspark. Selfies mit und ohne Stock, wohin man nur schaut. Einige Touristen tragen ein Kopftuch und lassen sich im Lotus- oder Mediationssitz ablichten. Die linke Hand zum Peace-Zeichen geformt. Ein fetter Familienvater liegt bäuchlings wie ein unbewegliches Walross auf dem Boden, um seine Gattin aus der Froschperspektive mit goldenem Stupa im Hintergrund auf das Bild zu bekommen. Er liegt schon seit mehreren Minuten da, weil die Haare seiner Frau nach ihren eigenen Regeln das Gesicht bedecken. Leider ist der Stupa immer noch zu groß, sodass er weiter nach hinten robben muss. Hektisch geht es zu. Von Andacht und gebotener Ruhe, Respekt oder Anstand im Heiligtum kann in der zweiten Reihe keine Rede sein. Wie blenden die Gläubigen diesen Wahnsinn nur aus? Selbst die wenigen tempeleigenen Fotografen positionieren rücksichtslos ihre Kunden vor den goldenen Buddhas. Neben mir ein Gespräch über *Facetime*: »*Hey dude, it's fucking insane here. So spiritual. Have a look. Can you feel the kharma, dude?*« Ich ertrage es nicht mehr und flüchte!

Betrachtet man diese Entwicklung etwas genauer, fällt auf, dass viele Reisende heute nicht mehr auf die ihnen vertrauten Dinge verzichten möchten. Dazu gehört vor allem der ständige Austausch mit dem sozialen Netzwerk und die Kenntnis über sämtliche Neuigkeiten, die sich während der Abwesenheit vom Heimatort ereigneten. Aber natürlich auch Annehmlichkeiten wie die Möglichkeit, die Lieblingsserie überall im Urlaub weiterschauen zu können. Damit wird ein Automatismus in Gang gesetzt: diese Art der Zerstreuung zwingt die Menschen dazu, im Urlaub immer wieder bekannte Tätigkeiten auszuüben. Das bedeutet zum Beispiel, dass solche Gäste sowohl auf einer Studien- als auch auf einer Individualreise in Thailand die Fußballergebnisse auf *kicker.de* oder die neusten Filmtrailer auf *youtube.com* abrufen. So holen sie sich im Urlaub nur hinzu, was ihnen definitiv zu Hause fehlt, wie zum Beispiel den Strand oder die tropische Hitze. Sie entwickeln sich zum Komplementärurlauber und es bleibt der Lebenszusammenhang von Alltag zu Hause und Urlaub in der Ferne erhalten. Der Kontrasturlauber lehnt diese höchst fragwürdige Einstellung zur Freizeitgestaltung auf Reisen völlig ab. Für ihn ist beispielsweise das Smartphone störend und er braucht nicht zwingend Apps, die ihm in Kambodscha helfen, öffentliche Toiletten zu finden.

Ich glaube, ich gehöre zu der zweiten Kategorie.

Myanmar war für mich ein Erlebnis und nach der Rückkehr möchte ich viel mehr über den Buddhismus wissen. Die vielen Erklärungen meines Vaters zur Einordnung der Statuen, Wandmalereien und Tempelanlagen haben mich während unserer gemeinsamen Reise im Land der goldenen Pagoden fasziniert. Zurück in Deutschland sitzen wir nun beide bei ihm zu Hause und arbeiten uns durch unsere vielen gemachten Bilder. Ich hole irgendwann im Wohnzimmer meines Vaters wieder einmal sein Reiseleiterfotoalbum aus dem Regal und schaue mir seine Bilder an. »Da ist es!«, rufe ich. 1988 – *Kashmir / Ladakh*. Als Reiseleiter ist er mit seiner Mannschaft vor einem uralten Bus der indischen *Jammu Kashmir State Road Corporation* abgelichtet. Das Gepäck ist auf dem Dach vertäut. *Local Guide*, Aufpasser und Fahrer sind stolze Sikhs mit farbenprächtigen Turbanen von leuchtend rot bis türkisgrün. Alle drei tragen zudem mächtige Bärte und akkurat gebügelte Hemden. »Wann bist du eigentlich das erste Mal in *Ladakh* gewesen?«, frage ich ihn neugierig. »Oje, jetzt wird es kritisch! Das kann man doch nicht alles behalten. Ich glaube 1982. Blätter mal bitte um. Da ist sie. Eine Torte zu deinem 9. Geburtstag, Marcus.« Ein Inder mit extrem spitz zugeschnittenem Schnurrbart sitzt neben meinem Vater. »1982 mit Mr Sher. Mr Sher war Major in der indischen Armee. Ein Gentleman und besonderes Organisationstalent. Auf dieser Tour gab es im *Himalaya* eine äußerst lange Unterbrechung, weil uns die Monsunregen, die ja schlimmer sind als im Tiefland, in Form von irrwitzigen Steigungsniederschlägen die Pässe zerstörten, die wir von *Kashmir* hinauf nach *Ladakh* überqueren mussten. Wir kamen nicht durch und mussten in einem Bauernhaus auf dem Teppich übernachten. Alles, die Unterkunft und Verpflegung, besorgte Mr Sher trotz der enormen Überschwemmungen. Was für ein Mann!« Er blättert eine Seite um. »Na, da ist ja der *Zoji-La-Pass*! Kurz davor sind wir hängen geblieben.« »Wie bist du denn mit *Dr. Tigges* überhaupt nach Nordindien gekommen?« »Das habe ich mir gewünscht. Ich wollte da rauf. Der Buddhismus und vor allem die spezielle Form des Lamaismus haben mich seit jeher sehr fasziniert.« »Lass mich mal überlegen. Das muss ja dann nach Ägypten gewesen sein«, sage ich. »Genau. In den Achtzigerjahren. Zwei Wochen dauerte die Reise, durchgängig in den typischen *Ashok-Leyland*-Bussen. Mit festgeschraubten Sitzen und aufgelegten Lederpolstern. Freischwebend!«. Beide müssen wir lachen. »Ach, sieh her. Hier stehe ich mit meiner Gruppe im Innenraum des *Lamayuru-Klosters*. Mein Gott, was habe ich für die Reise Karteikarten geschrieben. Ein bisschen Ahnung vom Buddhismus hatte ich, aber nicht viel, da ich vorher nicht separat in Indien geführt habe. *Kashmir* und *Ladakh* waren meine erste Asienreise. Ich eignete mir den Buddhismus ja nur autodidaktisch an und habe deshalb das ganze Material so aufbereitet, dass jedes Gruppenmitglied ein von mir eigenes zusammenkopiertes Informationsset bekam. Wenn ich also über die spezielle buddhistische Gestik referierte und z. B. die Mudras erläutert habe, dann konnten die Gäste die jeweiligen Handzeichen an den Buddha- oder Bodhisattva-Statuen mit meinen Erläuterungen abgleichen.« »Seid ihr direkt von Delhi nach *Ladakh* geflogen?« »Nein, nach Srinagar«, antwortet mein Vater. »Von dort über die Pässe nach *Leh.* Auf der *Ladakh*-Straße war das *Lamayuru-Kloster* die ganz große Attraktion. Ich erinnere mich noch genau an meine erste Führung dort, an die Darstellung des Avalokiteshvara, des Bodhisattvas des Mitgefühls und Schutzpatron Tibets. Oder an die ganzen *Chörten* vor dem Hauptgebäude.« »Sind das die Stupas auf dem Bild hier?«, möchte ich wissen. »Richtig. Da habe ich eine erste Einführung in die Baukörper des Buddhismus gemacht, die ja alle ihren Ursprung im Hinduismus hatten. Der Buddhismus ist eigentlich eine Reformreligion des viel älteren Hinduismus. Im Tempel führte ich dann die Gäste durch die ikonografische Ordnung der einzelnen Räume hindurch. Was ist im Vorraum zu sehen? Was im Hauptraum?« Gespannt höre ich ihm zu und blättere gleichzeitig Seite für Seite weiter durch das Fotoalbum. Ein Satz meines Vaters an diesem Abend ist mir in Erinnerung geblieben: »Wenn sie das erste *Sheraton Hotel* in *Leh* bauen, geht *Ladakh* vor die Hunde!« Bevor das passiert, möchte ich es sehen. So fasse ich den Entschluss, im Sommer 2005 für sechs Wochen nach Indien zu fliegen. Viereinhalb Wochen will ich im *Himalaya* über die hohen Pässe Ladakhs trekken. Am besten weit entfernt von Menschenmassen und ohne Kontakt zur Außenwelt. Dieser Wunsch ist auch ein Ergebnis einer leichten Entfremdung von den *Dr. Tigges Studienreisen.* Zwar spüre ich in jedem Jahr die Vorfreude auf eine weitere Tour, aber ich merke auch nach Ende einer Reise mehr und mehr, dass meine Motivation, sofort wieder aufzubrechen, nachgelassen hat. Ich beschreibe dies gegenüber meinem Vater als ein Gefühl der Sättigung, das mich überkommen hat. Damit einher geht der Wunsch, in Regionen vorzudringen, die vom Tourismus noch weitestgehend unberührt sind. Eine solche ist für mich die *Himalaya-Region.* Ich bin auf der Suche und taste mich vorsichtig vor, ohne zu wissen, ob ich das Richtige tue oder woher dieser Sinneswandel kommt. Vielleicht ist es ja eine Kombination aus meiner persönlichen Weiterentwicklung und den generellen Veränderungen, die mir während der Gruppenreisen auffallen. Wie dem auch sei, zu diesem Zeitpunkt fühlt es sich jedoch richtig an, den Rucksack zu packen und nach Indien zu fliegen.

Unterwegs auf alten Handelswegen

»Früher haben mich die Menschen in Lamayuru *dummer Esel* genannt. Kann ich was dafür, dass meine Eltern bitterarm waren?« Feste seift er seine Jeans und T-Shirts auf einer Mauer ein. Es ist Waschtag. Ich hocke indessen vor ihm halbnackt im Bewässerungskanal und dusche unterhalb des uralten und sagenumwobenen *Lamayuru-Klosters*. Kühles Wasser rinnt mir über die Gänsehaut. Namgyal Punchok schmeißt mir die Seife rüber und knetet weiter: »Ich bin aus dem Dorf hier oben, ging jedoch nicht zur Schule. Mit einfachen Gelegenheitsjobs verdiente ich etwas Geld und bekam schließlich Arbeit als Taxifahrer in Leh.« Meinen eingeschäumten Kopf drehe ich zu ihm hinüber: »Du bist also einer von denjenigen, die auch das Land verließen, um in der Stadt ihr Glück zu versuchen.« Er lacht: »Versuchen ist gut! Eines Tages stieg ein großer Boss der Filmindustrie aus Mumbai am Flughafen in mein Taxi. Ihm gefielen meine Fahrkünste so sehr, dass er mich als Fahrer anwarb. So landete ich in Bollywood. Heute eile ich zwischen Studios, Filmsets und Hotels hin und her. Viele große Stars – Shah Rukh Khan, Ranveer Singh oder Kajol Devgan – sie alle saßen schon bei mir hinten im Wagen.« »Unglaublich. Klingt wie ein kitschiges Drehbuch. Der gelebte American Dream im fernen *Himalaya*«, entgegne ich. »Du sagst es, Marcus. Ich habe die bösen Geister bekämpft und gewonnen. Das Leben ist prima. Einen Großteil meines Lohnes überweise ich an meine Eltern, den Rest benötige ich selbst. Mache ich wie jetzt in Lamayuru Urlaub, nennt mich hier keiner mehr *dummer Esel*! Vielleicht war es doch kein Zufall, dass ich neben dem Kloster aufgewachsen bin«, sagt er grinsend und zeigt auf den imposanten Steinbau. Später im Zelt lese ich es nach. Einer Legende zufolge soll der buddhistische Wanderasket Nyimagun hier in einem See Schlangengeister bezwungen haben, indem er ihnen Reiskörner opferte, die sich auf der ruhigen Wasseroberfläche schwimmend zu einem rechtsdrehenden Hakenkreuz, einer *Swastika*, formierten. Dieses buddhistische Glückssymbol ließ die Geister in der Gestalt von drei schlammbedeckten Löwen fliehen. Aus Dankbarkeit errichtete man an diesem Ort das *Yundrun-Gompa*, das *Swastika-Kloster* von Lamayuru.

Namgyal Punchoks Geschichte ist ein gutes Beispiel für die Aufbruchstimmung in der Provinz *Jammu und Kaschmir*. Als ich vor ein paar Tagen zu meinem Freund Stanzin Chotchen nach Leh zurückkehrte, konnte ich sie förmlich mit meinen Händen greifen. Stanzins Reisebüro *Zanskar Himalayan Exploration* läuft hervorragend. Gerade baut er sich ein eigenes Haus mit Blick über das Indus-Tal. Ein neues Gesetz drängt den Einfluss der cleveren Geschäftsleute aus *Kaschmir* etwas zurück und bevorzugt stattdessen Ladakhis und Zanskaris als Ladenbesitzer in der Stadt. Mehr denn je spüre ich hier das kulturelle Durcheinander. Muslime stellen in der Altstadt in Handarbeit die neue Moschee hinter einem wilden Baugerüst fertig. Ayurvedische Yogajünger in Che-Guevara-Hemden und Rastafaris mit Nasenring und Lippenteller sitzen auf der Suche nach spiritueller Erleuchtung bei Cappuccino und Mango-Lassi in den Cafés der Stadt. Ultraorthodoxe Juden, Hare-Krishna-Anhänger, Aussteiger und angeschwemmte Seelen – jede Gruppe hat ihre Cheerleader. »Meesta! Hey, du kaufen Haschisch, Pashmina-Schal oder sexy Filmlady! Kein Problem!«, flüstert mir ein Händler eine Regieanweisung ins Ohr. Hinter ihm steht eine brahmanische Kuh und futtert unbeeindruckt Essensreste von einem Müllberg. Mutiert der Verwaltungssitz der Region *Ladakh* zu einem lamaistischen *Goa* des Nordens? Ich befürchte, dass die alten Frauen in ihren Trachten sowie die Männer mit drehenden Gebetsmühlen bald nicht mehr wie eh und je am Straßenrand sitzen und in Dieselabgasen eingenebeltes Gemüse, getrocknete Aprikosen und *Yak-Käse* verkaufen. Für mich sind sie stoische Überbleibsel aus einer anderen Zeit an einem uralten Knotenpunkt, an dem seit Jahrhunderten der Handel zwischen dem chinesischen Teil Zentralasiens und dem *Punjab* florierte. An dieser Karawanenkreuzung gelangte Seide von *Jharkhand* nach Amritsar und Pashmina-Wolle von Tibet über *Baltistan* nach Srinagar im heutigen *Kaschmir*.

2003 schickt mich *Dr. Tigges Studienreisen* auf die Britischen Inseln. Im Sommer führe ich die Reise »*England & Schottland*« – die ausführliche Reise. Vierzehn Tage durchqueren meine Gruppe und ich beide Länder von Süden nach Norden und zurück. Während der Vorbereitung auf diese anspruchsvolle Tour, die gespickt war mit Kathedralen, Abteien, Museen und Herrenhäusern, habe ich mich intensiv mit der Geschichte des Vereinten Königreiches auseinandergesetzt. Von besonderem Interesse für die Reisenden war nicht nur die Einordnung der jeweiligen im Programm enthaltenen Besichtigungspunkte in die britische Kulturgeschichte, sondern auch der Blick über den Tellerrand hinaus hinsichtlich der Auswirkungen des Königreiches als Imperialmacht. Die Verbindungen Großbritanniens mit der Neuen Welt in Nordamerika erläuterte ich ausführlich am Beispiel der Baumwollindustrie in Manchester und in den *Albert Docks* in Liverpool. Auf dem Weg zum *Lake District* wurden wir aufgrund einer Sperrung der Autobahn *M 58* nach einem Unfall nördlich von Liverpool gezwungen, einen Bogen auf der *A 59* über das kleine Städtchen Ormskirk Richtung Norden zu machen. Mein Reiseführer gab nicht viel an Informationen her, sodass ich den Namen zum Anlass nahm, um den skandinavischen Einfluss zu verdeutlichen. *Kirk* leitet sich von *kirkja* ab, wie anhand des Namens der berühmten Kirche *Hallgrímskirkja* in Reykjavík zu erkennen ist. Erst während der Nachbereitung der Reise zu Hause entdecke ich, dass Ormskirk der Geburtsort von William Moorcroft ist. Moorcroft war der erste Brite, der Leh in *Ladakh* erreichte. Nach seiner Ausbildung als Tierarzt in Frankreich praktizierte er in London und baute in der *Oxford Street* ein Pferdekrankenhaus auf. Die *East India Company* wurde auf ihn aufmerksam und holte ihn nach Indien, wo er die britischen Pferderegimenter in einem miserablen Zustand antraf. Er widmete sich der Wiederherstellung ihrer einstigen Stärke durch intensive Pflege der Tiere und kluge Züchtungen. Während seiner Arbeit in Varanasi kam ihm zu Gehör, dass es hervorragende Pferde in Zentralasien und Tibet geben sollte. 1812 verließ er als hinduistischer Handelspilger verkleidet die Randregion des *Himalayas*, um auf das tibetische Plateau zu reisen. 1820 überquerte er den *Rohtang-Pass* nördlich von Manali und erreichte am 24. September Leh. In seinem Bericht »*Reisen in die Himalayaprovinzen Hindustan und Punjab*« hält er auch seine Beobachtungen in *Ladakh* und *Kaschmir* fest. Nach meiner ersten Ankunft in Leh im Sommer 2005 stelle ich fest, dass seine Beschreibungen über das Leben und Wirtschaften der Ladakhis vor dem Hintergrund der naturgeographischen Voraussetzungen so aktuell sind, als wäre er erst vor kurzem in der Hauptstadt *Ladakhs* gewesen. Hier hat die Zeit stillgestanden und ich verstehe nun den Satz meines Vaters: »Wenn sie das erste *Sheraton Hotel* in Leh bauen, geht *Ladakh* vor die Hunde!«

Leh ist seit 2005 für mich immer wieder die Ausgangsbasis für Touren in den buddhistisch und muslimisch geprägten Teil des indischen *Himalayas*. Nach diversen Trips durch *Zanskar* und *Ladakh* möchte ich nun mithilfe meines Freundes Stanzin an der pakistanischen Grenze in die Regionen des ehemaligen *Balistans* im Westen des Landes reisen. Sein Büro fungiert dabei als organisatorische Keimzelle, in der wir bei Tee über Karten und Routen sitzen und meine weiteren Schritte planen. Bilder von seiner Mutter, einige Postkarten von mir und ein Porträt des Dalai-Lamas hängen an der Wand. Penibel geordnet liegen Quittungsblöcke und Visitenkarten auf seinem Schreibtisch. 2005 haben wir uns auf einer Trekkingreise kennengelernt. Damals war er ein junger Student, der sich in den Sommermonaten in *Ladakh* als Reiseleiter Geld für das Studium in Bangalore dazuverdiente. Heute ist er ein sehr erfolgreicher Geschäftsmann, der es sich erlauben kann, mit einigen Traditionen zu brechen. So wurde für ihn noch keine Ehe arrangiert. Nach wie vor ist er unverheiratet und führt als ältester Sohn auch nicht den elterlichen Bauernhof weiter. Der Schriftsteller Joseph Conrad hat einmal gesagt, dass »die Entdeckung neuer Werte eine chaotische Erfahrung ist.« Dies gilt für Stanzins ganze Familie – positiv wie negativ. Seine Eltern wurden aus dem weit entfernten und schwer zugänglichen *Zanskar* in das moderne Leh katapultiert und genießen dort die gute medizinische Versorgung sowie die Annehmlichkeiten der Zivilisation. Stanzin selbst hat es schwer, den eigenen Eltern seine moderne Lebensweise zu erklären. Uralte Generationen überdauernde Traditionen wurden von ihm gebrochen, worunter vor allem sein Vater zu leiden hat.

William Moorcroft nutzte mehrere Monate in Leh, um Kontakte mit chinesischen Händlern aus Jharkhand zu schmieden. Diese einflussreichen Männer hatten Anfang des 19. Jahrhunderts das Monopol auf den Handel zwischen Leh im *Indus-Tal* und Jharkhand im *Tarim-Becken*. Die Karawanen kämpften sich entlang einer uralten Handelsroute durch das *Karakorum*, dessen Name auf den Veterinär aus Ormskirk zurückgeht. Nördlich von Leh gelangten die Handelsexpeditionen von Osten her durch das *Nubra-Tal* und Skardu in *Balistan* auf einer Seitenroute zum Fuße des *Karakorum-Highways*, der die legendäre Verbindung zu China darstellt. 2005 durften wir trotz Sondererlaubnis des indischen Militärs nur wenige Kilometer des traumhaften *Nubra-Tals* bereisen. Erst kürzlich öffnete die Regierung das Tal für Ausländer, sodass wir nun auf dem südlichen Ast der *Trans-Karakorum-Route* bis an die pakistanische Grenze fahren können. Und genau da möchte ich hin!

»Sachen gepackt? Los gehts!« Namgyal (Nr. 2 – gleicher Name und Beruf, andere Person!), mein Fahrer, bekreuzigt sich in aller Ruhe vor dem Steuer und lässt den Motor aufheulen. »Warst du schon einmal dort?«, fragt er mich. »Ja, aber nur bis kurz hinter Diskit«, antworte ich. Namgyal ist ein Selfmade-Taxifahrer-Mechaniker à la Daniel Düsentrieb. Schon auf dem Weg zum *Khardung-La-Pass*, dem auf 5602 Meter höchsten befahrbaren Gebirgspass der Welt, rettet er so manchen zusammengebrochenen Jeep. »Einen Moment, bitte, Marcus!« Mit Schraubenschlüssel bewaffnet und seine Mütze seitlich ins Gesicht gezogen, eilt er zu Hilfe und bekommt jedes Fabrikat wieder flott. Namgyal bedeutet »*Der Siegreiche*« und er macht seinem Namen wirklich alle Ehre. Oben auf dem Pass haben die *India Bull Riders* mit ihren *Royal-Enfield-Motorrädern* zum Fototermin geladen. Keuchend schieben sie in der dünnen Luft die schweren Maschinen vor das rostige Hinweisschild mit der Höhenangabe und den bunten Gebetsfahnen im Hintergrund. Beiderseits des Passes schuften indes billige Arbeitskräfte aus der armen Provinz *Bihar* im Straßengraben. In dicke Overalls gekleidet und mit olivgrünen Mützen tief im Gesicht sowie überdimensionierten weißen Plastikstiefeln zerkleinern sie, Sturmtruppen gleich, mit einfachen Hämmern Steine für die Ausbesserung der strategisch wichtigen Straße. »Reisepass und *Permit* – bitte nicht fotografieren!« sagt Namgyal vor jedem der Checkpoints in dieser militärisch sehr sensiblen Grenzregion. Gelangweilte Soldaten kontrollieren meine Papiere, freuen sich über ein Schwätzchen und lassen mich passieren. Schroffe Bergrücken umgeben den *Shayok-Fluss*, dessen reißende Fluten uns schon seit Stunden begleiten. Die patriotische Kriegspropaganda ist der Szenerie angepasst: »*Welcome to the Abode of the Ibex Warriors; Discipline is the backbone of Armed Forces; Kashima Gate, Walk with Pride, you are first among Northwest Warriors.*« Immer wieder durchbrechen große grüne Felder hier und da inselartig die hellgraue Einsamkeit des *Karakorums*, die der chinesische Reisende Faxian im 4. Jahrhundert nach Christus, betört vom Geruch der wilden Frühlingszwiebeln, *Zwiebelberge* nannte. 15 Jahrhunderte später stieß William Moorcroft in diese Region vor. Ihm folgten zahlreiche britische Entdecker und Kartografen entweder auf eigene Rechnung oder im Auftrag einer Organisation wie zum Beispiel der *Geographical Society* in London. Anfangs verbot die britische Regierung ihren Bürgern solche Unternehmungen, waren doch die politischen Konsequenzen vor dem Hintergrund des historischen Konflikts zwischen Großbritannien und Russland um die Vorherrschaft in Zentralasien zu gefährlich. Später hingegen sah sich die Kolonialregierung in Indien geradezu genötigt, den *Himalaya* im Detail zu erforschen, da die Gefahr eines Vorrückens der Russen an die Außengrenzen des britischen Einflussbereiches immer größer wurde. Spione, sogenannte *Pundits*, drangen im Auftrag der Engländer in die unerforschten Regionen des *Himalayas* vor. Captain Thomas Montgomerie schlug vor, Inder im Dienst ihrer Majestät mit diesen geheimen Forschungsreisen zu beauftragen. Männer wie der indische Muslim Mirza Shuja wurden vom britischen Geheimdienst ausgebildet und reisten, als fromme buddhistische Pilger getarnt, über die Pässe des *Himalayas* und *Pamirs* zu den heiligen Stätten entlang der Seidenstraße. Um akkurate Entfernungen für das Militär ermitteln zu können, kürzte man die buddhistische Gebetskette Mala von 108 auf 100 Perlen. Im Buddhismus stehen die 108 Perlen für die 108 Bände der gesammelten Lehren Buddhas. Eine Perle entsprach nun 100 Schritten. Ein voller Umlauf der gesamten Gebetskette stand dementsprechend für 10.000 Schritte. Sämtliche Beobachtungen und Messergebnisse hielten die Agenten auf der Papierrolle im Inneren einer Gebetsmühle fest. Anstelle der alten Schriftrollen enthielt der Kupferzylinder der Mühle geheime umfangreiche Tagebuchaufzeichnungen. Im Deckel der Mühle war ein Kompass verborgen. Mithilfe dieser Notizen war es Mirza Shuja möglich, eine Landkarte Afghanistans zu erstellen. Die erste europäische Expedition zur Kartierung der Grenzregion zwischen *Ladakh* und Tibet erfolgte schließlich 1847 unter der Leitung von Alexander Cunningham im Auftrag der britischen Regierung. Cunninghams Expedition machte das »ständige Zickzack-Laufen über bloßes Granitgestein« im *Nubra-Tal* arg zu schaffen. Liest man sein Buch über die Geographie *Ladakhs*, muss man unweigerlich über die penible, zuweilen aber komische Beschreibung der Besonderheiten des Kulturraumes lachen. Ich stelle mir vor, wie er auf einem Berg sitzt, den Finger in die Höhe hält und in halbstündigen Intervallen die Windrichtung misst. In seinem Buch schreibt Cunningham seine Ergebnisse nieder: »10.30 Uhr: nördliche Richtung / leichte Brise; 11.00 Uhr: östliche Richtung / sehr schwache Brise; 11.30 Uhr: südliche Richtung / leicht wahrzunehmender Lufthauch.« Auch ich klettere auf eine Anhöhe und genieße den grandiosen Blick vom *Diskit-Kloster* auf die gewaltige Ebene des *Shayok-Flusses*. Vor mir liegen Sanddünenfelder, über die Touristen auf Kamelrücken reiten und ein bisschen zentralasiatisches Karawanenflair einatmen. Plötzlich tauchen in dieser Region des nördlichen *Baltistans* Siedlungen der muslimischen Minderheit der Schia und Sunniten auf. Moderat verschleierte Frauen mit mächtigen Sicheln am Gürtel tragen dicke Gerstenbündel auf ihren Schultern in das Dorf Bogdang. Wachsame hellblaue Augen verfolgen uns, Kinder verstecken sich hinter Steinmauern. Die Gesichtszüge der Menschen sind nicht mehr tibetisch, sondern gleichen denen der Afghanen. Es ist Heuernte und Kinder flitzen durch die Spreu, die auf der Hauptstraße von den Gerstenkörnern getrennt wurde. Viele der Dörfer wie Turtuk, mein Reiseziel im nördlichen *Nubra-Tal*, gehörten noch bis zum Grenzkrieg 1971 zu Pakistan. Die 750 Kilometer lange *Line of Control* trennt heute die verfeindeten Atommächte voneinander. Auf beiden Seiten ist die Militärpräsenz enorm. Grenzscharmützel stellen den offiziellen Waffenstillstand immer wieder auf die Probe. »*Salam alaikum*, mein Name ist Abdullah. Woher kommst du?« Ein älterer Herr mit langem weißgrauem Bart und einem *Salwar Kamiz*, dem traditionellen Langhemd über einer weiten Stoffhose, begrüßt mich herzlich. Eine Hand berührt sein Herz als Ausdruck der Wertschätzung. Im Schatten von Wachtürmen und Bunkeranlagen betreibt er einen einfachen Kiosk direkt an der Grenze. »Willkommen in Turtuk. Schau, dort oben entlang der schneebedeckten Gipfel verläuft die *Line of Control*.« Mein Blick folgt seiner Hand in die Berge hinein. »Was heißt denn der Spruch auf dem Tor dort vorn am Schlagbaum?«, frage ich ihn und nehme zwei kalte Flaschen Wasser entgegen. »*Kafar Hunu Bhana Marnu Niko? – Zu sterben ist besser als wie ein Feigling zu leben.*« Es ist das Motto der *9 Gorkha Rifles* (einem *Bataillon aus nepalesischen Söldnern unter Befehl der indischen Armee* – wie ich später nachlese). Blödsinn, wenn du mich fragst! Möchtest du noch etwas kaufen?« Ich decke mich mit Schokolade ein und danke ihm. Er hat nicht genügend Wechselgeld, steckt mir dafür aber ein paar Bonbons in die Tüte. Die Tage im *Nubra-Tal* sind für mich mehr als nur reine Akklimatisierung und somit Vorbereitung auf meinen Treck durch das südlichere *Zanskar*. Ich erlebe eine vom Tourismus noch unberührte Region, in der die Bewohner recht scheu und Ausländern gegenüber vorsichtig sind. Ihre Gastfreundschaft und Herzlichkeit werden mir in Erinnerung bleiben.

Stanzin erwartet mich nach meiner Rückkehr mit Tee in seinem Büro. »*Julee* Marcus. Du, alles ist vorbereitet. Tsering Gyalsan und seine Truppe warten auf dich. Namgyal wird dich zum *Lamayuru-Kloster* fahren.« Während meiner Abwesenheit hat er den Treck organisiert. Ich starte vom Kloster aus und werde Richtung Westen durch das entlegene *Zanskar* nach *Baltistan* wandern. Zuvor lasse ich mich in Leh noch einmal richtig rasieren. Ich mag die Altstadt sehr, da dieser Ort weit entrückt ist von den bunten WLAN-Cafés mit Spirituellen auf der Suche nach guten Kharma-Tankstellen inklusive kostenlosem *Refill*. Winzige Läden reihen sich aneinander, die Gassen sind dunkel. Schneider sitzen vor ihren *Singer*-Nähmaschinen und gehen Aufträgen nach. Geschlachtetes Fleisch hängt an mächtigen Metallhaken in den Metzgereien und abgetrennte blutüberströmte Schafsköpfe liegen unter dem Tresen in Blechkisten. Nebenan brutzeln Spieße auf einem Holzkohlengrill und die frisch gebackenen Brote in der Bäckerei gegenüber verströmen einen wunderbaren Duft. Ich gehe zu einem alteingesessenen Friseur, dessen Laden direkt unterhalb des mächtigen *Leh-Palastes* liegt. Mit scharfer Klinge rasiert er mich, während sich im Fernseher an der Wand ein Bollywood-Drama abspielt. Hier bin ich richtig. Der Laden erinnert mich an ein altes ladakhisches Sprichwort: »*Khar-Yog ga Khangpa, Zing-Yog ga Zhing – Das Haus unterhalb des Palastes, das Feld neben dem Wasserreservoir.*« Was wie ein Rätsel klingt, machte einst jedoch Sinn. Im 17. Jahrhundert war für die Bewohner Lehs die Nähe zur Machtsphäre des Königspalastes genauso wichtig wie der lebensnotwendige Zugang zum Bewässerungswasser für die Bauern auf dem Land. Logischerweise entwickelte sich die Altstadt direkt unterhalb der königlichen Residenz, die König Sengge Namgyal (der Name ist Programm!) 1600 erbaute. Sein Vater heiratete Gyal Khatun, eine muslimische Prinzessin aus *Baltistan*, als Teil eines politischen Arrangements und sie erbaute die erste Moschee in Leh. In der Folgezeit ließen sich dann im Ort muslimische *Khar Tsong (Hof*händler) nieder, da sie besondere königliche Privilegien genossen und den Handel mit *Kaschmir* sowie mit Zentralasien von Leh aus über das *Nubra-Tal* organisierten. Die Stadt blühte auf und wuchs zu einem frühen kosmopolitischen Entrepot heran. König Sengge Namgyals Sohn Deldan verlor jedoch die Unabhängigkeit *Ladakhs* und musste *Kaschmir* ein Monopol bei der Beschaffung der Pashmina-Wolle aus Tibet einräumen. Dies hatte einen Zuwachs an Kaufleuten aus *Kaschmir* zur Folge und führte in Leh zum Bau der *Bazar Road* sowie zum Bedeutungsverlust der Altstadt.

Am Abend bin ich bei Stanzins Familie zum Essen eingeladen. Seine Eltern habe ich das erste Mal in *Zanskar* in Stanzins Geburtshaus kennengelernt. Damals saßen meine Frau und ich auf dem Lehmfußboden der Küche um den Ofen herum und schauten ihr zu, wie sie geschickt *Chapati*, runde dünne Fladenbrote, zubereitete. Diese haben wir dann genüsslich mit tibetischem Joghurt sowie *Yak-Käse* gegessen und Buttertee mit ordentlich Salz dazu getrunken. Stanzin stellte mir seine Familie vor und wir fotografierten uns danach vor dem Elternhaus. Heute sind Nichte und Neffe im Grundschulalter und probieren schon ihr Englisch an mir aus. Mein Freund hat im *Indus-Tal* außerhalb Lehs für die ganze Familie ein Haus gebaut, das alle Annehmlichkeiten des modernen Lebens besitzt – fließendes Wasser, Strom und vor allem die Nähe zum Krankenhaus. Zur Begrüßung wird mir immer noch von seiner Mutter ein *Khatag*, ein weißer Gebetsschal mit eingewebten Glückssymbolen, um den Hals gelegt. Meine Präsente bleiben vorerst auf einem kleinen Tisch. Nach meinem Besuch wird die Familie meine Geschenke gemeinsam auspacken. Stanzin hat die Rolle des Familienoberhauptes übernommen, wohingegen seine Mutter dezent im Hintergrund bleibt. Wir müssen sie überreden, sich dazuzusetzen. Auch wenn sie kein Englisch versteht, sehe ich an den wachsamen Augen, dass sie vieles erahnen kann. Ich komme aus einer anderen Welt und habe das große Glück hier so herzlich aufgenommen zu werden. Am nächsten Tag in Leh verabschiedet sich Stanzin mit einer letzten innigen Umarmung und der leichten Berührung unserer beiden Köpfe. Dann fährt Namgyal mich zum Ausgangspunkt meines Trecks und repariert unterwegs noch einen fahruntüchtigen Jeep mit vier aufeinander gestapelten Rafting-Booten in der Nähe des *Zanskar-Flusses*. Dabei hockt er geschickt auf dem Motorblock und schraubt in den Eingeweiden des Fahrzeuges herum. Kurz vor Lamayuru passieren wir einen Tanklaster, der halb den Berghang heruntergerutscht ist. Ein Kranwagen mit Seilwinde sowie ein zusätzlicher Bagger als Gegengewicht versuchen den Laster wieder auf die Straße zu bugsieren. Im Rückspiegel sehe ich Namgyals Gesicht. Sein Blick spricht Bände, er hält jedoch nicht an. Dann endlich, unterhalb des Swastika-Klosters, treffe ich auf meine Trekkingtruppe. In den letzten Jahren bin ich über 500 Kilometer in der wunderschönen Landschaft *Zanskars* gewandert. Zu einer Mannschaft gehören immer ein *Guide*, eine Küchencrew und die Pferdetreiber. Zehn oder vierzehn Tage, je nachdem wie lange wir unterwegs sind, wir sind autark und haben alle notwendigen Dinge dabei. Zu den Mahlzeiten abends und morgens sitzen wir entweder bei höheren Temperaturen draußen in der Natur oder im Zelt und werden fürstlich bekocht. Unsere Habseligkeiten transportieren die Packtiere von Zeltplatz zu Zeltplatz. Stanzin half mir dabei, in immer entlegenere Gebiete vorzudringen, in denen es weder eine Telefonverbindung noch Handyempfang gibt. Hier draußen ist man wirklich auf sich allein gestellt. Die beeindruckenden, Furcht einflößenden Gesteinsformationen, das Farbenspiel der Sonne auf den schier endlosen Gipfeln sowie die Schluchten und Plateaus ziehen mich magisch an. Diese Natur ist aber längst nicht mehr entrückt. Mussten Stanzins Eltern beispielsweise früher tagelang die hohen Bergpässe überqueren oder im Winter auf dem zugefrorenen *Zanskar-Fluss* ihr Glück entlang der dünnen Eiskanten versuchen, um nach Leh zu gelangen, so binden heute Straßen die Moderne an die ehemalige Abgeschiedenheit. Auf der neuen Trasse von Wanla über Hanupata, Shilakong nach Lingshet treffe ich morgens auf Kinder, die auf den Schulbus warten. In den Klöstern sieht man mancherorts Mönche, wie sie zwischen Gebetszeremonien ihrer Musik auf dem iPod lauschen. Diese Veränderungen fallen mir sofort auf. Schwelge ich in Nostalgie? Ein bisschen ärgere ich mich über mich selbst. Was habe ich gedacht? Dass die Zeit extra für mich stehen geblieben ist? Mein Führer Tsering Gyalsan bringt die Entwicklung in dieser Region auf den Punkt: »Die Erwerbstätigkeit der Menschen verändert sich. Bauern vermieten entlang der Straße ihre Grundstücke als Campingplätze. Zeltstationen verkaufen Coca-Cola und Godfather-10.000+-Bier für läppische 40 bis 100 Rupien. Die Jeeps liefern kistenweise Nachschub und bequeme Touristen, die für ein, zwei kurze Tagesetappen *Trekking Light* anreisen.« Nicht jeder ist glücklich über die zunehmende Motorisierung. Abends im Camp spreche ich die Pferdeführer, deren Tiere für meinen Treck sämtliche Lasten schleppen, auf die Veränderungen an. »Mein Vater, *Kiraiyakash*!«, sagt der ältere der beiden stolz. Tsering übersetzt für mich: »*Kiraiya* bedeutet Gebühr oder Entgelt und bezeichnet die alten lokalen Karawanenführer, deren Lastentiere die Waren im ganzen nördlichen *Himalaya*-Raum transportiert haben. Entlang der Haupthandelsrouten boten sie ihre Dienste an und besserten damit ihr mageres auf einer Subsistenzwirtschaft basierendes Einkommen auf.« Es scheint, als würde eine uralte Tradition ihr Ende nehmen. »Jeeps und Lastwagen ersetzen heute unsere Pferde- und Eselkarawanen«, sagt einer der Pferdeführer traurig. Der Tourismusboom in dieser Region wird dies nicht kompensieren können, da bin ich mir sicher. Am sechsten Tag trage ich selbst zu dieser Problematik bei. Im Camp in Kanji hören wir von einer belgischen Trekkinggruppe, dass der 5400 Meter hohe *Kanji-La-Pass* nicht zu überqueren ist, da dort viel Schnee liegt und unsere bepackten Pferde nicht durchkommen werden. Ein Zurück gibt es auch nicht. Im Dorf stehen Tsering und ich wenig später in einem ehemaligen Hühnerverschlag vor einem Satellitentelefon auf einem völlig verbeulten Ölfass und rufen Stanzin in Leh an, um Namgyal zu beauftragen, uns mit dem Jeep zu evakuieren. Abends verfärbt sich der Himmel kupferfarben. Vor dem *Kanji-Kloster* springen die Kinder des Dorfes vor Vergnügen kreischend von einem dicken Felsblock in einen Sandberg. Die Großeltern der Kleinen sitzen in einiger Entfernung in den letzten Sonnenstrahlen des Tages und lassen ihre hölzernen Gebetsmühlen kreisen. Alexander Cunningham bemerkte zu diesem Brauch, »dass es schick wäre, dies in katholischen Ländern zu übernehmen. Ein gewiefter Mechaniker könnte eine Gebetsbox bauen, welche aufgezogen dann eine gewisse Anzahl von Vaterunser und Ave-Marias abspielen könnte, sodass man den größten Teil seiner Gebete während der Nacht schlafend durchbekäme.« Als rastloser Forscher und Entdecker hat er dies wohl auch ein bisschen eigennützig gemeint.

Am nächsten Morgen sitze ich wieder im Jeep und poltere auf der Straße *Kaschmir* entgegen. Ab und an ein witziges Straßenschild: *National Highway No. 1 – Slow drive – long life!* Dann die verdiente Mittagspause in Mulbekh. Der in Felsen gehauene Maitreya-Buddha, der Buddha der Zukunft, schaut mir von der gegenüberliegenden Straßenseite auf mein mäßig leckeres Dal mit Reis und Gemüse. Namgyal hatte mich früh in Kanji abgeholt und schlürft genüsslich eine Cola auf der Terrasse des Restaurants, als wir beide aufschrecken. Plötzlich knallt ein Tanklaster in das kleine Dorf hinein und kommt mit quietschenden Bremsen vor uns zum Halt. Vorn über der Windschutzscheibe prangert ein Schild mit dem Aufdruck »*Islam*« – Vorbote für das, was kommt? Mulbekh ist das letzte buddhistische Dorf im schon muslimischen *Baltistan* auf dem Weg nach *Kaschmir*. Hinten auf dem Tank hat der Fahrer mit bunten Farben den Schriftzug »*flammable motor spirit*« aufgetragen. Namgyal schaut dem Laster nach und sagt trocken: »Passt – bei dem Fahrstil wird ihm auf der Straße bald die Karre abbrennen.«

Seit vielen Jahrhunderten ist der *Srinagar-Leh-Highway* die zentrale Handelsroute nach *Kaschmir* und eine von nur zwei Traversen, die *Khapachan*, das Schneeland, über den *Zoji-La-Pass* nahe der Grenze zu Pakistan mit dem Rest Indiens verbinden. Die strategische Bedeutung der alten Invasionsroute lässt sich heute anhand der Militärlaster bemessen, die wir immer wieder auf unserer Fahrt nach Kargil passieren lassen müssen. Mit 60.000 Stück bilden die *Ashok-Leyland-Stallion*-Verkehrsmonster das Rückgrat der indischen Armee. Hundert rattern an mir vorbei – die unerwarteten Pausen ermöglichen es mir, über die Menge der indischen Straßenschilder zu sinnieren, die die mächtige *Border Road Organization (BRO)* zu Dutzenden aufgestellt hat: »*Road is hilly, don't drive silly!*« Welche Erkenntnis! »*Feel the curves – do not test them!*« Etwas anzüglich …Man sollte aber seine Grenzen kennen. »*Roads of 16 potholes free!*« Ich meine, die Jury hat sich verzählt. Abends rollen wir beide zügig durch breite Täler mit weitläufiger Bewässerungslandwirtschaft, bei der die Feldarbeit fest in Frauenhand ist, und entlang neu errichteter Moscheen. Schließlich erreichen wir erschöpft das quirlige Kargil. Während des ersten Kaschmirkrieges (1947 – 49) wurde das Kernland *Baltistans* durch die *Line of Control* zweigeteilt und der Ort Kargil dem indischen Staat *Jammu und Kaschmir* zugesprochen. Die Stadt vibriert vor Leben im Abendlicht wie die Motten unter den grellen Straßenlampen. Händler und Handwerker sitzen auf Bordsteinen und feilschen mit ihren Kunden. Schmutzige Hände greifen nach Bündeln von Rupien. Schweiß wechselt von der Stirn ans Hemdrevers. Von einem überdimensionalen Plakat an der Kreuzung des Chomeini-Basars wachen die Konterfeis des politischen und spirituellen Führers der Islamischen Revolution sowie von Ajatollah Ali Chamenei, der momentan höchsten geistlichen und politischen Instanz Irans, über die Einwohner, die nach getaner Arbeit vor dem Abendessen noch schnell einkaufen gehen. Nachdem ich im Hotelzimmer meine Notizen in Ordnung gebracht habe und den Vorhang vorziehen möchte, schaue ich per Zufall in das unverschleierte Gesicht eines kleinen Mädchens, das mir vom Balkon gegenüber aus zuwinkt, sich verbeugt und dann in der Dunkelheit ihres Zimmers verschwindet. Unten im Hof wechselt Namgyal noch den Ölfilter.

»Das passt zu deiner coolen Mütze!« »Zu meiner Mütze?« »Klar, Marcus!«, antwortet Namgyal, als wir das Schild passieren: »Willkommen in Dras, dem zweitkältesten bewohnten Ort nach Sibirien.« Er schaut in den Rückspiegel und sagt: »Die Temperaturen fallen im Winter auf mörderische –45° bis –50° Celsius. Da brauchst du eine Mütze!« In dieser äußerst harschen Landschaft zwischen Leh und *Kaschmir* Fuß zu fassen, verlangte den Bewohnern viel ab. Das Klima lässt keinen Ackerbau zu. Die hier ansässigen *Kiraiyakash-Führer* vermieteten deshalb ihre perfekt angepassten Lastentiere an fremde Karawanen. Einzelne *Dhabas*, Straßenrestaurants, mit zerbrochener Plastikstuhlmöblierung sowie zwei, drei kleine Trekkingagenturen warten heute auf zukünftige Touristen. Das Dorf Dras selbst sieht aus wie nach einem Rockkonzert. Aufbruchsstimmung ist hier wohl eher ein Euphemismus trotz neuer Infrastruktur und Schulen. Ein Gefühl von Langeweile und Lustlosigkeit wabert durch den Ort. Sogar die sonst so korrekte Militärpolizei ist zu faul und lässt mich an ihrer Stelle alle Informationen meines Reisepasses in das Formular eintragen. Als Pendant dazu sind die Bergflanken im *Dras-Tal* von unglaublicher Schönheit. Vor diesem Hintergrund wirken Bauwerke schmächtig und grüne Talsohlen wie Elemente einer Modelllandschaft. Ich sehe viele neue unfertige Moscheen. Ihr viereckiger Grundriss mit Fenstern, breiten Veranden und pyramidenförmigen Dachkonstruktionen ist mir fremd. Diese Gebetshäuser gehen auf islamische Gebetshallen, sogenannte *Khankas*, zurück und sind typisch für *Baltistan*. Alexander Cunningham saß am westlichen Ende des *Dras-Tals* wieder auf einer Anhöhe, diesmal als britische Autorität. Als Erster vermaß er den 3.528 Meter hohen *Zoji-La-Pass* und merkte an, »dass Ladakh seit jeher Probleme mit *Baltistan* habe, die vor allem auf den Unterschieden zwischen Tibetern und Muselmanen basieren.« Während des Krieges mit Pakistan 1947 in der *Operation Bison* zurückerobert und seitdem in indischer Hand wird der Gebirgspass und die geographische Grenze zu *Ladakh* militärisch streng bewacht. Alle 200 Meter patrouillieren indische Soldaten entlang der Serpentinen auf der Schotterpiste, die sich an den extremen Steilhang klammert. Die wirkliche Gefahr geht jedoch von den maroden *Tata*-Trucks in unserem Nacken aus. Sie quietschen, fauchen und dünsten einen Geruch von verbranntem Gummi, prähistorischem Motoröl und Kohlenmonoxid aus. Im Fahrerhaus sitzen Reinkarnationen der indischen Kaste der Krieger, die keinerlei Angst zeigen. Ein Blick in den Rückspiegel, der Gebrauch eines Blinkers oder das Vorlassen eines schnelleren Fahrzeuges sind Zeichen von erbärmlicher Schwäche hier draußen in der Wildnis des Straßenverkehrs. Überleben bedeutet hupen,

Wiedergeburt nur durch Vollgas auf der Überholspur! Wie muss es hier in den Achtzigerjahren gewesen sein, als mein Vater mit *Dr. Tigges Studienreisen* aus der entgegengesetzten Richtung über den Pass gefahren ist. Wahrscheinlich überhaupt nicht anders. Immer noch ist der Pass ein Nadelöhr, immer noch ist er in furchtbarem Zustand und immer noch streng bewacht. Wo um Himmels willen hat Mr Sher die *Tigges*-Gruppe für die Nacht untergebracht? Um mich herum sehe ich nur trostlose kahle Gebirgslandschaft. Sie müssen zurückgefahren sein, etwas den Berg hinunter, zurück in die bewaldete alpine Bergregion, wo es Hütten und kleine Dörfer nahe den mächtigen Quellflüssen gibt.

Wir erreichen Srinagar, aber Namgyal findet den Weg auf Anhieb nicht, da die Straßen dicht sind. Der *Kaschmir-Konflikt* macht sich leider sofort bemerkbar: Straßensperren verweigern uns die Durchfahrt. Panzerwagen sind an mehreren Checkpoints aufgefahren, Spezialeinheiten der Polizei in Kampfmontur zeigen Präsenz. Ein Stacheldraht wird für uns zur Seite geräumt und wir rollen durch einen Vorort, der unter einer Ausgangssperre leidet. Gespenstisch ist die Leere der Geisterstadt am helllichten Tag. Rauch steigt aus Kaminen auf und ich schaue in einzelne Gesichter, die sich hinter Fensterscheiben verstecken. Herrenlose Hunde kosten ihre Bewegungsfreiheit voll aus. Ich erinnere mich an eine Szene aus Shashi Warriers Buch »*The Homecoming*«. Darin wird der Protagonist Javed Sharif abends nach langer Anfahrt von Delhi an seinem Haus in Srinagar von der Polizei rüde angehalten und fühlt, dass man ihm nicht einmal in seinem eigenen Land traut. Die Jahrzehnte der traurigen Gewalt des *Kaschmir-Konflikts* zerstören seine Familie und lassen ihn seine ihm einst bekannte Welt fremd vorkommen. Wir haben die Zone mit der Ausgangssperre durchquert und ich werde vom lauten Verkehr an der nächsten Kreuzung aus meinen Gedanken gerissen. Wir sind da.

Der frühe Vogel fängt den Fisch – dies gilt für die Falken, die über dem *Dal-See* kreisen und nach Beute Ausschau halten sowie metaphorisch für mich. Namgyal ist sicherlich längst auf dem beschwerlichen Rückweg in das Schneeland. Mit den ersten Sonnenstrahlen des Tages werde ich von Faroug mit einem kleinen Wassertaxi namens *Shikara* zu den schwimmenden Märkten gepaddelt. Eine mystische von Nebelschleiern gehaltene Stille umgibt das Boot, dessen Bug eine gänzlich ruhige Wasseroberfläche durchbricht. Längst hängen die großen Fledermäuse wieder müde und satt in den Hausruinen auf den Inseln im See. »Wir sind angekommen, Marcus!«, sagt Faroug: Dutzende Nussschalen vollbepackt mit Kohlrabi, Zwiebeln, dicken grünen Gurken, Rettich und allen Arten von Kohl treiben in einem Pulk zusammen. Ältere Männer, mit weißen *Chachias (muslimischen Gebetsmützen)* und in grauen *Salwar Kamiz* gekleidet, feilschen um den richtigen Preis. Rau geht es zu, hier und dort wird geschimpft, noch fehlende Rupien werden böse ins Boot geschmissen. Anderswo beendet ein warmer Händedruck den Einkauf und das gemeinsame Rauchen einer Zigarette besiegelt ein gutes Geschäft. Dazwischen jagen einige fliegende Händler die wenigen Touristen: »Blumensamen, mein Herr? Edelsteine und Schmuck für die Gattin, Mister? Gefällt es Ihnen in Kaschmir?« Auf dem Rückweg gleiten wir durch eine in Pastelltönen festgehaltene impressionistische Seerosenlandschaft à la Claude Monet, der beim Anblick der Gartenanlagen aus der Zeit des Mogulreiches das heimische Giverny sicher aufgegeben hätte. Die Gartenanlage *Shalimar Bagh* am Seeufer ist ein ummauerter *hortus conclusus* nach persischem Vorbild mit vier rechteckigen Terrassen und einer zentralen Achse in Form eines Wassergrabens. Seine Vollendung entzückte den Bauherrn Jahangir so sehr, dass er ein persisches Sprichwort zitiert haben soll: »Wenn es ein Paradies auf Erden gibt, dann ist es hier.« Treffend! Das Wort *Paradies* entstammt den persischen Wörtern *pairi (rundherum)* und *daeza (Mauer)* und beschreibt einen solchen Garten des Vergnügens. Großen Anteil an der Ausbreitung des Islams in *Kaschmir* hatte Mir Sayyid Ali Hamadani, der im 14. Jahrhundert vor dem enormen Terror des zentralasiatischen Mongolenherrschers Timur Lenk in das grüne von hohen Bergketten umrundete *Kaschmir-Tal* floh und dort energisch den Islam propagierte. Er soll 37.000 Einheimische in drei Tagen konvertiert haben. Noch bedeutender ist sein Einfluss auf die lokale Kultur, da er als Vater der kaschmirischen Textilindustrie gilt. Die Verarbeitung von Pashmina-Wolle sowie die hohe Kunst des Teppichwebens gehen auf ihn zurück, sodass seine Fähigkeiten den Handel auf den Karawanenrouten des *Himalayas* befeuerten. Als logische Konsequenz ist die *Shah-i-Hamadan-Moschee* in der Altstadt Srinagars für mich der krönende Abschluss meiner *Himalaya-Reise*. Als persische Versammlungshalle konzipiert erinnert das heutige hölzerne Bauwerk an den Ort seiner Ankunft in *Kaschmir* im Jahr 1372. Hier werde ich nicht als weißer Götzenanbeter betrachtet. Im Gegenteil, Mitglieder der Gemeinde begrüßen mich herzlich und zeigen mir das exquisite Gotteshaus. »Wo kommen Sie her? Bitte, schauen Sie sich um! Willkommen. *Salam aleikum*.« Völlig in Gedanken versunken verwende ich die ladakhische Grußformel »*Julee*«. »Das auch!«, antwortet man mir lächelnd und verständnisvoll.

Zwischen 2005 und 2014 bin ich viermal nach *Ladakh* und *Zanskar* gereist und immer wieder durch die indische Grenzregion zwischen China und Pakistan gewandert. Alle Touren konnte ich mit Stanzins Hilfe realisieren. Anfangs war er selbst als *Guide* Teil der Truppe, später organisierte er mir perfekt funktionierende Teams aus *Guides*, Köchen und Pferdeführern. In drei von vier Jahren übernachtete ich im *Sheldan Guesthouse* an der *Changspa Road* nordwestlich der Altstadt Lehs. Ursprünglich gab es nur drei kleine Zimmer, die an das Haus der Familie angeschlossen waren. Ich lebte mitten unter ihnen. Die kleinen Kinder flitzten durch die Beete, in denen knackiges Gemüse angebaut wurde. Morgens und abends zapfte die Familie ein Rinnsal hinter dem Gebäude an, sodass das Wasser über flache Kanäle zur Bewässerung des Gartens genutzt werden konnte. Nach getaner Arbeit begann es mit Einbruch der Dämmerung in der Wohnung wunderbar nach Essen zu riechen. Oft durfte ich beim Kochen zuschauen und wurde häufig zu warmem Brot und leckeren würzigen *Momos*, den typischen unterschiedlich gefüllten Teigtaschen, eingeladen. Leh war auch damals schon fest in den Fängen der Backpacker-Szene. Viele Ausländer frequentierten die Stadt, nutzten sie wie ich entweder als Ausgangsbasis, als Zwischenstopp für die nötige Akklimatisierung vor den mehrtägigen Wanderungen oder als Ferienoase nach dem Militärdienst. Gerade Israelis trieb es in Scharen in den fernen *Himalaya*, wo die Religionen inspirierend, die Kulturen fremdartig und die Drogen billig sowie sehr einfach zu bekommen waren. Die einstige Bedeutung der Stadt Leh als Kreuzung für den Handel mit Luxusgütern wie Gewürzen, Pashmina-Wolle, edler Seide und Schmuck zwischen Tibet und *Kaschmir* einerseits sowie dem *Karakorum* und der *Transhimalaya-Region* andererseits ließ den wichtigen Basar unterhalb des Palastes entstehen. Die Situation veränderte sich mit der Teilung des Landes in Indien und Pakistan und dem Ende der britischen Kolonialherrschaft 1947. Leh wurde ein Teil von *Jammu und Kaschmir* und dadurch geopolitisch als Grenzland zwar wichtig, jedoch verlor es seine Stellung als Knotenpunkt des Handels im *Himalaya-Raum*. Die postkoloniale Entwicklung ist bis heute unverändert durch demografische und sozioökonomische Veränderungen gekennzeichnet. Extreme Landflucht ließ allein die urbane Bevölkerung sich zwischen 1981 und 2001 verdreifachen. Mit der Öffnung *Ladakhs* für den Fremdenverkehr 1974 entwickelte sich Leh schnell zu einer attraktiven Tourismusdestination, die 2014 sogar mehr als 180.000 Touristen anzog. Davon waren knapp siebzig Prozent nationale Gäste aus anderen Teilen Indiens. Viele dieser Veränderungen konnte ich schon im Jahre 2009 miterleben, denn Stanzins Aufstieg zu einem erfolgreichen Geschäftsmann steht beispielhaft dafür. Ein persönlicher Kontakt ist sehr hilfreich, um die Dinge zueinander in Beziehung zu setzen. Einerseits schwelge ich in Nostalgie hinsichtlich der vielen Veränderungen, andererseits kann ich meinem Freund doch nicht allen Ernstes weiterhin die Entbehrungen wünschen, die er und seine Familie hinter sich gelassen haben. Die vielen Bilder an sein malerisches Elternhaus im entlegenen Tal des *Stod-Flusses* in *Zanskar* bleiben mir positiv in Erinnerung. Als Tourist sehne ich mich an diesen Ort zurück. Jedoch darf ich nicht vergessen, dass der verschneite *Pensi-La-Pass* jedes Jahr *Zanskar* acht Monate mehr oder weniger von der Außenwelt abschneidet. Die Isolation kann auch heute noch nur durch einen riskanten Marsch entlang der vereisten Ränder des *Zanskar-Flusses* durchbrochen werden. Welch eine Tortur, wenn man sich so wie Stanzins Vater damals dringend in ärztliche Behandlung begeben musste, bevor ihn sein Sohn nach Leh holte. Welch unglaubliche, ja geradezu irrwitzige Veränderungen! Einstige Entbehrungen und Nöte werden innerhalb nur einer Generation heute im Winter für bestens ausgerüstete Touristen als extremes *Frozen-Zanskar-River-Trekking-Abenteuer* angeboten – auch von Stanzins Agentur. »Wenn sie das erste *Sheraton Hotel* in Leh bauen, geht *Ladakh* vor die Hunde!« Mein Vater sollte recht behalten. 2007 ist es in Form des *Grand-Dragon-Hotels*, des ersten Luxushotels in Leh so weit. Der Fremdenverkehr bringt Veränderungen mit sich, die sich mein Vater nicht hätte erträumen können. Bei meinem letzten Besuch 2014 erhielt die alte *Basar Road* im Herzen der Stadt im Rahmen eines *Beautification Projects* ein Facelift. Lokalpolitiker investierten Gelder aus der *Jawaharlal Nehru National Urban Renewal Mission*, einem staatlichen Modernisierungs- und Infrastrukturprogramm für indische Städte, zum Bau einer autofreien Shopping-Zone mit ummauerten, gepflasterten Blumenbeeten und uniformen Sitzgelegenheiten. »*Smile, you are under CCTV*«, geben mir große Hinweisschilder zu bedenken. *Heritage-* und *Tribal-Art*-Läden an jeder Ecke. Der Kampf gegen die Degradierung der alten *Basar Road* mithilfe einer an eine dermatologische Kosmetikbehandlung erinnernde Stadtplanung hat begonnen. Nicht nur äußerlich hat sich die Stadt verändert. Ein Grund für meinen erneuten Besuch in Leh ist die Suche nach Erfahrungen und Erlebnissen, von denen ich glaubte, sie nur abseits der organisierten Gruppenreise und ausschließlich durch die individuelle Gestaltung machen zu können. Jetzt erlebe ich jedoch, dass eben nicht geführte Studienreisegäste die mir bekannte *Himalaya-Region* verändern, sondern Massen an Individual- und Backpacker-Touristen. Den Typus *Backpacker*, und damit meine ich mich natürlich auch selbst, betrachte ich inzwischen mit deutlich gemischten Gefühlen. Der große Backpack-Rucksack ist für mich immer noch identitätsstiftend, er ist zentraler Bestandteil all meiner Individualreisen. Stolz bin ich auf meinen Rucksack, den ich mit Brian 1995 in Kanada gekauft habe und noch immer liebend gern auf Reisen trage. *Backpacking* bedeutete einst, sich zu entfernen, weg zu sein und das kombiniert mit einer Prise Anarchie und Authentizität. Zur Backpacker-Identität gehörten lange Zeit eine Vorliebe für Budget-Unterkünfte, darin das Treffen mit Gleichgesinnten oder das unabhängige und flexible Reisen ohne Zeitplan sowie die Möglichkeit, für eine wesentlich längere Zeitspanne unterwegs sein zu dürfen. Weiterhin charakteristisch sind Outdoor-Kleidung, typische *Hiking Boots*, die Benutzung öffentlicher Verkehrsmittel wie den *Chicken-Bus* und natürlich den Reiseführer, ehemals fast ausschließlich den *Lonely Planet*. Die Ideologie bestand darin, sich von den standardisierten und kommodifizierten Reiseformaten wie der Pauschalreise eindeutig abzugrenzen zu wollen, da diese durch mächtige Organisationen mit kapitalistischen Interessenlagen geschaffen wurden. Backpacker zu sein, bedeutete Anti-Mainstream-Massentourist zu sein. Backpacker waren auf der Dauersuche nach Abenteuer und Authentizität. Sie haben ihre Geschichten erzählt, um *road credibility* zu erhalten. Je kruder das Abenteuer, desto größer war das Ansehen auf der Straße. Mittlerweile aber trägt diese Gruppe mit ca. 300 Milliarden US-Dollar zu den internationalen Einkünften aus dem Tourismusgeschäft bei. Folglich haben die Backpacker einen erheblichen Anteil an den Auswirkungen des Tourismus, sind aber auch von den Veränderungen durch den Tourismus selbst betroffen. Erstens müssen sich die Backpacker immer weiter von den unerwünschten Massentouristen entfernen, um noch unberührte Ecken zu finden. Zweitens tragen sie mithilfe ihrer eigenen modernen Kommunikationsmöglichkeiten genauso wie alle anderen Touristen dazu bei, dass die unberührten Orte viel zu schnell zu Tourismus-Enklaven verkommen, da sie weitere Touristen anziehen und dadurch ihren ursprünglichen Charme verlieren. Drittens laufen die Backpacker Gefahr, dass ihre eigene so sorgfältig inszenierte Identität der Andersartigkeit kompromittiert wird. Letzteres wird mir in Leh so sehr an der Umgestaltung des *Sheldan Guesthouses* deutlich. Aus dem *Sheldan Guesthouse* ist das *Sheldan Holiday Home* mit mehreren neuen Zimmern, einem zweiten Stockwerk sowie einer Terrasse mit Blick auf das *Indus-Tal* geworden. WLAN ist auch schon zu haben. Backpacker sitzen in Plastikstühlen auf der Terrasse und betrachten die Reste des ehemaligen Gartens. Mittlerweile unterhält die Familie neben einem Restaurant auch einen kleinen Kiosk. Einst fungierte es als Basis für Abenteuersuchende, die ihre Geschichten und Informationen mit anderen teilen wollten. Heute bietet es leider auch die Möglichkeit, sich mehr und mehr von den Einheimischen zu entfernen. Dazu trägt mitunter auch der Standard bei, der mit einem Upgrade in die Business Class zu vergleichen ist. Inbegriffen im Angebot sind zudem in Form des zur Verfügung stehenden Internets noch virtuelle Räume, die den Backpackern Zugang zu ihren Freunden zu Hause in der Heimat gestatten. Ein Besuch dieser Räume lässt sie das Gefühl bekommen, ein bisschen weniger weit weg zu sein. Wollten die Backpacker eigentlich nicht ursprünglich ihrer bekannten Welt entkommen? Nun finden sie ausgerechnet dort mithilfe digitaler Endgeräte Zuflucht. Am Ende verlassen sie das Hostel-Zuhause, um wirklich nach Hause zurückzukehren. Hostels und vor allem *Homestays* waren früher authentischer, weil sie, wie der Name schon andeutet, als ein Zuhause in der Fremde fungierten, und dazu trug ganz besonders die Gastfamilie bei.

Aber steigende Touristenzahlen in fast allen Winkeln der Welt ließen die Hostels mehr und mehr uniform und austauschbar werden. Viele haben gesellige Gemeinschaftsräume, Computer, WLAN, Lounge-Ecken, Frühstück (*Banana Pancake* mit Nutella und Kaffee), Bier und Chips an der Bar und den eigenen Hostel-Transport. Weit entfernt lebende Eigentümer mit angestellten Bediensteten haben die Gastfamilie vielerorts ersetzt. Und was passierte mit der Backpacker-Identität? Sie hat mächtig gelitten, meine ich, weil sie von der generellen Entwicklung im Tourismusgeschäft beeinflusst wurde. Backpacker hassen zwar den organisierten Massentourismus, nutzen aber mehrheitlich die Angebote des Hostels: Tempel-Tour um 9.00 Uhr, Jeep-Safari um 15.00 Uhr, Schnorchel-Tour und die Möglichkeit, die Bustickets für die Weiterfahrt am Vorabend zu kaufen. Muss man heute noch zum Busbahnhof gehen und sich selbst um eine Fahrkarte bemühen? Plötzlich wird einem das authentische Erlebnis lästig. Das Hostel bietet alle diese Dienste an und erhebt dafür eine kleine Provision. Auch dies ist eine kapitalistische Interessenslage! Durch die starke Vernetzung untereinander bleiben die Backpacker doch auf dem *Beaten Track*, sich davon zu entfernen ist häufig zu mühsam. Ein viel zu enges Zeitkorsett macht es ihnen oft unmöglich, in entlegenere Regionen vorzudringen. So wandern die meisten von ihnen leider doch nur auf dem *Gringo-* oder *Gecko-Trail*. Im Hostel höre ich auch, wie sich die Backpacker zunehmend über die Verhaltensweisen mancher ihrer eigenen Artgenossen beklagen. Stein des Anstoßes ist die Kleidung und das Aussehen, beide lassen immer öfter zu wünschen übrig. Die freischaffende Autorin und Journalistin Kathrin Hartmann bringt das Problem in ihrem Aufsatz »*Das Backpacker-Pack*« beißend ironisch auf den Punkt. So schreibt sie, dass »Durchfall nach dem Verzehr von Unidentifizierbarem [sic!] oder Bettwanzen nach einer Nacht auf einer verschimmelten Matratze authentische Grenzerfahrungen sind, die der Backpacker gerne mit anderen im Hostel teilt.« Weiter stellt sie sarkastisch heraus, dass »sein Körper ihm als Dialeinwand seiner Erfahrungen dient. Je ausgemergelter, schmutziger, braun gebrannter, desto höher sein Status. Seine Selbsterfahrung auf dem Selbstfindungstrip schreibt er als *Social Skills* in seinen Lebenslauf. Dass er das kann, unterscheidet den Rucksackmassentouristen vom Pauschalmassentouristen. Denn der macht ja einfach nur Urlaub.« So wie von Kathrin Hartmann beschrieben möchte ich nicht sein und auch nicht reisen. Aber wie sehen die Optionen für mich aus? Sich noch weiter entfernen? Das wäre eine Möglichkeit.

Ich mache mich erneut auf den Weg! Erstmal noch weiter weg. Mal sehen, ob diese Vorgehensweise mir neue Einsichten vermittelt.

Während William Moorcroft 1820 in Leh verweilte, tauchte ein russischer Rivale namens Aga Mehdi dort auf, der sich schon einige Jahre vorher für Geschäfte mit Pashmina-Wolle aus *Kaschmir* interessierte. Mit den dort erworbenen Waren begab er sich auf den langen Weg über Zentralasien zurück nach Sankt Petersburg. Zar Alexander war außer sich vor Freude, als er die feine Wolle in den Händen hielt. Daraufhin rückte ein enormes Interesse an wirtschaftlichen Beziehungen mit *Ladakh* und *Kaschmir* sowie mit dem *Punjab* in den Fokus der russischen Expansionsbestrebungen. Aga Mehdi alias Mehkti Rafailov wurde wieder nach Leh entsendet, um von dort aus seinen Vorstoß in die *Punjab-Region* vorzubereiten. Moorcroft wusste von alledem, weil er in den Besitz eines Briefes des Russen an seinen Zaren gelangte. Zudem wurde der Engländer immer rastloser, da die britische *Ostindien-Kompanie* seinem Wunsch widersprach, weiter nach Zentralasien aufzubrechen, um dort nach den begehrten himmlischen Pferden zu suchen. Nach zwei Jahren Aufenthalt in Leh widersetzte er sich allen seinen Vorgesetzten, brach mit einer Expedition auf und erreichte 1822 *Kaschmir*. Von dort reiste er auf der direkten Route nach Afghanistan, wo er als erster Europäer die Buddha-Statuen von Bamiyan besuchte. Nach der Überquerung des *Amudarja* im heutigen Usbekistan erreichte William Moorcroft am 25. Februar 1825 das legendäre Buchara. Dort wurde er von Kindern mit dem Wort *Ooroos* begrüßt, was mit *Russe* übersetzt werden kann. Er trifft auf den Emir von Buchara, findet jedoch die von ihm so ersehnten robusten *Achtel Tekkiner* – Turkoman-Pferde – nicht. Fürchterlich enttäuscht kehrt er um. Seine Spuren verlieren sich auf dem Weg Richtung Indien kurz nach der erneuten Überquerung des *Amudarja*. Was von ihm bleibt, ist seine eindringliche Warnung vor den russischen Expansionsgelüsten im nördlichen Einflussbereich der Briten auf dem indischen Subkontinent sowie seine Aufzeichnungen in seinem Buch »*Travels in the Himalayan Provinces of Hindustan and the Punjab, in Ladakh and Kashmir, in Peshawar, Kabul, Kunduz and Bokhara, from 1819 – 1825*«.

Um weiter nach Buchara zu reisen, brauche ich die Hilfe von Tanya Kim in Taschkent. Ankunft um 03.30 Uhr morgens. Ich hatte im Wirrwarr der Vorbereitungen die falsche Flugnummer durchgegeben. Die arme Tanya wartete so seit Mitternacht im Terminal und fährt uns nach einem herzlichen Willkommen erst einmal zu ihrer Wohnung. Wie man am Nachnamen erkennen kann, ist meine Bekannte eine Angehörige der hiesigen *Korjo-Saram-Minderheit*. Diese sind sogenannte *Sowjetkoreaner*, die seit Generationen in der Sowjetunion und deren Nachfolgestaaten leben. Völlig übernächtigt und ausgehungert essen wir ein koreanisches Gericht, was eigentlich für den nächsten Tag gedacht war. Köstliche Teigtaschen, gefüllt mit Fleisch und Kohl, warten auf dem Tisch auf uns. Die Teigdecke reißt man ein und träufelt Sojasoße in den Innenraum. Dazu wird pikantes Paprikagemüse und scharfe grüne Kohlstreifen als Salat serviert. Wir sitzen um einen Falttisch im Wohnzimmer auf dem Fußboden und unterhalten uns angeregt. Ich schaue mich in der Wohnung um. Das Mobiliar ist schlicht, aber schick. Ein kleiner Tisch trägt einen Flachbildschirm. Eine große Sofagarnitur bildet das Zentrum der

Stube. Der kleine Sohn Gil möchte unentwegt mit mir und seinen Autos spielen. Immer wieder lassen wir Lkws und Traktoren aufeinander krachen. Später kommen noch Flugzeuge hinzu. Ich kenne Tanya seit 2011. Damals haben meine Frau und ich sie über die hiesige Hilfsorganisation *Soglum-Avlod-Uchun* kennengelernt, zu der wir einen Kontakt vor Beginn unserer ersten Reise durch Usbekistan hergestellt hatten. Heute arbeitet sie für ein Unternehmen, dass Reklamationsanfragen für ausländische Markenartikel bearbeitet. Jetzt hilft sie mir wieder beim Kauf von Bahntickets und beim Wechseln von Geld auf dem Schwarzmarkt. Zwei Tage später breche ich nach Buchara auf. Einmal Pass zeigen, einmal Pass scannen lassen, einmal Ticket und Pass kontrollieren lassen. Der Eingang zum Bahnhofsgebäude in Taschkent gleicht einem Checkpoint. Auf Gleis 3 steht der Zug zum Einsteigen bereit. Schaffner vor jedem Abteil achten darauf, dass die Reisenden im richtigen Waggon landen. Die Abteile des *Sharq-Expresses* sind geräumig. In jedem hängt ein Bildschirm an der Wand. Sitze, Tische, die Verkleidung – einfach alles ist aus Metall und Eisen. Der Zug wurde für die Ewigkeit gebaut. Hier trifft usbekische Tradition auf die Moderne des 21. Jahrhunderts. Neben mir sitzt eine ältere Frau im traditionellen langen Gewand sowie grellen bunten Beinkleidern. Sie trägt ein Kopftuch und Sandalen. Ihre Tochter daneben ist flippig angezogen. Die Fingernägel sind im Erdbeerdesign lackiert. Handy und Tablet laufen auf Hochtouren. Ein Computerspiel vertreibt Langeweile. Usbeken mit dem üblichen Gepäck für zehn Wochen Urlaub verteilen sich im Gang und suchen ihre Plätze, während wir durch die Vororte Taschkents ruckeln. Ein Hochhaus erinnert an den Slogan der Stadt mit einer gigantischen Leuchtreklame: »*Tashkent – City of Friendship and Peace*«. Und dann endlich Fernsehen! Usbekische Popvideos ohne Unterbrechung. Die Sendung heißt NONSTOP und der Name ist Programm. Eine Band misst sich im Schwimmen, Hula-Hoop-Reifen-Laufen und Seilspringen. Dann sehe ich ein Video der Boy Group *Quelaag*. Als Maler verkleidet streichen sich drei Bandmitglieder in einem weißen Zimmer gegenseitig genüsslich mit bunter Farbe an. Draußen gleiten fruchtbares Ackerland und Pappelhaine an uns vorbei. Bewässerungskanäle durchziehen die Felder. Aus Lehm erbaute Häuser stehen vereinzelt am Horizont. Plötzlich werde ich vom Schaffner Vagon in sein Abteil gerufen. Die Tür schließt sich hinter mir. Vagon reicht mir die Hand, stellt sich mir höflich vor und bietet mir großzügig ein Schlafabteil in der Ersten Klasse mit Klimaanlage gegen ein kleines Bakschisch an. Ich lehne dankend ab. Zurück im Abteil hält sich die alte Frau den Kopf. Vielleicht geht ihr die Musik aus dem Tablet ihrer Tochter oder die Musikvideos im Fernsehen auf die Nerven. Flop, ihr Arm ist eingeknickt und damit fehlt die nötige Stabilität. Sie ist eingeschlafen und liegt in ihrem Sitz wie eine umgefallene Buddha-Statue – ihr Kopf ruht auf meiner Schulter. Stundenlang betrachte ich die Monotonie der zentralasiatischen Landschaft, die gemeinsam mit dem ruhigen Schnarchen meiner Nachbarin an meinem Ohr auf mich sehr beruhigend wirken. Später schauen wir uns dann Filme an. Es scheint, als wäre nur eine Handvoll Akteure für sämtliche usbekische Produktionen unter Vertrag genommen worden. Bösewichte erkennt man sofort am grimmigen Gesicht und der Sonnenbrille sowie der dramatischen Musik. Die Frauen sind häufig in Schulmädchen-Outfits gekleidet und werden als zerbrechliche sowie schützenswerte Geschöpfe dargestellt. Irgendwann am Nachmittag laufen wir in Buchara ein.

»Hallo, lieber Marcus. Wie geht es dir? Du siehst älter aus!« Was für eine schöne Begrüßung durch Abdulrakmon, der aus der Eingangstüre des *B&Bs* kommt und mich herzlich umarmt. Es ist herrlich, zurück zu sein. Das *Sarrafon-B&B* hat sich etwas verändert, ein zusätzliches Stockwerk mit neuen Zimmern und einer großen Terrasse wurde hinzugefügt. Ich sitze bei Kaffee und köstlicher süßer Wassermelone im Schatten des Innenhofes und frage mich, wie es hier wohl ausgesehen haben muss, als William Moorcroft mit seiner Karawane eintraf? Moorcroft, so lese ich nach, lobte die Qualität der hiesigen Wassermelonen, warnte aber auch davor, dass übermäßiger Genuss sowohl den Darmbereich stören könne als auch äußerst abführend wirke. In Gedanken versunken schaue ich ungestört Abdulrakmons Frau beim Bügeln zu. Ihre Kinder malen kniend mit dicken Filzstiften Bilder auf dem Boden und essen zwischendurch schmatzend dicke Maiskolben. Die Familie ist mir sehr vertraut und ich bin glücklich, wieder hier sein zu dürfen. Wie einem alten Bekannten zeigen sie mir die baulichen Veränderungen im *B&B*. Buchara macht auf mich jetzt einen viel besseren Eindruck als noch bei meinem ersten Besuch. Damals habe ich mich zu sehr an der viel zu aggressiven Renovierung der historischen Gebäude gestört. Mittlerweile ist alles fein herausgeputzt. Hier und da wabert noch zentralasiatisches Flair vergangener Zeiten durch die Basare und historischen Kuppelbauten. Heute spielen die alten Männer das Brettspiel *Nardi* in den Gassen der Markthallen. Handwerker stellen Messer und verzierte Messingschalen her. Einem Schmied schaue ich zu, wie er kräftig auf Roheisen einschlägt und die Stücke danach zu Klingen weiterverarbeitet. Auf dem Goldbasar rücken betuchte Frauen mit Plastiktüten voller Geldbündel an und kaufen Schmuck ein. Wunderbar ist der Verkäufer an der Ecke zum *Sarrafon-B&B*. Sieht er mich, begrüßt er mich mit den immer gleichen Worten »Postkarten? Briefmarken?« und streckt mir zum Gruß die Hand entgegen. Leider ist die Zeit zu schnell verflogen, die Abreise steht bevor und Abdulrakmon drückt mich fest an seine Brust. Viele Worte sind nicht nötig, die Hand am Herzen als Zeichen der Wertschätzung und ich steige in ein weiteres Taxi ein. Außerhalb von Buchara sehe ich Industrieanlagen (Gipskarton) der Firma *Knauf*. In Windeseile sind wir in der Steppe, deren Landschaft aussieht wie nach einem Gipssturm aus der Fabrik. Wir überqueren den *Amo-Buxaro*, einen mächtigen Kanal, der Wasser aus dem *Amudarja*, dem legendären *Oxus*, in die Wüste transferiert. Auf der Brücke sitzen gelangweilte Soldaten und verrichten ihren Dienst. Marsut, mein Taxifahrer, raucht Kette. Gas- und Ölraffinerien ragen am Wegesrand empor, eine toxische gelbe Wolke ruht auf dem Land. Beißender, ziemlich ekelhafter Schwefelgestank dringt in unser Taxi, sodass ich mich für Marsuts Zigarettenqualm entscheide und das Fenster zumache. So rauschen und rauchen wir durch die Wüste mit *Lady in Red* von Chris de Burgh und *Wind of Change* von den Scorpions im Radio. Bemerkenswert sind die endlosen Baumwollfelder um die Stadt Karschi, zu denen das Bewässerungswasser geleitet wird. Hier steht das weiße Gold schon recht hoch im Feld und wartet auf die Erntesaison im August. Moorcroft beschreibt Karschi als Oase in einer ariden Region, die einige spärlich verstreute Lehmhäuser mit Flachdächern beherbergte, die von Obstgärten umgeben waren. Er berichtet, dass die Bevölkerung fluktuierte, da die Nomaden mit ihren Familien im Sommer den Ort verließen. Mehrheitlich lebten Tadschiken dort, die im Sommer die Felder bestellten und bewässerten. Bis heute hat sich daran nichts geändert. Ein Lada setzt zum Überholmanöver an und wenige Meter vor uns explodiert ihm der rechte Vorderreifen. Der Wagen kippt nach vorne, Funken sprühen, als die Felge abrupt Kontakt mit dem Straßenbelag aufnimmt. Dicke Reifenfetzen, Dreck sowie größere Asphaltstücke klatschen auf unsere Windschutzscheibe. Dann allmählich macht sich die sensible Grenzregion zu Afghanistan durch die erhöhte Anzahl von Straßensperren des Militärs bemerkbar. Routiniert regle ich die Formalitäten: Pass zeigen, Bücher ausfüllen. Name, Anschrift, Passnummer, Nummer des Visums und Unterschrift. Es dauert ewig und ist nicht zu ändern. Während der Prozedur vertreibe ich mir die Zeit mit den Soldaten, die Gespräche mit Ausländern als Abwechslung zu ihrer Monotonie im Alltag willkommen heißen. Wir reden über die Bundesliga, die Familie, das Alter der Kinder (ich lüge) und unsere Berufe. Mein Geburtsdatum schreibe ich mit dem Kugelschreiber auf die Tischdecke. Darunter kritzelt mein Gegenüber die Anzahl seiner Kinder und Ehejahre. Dann endlich taucht Termiz am Horizont auf. Und da ist er, der mächtige und legendäre *Amudarja* oder was der intensive Bewässerungsfeldbau im

Land von ihm übrig gelassen hat. Termiz selbst ist einen Kilometer Luftlinie von Afghanistan entfernt. Es ist eine seelenlose Stadt, zweckmäßig angelegt mit großen Straßen im Schachbrettmuster. Unendlich heiß ist es! Was müssen die Bundeswehrsoldaten der *ISAF*-Truppe während des Einsatzes im Nachbarland alles ausgehalten haben. In voller Kampfmontur mit schusssicherer Weste wäre ich hier bei 40 Grad um 21.00 Uhr abends eingegangen. Während einer ersten Erkundung der Umgebung stoße ich auf den jungen Safar, der als Friseur ganze elf Jahre lang immer dienstags um 14.00 Uhr den im Ort stationierten Soldaten der Bundeswehr die Haare geschnitten hat. So konnte er Deutsch lernen, was er nun an mir ausprobiert. Er trägt ein weites schwarzes T-Shirt mit *ISAF*-Termez-Sticker auf der Brust und dem Schriftzug »*Natural Evolution*« auf dem Rücken. Darunter mutiert ein kriechender Affe über den aufrechten Gang zum Soldaten mit Sturmgewehr im Anschlag. Safar weiß viel Gutes über die Deutschen zu berichten und bedauert sehr, dass sie abgezogen wurden. »In Deutschland zahlt man zwischen zehn und zwanzig Euro pro Haarschnitt«, weiß er zu berichten. »Viel zu viel Geld für einmal schnell drüber!« Ich stimme ihm zu. »Hier in Usbekistan nehmen wir uns Zeit für den Kunden. Das Leben in Deutschland ist so hektisch und teuer.« Während er mich rasiert, schaue ich mir im Fernsehen ein Musikvideo an, das Bandmitglieder zeigt, die diesmal leicht bekleideten, sich auf Liegen lasziv räkelnden Damen auf ihre Haut aufgeklebte Fische wegangeln. Wie ist der Clip durch die Zensur gekommen? Zum Abschied sagt Safar: »Entscheide du, was du bezahlen möchtest!« Sein Grinsen verrät mir, dass ich nicht zu wenig gegeben habe. Die Hitze rafft mich immer noch dahin. In einem kleinen Park trinke ich vier Bier hintereinander weg. »Sehr gut«, höre ich einen älteren Mann neben mir. Nun muss ich grinsen. Die Nacht verbringe ich im *Hotel Surhan Atlantik*, einem heruntergekommenen Sowjetbunker mit teils vergilbter, teils loser und in Fetzen von der Wand hängender Tapete sowie einem verkeimten Teppichfußboden. Der Balkon ist sanierungsbedürftig. Holzplanken rotten vor sich hin. Die breite Auffahrt sowie der Eingangsbereich ließen mich Großes erahnen – die Enttäuschung war herb. Hier kann man nicht weiter als irgendwie möglich von der Atmosphäre in einem Backpacker-Hostel entfernt sein. Doch fühlt es sich irgendwie richtig an. Die Rezeptionistin macht den Anschein, als hätte sie eine steile *KGB*-Karriere durchlaufen. Zum Frühstück werde ich mit den Worten empfangen: »Wir haben kein Menü. Was möchten Sie essen? Brot, Ei oder nur Käse? Kaffee?« Also keinen *Banana Pancake*! Das *Surhan Atlantik* passt zu Termiz. Hart, rau und kompromisslos wie das Wetter im Winter. Ich nehme mir ein Taxi und fahre an die Grenze zu Tadschikistan. Rostum, mein Fahrer kommuniziert mit mir im Energiesparmodus: »Basar. Baumwollfeld. Fabrik. Alexander Macadonixi.« Ich passe mich an und erwidere: »Aha, mmh, sehr schön!« An der Grenze werde ich eine Stunde lang gefilzt. Es dauert gefühlt eine halbe Ewigkeit, die usbekische Seite zu verlassen. Warum die Usbeken plötzlich bei der Ausreise meinen Rucksack bis in die letzte Socke hinein nach Drogen sowie meinen Laptop nach Pornografie durchsuchen, bleibt mir ein Rätsel. Die Tadschiken hingegen heißen mich herzlich willkommen. Noch im Grenzgebäude bietet mir ein Soldat eine prall gefüllte Tüte mit Marihuana an. *»You want?«* Duschanbe, die Hauptstadt des Landes, wirkt wie zweckrepräsentativer Poststalinismus. Budget-Gigantismus gepaart mit ordentlich futuristischem Diktatoren-Triumphgebaren. Im Zentrum von alledem steht der Palast des Garanten der Stabilität, des Regierungsoberhauptes Emomalij Scharifowitsch Rahmonow – kurz *Rahmon* genannt. Die Gebäude wirken abweisend. Welche Kontraste! Die Menschen hingegen sind allerorts von einer geradezu beeindruckenden Freundlichkeit und Herzlichkeit. Schnell werde ich in Gespräche verwickelt und erzähle von meiner Reise. Immer wieder zeigt man mir Bilder auf den Mobiltelefonen. Stolz sind die Menschen auf ihre Familien. In Duschanbe organisiere ich meine *Pamir*-Tour und treffe im Hostel auf meinen Fahrer Marut, einen wortkargen, aber, wie sich später herausstellen wird, mit allen Wassern des *Pamirs* gewaschenen Tadschiken. Auf den ersten Kilometern raus aus der Hauptstadt begleitet uns beide noch Präsident Rahmon. An der Straße stehen in regelmäßigen Abständen große Schilder, die seine Wohltaten und Kenntnisse preisen. Jedes übergroße Schild hat das gleiche Design. Stahlblauer, klarer Himmel, schneeweiße Gletscher und Gebirge im Hintergrund sowie grüne Wiesen und roter Klatschmohn. Dazwischen Emomalij Scharifowitsch Rahmonow, wie er Hühnchen in den Händen hält, wie er eine Wassermelone begutachtet, wie er Weizenähren in einem Feld prüft. Dieser Präsident kann alles. Ich warte darauf, dass er geschickt im schwarzen Anzug gekleidet am offenen Herzen operiert. Rahmon sieht aus wie eine jüngere Kopie von Leonid Iljitsch Breschnew. Kurz vor unserem Etappenziel Kalaikhum treffen wir schon wieder auf den Präsidenten, der am Nachmittag mit einem Helikopter ein Fest im Ort besucht hat. So warten wir schon die zweite Stunde vor einer Straßensperre, bis er zurückfliegt. Sämtlicher Verkehr in die Stadt ist aus Sicherheitsgründen untersagt. Es hilft nichts. Tadschikistan ist unberechenbar. Eigentlich wollte ich über Kulob fahren, aber ein Bergrutsch hatte zwei Tage zuvor die Straße verschüttet und uns auf eine Umleitung gezwungen. Die Stadt Kulob interessierte mich sehr, da dort ein *Mausoleum* zu besichtigen ist, in dem der berühmte islamische Mystiker Sayyid Ali Hamadani begraben liegt, der im 14. Jahrhundert den Islam nach *Kaschmir* gebracht haben soll. Reisen auf den landestypischen Straßen dauern lange, die Kontaktaufnahme zu den Menschen hingegen nicht. Abends im *Guesthouse* beim Abendessen sitzen sechs Soldaten am Nachbartisch. Darunter ist ein General, der sofort eine Flasche Wodka vor uns platziert und uns zum Trinken einlädt. Marut und ich stehen auf, salutieren und trinken gemeinsam auf das Militär. Der General gibt mir zum Gruß die Hand und wir beginnen mit dem Abendessen. Die Mahlzeit ist reichlich, wird jedoch immer wieder durch eine höfliche, aber bestimmte Aufforderung der Soldaten unterbrochen, noch ein Glas Wodka zu trinken. Während des Nachtisches setzt sich ein weiterer Soldat zu uns, zeigt mir seinen Ausweis und stellt sich als *Little General* vor. Sein Vorgesetzter liegt indessen leblos neben dem Tisch und schläft mit verschränkten Armen tief und fest. Wie ich selbst in mein Bett gekommen bin, weiß ich nicht mehr. Meine erste Nacht auf dem Boden! Mein erstes Morgengebet beginnt mit dem Satz: »Ich erhebe mich heute in gewaltiger Kraft in Anrufung der Heiligen Taschenfederkernmatratze.« Dass mein Brummschädel überhaupt irgendwelche Schmerzimpulse verarbeiten kann, wundert mich. Erst das Frühstück weckt meine Lebensgeister und schon wieder ist die Zeit zum Aufbruch gekommen. Von besonderer Schönheit ist die Etappe zwischen Vanj über Rushan nach Chorugh im Nordwesten der Autonomen Region Berg-*Badachschan*. Ich bin im *Permit*-Land und führe im Wagen eine Strichliste mit zwei Rubriken: lästige Verkehrskontrollen und lästige Militärcheckpoints. Letztere sind eindeutig in der Mehrzahl. Marut fährt entlang des *Pandsch-Flusses* mit Blick auf kleine afghanische Dörfer auf der anderen Seite. Ich sehe niedrige Lehmbauten mit Blechdächern. Gärten und Felder sind akkurat angelegt und durch Steinmäuerchen voneinander getrennt. Das raue *Pamir-Gebirge* ist beeindruckend, steile Bergflanken, beladen mit Geröll, wechseln sich mit breiten Flussterrassen ab, auf denen Pappeln und Weiden wachsen. Vor Chorugh erlauben weitläufige Bewässerungslandschaften moderaten Wohlstand auf tadschikischer Seite. Mehrgeschossige Wohnhäuser stehen zwischen den fruchtbaren Ackerparzellen. Auf afghanischer Seite ist bis auf das ein oder andere Motorrad keinerlei Motorisierung zu erkennen. Abends ist es dort pechschwarz. Kerzen sind die einzige Lichtquelle in einem Land, das hier größtenteils in die Steinzeit zurückkatapultiert wurde. Landwirtschaftliche Güter transportieren Esel oder Pferde zu den Ortschaften. In einem Dorf hat ein kapitaler Bergrutsch zwei Häuser begraben und die Menschen kämpfen sich mit Spaten und Spitzhacke durch das Geröll. Die Unterschiede könnten größer nicht sein. »*Ischkaschim*«, sagt Marut plötzlich hinter dem Steuer und zeigt mit seiner qualmenden Zigarette in der Hand auf die kleine Siedlung mit zentralem Basar vor uns. Direkt hinter dem Grenzort zu Afghanistan halten wir an der *Khakaha-Festung*, die schon im 3. Jahrhundert vor Christus errichtet wurde und als Bollwerk die Zubringer-Seidenstraße im hier beginnenden *Wakhan-Korridor* vor Eindringlingen schützte. Einer Legende zufolge galt in der Festung ein gewisser Kodex, *Qangaha* genannt. Die dortigen Verteidiger hießen ihrer Kleidung nach *Siyohpushon*, was so viel wie *Schwarzröcke* bedeutete, sodass diese mithilfe der Kleidung den Anhängern des Zoroastrismus zuzuordnen waren. Endlich, denke ich, bin ich im legendären *Wakhan-Korridor*! Ich erinnere mich an den berühmten *Pundit (Vermesser)* Mirza Shuja. Er erreichte im Januar 1869 den *Pandsch-Fluss* genau an dieser Stelle. Mit seiner Reise durch den *Wakhan* wies Mirza Shuja die knapp 1.700 Kilometer lange Karawanenroute von Kabul bis *Jharkhand* in der heutigen chinesischen Provinz *Xinjiang* nach. Östlich der Festung weitet sich das Tal. Die engste Stelle misst 25 Kilometer. Von der Straße aus sehe ich die vergletscherten Riesen des *Hindukusch-Gebirges*. »Unsere Sicherheit wird nicht nur, aber auch am *Hindukusch* verteidigt.« Beim Blick auf die mächtigen Berge bekommt der Satz des ehemaligen deutschen Verteidigungsministers Peter Struck erstmals ein Gesicht für mich. Die Szenerie verschlägt mir einfach die Sprache. Nur vereinzelt treffe ich auf andere Touristen. Marut hält auf meinen Wunsch hin jederzeit an und lässt mich fotografieren. Ähnlich wie in *Ladakh* klammert sich spärliche Vegetation ausschließlich an die Flussufer. Etwas weiter weg vom lebensspendenden Wasser ragt die Hochgebirgswüste die Berge hinauf bis an die Eismassen der Gletscher. Die Ruhe wirkt hier trügerisch. Auf dem *Pamir-Highway* nach Vrang hat sich das tadschikische Militär überall in den umliegenden Bergen tief eingegraben und beobachtet argwöhnisch die afghanische Seite. In Vrang halten wir bei Aydar Malikmadov, der uns in seinem *Homestay* zum Mittagessen willkommen heißt.

Marut und ich nehmen Platz auf einer Terrasse mit grandiosem Blick in den prächtigen Garten. Ein Teppich dient uns als Tisch und auf ihm werden köstliche Speisen wie saftige Wassermelonen, kross gebratenes Hühnchen, Kohl und eine dicke würzige Suppe serviert. Aydar erzählt mir, dass er in Berlin gelebt hat. Daher ist es nicht verwunderlich, dass er etwas gebrochen Deutsch spricht. Beim Kaffee berichtet er mir vom Leben in dieser abgelegenen Region Tadschikistans. »Vor einer Woche gab es einen verheerenden Bergrutsch und fürchterliche Überschwemmungen gar nicht weit entfernt von hier. Im Winter haben wir um die minus zehn Grad Celsius.« Er nimmt einen Schluck aus der Tasse und hebt den Finger: »Im Durchschnitt! Ab und zu kann die Temperatur auch auf minus zwanzig Grad fallen. Im Sommer hingegen werden es dreißig bis vierzig Grad. Die Sonne führt zu starker Schneeschmelze, sodass die Überschwemmungen so oft die Straße zerstören. Dann sind wir häufig recht lange von der Außenwelt abgeschnitten.« »Wie sieht die Versorgung denn in einem solchen Fall aus?«, möchte ich wissen. »Wir besitzen ein Gesundheitszentrum im Dorf, eine kleine Schule und einen Kindergarten.« Was die Isolation wohl mit einem macht, geht es mir durch den Kopf. »Habt ihr in dieser Abgeschiedenheit eigentlich damals Probleme mit den Taliban auf afghanischer Seite gehabt?« Vehementes Kopfschütteln. »Nein, nein, doch nicht hier, denn Massoud verteidigte den *Wakhan-Korridor*. Er hat uns beschützt, da er einer von uns war.« Er meint Ahmad Schah Massoud, den berühmten afghanischen und zum Nationalhelden ernannten *Mudschahedin*-Kämpfer, der der Volksgruppe der Tadschiken angehörte und bis zu seinem Tod im Jahr 2001 gegen die verhassten Taliban kämpfte. Vom *Pandschschir-Tal* aus kontrollierte er den gesamten Nordosten Afghanistans. »Wenn es hier unruhiger wurde, dann schlossen die Tadschiken die Grenze und ebenso den Wochenmarkt in Ischkaschim.« Während er einen Schluck aus der Kaffeetasse nimmt, frage ich mich, wie wohl der Alltag damals ausgesehen hat. Ich frage nach. »Heute ist es besser«, antwortet er. »Als Student habe ich zur Zeit der Sowjetunion in Duschanbe gelebt und musste immer ein Permit beantragen, um in meine Heimat zurückkehren zu dürfen. Die Russen haben die gesamte *Pamir-Region* abgeriegelt. Ich war also gewissermaßen ein Tourist in meiner Heimat.« Es fällt ihm schwer, dies zu formulieren. Ich beobachte, wie er nachdenklich mit dem Finger auf dem Rand seiner Tasse entlangfährt. Der Blick bleibt gesenkt. »Marcus, die Kinder machen ihre Abschlussprüfungen am 14. Juni. Danach gehen sie für fast drei Monate in die Sommerferien und können ihren Eltern bei der Ernte helfen. Später übernehmen sie den Hof. So war es immer. Heute jedoch gehen sie weg. Ich habe vier Söhne und zwei Töchter. Drei von ihnen studieren, nur einer ist hiergeblieben und meine älteste Tochter arbeitet in Russland.« »Ist das Leben nach dem Ende der Sowjetunion besser geworden?« »Damals hat sich von den Sowjets niemand im *Wakhan-Korridor* blicken lassen! Heute ist es anders.« Ich kann ihn verstehen. Schon Abdulrakmon in Buchara vertrat dieselbe Ansicht. Egal, ob die Diktatoren Karimov, Nasarbajev oder Rahmonow heißen, egal wie enorm die Kleptokratie oder wie fragwürdig der Personenkult ist, viel mehr Menschen erkennen, dass ihr Leben sich zum Positiven verändert hat. Offizielle schauen plötzlich vorbei, der Lebensstandard wird leicht angehoben. Straßen entstehen und der Tourismus spült Geld in die Haushalte und Dorfgemeinschaften, sodass Güter konsumiert werden. Trotz unfassbarer Vetternwirtschaft der alten Machtelite sehen die Bewohner den Fortschritt und sie tolerieren diese politischen Strukturen als kleineres Übel, weil sie merken, dass es wirtschaftlich bergauf geht. Ich wünsche ihm mehr Touristen, wohlweislich, dass wir dann sicher nicht mehr in Ruhe gemeinsam in seinem Garten sitzen könnten. Und so genieße ich den Augenblick. Rückenschmerzen sind da schon wieder vergessen. »Wenn ihr mit dem Essen fertig seid, müsst ihr euch das Museum anschauen. Ich gebe den Schlüssel meinem Sohn Nazim mit. Er macht dir auf«, sagt er und meint damit das rekonstruierte Haus des Mystikers Mubarak Kadam

Wakhami. »Marcus, weißt du, dass Mubarak mein Großvater war?« »Wirklich?« Sprachlos schaue ich ihn an, bis plötzlich Nazim vor mir steht und wir die wenigen Meter zum Museum rüberlaufen. Aydars Sohn spricht exzellent Englisch, obwohl er nur acht Monate Unterricht hatte. Der Austausch mit Ausländern macht sich bemerkbar. Während ich mich für die vielen ethnografischen Artefakte, Bücher, Gedichte und zahlreichen Manuskripte interessiere, berichtet mir Nazim, wie während der Zeit der schlimmen Zwangskollektivierung und Sozialisierung der zentralasiatischen Völker unter Stalin in den Zwanzigerjahren des 20. Jahrhunderts der Islam an die Kette gelegt wurde. Über 20.000 Koranschulen und Moscheen ließen die Sowjets in Zentralasien schließen. Ab 1924 war nur noch die kyrillische Schrift erlaubt und die arabischen Texte kamen auf den Index, sodass die Russen besser kontrollieren konnten, was im muslimischen Turkestan gepredigt wurde. Also versteckten die Menschen im Dorf die Manuskripte und Schriften von Mubarak Kadam Wakhami vor der russischen Besatzungsmacht. Und so haben sie glücklicherweise bis heute überdauert.

»Was möchtest du zum Frühstück haben? Eier? Reis oder Haferbrei?« »Alles!«, erwidere ich mit Hunger im Bauch. Die Nacht in Langar war ruhig, der Hund hat nur zweimal länger gebellt. Vielleicht hat er Wiedergänger verprellt. Es gab keine Militärs, die bis in die Nacht gefeiert hätten. Die Dusche war richtig heiß, auch wenn die Wanne satte grüne Bakterienpolster aufwies. Ich drehte das heiße Wasser auf und blieb so lange regungslos stehen, bis meine Rückenwirbel von selbst wieder in die richtige Position rückten. Die Matratzen bringen mich noch um. Auf einer Holztür zu schlafen ist gemütlicher. Letztendlich ist es alles nicht wichtig. Gestern Abend sah ich den Sternenhimmel über dem *Hindukusch*. Was für ein unvergesslicher Anblick! Vom Frühstückstisch aus blicke ich auf einen Tadschiken, der tatsächlich draußen seinen Jeep mit einer Handkurbel anlässt, sodass der Wagen zum

Dank eine gelbe Rauchwolke hinten aus seinen metallischen Eingeweiden ausstößt. Ein mechanischer Flatus. Knallige Grüße vom Motor. Heute beginnt der eigentliche Teil des *Pamir Highways,* der sich über die Hochebene des Gebirges zieht. Marut und ich verlassen Langar gut gelaunt und schrauben uns die Pässe auf über 4.000 Meter hoch. Mein Jeep-Fahrer akklimatisiert sich auf seine eigene Weise. Alle paar Minuten eine Zigarette und danach ohrenbetäubendes Husten. Ich bleibe also beim Wasser. »Wodka?«, schaut er mich fragend an. Nun muss ich so sehr lachen, dass wir beide anhalten und nach Luft ringen. Der *Pamir Highway* durchzieht eine Landschaft, wie ich sie auf dem tibetischen Hochland erleben durfte. Hochgebirgswüste, soweit das Auge reicht. Zwischendurch einige stahlblaue und sehr salzhaltige Seen wie der *Bulunkul* oder der *Jaschikul* mit Berggipfeln am Horizont. Überall unendliche Sand- und Gerölllandschaften. An den Pässen hängen die Wolken tief, aber die Morgensonne kämpft sich tapfer hindurch und lässt wunderschöne Lichtspiele zu. Alichur auf knapp 4.000 Meter Höhe ist unser Ziel. Einer Legende nach soll hier Alī ibn Abī Tālib, der Schwiegersohn des Propheten Mohammed, der Namensgeber des Ortes sein. Alichur bedeutet demnach *Alis Fluch.* Ursache des Fluchs war der nie nachlassende Wind und das extrem raue Klima. Kurz nachdem Marut den Jeep vor dem *Marco-Polo-Homestay* hält, werden die zwei oder drei Dutzend Lehmhäuser von einem Gewitter heimgesucht. Der Fluch spielt mit uns. Der Horizont färbt sich pechschwarz, heftiger Wind wirbelt Sand auf und peitscht ihn gegen die Häuser. Die Frau aus dem kleinen Nachbarhaus nimmt hektisch die Wäsche von der Leine, bevor der Regen die Ortschaft erreicht. Zwischen Wäscheleine und Haustür höre ich sie fluchen. Wir flüchten uns in die warme Stube und sitzen im Wohnzimmer. Gemya und Tagaibeck, die beiden Frauen des Hauses, kochen mir den besten *Plov,* den ich in ganz Zentralasien gegessen habe. Der Reis ist bissfest, nicht zu ölig und mit viel leckerem Gemüse durchzogen. Saftiges Hühnerfleisch gibt dem Ganzen einen wunderbaren Geschmack. Genau das richtige Essen bei einem Gewitter. Plötzlich steht Marut in der Tür und ruft mir zu: »Marcus. Bier, Wodka oder Tee?« »Bier«, antworte ich und fahre mit ihm zu einem nahen Laden, wo wir zwei kleine Flaschen Bier und eine große Flasche Wodka kaufen. »Gut für den Magen! Gut nach *Plov*.« Bestens gelaunt machen wir uns auf den Heimweg. Die Bewohner in Alichur haben deutlich mongolische Gesichtszüge. Der Einschlag Turkestans ist verschwunden. An seine Stelle sind die runderen Gesichter der Kirgisen getreten. Der Hausherr trägt eine *Takke*, eine Kopfbedeckung für den muslimischen Mann. Für ihn gilt in Alichur die kirgisische Zeit. Er ist schon eine Stunde weiter. Draußen schlagen die Hunde an. Sein Sohn ist mit der Ziegenherde zum Haus zurückgekommen. Im Pferch vor der Tür werden die Tiere alle für die Nacht eingeschlossen. Muss ich auf das Klo, schauen mich zwanzig rote Augenpaare an – aber nur kurz, denn es ist fürchterlich kalt. Trotz des heftigen Regengusses verbringe ich eine ruhige Nacht und schlafe relativ gut auf dem Boden. Drei Matten übereinander helfen mir, dass ich einigermaßen bequem im Wohnzimmer der Familie liegen kann. Unter den Schränken stehen große Emaille-Schüsseln mit *Yak-Käse*. Eine einsame rote Paprika liegt daneben. Ansonsten ist der Raum leer und mit schönen Teppichen ausgelegt. An den Wänden sind einige wenige Familienbilder angebracht. In der Frühe erfolgt wieder ein schneller Abschied.

Mittlerweile sind wir auf dem Rückweg und meine Gedanken kreisen um die Menschen, die ich in dieser abgeschiedenen Region Tadschikistans treffen durfte. Der gemeinsame Nenner ist die enorme Gastfreundschaft. Immer bekommen wir zuerst das Essen, immer nimmt sich die Familie danach den Rest. Mit Händen und Füßen verständigen wir uns und verstehen uns auch trotz der Sprachbarriere. Das *Pamir-Gebirge* ist seit jeher eine lebensfeindliche Landschaft, in der die Menschen auf Gedeih und Verderb voneinander abhängig waren. So sehen die Bewohner den Brauch, Fremde bei sich willkommen zu heißen, sowie die Bereitschaft, jederzeit Hilfe zu leisten als selbstverständlich an. Zwei Stunden später setzen wir genau dies in die Tat um. Wir treffen auf einen Kleinlaster und zwei Männer, die in dessen Windschatten hocken. Marut und ich sind von der Hauptstraße M 41 abgebogen und durch ein gewaltiges Mondtal gefahren, dass an eine menschenleere riesige Halfpipe erinnert. Vor uns ragen die bis zu 6.000 Meter hohen Gipfel des *Kleinen Pamirs* empor. Es geht über Stock und Stein. Seit gefühlt einer Ewigkeit suchen wir uns unsere eigene Straße. Die beiden Kirgisen vor uns brauchen Hilfe, denn ihr Laster ist hoffnungslos im tiefen Matsch stecken geblieben, sodass wir die beiden in das Jagd-Camp *Jarty Gumbez* am *Istyk-Fluss* mitnehmen. Ich mag mir kaum ausmalen, wie lange sie hier noch hätten ausharren müssen, ehe ein weiteres Auto in dieser Region vorbeigeschaut hätte. Marut nutzt die Gelegenheit und spricht mit den beiden. Worüber? Ich kann es nicht sagen. Wenig später stehen wir vor einem reißenden Zufluss des *Istyk* und müssen hindurch. Die beiden steigen aus, prüfen mit Stöcken und Steinen die Wassertiefe und geben Marut Anweisungen. Unser Jeep taucht in den Fluss ein, Wasser schwappt über die Motorhaube und dann spüre ich, wie die Wucht des Wassers am Wagen zerrt. Einen Moment lang verliert der vordere Teil des Jeeps die Bodenhaftung und treibt ein Stück im Fluss, bis die Reifen wieder greifen und wir auf der anderen Seite die Böschung erklimmen. Auf den letzten Metern zum Jagd-Camp spuckt und stottert der Motor im Einklang mit Maruts Hustenanfällen. Nach Ankunft erhalten wir auch dort Hilfe. In der Werkstadt der Inhaber – alles Männer mit Camouflage-Hosen und Messern oder Multitools am Gürtel – baut mein Jeep-Fahrer schnell den Luftfilter aus und lässt ihn in der Sonne auf der Motorhaube trocknen, während er sich die nächste Zigarette anzündet.

Mein vorletzter Halt auf meiner Route vor dem Grenzübertritt nach Kirgisistan ist Murghob. In dieser Ortschaft leben knapp 7.000 Einwohner in einer nach westlichen Maßstäben Atmosphäre der absoluten Trostlosigkeit. Murghob wirkt, als hätte es erst kürzlich eine Apokalypse überstanden. Entkernte Autochassis stehen auf den Lehmwegen. Alles Nutzbare wurde sicherlich schon wieder verwendet. In der Mitte der Siedlung stößt ein uralter Schornstein der Müllverbrennungsanlage dunkelgelben Qualm aus, der sich gleichmäßig in den Gassen, an den Häusern und in ihren Innenhöfen verteilt. Der Basar ist eine Ansammlung aus zwei Reihen von ungefähr zwanzig Lkw-Containern, in denen die Verkäufer ihre Waren anbieten. Ein Stand mit Melonen, Kohl, Plastikspielzeug und einer überdimensionalen Gummipuppe wartet auf mögliche Käufer. In einer Seitengasse sehe ich zwei Jungen, wie sie drei große Blecheimer Wasser von einem Brunnen wegtragen. Die örtliche Tankstelle ist eine Ansammlung von verrosteten gigantischen Benzintanks. Murghob ist ein trauriger Anblick. Zu allem Übel habe ich mir noch leicht den Magen verdorben. Mit Marut sitze ich im *Ibaq Rim Ranara Guesthouse* bei Tisch. »Geht es deinem Magen besser?«, erkundigt er sich. »Nimm sehr viel Wodka und ein bisschen Salz!« Ich versuche es lieber mit Suppe und Kartoffeln. Daraufhin verzieht er das Gesicht und schenkt sich selbst ein. Lachend esse ich meine Suppe, wobei einiges auf die Hose geht. Nachts entlädt sich noch ein Gewitter, das so heftig ist, dass ich kaum schlafen kann. Am nächsten Morgen stellen wir fest, dass kurz hinter Murghob die Straße auf einer Breite von knapp zweihundert Metern verschwunden ist. Gewaltige Wassermassen haben die alte Brücke über den Fluss zerstört. Die Betonröhren liegen wie hingeschmissene Legosteine im deutlich erweiterten Flussbett. Asphaltdecke und Damm, auf dem der *Pamir-Highway* verläuft, sind durch die Wucht des Wassers auf einer Höhe von über einem Meter abgetragen worden. An der Abbruchkante der ehemaligen Straße vor der Brücke parkt eine Gruppe von Jeeps. Einheimische stehen davor und diskutieren miteinander. Marut hält den Wagen an, dreht sich zu mir und murmelt in gewohnt trockener Art: »Nicht gut!« Danach steigt er kommentarlos aus und stellt sich zu seinen Kollegen. Nach ausführlicher Begutachtung der Situation löst sich die Männergruppe auf. Die Fahrer laufen zu ihren Jeeps und legen den Vierradantrieb ein. Dann macht einer den Anfang und taucht mit seinem Land Cruiser vorsichtig in das Wasser ein. Man merkt noch aus einiger Distanz, dass die Strömung wild an dem Wagen rüttelt, welcher sich behutsam in der schlammigen Brühe vorwärtstastet. Das Wasser reicht bis zu den Türschlössern. Auf den letzten fünfzig Metern muss der Fahrer das Auto im Flussbett scharf drehen und entgegen der Strömung in Richtung Straße lenken. Die Räder wühlen sich durch den Dreck, der Motor heult auf, zieht den Wagen aber die Böschung hinauf. Wir bilden das Mittelsegment. Marut ist die Ruhe selbst, erhält einige letzte Anweisungen und steuert unseren Jeep geschickt durch den Fluss. Erst im Auto merke ich die ungeheure Kraft des Wassers und wie die Reifen auf dem steinigen Untergrund immer wieder die Haftung verlieren. Irgendwann sind wir auf der anderen Seite und warten alle, bis der letzte Wagen aus unserer Gruppe das Hindernis passiert hat. Was wird die Strecke entlang des *Karakul-Sees*, dem Grenzübertritt nach Kirgisistan, oder die Rückfahrt in das usbekische *Ferghana-Tal* vielleicht noch an Überraschungen mit sich bringen? Werden wir in Anbetracht der unberechenbaren Natur im *Pamir* den Zeitplan einhalten können? Ehrlich gesagt, auch das ist mir völlig egal. Ich bin geradezu euphorisch, denn unweit dieser weggespülten Brücke führt eine Straße ab zum *Kulma-Pass*, der diese Ecke Tadschikistans mit dem Uigurischen Autonomen Gebiet der chinesischen Provinz *Xinjiang* verbindet. Genauer gesagt, der Pass verknüpft den *Pamir Highway* mit dem *Karakorum Highway*. Karawanen aus Leh im *Himalaya*, aus Islamabad im südlichen Pakistan, aus Gilgit in *Balistan* oder aus Afghanistan über den *Wakhan-Korridor* waren in der Lage, sich in der an der Seidenstraße liegenden chinesischen Stadt Taschkorgan zu treffen, um von dort aus zur wichtigen Oase Kaschgar am Rande des *Tarim-Beckens* zu gelangen.

Einerseits schaue ich zufrieden aus dem Fenster in die Einöde, denn für mich schließt sich in der großartigen Einsamkeit des *Pamirs* außerhalb Murghobs ein Kreis. Ich habe die Verknüpfung dieser beiden faszinierenden Handelswege gefunden. Auf ihnen oder auf ihren Zubringerrouten bin ich in Zentralasien, Südostasien und Südasien wiederholt in den letzten Jahren unterwegs gewesen. Andererseits habe ich erkennen müssen, dass Individualreisen in die geographische Entrücktheit allein nicht authentischer oder nachhaltiger als geführte Gruppenreisen sind. So bleibe ich weiter auf der Suche nach Antworten.

Epilog – Zurück zu den Anfängen

»Liebe Freunde von *Gebeco* und *Dr. Tigges,* unsere Welt ist immer im Fluss. Unaufhörlich bieten sich neue Perspektiven. Das berücksichtigen wir bei unserem Angebot an Gruppenreisen.« So beginnt der Eingangstext im neuen *Dr.-Tigges*-Themenjahr-Katalog aus dem Jahr 2017. Das Leitthema für die angebotenen Studienreisen lautet »*Legendäre Handelswege*«. Im Vorwort auf der ersten Seite spricht die Geschäftsleitung die Kunden an: »Geht es doch um das Eintauchen in das authentische Leben anderer Kulturen, das Vordringen zur Seele einer Region und das Erkennen von vielfältigen Zusammenhängen. Das gelingt nur«, so lese ich weiter, »wenn wir unsere Reiseoptionen und Serviceangebote verbessern und ausbauen – auch bei unseren *Dr.-Tigges*-Studienreisen.« Exakt dreißig Jahre, nachdem der Name *Dr. Tigges* wieder reaktiviert wurde, wird die Firma mehr denn je gezwungen, in der Entwicklung innovative Wege zu gehen, um vor dem Hintergrund des postindustriellen Werte- und Strukturwandels sowie im Kontext der Diskussion über eine Erlebniszentrierung im Reisegeschäft mit inhaltlich anspruchsvollen Reiseprodukten bestehen zu können. Die unter der Rubrik eines Themenjahres neu konzipierten Reisen sind nach meiner Meinung eine clevere Antwort auf den gegenwärtigen kulturgesellschaftlichen Veränderungsprozess, denn sie vereinen intelligent klassischen Kulturtourismus mit der Erlebnisorientierung in einer modernen touristischen Aktionsform. Für den Katalog werde ich vorab interviewt. Ein Bild mit mir aus dem wunderschönen *Pandsch-Tal* an der Grenze zu Afghanistan bildet den Hintergrund einer Katalogseite. Die Überschrift »*Nachgefragt – bei unserem Reiseleiter Marcus Hillerich*« leitet in das Interview ein. Zuerst werde ich nach Orten gefragt, die für mich Wahlheimat-Potenzial haben. Dann kommt die zentrale Frage: »Was macht eine Reise zu einer Studienreise?« Unweigerlich muss ich an meine nur wenige Monate zurückliegende *Pamir-Tour* denken, an meine Freunde Stanzin in *Ladakh* und Ko Soe in Myanmar, sodass ich wie folgt reagiere: »Eine Reise wird zur Studienreise, wenn das Erlebte in einen Kontext gesetzt und mit Hintergrundinformationen angereichert wird, sodass ein umfassendes Verständnis über das von einer Sehenswürdigkeit abhängige Detail hinaus vermittelt wird. Der Reisende kommt zu vertieften Einsichten, ohne dass der Reiseleiter ihn mit Fakten erschlägt. Eine Studienreise sollte den Anspruch haben, dem Gast neben der Freude an den Erlebnissen und Begegnungen vor Ort die Zielkultur in Abgrenzung bzw. im Vergleich zur eigenen Kultur aufzuschlüsseln.« Nun stutze ich ein wenig. Habe ich damals wirklich so geantwortet? Heute, drei Jahre später, bin ich mir nicht mehr sicher, ob in den Sätzen nicht doch ein viel zu starker moralischer Zeigefinger mitschwingt. Irritiert nehme ich die Sätze auseinander. Wie man beim Schälen einer Zwiebel die einzelnen Hautschichten vorsichtig entfernt, lege ich den Kern meiner Antwort frei, indem ich meine Aussage von sämtlichen katalogspezifischen Intentionen befreie: Kundenorientierung, Alleinstellungsmerkmal einer Studienreise, Produktvermarktung und so weiter. Übrig bleiben im Kern die Wörter *Erlebnis, Verständnis und Einsicht.* Lange Zeit starre ich auf die Zeilen und wiederhole die Begriffe immerfort. Erlebnis, Verständnis und Einsicht! Nein, die Sätze sind überhaupt nicht belehrend, sie besitzen Allgemeingültigkeit, gelten sie doch für alle Arten von Reisen gleichermaßen oder aber auch gleichermaßen nicht. Ein Party-Urlaub in Berlin, eine Pauschalreise an die *Costa Brava*, eine Trekkingreise in den *Himalaya* oder eine *Dr.-Tigges*-Studienreise an den *Golf von Sorrent* – an allen Orten kann ich mit neuen und vielleicht ganz einzigartigen Erlebnissen und Eindrücken nach Hause zurückkommen. Etwas Verständnis zu zeigen, die Fähigkeit zu besitzen, sich in die Bewohner des Landes oder in ihre Kultur und Traditionen hineinzuversetzen und mit vielen Einsichten ein Reisekapitel zufrieden zu beenden hängt demnach nicht von der Entrücktheit des Reiseziels ab, sondern meiner Meinung nach größtenteils von der Einstellung der reisenden Person zu eben dieser Reisedestination. Einerseits kann ich mich als Gast im buddhistischen *Thiksey-Kloster* in Leh ebenso wie in einem spanischen Kiosk in Valencia danebenbenehmen, wenn ich dort alkoholisiert, halbnackt und im zerrissenen Tank Top erscheine. Andererseits öffnen sich mir vielleicht Tür und Tor, wenn ich aufgeschlossen sowie mit Interesse und rücksichtsvollem Verhalten den Tibetern oder Spaniern begegne. Meine Augen wandern zurück zu dem ersten Satz der einleitenden Worte im Katalog vor mir: »Geht es doch um das Eintauchen in das authentische Leben anderer Kulturen«. Noch einmal blicke ich auf die Zeilen vor mir. Der Katalog, die Produkte, das Design, alles gefällt mir besonders gut, aber dieser Satz stört mich. Er passt nicht ganz zu meinen eigenen Erfahrungen. Sollte eigentlich nicht alles, was Gäste auf Reisen erleben, als völlig authentisch bezeichnet werden? Oder wie sie sich benehmen? Ist es nicht auch egal, wie das Benehmen ausfällt? Positiv oder vielleicht negativ? Beides ist sicherlich sehr authentisch. Die Frage muss doch einmal gestellt werden! Was ist denn heute auf Reisen wirklich noch authentisch? Sicher nicht, wenn dreißig Reisegäste gleichzeitig aus einem Bus in ein kleines, verschlafenes vietnamesisches Dorf gespült werden, um in der Küche eines Bauernhauses spontan die typische Zubereitung von vegetarischen Frühlingsrollen mitzuerleben. Dies alles kann doch nur inszeniert, vom Veranstalter geplant und Baustein eines eingekauften Reisepaketes sein, das die ortsansässige Vertragsagentur zuerst zusammengestellt und dann dem Reiseveranstalter angeboten hat. Authentisch ist es, wenn ein solches Erlebnis zufällig passiert. Dafür aber ist die Reisegruppe zu groß, aufgrund des Routings nicht spontan genug und es fehlt immer auch eine Toilettenanlage. Welcher normale vietnamesische Bauer käme denn auf die Idee, dreißig mit Kamera bepackte deutsche Touristen spontan in seine Küche einzuladen, um ihnen seine Lieblingsfrühlingsrollen zu servieren? Authentizität, und das haben mir meine Reisen unter anderem in den *Himalaya* und *Pamir* gezeigt, hängt mit Gruppenstärke zusammen. Gerade der Massentourismus verdrängt ja diese besonderen Begegnungen. Kommerz tritt an deren Stelle. Ist erst einmal die Gelegenheit geschaffen worden, Geld zu verdienen, hören solche Erlebnisse schnell auf zu existieren oder werden ganz bewusst kommerzialisiert. Meine Erfahrungen zeigen mir, dass die authentischen Erlebnisse ein klug durchdachter Vermarktungsaspekt sind. Oft habe ich bei landeskundlichen Lichtbildervorträgen in Reisebüros persönlich erlebt, dass meine Beschreibung der unverfälschten Realität oder einer realen Situation unerwünscht war. Potenzielle Kunden sollen, ja wollen mit Luxus, Exotik und einer wohldosierten Portion Abenteuer gelockt werden, sie sollen emotionalisiert werden. Viele möchten nicht hören, dass es in Namibia neben den atemberaubenden Naturlandschaften auch eine brutale, überall sichtbare ethnische Segregation gibt oder dass fast in jedem südamerikanischen Land Armut, langjährige Abhängigkeiten und Benachteiligung durch koloniale und neokoloniale Strukturen vorherrschen. Lichtbildervorträge, die auch Probleme einer Reisedestination thematisieren, sind nicht kompatibel mit der Präsentation eines Produktes wie einer Studienreise, das verkauft werden soll. Wie kann ich es wagen, während eines Lichtbildervortrages in einem Reisebüro zur Studienreise durch Kanada neben Themen wie Geschichte, Kultur, Geographie und Gesellschaft auch über die Diskriminierung der indigenen Völker zu sprechen? Das Reisebüro beschwert sich. Man zeigt zwar Verständnis für das Ziel, die potenziellen Kunden für das Land zu sensibilisieren, bittet mich jedoch, nur Bilder zu zeigen, die unmittelbar mit dem Routing zu tun haben, sonst entstünden Assoziationen, die die Reise nicht bedienen kann oder möchte. Ehrlich gesagt ist es dann im Land auch nicht anders! Die Gäste wollen auch nicht bei 33 Grad Hitze und knapp 85 Prozent Luftfeuchtigkeit klitschnass schwitzend auf einem harten Lehmfußboden sitzen und eine Stunde warten, bis der bedauernswerte vietnamesische Bauer mit den Zutaten für über dreißig vegetarische Frühlingsrollen vom Laden im Dorf zu seiner Holzhütte zurückgekehrt ist, weil er sie beim unangekündigten Besuch der deutschen Reisegruppe unglücklicherweise nicht vorrätig hatte. Das wäre nun aber authentisch! »Entschuldigen Sie, gibt es hier denn überhaupt eine Toilette?«, ist doch eine der ersten Fragen, die in solchen Momenten kommen. Völlig authentisch. »Nein, keine Toilette? Das ist aber ärgerlich. Warum haben Sie denn diesen Stopp dann ausgesucht?« Authentischer geht es nicht. Diese Beispiele sollen verdeutlichen, dass die im Kontext des Kulturtourismus und der Erlebnisorientierung gestellte Forderung nach Authentizität kaum vorhanden ist. Horst Martin Müllenmeister stellt mit der Aufbereitung historischer oder landeskundlicher Inhalte durch einen Reiseveranstalter für Touristen die ehrliche Frage nach der Inszenierung von Authentizität. Die promovierte Wirtschaftsgeographin Matilde Sophie Gross geht noch einen Schritt weiter und beschreibt den Widerspruch zwischen der auf der einen Seite postulierten Suche nach Authentizität und der andererseits unabwendbaren Inszenierung von Vergangenheit und Lebenswirklichkeit als »grundlegendes Kontinuum des Studienreise- und Kulturtourismus«. Problematisch wird es nämlich, wenn die authentischen Ereignisse zu allem Überfluss plötzlich auch noch negativ ausfallen, indem organisatorischer Ärger von außen an den Gast herangetragen wird oder er die Quelle der eigenen Unzufriedenheit darstellt, weil er sich leider unzureichend auf das Zielland vorbereitet hat. Authentizität kann sehr anstrengend, nervig und obendrein dreckig sein, wie beispielsweise ein Stau zur Rush Hour in Neu-Delhi oder das Betteln der verstümmelten Bürgerkriegsopfer auf den Straßen Kambodschas verdeutlichen. Zu viele Reiseveranstalter verweigern ihren Kunden daher leider oftmals echte Authentizität, weil diese mit den Vorstellungen der Kunden oder den in Reisekatalogen präsentierten Hochglanzbildern nicht zusammenpasst. Authentisches Reisen, authentische Erlebnisse suggerieren dem Kunden allzu oft einen Anspruch auf Einzigartigkeit. Damit möchte man sich von der Konkurrenz absetzen. Schade nur, dass dieses Alleinstellungsmerkmal geradezu inflationär gebraucht wird und somit die gewünschte Wirkung verpufft. Der Soziologe Robert Schäfer schreibt treffend in seinem Buch *»Tourismus und Authentizität. Zur gesellschaftlichen Organisation von Außeralltäglichkeit«*, dass diese Entwürfe von Authentizität von vornherein von Widersprüchlichkeit und Fragilität gekennzeichnet sind. Er zeigt eindrucksvoll auf, dass mit dem Finden der Authentizität diese im selben Augenblick auch wieder verschwindet, da eine touristische Erschließung mit Künstlichkeit und im Extremfall mit Kitsch einhergeht. Schäfer spricht von einer Tourismusindustrie, die kontrollierbare Reisende herausbildet, deren Erwartungen sie schließlich auch erfüllen kann. »Der Anblick von Touristen«, so merkt er an, »ist ein Indiz dafür, dass keine authentischen Erfahrungen mehr zu machen sind.«

Stimmt das? Ich bin nicht ganz so pessimistisch.

Ich glaube, dass authentische Reiserlebnisse von der jeweiligen Perspektive und den Rahmenbedingungen vor Ort abhängen. All-inclusive-Cluburlaube, Studienreisen oder ein Städtetrip durch Ungarn können alle authentisch sein. Wenn ich in *Machu Picchu* eine Coca-Cola kaufe, könnte das von meinen Mitreisenden als wenig authentisch angesehen werden. Würde eine Inca Kola authentischer sein und mich als Kenner des Landes ausweisen? Vielleicht. Wäre mein Besuch und die dabei entstandenen Fotos von den *Uros*-Indianern auf dem *Titicaca-See* ein echtes, authentisches Erlebnis oder würde das eigene Wissen um die fürchterliche kommerzielle Ausbeutung von indigenen Kulturen zu touristischen Zwecken in Peru dieses Erlebnis keineswegs authentisch machen? Wie auch immer, es kommt meines Erachtens auf die Betrachtung der Situation an, auf die Wahrnehmung des Zusammenhanges. Das zentrale Element ist wohl die eigene Sichtweise auf das gerade Erlebte. Ich selbst muss entscheiden, was ich als authentisch erachte, und das kann ich nicht ohne Hilfe. Meinen eigenen Entscheidungen und Sichtweisen muss eine Urteilsfähigkeit zugrunde liegen, die mir hilft, das Erlebte und Erfahrene richtig einzuordnen. Diese Fähigkeit ist individuell unterschiedlich und verändert sich leicht oder radikal, je nachdem, welche Erlebnisse und Erfahrungen man gemacht hat. Aber was ist richtig und was ist falsch? Um derartige Urteile fällen zu können, benötige ich ein System von Wertvorstellungen. Die Ausformung dessen wurde bei mir maßgeblich von meinen Eltern beeinflusst. Sie haben mir wichtige Werte vermittelt und sie mir vorgelebt. Somit ist meine eigene Sozialisation ein ganz elementarer Baustein für die Art und Weise, wie ich durch die Welt gehe. Ein Grundverständnis für in diesem Fall subjektiv richtiges oder falsches Reisen ist mir in der Kindheit durch mein Elternhaus vermittelt worden. Somit bin ich, was meine Vorstellung den Planeten zu bereisen angeht, ein Produkt meiner Erziehung. Was mir wichtig ist, was ich erleben möchte, was ich anzubieten bereit bin, was ich von anderen einfordern oder nicht akzeptierten möchte, ist mir zu einem großen Teil durch meine Erziehung und durch mein Umfeld beigebracht worden. Normierung und Konditionierung. Aber Lernen findet ja lebenslang statt. Somit behaupte ich, dass man, um authentische Erlebnisse machen zu können, konstant an sich selbst arbeiten muss. Die fortwährende Feinjustierung erfolgt entweder auf Reisen oder zu Hause durch das wiederholte Einbringen in den Diskurs und durch die unvoreingenommene Akzeptanz anderer Sichtweisen. Somit bedarf es eher der Einforderung von Fingerspitzengefühl im Umgang mit anderen Menschen und Ländern als das Propagieren von authentischen Augenblicken, damit fremdartige Zielkulturen entschlüsselt werden können und insgesamt ein befriedigendes Reiseerlebnis zurückbleibt. Häufig vergisst man leider, wie sehr man von den Eltern geprägt wurde. Erinnerungen verblassen und Momente, Bilder sowie Emotionen verschwinden zu schnell aus dem Gedächtnis. Neurobiologen weisen darauf hin, dass es notwendig ist, dass unser Gehirn Details und Unwesentliches verloren gehen lässt, damit überhaupt eine Ordnung hergestellt werden kann. Sie sagen, dass Erinnerungen erst katalogisiert werden müssen, was so viel wie etwas in bestimmte Schubladen stecken bedeuten soll. Die Erinnerungen müssen sich absetzen, so wie der Kaffeesatz im Filter. Um sie zurückzubekommen, bedarf es bestimmter Aktivierungsmuster. Dies können Gegenstände oder Bilder sein. Für mich kommen immer Erinnerungen zurück, wenn sie an Bilder geknüpft sind. Wie gut, dass meine Familie akribisch Fotoalben angelegt hat.

Der Anruf war unerwartet, wie sollte er auch sonst sein. Ich erinnere mich daran, wie ich auf- und abging. Einige wenige Schritte in eine Richtung und dann schnell wieder zurück. Angestrengt versuchte ich, den Schilderungen meines Vaters einen Sinn zu geben. Meine Kolleginnen nahm ich nicht mehr wahr, es fiel mir nicht auf, wie sie plötzlich ihr Gespräch unterbrachen und mich anstarrten. Sie hatten gemerkt, dass irgendetwas nicht stimmte. Alles in meinem Kopf drehte sich und es fiel mir schwer mich zu konzentrieren. Mehrmals musste ich nachfragen, um die Details zu verstehen. Bewusstlos im Bett aufgefunden, Krankenhaus, erste Diagnose doppelseitiger Schlaganfall im Hypothalamus, quasi komatöser Zustand, nicht ansprechbar, Vitalfunktionen vorhanden. Was bedeutet das? Welche Prognose gibt es? Was sagen die Ärzte? Wo bist du? Viel zu viele Fragen, keine Antworten. Doch eine. »Ich bin in Berlin«, sagte meine Vater, »und buche mir sofort einen Flug.« Einen Tag später saß auch ich im Flieger nach Köln und eilte von dort aus zu meiner Mutter ins Krankenhaus. Die ganze Zeit über habe ich nur funktioniert, war quasi schon auf Autopilot gestellt, obwohl ich Holzklasse gebucht hatte. Bis auf die allerletzte Minute vor der Startphase das Mobiltelefon an, noch schnell die allerletzten Informationen zum Zustand aus dem Familienchat erhalten, verarbeiten kann man nicht sagen, dann in den Flugmodus. Es war eher ein Agieren oder Reagieren und dazwischen ganz viel Grübeln und Gegenstände anstarren. Den Rücksitz vor mir, das Essen auf dem Tisch, die Reiseroute auf dem Bildschirm über mir. Immer noch zwei Stunden. So gut wie keine Emotionen. Ich steckte fest im Matsch meiner eigenen Gefühle. Wie kitte ich emotionale Risse, wenn sie sich plötzlich und unerwartet vor mir auftun? Welche Handlungen oder Reaktionen helfen mir, damit ich nicht hineinfalle? Was die Ärzte über die Situation meiner Mutter sagten, galt auch für mich – »wir müssen abwarten«. Am Krankenbett, zu Hause, im Hotel oder in der Maschine nach Deutschland. Dazwischen Krisengespräche mit den Familienmitgliedern, beratschlagen, Euphorie bei Anzeichen einer Verbesserung, danach wieder deprimiert sein. Ich hatte kein Glück mit guten Momenten, sehe über Wochen hinweg das gleiche unveränderte Krankheitsbild. Ich krieche förmlich in meine Mutter hinein, um auch nur ein Flüstern von ihr zu vernehmen. Ein- bis zweimal nehme ich einen stärkeren Händedruck wahr. Was sich nicht verändert, sind die immer gleichen Fragen. Was sagt eigentlich die Ärztin? Gibt es schon einen Zwischenbericht zu Mamas Zustand nach drei Wochen Reha, der über bloße Beobachtungen von Pflegern und Bettnachbarn hinausgeht? Ich kämpfe mit Enttäuschung, Wut und Hoffnungslosigkeit und mit den Wünschen anderer, wie ich zu reagieren habe. Zwei Monate später schläft meine Mutter ein und findet ihren Frieden. Wie umgehen mit dem Verlust eines Elternteils? Mechanisch, durch das Abarbeiten von Aufgaben oder apathisch und antriebslos? Mein Beruf und die räumliche Distanz zu dem Wohnort meiner Mutter zwingen mich, so viele Aufgaben so gut wie möglich in kürzester Zeit zu bewältigen, um meine Familienmitglieder, die noch viel mehr leisten, etwas zu entlasten. Gleichzeitig erfolgt der notwendige und unvermeidliche Abschied. Im Nachhinein betrachtet, findet meine Trauer in der Wohnung meiner Mutter vor der Auflösung statt und nicht auf dem Friedhof vor dem Grab – dort aber in Ruhe, mit unterdrückten Tränen und auch mit Momenten der Freude, des Lachens und der Erinnerung. Was nehme ich als Andenken mit, wenn man in einem anderen Land wohnt und nur mit Handgepäck unterwegs ist? Ich nehme Erinnerungen mit, wiedergefunden in knapp dreißig Fotoalben im Schlafzimmer meiner Mutter, die ich über mehrere Tage eines nach dem anderen lange betrachte. Ich sichere die für mich wichtigsten Momentaufnahmen aus dem Leben meiner Mutter als junger Frau, aus der Zeit der Ehe mit meinem Vater sowie aus unserer gemeinsamen Familienzeit, indem ich die alten Bilder abfotografiere und so zusammen mit einzelnen für mich wertvollen Dokumenten und Briefen mitnehme. Die Fotoalben meiner Mutter sind eine Chronologie des Lebens meiner Familie, beschriftet, kategorisiert, mit anderen Objekten angereichert und nebeneinander auf dem Kleiderschrank aufbewahrt. Sie sind ein Teil meines Lebens, der bis auf wenige Ausnahmen in dieser Papierform nicht überdauern wird. So wie ein Menschenleben endet, so verschwinden daraufhin direkt die dazugehörigen Gegenstände, so endet auch die alte Umgebung. Die Wohnung muss schnell übergeben werden, vieles wird verschenkt, verkauft oder vernichtet, ein paar Andenken überdauern.

Und bevor die mir bekannte Umgebung meiner Mutter aufgelöst wird, sammle ich Erinnerungen. Die Fotos in den Alben meiner Mutter sind Momente zwischen Unterbrechungen, Brüche in der Erzählung, überdauerte Teile zwischen Auslassungen. Ich sehe eine zerschnittene Narration und doch formt sie ein Bild wie Mosaiksteine, die zusammengefügt Sinn ergeben. Erst mit der Distanz des Betrachters verschwimmen die Konturen der Steine zu einem Ganzen. Im Wohnzimmer meiner Mutter habe ich es mir für mehrere Stunden auf dem Sofa gemütlich gemacht und blättere sorgfältig Album für Album durch. Hier und dort hat sich der Kleber gelöst und es purzeln einzelne Bilder auf den

Boden. Die Beziehungsgeschichte meiner Eltern taucht vor mir auf. Erste gemeinsame Fahrten nach Frankreich, die Aktivitäten der Volkstanzgruppe, Karnevalfeiern, Partys mit Freunden zu Hause. Ich halte einen weitgehend vergilbten Zeitungsartikel in der Hand. »Emil-Fischer-Gymnasium prüfte die Abiturienten. Euskirchen. Am Montag und Dienstag fanden die mündlichen Reifeprüfungen am Städtischen Gymnasium statt. Folgende Abiturienten haben die Abiturprüfung bestanden. In Klammern die Berufswünsche.« Ich gehe die Liste durch. Weiter unten finde ich ihn. Burkhard Hillerich, Euskirchen (Philologe). Danach stoße ich auf fein säuberlich aufbewahrte Originaldokumente meiner Mutter: Fotostelle der Universität Köln. 05. August 1961. »Sehr geehrtes Fräulein Spiluttini, ich möchte Ihnen bestätigen, dass die Fotostelle beabsichtigt, Sie zum 01. Juli des Jahres einzustellen. Den endgültigen Einstellungsbescheid werden Sie in den nächsten Tagen durch die Verwaltung der Universität erhalten. Mit vorzüglicher Hochachtung – Universität Köln.« Auf den nächsten Seiten wird die Hochzeit meiner Eltern im Detail dokumentiert. Akkurat gekleidete Familienmitglieder. Bilder voller Tanten und Onkel, Freunde meiner Tante aus Frankreich. Und immer wieder lachende Gesichter mit einem Glas Wein oder Sekt in der Hand. Drei, vier Fotoalben später stoße ich auf eine gemeinsame *Tigges*-Reise meiner Eltern aus dem Jahr 1987. *5.000-jähriges Ägypten.* Unsere einwöchige Bus- und Schlafwagenreise. Ein gut durchdachtes, konzentriertes Programm – ideal zum Kennenlernen Ägyptens, so der Titel. Die Freude meiner Mutter springt mir förmlich entgegen, so jung und glücklich sehe ich sie auf dem Rollfeld vor einer *Air-Sinai*-Maschine. Ich finde Bilder von meinem Vater im Bus, wie er mit dem *Local Guide* Jussuf, einem wunderbaren Menschen, so die Randnotiz, dicke Geldbündel zählt. Dann meine Mutter mit schickem Sommerkleid im Liegestuhl auf der Terrasse des *Old-Katerakt-Hotels* in Assuan. Im Hintergrund der Nil und auch hier keine Wolke am Himmel. Auf den Seiten sind zudem zahlreiche Mitbringsel aufgeklebt, wie zum Beispiel Eintrittskarten des *Ägyptischen Museums* in Kairo, der Pyramiden zu Gizeh und Sakkara oder Flaschenetiketten der Marke *Stella Lager Beer*. »*Brewed and Bottled in Egypt. Pyramids Beverage Co.*« Mir fällt sofort anhand der Beschriftung sowie der Randnotizen auf, wie sehr die beiden die Reise vor- und nachbereitet haben. Die intensive Auseinandersetzung mit dem Programm wird anhand der vielen unterstrichenen Wörter deutlich: »5. Tag: Luxor – Theben-West – Luxor. Ausflug auf das andere Nilufer nach Theben-West zu den Pharaonengräbern im *Tal der Könige*, zum *Tal der Königinnen* oder zum *Ramesseum* (fett markiert), zum *Totentempel des Mentuhotep* (ebenfalls) und der Königin Hatschepsut in *Deir el-Bahari* (mehrfach unterstrichen).« Diese Dokumentation erinnert mich an die Schriftstellerin Valeria Luiselli, die schreibt, dass »Bilder Momente zeigen, festgehalten – nicht, indem man zufällig über sie stolpert und sie einfängt, sondern herausgerissen aus dem Kontinuum von Erfahrungen, um erhalten zu werden. Diese fotografischen Dokumente sind nur ein weiterer Beitrag, wie Schmiere oder eine Staubschicht, zu allen anderen über die vielen Jahre angesammelten, förmlich sedimentierten Erinnerungen.« Schaue ich mich in der Wohnung um, dann wimmelt es hier nur von Souvenirs, die von Reisen mitgenommen wurden. Plötzlich fällt mir ein Original-Teilnehmer-Ausweis der *Dr.-Tigges*-Fahrten mit der Nummer 18628 in die Hände. Er ist auf den Namen meiner Mutter ausgestellt. »Fräulein Edeltraud Spiluttini nimmt an unserer Fluggesellschaftsreise nach Mallorca / Bonaire teil. Abflughafen Düsseldorf – Pauschalpreis 441,50 DM – Startzeit und Einzelheiten wollen Sie bitte beiliegender letzter Mitteilung entnehmen. Wuppertal, 10.08.1964 – Dr. Hubert Tigges – Wir wünschen Ihnen einen guten Flug und einen erholsamen erlebnisreichen Urlaub.« Der Teilnehmer-Ausweis ist ohne Makel, als wäre er erst gestern gedruckt worden. Dazu passend finde ich den Flugschein der *LTU*, ausgestellt für die *Dr. Tigges Fahrten* in Wuppertal und mit detaillierten Informationen zur Gepäckbeförderung. So wird meine Mutter darauf hingewiesen, dass sie während der Luftreise die nachstehenden Gegenstände über die ihr zustehende Freigepäckgrenze kostenlos befördern darf: »eine Reisedecke, eine kleine Damenhandtasche, ein Mantel oder Umhang, ein Regenschirm oder Spazierstock, eine angemessene Menge Reiselektüre, eine kleine Kamera und ein Fernglas und Kindernahrung für die Reise und ein Kindertragekorb.« Was ich hier in den Händen halte, ist eine Zeitreise in die Vergangenheit, die mir nur möglich ist, weil meine Mutter den Unterlagen einen unglaublichen Wert beigemessen hatte. Während ich auf dem Sofa sitze und mechanisch ein weiteres Album durcharbeite, erzeugt all dies in mir einen temporären Nachhall und viele unterschiedliche Emotionen. Es werden Gedanken ausgelöst, die aber sofort wieder verloren gehen, sobald ich mir das nächste Foto anschaue. Ich möchte sie festhalten, also blättere ich noch einmal eine Seite zurück. Diesmal werde ich in die Zeit des gemeinsamen Kreta-Urlaubs zurückkatapultiert. Neben spaßigen Kommentaren zum Verzehr von gigantischen Mengen an Eis hinterließ mein Vater eine Beschriftung der kunstgeschichtlich interessanten Gebäude, wie der Kirche im kleinen Bergdörfchen Thrónos. »Panagía Throniótissa – mit byzantinischen Fresken aus dem 13. und 14. Jahrhundert.« Oder das hier: »Rethymno – Hafen und venezianisches Kastell.« Daneben meine Mutter bei einem Blumenhändler: »Hübsche Pflanzen!« Hübsch zweideutig. »Fruchtschale im Kamares-Stil, Zeit der Alten Paläste 2.000 bis 1.700 vor Christus.« Dann taucht ein Bild mit Akis und mir auf, neben dem die Handschrift meiner Mutter meinen Spitznamen Schneehut hinterlassen hat. Diese visuellen Echos sind wichtige Träger von Erinnerungen, vergilbte Fingerabdrücke aus der Vergangenheit und sie treiben mir Tränen der Wehmut und der Freude auf die Wangen. Eines wird mir nun klar. Meine Eltern haben sich ausführlich auf ihre und unsere gemeinsamen Urlaube vorbereitet. Es war egal, ob die Reisen nach Griechenland, während der Sommerferien zum Badeurlaub in unser angemietetes Ferienhaus nach Lignano Pineta in der italienischen Provinz Undine oder in das Hohe Venn in der Eifel führten. Meine Eltern waren informiert und haben sich Besichtigungspunkte im Vorfeld herausgesucht, die uns Kindern gezeigt wurden. Dabei waren diese kurzen oder mehrwöchigen Familienurlaube immer abwechslungsreich und kurzweilig. Mein Vater machte Bilder und zurück zu Hause nach getaner Arbeit ließen meine Eltern mit uns die Reise Revue passieren und fertigten sorgfältig ein Fotoalbum an. Ich nehme mir einige Originalbilder aus dem Fundus mit und digitalisiere des Weiteren einige hundert Fotos. Mit dem letzten Album schließt sich dieses Kapitel und kurz danach für immer die Wohnungstür.

Viele Augenblicke werden mit zeitlichem Abstand schemenhaft. Erinnerungen sind von Natur aus assoziativ und daher leider auch manipulierbar. Daher frage ich meinen Vater nach seiner Meinung. »Hattet ihr auf unseren Reisen damals eigentlich irgendwelche besonderen Vorstellungen oder etwas, was ihr uns Kindern mit auf den Weg geben wolltet?« Er streicht sich mit der Hand durch die Haare, lehnt sich im Stuhl zurück und schaut leicht an die Decke. »Was die Ziele anging, waren es natürlich Ferienreisen, aber immer mit Inhalt. Das heißt, ihr solltet schon was sehen. Und es ging nicht darum, dass ihr in ein künstliches Disneyland gebracht und dort entertaint wurdet. Der Aspekt der Bespaßung war geringer ausgeprägt als das Ziel oder der Wunsch, etwas Kulturelles zu vermitteln, auch wenn es natürlich nicht in der letzten Form von euch Kindern verstanden werden konnte.« Ich nicke ihm zu und warte darauf, dass er fortfährt. »Aber ihr solltet erkennen, dass da etwas Besonderes oder etwas ästhetisch Schönes war, wie ein imposantes Bauwerk, eine grandiose Landschaft oder der Kontakt zu interessanten Menschen. Das war unbewusst sicherlich auch durch meine Eltern in meinen Reisevorstellungen integriert.« »Wie muss ich mir das bei deinen Eltern vorstellen?« Nun verschränkt er die Arme vor der Brust: »Der Vergleich hinkt ein bisschen, Marcus. Es war wiederum eine andere Zeit. Das darf man nicht vergessen. Meine Eltern haben nach dem Krieg keinen Urlaub um ihrer selbst willen gemacht. Wenn die beiden im Hochsommer an den Bodensee gefahren sind, dann waren die kunsthistorisch unterwegs! Mein Vater ging doch damals nicht schwimmen. Der hatte noch nicht einmal eine Badehose. Meine Mutter schon. Tanzen, ausgehen, Spaß- und Freizeitgesellschaft im heutigen Sinn existierten nicht. Das kam erst später auf. Denk an deine Tante Doro sowie an deine Mutter, die erst Anfang der Siebzigerjahre in einer Propellermaschine nach Mallorca runtergeschaukelt wurden, sich zuerst übergeben und danach Urlaub am Meer und in der Sonne gemacht haben.« Ich muss schmunzeln, diese Bilder habe ich bei meiner Tante in Frankreich im Häuschen in den *Vogesen* entdeckt und digitalisiert. »Ich habe den Teilnehmerausweis noch«, erwähne ich. »Wie würdest du das Verhältnis zwischen der Umsetzung eigener Interessen und dem Urlaub für uns Kinder bewerten? Letztendlich war es ja euer verdientes Geld, das dies alles ermöglichte.« »Klar haben wir euch mitgezogen, so wie es euch möglich war. Aber eine Kulturvergewaltigung von Kindern, die das nicht wollten und ganz andere Vorstellungen von Ferien hatten, das haben wir nicht gemacht. Oder kannst du dich daran erinnern, dass du einen Tagesbericht schreiben musstest? Für die Wochenausgabe des Großbildungsbürgertums!« Lachend entgegne ich: »Die öffentliche Zurschaustellung der eigenen Bildungsbeflissenheit!« »Das ist der große Unterschied zu dem, womit ich aufgewachsen bin und was ich an dich weiterzugeben versucht habe. Wir alle sind doch eine besondere Spezies des *homo touristicus*. Denk einmal an die Ansichten von Hubert und Maria Tigges, die so eng mit meinen Eltern befreundet waren. Reisen hatte damals einen didaktischen Impetus und einen pädagogischen Wert als volkserziehendes Element. Mit diesen Ideen bin ich groß geworden. Die ersten *Tigges*-Reisen in Form von Zeltfahrten waren doch enorm bedeutsam für das Wohlempfinden, oftmals bedeutsamer als heute die komplett durchgestylten Flugreisen zum Shoppen nach London oder Dubai. Da gab es richtige Erlebnisse, ein Zusammengehörigkeitsgefühl, ja sie trugen entscheidend zur Persönlichkeitsbildung bei.« »Mit dem Küchenwagen durch Europa!«, ergänze ich. »Und die Bescheidenheit, die dahinterstehen musste, weil einfach kein Geld da war und man alles dafür gab, dies erleben zu dürfen. Marcus, meine Mutter hat auf den Kauf einer zusätzlichen Bluse verzichtet, um sich Theaterkarten zu gönnen. Natürlich haben sich heute die Zeiten geändert. Das ist mir auch klar, aber ein bisschen mehr Bescheidenheit täte uns allen ganz gut. Oder anders ausgedrückt, ein bisschen mehr Zufriedenheit, ohne direkt dem nächsten Höhepunkt hinterherjagen zu müssen.« Er denkt einen Moment nach. »Meinst du dieses Glücksgefühl, das sich einstellt, wenn man nach einer Zeit des Arbeitens und Ansparens sich den Rucksack aufziehen und eine Packpacker-Reise beginnen konnte?« »Das ist es, was ich sagen möchte, Marcus. Was für ein Moment der seelischen und menschlichen Befriedigung, die darin besteht, aus der Bescheidenheit und eigenen Arbeit heraus was geleistet zu haben und dann als Belohnung entsprechend schöne Erlebnisse haben zu dürfen.« »Daher ist es eigentlich unwichtig, ob die Reise an den *Hindukusch* oder in den *Hunsrück* geht.« »Oder als authentisch deklariert wird«, fällt mir mein Vater in das Wort. »*Authentisches Reisen* – wenn man solche Begriffe sorgfältig abklopft, dann stellt man doch fest, dass sie Leerbegriffe sind. Sie klingen gut, auch nach einem gewissen Kulturbewusstsein, aber im Grunde sind sie leer, weil, wenn sie durchdacht und zerlegt werden, man genau das feststellen wird. Mehr als ein Versprechen ist der Begriff doch nicht.« Damit hat er recht.

Diese Form der Kundenbindung oder –betreuung beginnt schon in den heutigen Katalogen und wird kaum mehr hinterfragt. Anders war das zu Zeiten von Hubert Tigges: »*Ist Betreutsein wirklich alles?*« 1957 hatte sich der Reisepionier in einem Beitrag in der Oktoberausgabe der *FAHRT* exakt dieser Fragestellung gewidmet. »Die Hauptaufgabe bei der Gestaltung der Reise und ihrer Durchführung«, so schreibt er, »sollte der Kampf gegen die überall ständig zunehmende *Vermassung* und für die Entwicklung der

Persönlichkeit sein unter Ablehnung sowohl eines übersteigerten, falsch verstandenen Individualismus wie eines nur die Vermassung fördernden Kollektivismus.« Weiter führt er hinsichtlich der von ihm für richtig erachteten Reiseform aus, dass »nur durch die aufgeschlossene Begegnung mit den Menschen und Völkern Europas und darüber hinaus mit der ganzen Welt, mit ihrer Landschaft, Wirtschaft, Kultur und Kunst eine möglichst große seelische und geistige Vertiefung der Erholung erreicht wird, die so den ganzen Menschen erfasst und ihn beglückend regeneriert.« Aktueller geht es kaum.

Wenn man 20 bis 50 Jahre lang bei derselben Firma als Studienreiseleiter arbeitet, kann es passieren, dass Gäste sowohl vom Vater wie vom Sohn auf unterschiedlichen Touren betreut werden. »Wir waren mit Ihrem Vater in Schottland«, höre ich einen netten Herrn während einer meiner letzten Island-Reisen im Bus sagen. Der Kunde berichtet von seinen Erlebnissen auf den *Inneren Hebriden* und davon, wie mein Vater ihm und seiner Frau in Erinnerung geblieben ist. Mit mir ist er 2.500 Kilometer über die Vulkaninsel gefahren und hat die Lichtverhältnisse im hohen Norden verglichen. Zum Schluss der Tour freut er sich, dass ich auf dem Rückweg nach Reykjavík an der unscheinbaren Ausstellungshalle Laugardalshöllin anhalte, um ihm die Möglichkeit zu bieten, ein Foto zu machen. Im Sommer 1972 besiegte der amerikanische Herausforderer Bobby Fischer an diesem Austragungsort auf halber Distanz zwischen den Vereinigten Staaten von Amerika und der Sowjetunion während der Schachweltmeisterschaft den amtierenden Weltmeister Boris Spasski im Matsch des Jahrhunderts. Als Schachfan ist es meinem Gast ein Bedürfnis gewesen, die Mehrzweckhalle zu besichtigen. Die wartenden Gäste im Bus zeigen großes Verständnis und erkundigen sich bei ihm über seine Leidenschaft. Während des geselligen Beisammenseins an der Bar des Hotels am letzten Abend schlägt das Stimmungsbarometer hoch aus. Meine Gäste blicken auf zehn erlebnisreiche Reisetage zurück. Eine Dame kommt auf meinen Vater zu sprechen: »Sagen Sie mal, Herr Hillerich. Zwei Generationen Hillerichs im Reiseleitergeschäft. Was Sie und Ihr Vater auf Reisen alles erlebt haben müssen, das passt doch gar nicht auf eine Festplatte. Darüber können Sie bestimmt ein ganzes Buch schreiben, oder?«

Zuerst habe ich geschmunzelt und dann habe ich es gemacht.

Literatur- / Quellenverzeichnis

DER SPIEGEL (1957): Die Pilotenprobe. Heft 48: **https://www.spiegel.de/politik/die-piloten-probe-a-fa080a8d-0002-0001-0000-000041760002**

Drommert, R. (1984): Im Bildungsboot – Durch die Historie und das Mittelmeer. In: Die ZEIT, Ausgabe 41: **https://www.zeit.de/1984/41/im-bildungsboot?utm_referrer=https%3A%2F%2Fwww.google.com**

Gyr, U. (2010): Geschichte des Tourismus auf dem Weg zur Moderne. In: Europäische Gesichte Online: Geschichte des Tourismus – **ieg-ego.eu**

Kapuściński, R. (2005): Meine Reisen mit Herodot. Eichborn Verlag.

Koch, W. (1994): Baustielkunde. Orbis Verlag.

Mayone Dias, E. (1992): Brazil's Birth Certificate: The Letter of Pero Vaz de Caminha. In: Pacific Coast Philology. Vol. 27, No. 1/2; S. 10 – 15. Penn State University Press: **https://www.jstor.org/stable/1316707**

Pfeiffer, I. (1999): Nordlandfahrt – Eine Reise nach Skandinavien und Island im Jahre 1845. Promedia Druck- und Verlagsgesellschaft.

Schäfer, R. (2015): Tourismus und Authentizität – zur gesell-schaftlichen Organisation von Außeralltäglichkeit. Transkript Verlag.

Terzani, T. (2010): Asien, mein Leben – Die großen Reportagen. Goldmann Verlag.

Tigges, R. (2001): Reisen ist Leben. Dr. Hubert Tigges und seine Welt. Peter Hammer Verlag.

Tigges, H. (1957): Die Entdeckung Europas. In: DIE FAHRT, Heft 1 Februar 1957, S. 1 – 8.

Tigges, H. (1957): Ist Betreutsein wirklich alles?. In: DIE FAHRT, Heft 1 Februar 1957, S. 225 – 232.

Treidel, R. (2006): Historisches Erbe und touristischer Markt – Geschichtsdidaktische Aspekte der veranstalterorganisierten Studienreise. In: GWU, JG 57, 5/6, S. 359 – 368.

Wall, G. (1996): Gustave Flaubert: Eleven Letters. In: The Cambridge Quaterly Vol. 25. No. 3, S. 213 – 242: **https://www.jstor.org/stable/42967732**

Informationen zur Geschichte Euskirchens vgl.: Jahresschrift des Geschichtsvereins des Kreises Euskirchen e.V. (2015): Kommen. Gehen. Bleiben – Zur Geschichte der Migration im Kreis Euskirchen. Verlag Ralf Liebe.

Informationen zu William Moorcroft und Alexander Cunningham vgl.: Hopkirk, P. (2006): The Great Game – On Secret Service in High Asia. John Murray Verlag und Hopkirk, P. 2006): Foreign Devils on the Silk Road – The Search for the Lost Treasures of Central Asia. John Murray Verlag.

Informationen zum Thema Backpacker vgl.: Salvaggio, M.J. (2016): Bursting the Backpacker Bubble: Exploring Backpacking Ideology, Practives, and Contradictions. University of Nevada, Las Vegas. In: UNLV University Libraries: **https://digitalscholarship.unlv.edu/cgi/viewcontent.cgi?article=3903&context=thesesdissertations**.

Die zahlreichen Beiträge des Magazins Der SPIEGEL über die Person Dr. Hubert Tigges sowie zur Entwicklung der Firma Dr. Tigges Studienreisen waren mir eine wertvolle Hilfe.

Um historische und geographische Zusammenhänge detaillierter kennenzulernen, wurden Beiträge aus The Norton Book of Travel. W.W. Norton & Company. 1987 herangezogen.

Mein besonderer Dank gilt den Inhabern von Gebeco und Dr. Tigges Studienreisen sowie meinen Reiseleiterkolleginnen und –kollegen. Meine Gespräche mit Ihnen und der Zugang zu Informationen waren mir eine große Hilfe im Hinblick auf Einschätzungen und abschließende Bewertungen.